總策畫　林慶彰　劉楚華
主編　翟志成

景印香港
新亞研究所

新亞學報

第一至三十卷
第十五冊・第八卷・第一期

景印香港新亞研究所《新亞學報》（第一至三十卷）

景印香港新亞研究所《新亞學報》（第一至三十卷）

黃進興　廖伯源　羅志田

饒宗頤

執行編輯　李啟文　張晏瑞

（以上依姓名筆劃排序）

景印香港新亞研究所《新亞學報》第十五冊

第八卷・第一期　目次

第八卷第一期

新亞學報

新亞研究所

本學報由美國哈佛燕京學社贈資印行特此誌謝

新亞研究所

目錄

新亞學報編輯畧例

（一）本刊宗旨專重研究中國學術，以登載有關中國歷史、文學、哲學、教育、社會、民族、藝術、宗教、禮俗等各項研究性的論文爲限。

（二）本刊由新亞研究所主持編纂，外稿亦所歡迎。

（三）本刊年出兩期，以每年二月八月爲發行期。

（四）本刊文稿每篇以五萬字爲限；其篇幅過長者，當另出專刊。

（五）本刊所載各篇，其版權及繙譯權，均歸本研究所。

朱陸異同探源

唐君毅

上篇

一　朱陸異同之問題

二　辨程陸之傳

三　胡五峰之識心之說，爲象山言發明本心之先河。

四　朱子工夫論之本質。

五　朱子對龜山、上蔡言仁之疑義。

六　程門之工夫問題及延平之觀未發。

七　胡五峰之重已發上之察識，與朱子對未發問題所經之曲折。

八　朱子言心之未發與相應之工夫。

九　胡五峰言察識之精切義，與朱子對五峰言心、性、情、天理、人欲之名義之評論。

十　五峰言名義之失，與對治氣稟之雜之工夫問題。

十一　朱子論只重察識工夫之弊。

十二　識心之說與氣稟物欲之雜。

景印本・第八卷・第一期

下篇

一　辨朱子所言察識之弊之不必然性。
二　辨察識工夫之獨立性。
三　辨朱子所言之主敬致知之工夫，亦可有弊，並論無必然不弊之工夫。
四　辨誠信之工夫與本心之二義。
五　朱子工夫論中之歧義。
六　辨朱子心性論中之本心體用義。
七　辨發明本心中之涵養，與其貫徹于心之動靜義。
八　象山之言與朱子之言之自然會通。

朱陸異同探源

一　朱陸異同之問題

朱陸異同爲中國儒學八百年來之一大公案。朱陸在世時，呂祖謙即以二家之言有異，而約爲鵝湖之會。據史所載，其異點初在朱子以道問學爲先，而象山則以尊德性爲本。世或由此以汎說二賢之別在此，然實甚無當。近人或竟謂朱子之學，要在由道問學以開淸人考據之學，及近世之重科學知識，則離題愈遠。按鵝湖會後，朱子與項平父書謂：「子靜所說是尊德性事，而熹平日所論，却是道問學上多了，今當反身用力，去短集長，庶幾不墮一邊。」則朱子固無專主道問學之意也。象山集載門人謂朱子重道問學，而象山謂：「不知尊德性焉有所謂道問學？」然儒者又焉有不尊德性者？朱子固重溫故知新，博學多聞，然觀其書札語錄，大皆以心性工夫與友生相勉，其所尊在德性，志在爲聖賢，又復何疑。象山嘗以伊川及朱子持敬之說爲杜撰，又以朱子之學「揣量摸寫之工，依仿假借之似，其條畫足以自信，其習熟足以自安。」謂爲朱子之大病，（象山全集卷一答曾宅之及卷三十四）又嘗與門人步月而嘆，謂朱子如「泰山喬嶽，只可惜學不見道，枉費精神，遂自躭擱」。（全集三十四）是皆自朱子于德性之工夫有所未濟說，亦未嘗汎說朱子不知尊德性也。朱子之于象山嘗謂其爲「十分好人」「八字着足」「于心地工夫，不爲無見。」（皆見語類卷百二四）則亦固尊象山之能尊德性也。朱子又謂：「子靜門人類能卓然自立；相見之次，便毅然有不可犯之色。」（同上卷百十四）則見朱子兼尊象山門人之能尊德性也。至朱子之所以不契于象山之學者，則固嘗謂「子靜千般萬般病，在不知氣稟之雜。」故謂其工夫，乃未必不出于人欲之私云云。（語類卷一二三）然此亦是自象山之尊德性之工夫，尙不足以變化氣質，而去人欲以說。朱子之偶及于象山之不讀書、不務窮理，亦只意謂其缺此道問學之功，則于德性有虧，非謂朱子徒以道問學望于象山也。象山自言「于人情物理事勢上用工夫」（象山全象二十二）又言「自古聖賢發明此理，不必盡同……理之無窮如此」（象山全集三十四），亦非不知格物窮理之義也。自二賢一生之學而觀之，其早年鵝湖之會中，于尊德性道問學之間，畧有輕重先後之別，不能即說爲根本之不同甚明。而朱子與象山在世時講學終未能相契，其書札往還與告門人之語，或致相斥如異端者，乃在二家之所以言尊德性之工夫之異，隨處可證。後之王陽明近象山，其所以不契于朱子之學者，亦要在于朱子于存養省察與格物窮理，及知與行之工夫，加以並列之說，不以爲然，未可緣之以學至于聖人；乃疑朱子之學之不免分心與理爲二，其格物窮理之言，不免流于認理爲外，而較契于象山之心即理之說。是見在陽明已知朱陸之異，不在尊德性與否，而在所以尊德性之工夫與對心理之是一是二之根本見解之異同上。然陽明又爲朱子晚年定論，謂朱子晚年之學，未嘗不以心與理爲一，而即心以知理，亦類同于象山發明本心及其致良知之說。是則謂朱陸始異而終同。然其時之羅整菴，則謂陽明所取以證朱子晚年之論同于象山者，如朱子答何叔京之書之類，正出于朱子之早年。整菴著困知記又謂佛家之所以異于儒，在知心而不知性，則象山陽明只言發明本心致良知，皆知心而不知性者。于是唯有程朱之兼言心與性理者，方爲儒學之正傳矣。整菴與陽明之宗主不同，然其以朱陸之異在心與性之問題則一。下此以往，凡主程朱而攻陸王之學者，皆謂陸王之重心，爲不知重性理而鄰于禪。如正誼堂叢書所收陳清瀾之學蔀通辨、張武承之王學質疑，皆本此以攻陸王者也。王學之流，則又皆明主心與理一。周海門編聖學宗傳于朱子之一章，亦對選取朱子之言心與理一，而即心即理之言，以見朱子之未嘗有異于陸王。則言朱陸之異同，當在此心性與理之問題上措思，固陽明以降宗朱子與宗陸王者共許之義也。錢賓四先生中國近三百年學術史，于李穆堂一章，提及穆堂著朱子晚年全論，取朱子五十歲後書札三百五十餘條，又言朱止泉著朱子未發涵養辨，皆謂朱子之未嘗不先尊德性、務涵養而重踐履，而合乎陸子。此二書愚皆愧未及見，錢先生書又未詳及其內容，亦未知其于此心與性理之問題，如何看法。唯竊謂今若果只言朱子未嘗不尊德性務涵養，則此本可不成問題。朱子之言涵養實嘗經思想上之曲折而其言涵養之歸趣亦與陸子未必同。今徒緣二賢皆重學養而謂朱陸本無異同，則又將何以解于朱陸在世時論學所以不相契之故？又何以解于後世之宗朱或陸者，其學風所以不同之故？以此言會通朱陸，抑亦過于輕易；蓋尚不如章學誠之言朱陸之同異爲千古不可無之同異，亦不可合之同異爲愈矣。

吾今此文所欲論者，是朱陸自有同異。此同異固不在一主尊德性一主道問學，二家固同主尊德性也。此同異亦初不在二賢之嘗形而上學地討論心與理之是否一，而初唯在二賢之所以尊德性而學聖賢之工夫上。對此心與理之問題，彼程朱之徒謂陸王之學，只知心之虛靈知覺而不知性理者，固全然爲誤解；而陽明以降之學者，謂朱子以心與理爲二，而主格物窮理爲義外之論，亦要看如何說。朱子固亦嘗以佛爲以心與理爲二，吾儒以心與理爲一，又謂象山不重格物窮理，爲視理爲外，乃義外之論矣。實則求心之合乎理，以使心與理一，亦程朱陸王共許之義。心不與理一，則心爲非理之心，而不免于人欲之私。必心與理一，然後可以入于聖賢之途，儒者于此固無異辭也。今謂象山以心與理爲一，乃要在自象山之視「滿心而發，無非是理」，而教人自發明此即理即心之本心上說。朱子果有以心與理爲二之言，則初是自人之現有之心，因有氣稟物欲之雜，而恒不合理；故當先尊此理，先有自去其氣稟物欲之雜之工夫，方能達于心與理一上說。此工夫所達之心與理一，是否即此心與理合一之本心之呈現，而外無其他，又在此現有之心尚未能達心與理一之情形下，是否此心與理一之本心未嘗不在，固可爲朱陸之異同之所在。然此異同，亦屬于第二義。在第一義上，朱陸之異，乃在象山之言工夫，要在教人直下就此心之所發之即理者，而直下自信自肯，以自發明其本心。而朱子則意謂人既有氣稟物欲之雜，則當有一套內外夾持以去雜成純之工夫，若直下言自信自肯自發明其本心，則所用工夫將不免于與氣質之昏蔽，夾雜俱流。此在後文皆當詳說。是見此心理之是否一之問題，如只孤提而純理論的說，尚是朱陸異同之第二義而非第一義也。

吾人謂朱陸異同之第一義在二賢之工夫論，唯在此工夫論之有此異同，而朱陸乃有互相稱許之言，亦不免于相非。至在朱子晚年之言論，如王懋竑朱子年譜所載，其非議陸子之言尤多。朱子既注濂溪橫渠之書又編二程遺書，而其言主敬致知之工夫，又皆承于伊川，乃于二程之學，表彰不遺餘力，而象山則言伊川錮蔽深；後世遂以朱子爲周張二程之正傳。守程朱門戶之見者，更咸視象山爲異端。然象山亦嘗稱明道，又象山之學雖自言得自孟子，若于其先之宋儒無所承襲；然其「以心即理之本心」之發明工夫之教，以及緣是而有「宇宙即吾心吾心即宇宙」「以己之此心此理，通四海古今之聖賢之心」等言，在其前宋代之諸理學家之言中，亦多有類似者。明道、伊川、上蔡、龜山、五峰之言，固皆有足爲象山之先河者在。而朱子之不契于象山一型之教，亦不由對象山而始。實則朱子早對明道伊川以及上蔡龜山五峰之言之類似者，皆先已有所致疑。朱子之大不契于象山之言論亦由來者漸。其以象山爲近禪，而舉其闢佛之言以責象山，亦正如其所先已致疑于明道以下諸賢之論，朱子蓋早已意謂其前諸賢之以直下識仁、或察識本心爲工夫者，皆不知人之氣禀物欲之雜，而其工夫凡皆不能無弊者。由是而後，朱子有其涵養主敬，致知格物窮理爲先，而以察識省察爲後之工夫論，以救其弊。然朱子則未知其所言之工夫論之亦不能無弊；亦未知欲救一切工夫之弊，則正有待于象山所謂自信其本心，而發明其本心之工夫。而朱子之言敬涵養致知之工夫雖本于伊川，然其所欲涵養之心體，則又實並不全同于伊川所言之心體，而轉近乎與伊川問答之呂與叔與象山所言之心體。至于朱子之言涵養心體之論所以不同伊川，又由朱子對程門自龜山、豫章、延平傳來之言涵養工夫之論，與五峰之言察識之工夫論，困心衡慮，歷經曲折而後自定其說。由是而吾人欲論朱陸之異同，必須上溯二家之淵源，與其謂其同原于二程之學，而所承之方面有相異之處，則有程朱之傳，亦當有程陸之傳；又當溯朱子之言工夫所以不同于象山，其淵源于程門以降諸賢所論之工夫問題，及朱子所歷經之曲折而後定者果何所在。故吾人之下文，將首述二程以降諸賢之言足以爲象山之說之先河者，次當述朱子之所以疑于此足爲象山之言之先河之說之故，純在朱子之意其未能針對于人之氣禀物欲之雜，然後可進而言朱子之所以不滿于象山之只言發明本心之工夫之故。此爲本文上篇。而在本文下篇，則當進而詳評朱子對象山之言不免有誤解，與朱子所言之工夫論亦不能無弊。再繼以言欲去一切聖賢工夫之弊，正有賴于人之自信得及如象山所言之本心。最後則就朱子所言本心之體之別于伊川，轉近于象山之處，以言循朱子之學再進一步，即同于象山之教，而見二賢之論正有一自然會通之途。故于此二家之言，不待于吾人之謂其無異，亦不待吾人之強求其同，更不待吾人之自外立說，將二家之言各取一端截長補短，以爲之綜合。此則吾人之此文所欲次第申論者也。

吾之所以寫此一文之因緣，由吾確信宋明儒之學同爲尊德性之學，諸大儒無不歸在踐履，吾人學之，亦當歸在是。然就諸儒之所以成其踐履之義理而論，則誠如象山所言，千古聖賢，同堂共席，而無盡合之理。然吾又確信殊塗自有同歸，百慮終當一致，方見天下無二道、聖人無兩心，則朱陸二賢之言，自應有通處。故吾于八百年來一切和會朱陸之論，對其用心，皆未嘗視作爲非。唯意謂會通之不以其道，則亦徒增轇轕。大率昔之爲會通之論者，皆自二賢之成學後之定言處用心，而未自二賢之所以成學之經過，所感之問題，與其成學之歷史上的理論上的淵原所自上用心，則會通之也難。程朱陸王之徒，其門戶既立，通之尤難。吾今之所爲，意謂陸子亦有其先河于二程以降之傳，朱子正大有疑于明道伊川以來之論，亦有轉近陸子之義；皆非故爲翻案之論而意在先破此門戶之見。吾下文之論此，則初是順二賢之言之歷史上的理論上的淵原所自，就此中之問題之線索與其曲折，而疏通證明之，志在使二賢之言，彼我皆得，兩情俱暢。其態度與方法，自謂差勝昔之自二賢成學後之定論，再求爲之會通之難行者。吾于此文之意，懷之有年，然此中義理疑似，誠如朱子所喜言之在毫厘間；亦不易論，而當今之世，抑尚不足以語此，宜先及其徑且易者，故未遑論述。近因讀吾友牟宗三先生辯胡子知言疑義及論朱陸之辯二文。前文就朱子于五峰之學之疑，後文就朱陸之論辯，一一爲之疏通，皆先在義理本原上立根，以解紛釋滯，而非徒事于排比文句之末爲和會，其意乃在明象山五峰皆上承孟子之正傳而吾于斯義，亦素未有疑。因牟先生文之觸發，更查考文籍，寫為此文。吾文所言，較為平易，學者可循序契入。又吾于朱子所以疑于五峰象山之言之故，亦更順朱子之心而代為說明，然後再及于象山之高明與朱子為學轉近象山之所在，以見二賢之通郵。則吾文又較多若干翻折，更不免朱子所謂援引推說太多，正意反成汩沒之病。然欲窮其理致，兼取徵信，又勢不獲已。是則望讀者耐心賜覽而明教之為幸。

二　辨程陸之傳

吾今首將說者，是象山之學固自謂讀孟子而自得，然自思想史之發展上以觀其與朱子之學之差異之根原，則當如前文所說：二家之思想之淵原，皆當同溯至二程，唯所承之方面則有別。後世唯以程朱並稱，而不以程陸並稱，蓋其于朱學之大盛，而宗朱之學者，又皆學術統緒之歷史意識甚強，並皆知其學統之如何承周張二程而來之故。然象山一路學者，開口自見本心，則此一歷史意識，大皆較淡，故亦未能對其思想之淵源，有一較清楚之自覺，或亦知之而故不言，以免學者之只多此一聞見之知，口耳之學。然今吾人在此八百年之後，對此二系思想之原流，重加以探索，則又固可于昔賢之所未能自覺或知而不言之處，再加一探原反溯之功，而明白提出以說之也。

吾今所以證象山之學導原于二程者，首擬指出象山之言「心即理，而以己之心接千百世之上之下之聖賢之心」，據周海門聖學宗傳及孫奇逢理學宗傳，皆載明道對神宗皇帝，有同類之語。其言曰：「先賢後聖，若合符節，非傳聖人之道，傳聖人之心；非傳聖人之心，傳己之心也。己之心又無異聖人之心，廣大無垠，萬善皆備。」此即與象山言「心即理」「四端萬善皆備」之語，幾全無異。然朱子所編二程遺書與宋史及宋元學案，又皆不載此語。二程遺書中，明道文集卷二載明道所奏疏，唯言及「治天下者必先立其志，必以堯舜之心自任然後爲能充其道……推之以及四海，擇同心一德之臣，與之共成天下之務。」又謂「所謂定志者，一心誠意擇善而固執之也」云云，亦不見上引一段語。然朱子文卷七十記疑，又曾引之，謂見諸雜書，更加批駁，以爲「務爲高遠，而實無用之地」云云。朱子既不以此段語爲然，其所編之二程遺書之不載此語，固不足爲異。宋史及宋元學案，蓋即因朱子之批駁，而亦不載矣。然今即據上所引明道告神宗之言，既以立志定志爲先，又謂必先以堯舜之心自任，然後能充其道，擇四海之同心一德之臣爲輔；則亦未嘗不隱涵通古今四海之賢聖之心之旨。二程遺書卷七又嘗言「堯舜知他幾千年，其心至今在。」朱子語類九十七並爲之釋曰：「此是心之理，今則昭昭在面前。」按伊川易傳卷一同人卦曰：「聖人視億兆之心猶一心者，通于理而已。」則程子固有以一理通古聖之心與億兆之心之說也。至于明道之言：「仁則天地爲一身，而天地之間，品物萬形，爲四肢百體。聖人仁之至也，獨能體是心而已。」又于識仁篇言：「仁者渾然與物同體……，識得此理，以誠敬存之而已，不須防檢，不須窮索」。此亦正同于象山以「宇宙爲吾心，吾心即宇宙；宇宙內事即己分內事，己分內事即宇宙內事」之旨。謂識得此理，只須以誠敬存之，不待防檢窮索，即無異謂除存養此理之外，可更不須省察；亦同象山之言「滿心而發，充塞宇宙，無非此理」；「當惻隱自然惻隱，當羞惡自然羞惡」之旨。此皆是謂在此第一義之工夫上，只須正面的直接承担此心此理，更無其他曲折，或與人欲私欲雜念相對而有之工夫可說；亦皆與孟子即就此人之四端之發而加以存養擴充之工夫，同爲一直感直達之明善誠身之工夫也。

此中明道之學與象山之言之唯一異點，蓋在明道之言心，乃與其所謂性、命、道、氣、神等，渾同而說；而未如象山之言心之直標出本心，並扣緊此本心之自作主宰義以言工夫。明道對心與性與氣等概念，未嘗有如後之學者之明加以分別，並以此心之仁之性，即在：「人之自識其自己之生之與萬物之生同原共本；一生生之天道、天理、天命之流行處見之」。此己與萬物之生之變化流行，皆爲一氣之流行；故性與道與理與天命之流行，皆貫乎此氣；而此心之仁，亦貫乎此氣。在明道此一處處渾融貫通而說之圓教中，心之一名並無一凸顯之意義，此中之識仁之道，在直觀己之生意與萬物之生意之相通，直觀天地之生物氣象，或直觀天地萬物之爲莫非己體，此皆一橫面的「自去己私，以包攝其外而即以充擴其內」之工夫，亦不同于象山之言，重在「自明本心，而自作主宰，以奮發植立者」之爲一縱面的自立工夫者也。因此明道之橫面的包攝充擴之工夫，表現在以天地萬物與己爲一體，及此仁之道、生之道或性之貫乎氣一面，而不能離物與氣以言；故明道亦同時注意及吾人之氣稟，對此仁此道之表現，可爲一種限制阻礙之義。而伊川則更重「由此現實之氣質與當然之義理之相懸距而生」之種種工夫之問題。此即漸開另一思想之線索，而使明道之思想，並不直接發展爲象山之學，而發展爲伊川之學，以爲朱子之學之淵原者也。

在人之學聖賢之工夫中，恒見有一氣質與義理之相懸距，此乃一事實。凡吾人于當然之義理不能知，不能行之之處，一加反省，則人皆可知其氣質之中，有一種昏蔽存焉。此中，如人之氣清而才亦清者，如天資高之明道，或自覺其氣質中之昏蔽較少，可較不感此中之問題之嚴重。然在一般學者，其資質才力較不及者，則如何去此氣質之昏蔽,即爲一學聖賢之工夫中之最根本之問題。凡欲以聖賢之道教一般學者,亦必須特注意此一問題。伊川之天資蓋不如明道，而又以尊嚴師道爲己任，于是對此如何使人自去其昏蔽，乃另開出一更精切之工夫。此即伊川之「涵養須用敬，進學在致知」之教，此伊川所言之涵養致知之工夫，實乃自明道之直以誠敬存此理之一內外合一工夫，更落實一層，以針對氣質之昏蔽而開出之工夫。敬之工夫，爲主一無適，此要在使心自己凝聚；致知之工夫，則要在用此心知之明，以即物窮理，而以通達此心知之明于外。在主敬致知，皆是要自己之心去對其自身，作一主宰運用之工夫。此更不同于明道所言之「直下識得渾然與物同體之仁」之順適。此種由心對其自身之主宰運用，以主敬與致知，亦即此心之自求去其氣質之昏蔽，以使當然之義理或性理，得眞正繼續呈現于此心知之明，而內外並進，以夾持爲用的工夫。此工夫之路子與明道有異，亦非象山之所契。故象山謂讀伊川言，若傷我者；又謂「伊川蔽錮深，不如明道之通疏」。然于此尅就伊川之教中，重此心之對其自身主宰運用義言，與象山之重此心之自作主宰義，亦實無分別。象山之「心與理一」「己之心即千古聖賢之心」「宇宙即吾心，吾心即宇宙」語言中，所表之心之廣大與高明義，固可溯原于明道，而象山之言此心之自作主宰義，則雖未嘗自謂承伊川而爲言，然吾人仍可說伊川之言是其先導也。

今按朱子記疑中謂見一書記謂「昔嘗問伊川造得到後，還要涵養否？伊川曰：造得到後，更說甚涵養，盡心知性，知之至也。知之至，則心即性、性即天，天即性、性即心，所以生天生地，化育萬物；其次在欲存心養性以事天。」朱子下文謂：「此程子之言，乃聖人之事，非爲衆人而設。」又謂「心即性、性即天，天即性、性即心之語，無論理。」然實則伊川之自「性之本言天、性之有形者言心（註一），已具心、與天不離之旨，與伊川言：「心，生道也（遺書二十一）「心也，性也，天也，非有異也」（遺書二十五）亦具心即道即性，即天之旨（註二）。則遺書五二先生語「心具天德，心有不盡處，便是天德處未能盡」亦可爲伊川所說也（註三）。至于聖人之事當爲學者立志所始向，正明道伊川所常言。象山之言「心即理即性」、「宇宙即吾心」，正是以天與心性爲相即之進一義。象山之以學者立志，即當求己之心與聖人之心同然處，即以聖人之事原當爲學者立志之所始向而來者也。唯伊川此段之言，與朱子之落脚義不合，故朱子必疑而去之耳。

今如要說象山與伊川之異，則仍在伊川特有見于此性理之形于心，即同時連于人之氣質，而氣質之昏，可蔽此性理，故此性理之明，全賴上述之此心之主敬致知，以去除氣質之昏蔽之工夫。否則此在中之性理雖爲大本，而未必能形于心、見于「和」，以成達道；則此性理便只超越于現有之心氣之上，亦如只爲一未發而冲漠

註一：朱子大全卷七十記疑中于伊川性之有形者謂之心一語，謂「不知有形，合如何說」，又語類七十五謨錄更謂是門人記錄之誤，實則此應不難解。形即表現，即言心爲性之表現耳。伊川于心性，不如朱子之以理氣分別，故可直以心爲性之表現也。

註二：朱子語記卷六十一謂「伊川云盡心然後知性，此大不然，盡字大，知字零星」若未知性，便要盡心，則懸空無下手處。惟就知性上積累將去自然盡心，則伊川言盡心正是從大處着工夫而與朱子之以格物窮理爲知性之積累工夫盡心爲最後效驗之說不同；而較近于象山重盡心之旨者也。

註三：按在伊川，心與理實未如朱子之明加分別。如朱子語類九十七謂「伊川實理者，實見得是，實見得非。」。朱子以實理與實見不同，而疑爲記錄之誤。然如將心與理合言，則實理之爲實，正可說原于心之實見，無心之實見，則固不可言實理也。

無朕，寂然不動者；則性理之未發與現有心氣之已發，即不能無距離。如何使此大本之中，形爲達道之和，在程門之後學中，乃引起種種之問題。由此而導至朱子之學，此當俟後論。而象山之學之無此一套問題，則原自其不似伊川與朱子之重如何對治氣質之昏蔽之故。于此，象山之所重者，寧是自伊川所謂自性之有形者曰心之言，以見心之所在即性之所在，乃視「理與心一」之聖人之心，即吾人之本心。伊川所謂人不能會心與理之爲一（註），依象山之旨以言，唯由人之未自明其本心之故，而工夫亦即在此本心之自明；而不在：持敬格物致知，以自去其氣質之昏蔽，使此心之已發之和，合于未發之中之性理，以達于「心與理一」矣。依此象山義，人能自明其本心，則心在是，性理亦在是。性理既形于心，心爲已發，性理亦隨心之發而俱發；便不得以「心爲已發，性爲未發；心爲感而遂通，性理仍只爲寂然不動」；而應視此心理二者，乃俱動而俱發者矣。故象山謂滿心而發，無非此理也。依照象山義，即在此人之本心之自明，尚未能自充其量，以全體呈現時，其尚未充量呈現之本心之明，仍是能發，而此心之性理，亦是一能發，而不可只稱爲未發，更不可說其爲永無所謂發，亦不可只以沖漠無朕，寂然不動說之者也。然伊川既謂「性之有形曰心」，性既形，形即發動，則其所謂性理寂然不動者，蓋當如吾人前所謂乃自此性理之爲心之內容處說。自此性理之爲心之內容處說，其是如此即如此，而自然其所然，當然其所然，即是不動。而所謂未發，亦可只指其未充量發而言，而仍實是一能發也。若然，則伊川與象山之言，亦未嘗不可相通。唯伊川之言，又似以未發者爲永無所謂發，寂然不動即不發，則似爲一超越而純內在之性理。而在人有氣質之昏蔽之情形下，看此性理，，亦本當如此說。沿此而言工夫，即落

註：二程遺書卷五「理與心一，而人不能會之爲一。」

在如何使現有之已發之心，與此未發性理，得遙相契合上。朱子之工夫論，亦沿此問題而來。則皆與象山發明本心，以使心理俱發之旨不同。然此非伊川言「心者性之有形」之言，與象山之言無相通處之謂也。

在程門之學者中，楊龜山承明道「仁者渾然與物同體」之言，而更由人之疾痛相感，標出「與天地萬物爲一」，爲仁體之論。（註）謝上蔡則由明道之手足痿痺爲不仁之言，以謂不麻木之知覺爲仁。此所謂知覺，應非一般之認識上的知覺事物之如何如何之知覺，亦非仁之表現完成後，自覺其爲是而非非之智，此應爲一在仁之表現中生命與生命痛癢相關之「感知」。仁者之生命與萬物一體，即有與萬物之生命痛癢相關之感知。此亦實爲狀此仁體之呈現于吾人生命中之極親切指點之語。朱子所謂仁者之溫然愛人利物之心或及物恕之心，亦應自始有此一與人物相感應，而如一體之感知內在于其中，否則此心亦自始不能有也。象山言宇宙內事即己分內事之語時，亦固包涵有對宇宙內事之痛癢相關之感知，方能視爲分內事也。則龜山上蔡之言皆當爲象山之所應許。上蔡又嘗言心有知覺：「心者何也？仁是已；仁者何也？活者爲仁，死者爲不仁。」復言人當識其心，即指識此活的仁心，上蔡更以此心之常惺惺，爲敬之實功。則上蔡亦非只知心之知覺之用者。此與象山之發明本心亦實相差無幾。唯象山之發明本心，重此心之自樹立而自明其本有之心體一面，而龜山之以與天地萬物爲一

註：龜山語錄三：孟子以惻隱之心爲仁之端，平居但以此體究，久久自見。……因問尋常如何說隱：……夫如有隱憂，勤恤民隱皆疾痛之謂也。曰孺子將入井而人見之者，必有惻隱之心，疾痛非在已也，而爲之疾痛何也？……若體究此理，知其所從來，則仁之道不遠矣。……余從容答曰：萬物與我爲一，其仁之體乎：曰然。又：未言盡心，須先理會心，是何物。心之爲物，明白洞達，廣大靜一，若體得了然分明，然後可言盡。未理會得心，盡個甚？

體爲仁體，則未扣緊此心說。在上蔡之言中，于此心體之能自立自明自主之義，尙未如象山言之顯耳。朱子謂謝上蔡之學一轉爲張子韶，再轉爲陸子靜，子韶之學如何茲不論，然謂象山與上蔡有相契處固可說，而謂其言與龜山有相契處，亦可說也。

宋元學案震澤學案述王信伯之學，而陸象山嘗從信伯游。信伯語錄言：「灑掃對應，即是道德性命之理，徹上徹下，只是一理」。又言：「浩然之氣，洞達無間，豈止塞乎天地，盡心知性以知天，則不須存養。」其語錄載：「問如何是萬物皆備于我？先生正容曰萬物皆備于我。某于言下有省。」宋元學案敘錄謂其學頗啓象山之萌芽。今按王之以不答爲答頗近禪家伎倆，然其果以直下識得萬物皆備爲教，固孟子之意亦象山講學之旨，謂之爲足啓象山之學者，自學術史言之，亦可說也。

三　胡五峯之識心之說爲象山言發明本心之先河

私淑二程之胡安國，嘗與上蔡交游。朱子語類謂其春秋傳謂「元年之元者，仁也；仁，人心也」。其子五峰，更嘗見龜山。五峰作知言，宋元學案稱其學以致知爲始，窮理爲要，不迷本心。五峰又有不起不滅心之體（註）之言。明有以一心體統攝「仁、覺、性、情、命、道」而說之之旨。知言謂「仁者心之道」「仁者天地

註：朱子全書四十二答石子重「胡文定言不起不滅心之體，方起方滅心之用，能常操而存，一日之間，百起百滅，而心固自若」。自是好語，但讀者當知所謂不起不滅，非是塊然不動之知覺也，又非百起百滅之中別有一物不起不消也。朱子全書四十五答廖子晦亦引龜山此一段語之一部份，而疑之。

之心也」（知言卷一）「知天之道必先識心，識心之道必先識心之性情」。（知言卷五）通此數言以觀，可見在五峰仁是心之道、心之性情，亦即天地之心之道。此自天地之心之道上說仁，畧不同于龜山之以「天地萬物爲一體」之仁體之說，未扣緊在心上說，而不免如朱子所謂視物爲己之病者；亦畧不同于上蔡之以心對物之知覺上言仁，不免使此仁與所知覺之物，相夾雜者。至于其又謂「心無不在，本天道變化，與世俗酬酢，參天地，備萬物，人之爲道，至大也。」（註）「天下有三大，言大本，一心也」。（知言卷五）「心也者，知天地，宰萬物，以成性者也。」又言「氣之流行，性爲之主；性之流行，心爲之主。」（知言卷三）「心純則性定而氣定。」（知言卷二）「未發只可言性，已發乃可言心。」「聖人指明其體曰性，指明其用曰心；性不能動，動則心矣。」「有而不能無者，性之謂歟！宰物不死者，心之謂歟！」（知言卷四）又曰「性立天下之有」（知言卷上）「心無生死。」觀此五峰之言，乃明以心爲形而上的普遍而永恒之一流行之體，而大同于象山之所謂宇宙即吾心，吾心即宇宙之言。此中五峰之謂未發只可言性，已發乃可言心，顯然兼繼承程子之謂「心之性爲寂然不動」與「心爲已發」之旨。此意是謂性如不表現而不形，即可只是未發，惟一表現，即形爲心；此亦即心之自循其道，以自生發，而爲心之已發。此所謂心之已發，同于心之呈現，故無論在事物思慮之交，或無思無爲之際，但有此心之呈現，即是發。故感而遂通，亦不礙其寂然不動，如在聖人。此所謂心之呈現，即性之表現、性之形。性雖自始爲「有而不無」者，亦「天地鬼神之奧」然必有其表現，即不能不動，方得自其有而

註：復性書院重刊胡子知言六卷，將凡朱子知言疑義中所有者皆不載，而附朱子知言疑義于後。此文所引，除註明知言卷數者，皆見朱子知言疑義。

不無，此表現而相續自見其有，即其形爲心。此是由性說到心。至于由心以反觀性，則性之如何流行，或心如何形此性，當視此心之如何生發其自己而定。故性之流行，心爲之主，而性亦由心而成。至由性之流行與吾人之身及萬物之關係上看此性，則此性又爲表現于吾人之心身之氣之流行，以及此心身所感應之萬物之形氣之流行者，故又曰「氣之流行，性爲之主」。此中，心主性而性主氣，心乃居于一切有形有氣者之上層次，與形氣不直接相關者。故凡直接用以說形氣之言，即不可直接用以說心。形氣可說有生死，吾人亦可說形氣之生死，亦即性在形氣上之流行或不流行之別名。然心則尙居于性之上一層次，故生死之言即全不用之于心。故曰心宰物而不死，心無生死也。

今按此五峰之言「心無生死」，正爲眞識得仁爲心之道者，所必至之一義。因仁既爲心之道，則心之自循其道，以自成其性之事，皆爲超越于其一己之形氣之外之事。循此道，而心之形之所通者，亦非已成之萬物之形氣之所能限，則此心固當不隨其一己之形氣，與所通之萬物之形氣之存亡而存亡，亦不隨其生死而生死。此中，人之所難，唯在即此心之道，以觀心之所以。大率凡人皆不免以形氣觀此心。乃恒于此無生死之心，問其在人死後之安在。然眞能自此心之道以觀心之所以爲心，而根絕以形觀心之觀點者，則固可不問人死以後其心安在，因即在人未死之前，其心亦非即在其身體之形氣中，而已超出此身體之形氣，初不即在此形氣中，而唯以此形氣爲其所成之性之所主宰而流行之所矣。

此五峰之言心無生死，與明道伊川之言相較而論，則明道已謂佛家自生死起念爲自私，伊川更謂儒者只見理之是非，不見有生死。此亦非謂以見理之是非作解脫生死之用。故伊川臨沒，或曰「平生學底正要今日用」？

伊川曰「須要用便不是」。(遺書二十一)即謂其生平之學，只求見理之是非，亦非爲求其能在臨終時自生死之觀念解脫之用也。此固見伊川一生之用心，始終如一，只求見理，未嘗爲生死而錯用心。然人于此仍可問：畢竟此伊川之用心，是否有生死？或此從未見有生死？從未爲生死錯用心，一生只見理者，其心是否有生死？或只是其所見之理，方爲無所謂隱顯存亡與生死者乎？伊川于此，似只言及此理之「不爲桀亡，不爲堯存」，無隱顯存亡之別，而未言此見理之心無生死。然人于此眞依理而思，則理無存亡生死，此能見理之心，亦應同爲無存亡生死者。此即五峰之言心無生死之義，正爲承伊川之言而可引生出之義也。

然五峰雖言心無生死，又未嘗只以觀此一無生死之心或證此一超生死之心爲學，而歸在本此一超生死無生死之心，而更以之主宰性之流行，並使性之流行見于氣之流行，以宰萬物而成性爲學。觀五峰意，性雖爲未發然由心之主宰性之流行，則性即發于情，故又謂「好惡，性也」。此好惡可爲直依心之道之仁而好惡，是爲「君子之好惡以道」，而有此善，是爲天理。但人心未嘗不可暫不依道以好惡，而依一己之私以好惡，則爲「小人之好惡以欲」是爲人欲。前者爲善，後者爲惡，乃有善惡之相對，人亦當即于此有一察識工夫，以察乎此天理人欲之分，以自去其依一己之好惡，而自順其依道之好惡。然後即本此依道而有之正當的好惡之情與才之流行，以宰萬物而成性。此所成之性，自其在未爲心所成時，原爲一未發，而不與惡爲相對，亦無所謂善，是一超善惡之性。故五峰又謂孟子言性善，乃讚嘆之辭，實則此未發之性，乃超于惡亦超于善之上。一般所謂善，唯是心之自體之發其主宰之用，以成性以後之事耳。此心之主宰「性」，在性成之先，則固當在善之先，而此心之性亦在善之先也。

此五峰之思想所言之「無生死」之心，乃在人之一切由好惡而有善惡之表現之上，而又貫徹于此一切表現中，以自轉其「好惡以己」爲「好惡以道」之心，明爲一能自呈其用，亦能自主宰其用之一形而上的本心。至于在聖人，其好惡皆道，而心自循其道，以感而遂通，無生死生滅，以寂然不動（註一）此即一「即道即心，即心即理」之心。此正較以前之二程楊謝更能與象山所謂能自明自立而即心即理之本心相近。五峰之兄胡明仲，更明謂「理之所在，先聖後聖，其心一也」「聖人之心即是理，理即是心，一以貫之，莫能障者。」（註二）則與象山言心即理之語句全同。象山與明仲之言仍畧異者，則在象山乃兼以吾人之本心，即同于聖人之心，而亦爲即心即理者。象山言與五峰畧異者，則在象山言滿心而發無非此理，即心與性理俱生俱發之謂，如上論伊川處所已及。而五峰之心以成性之說，乃循伊川所傳之性爲未發之說而來。性爲未發，不能自發，故唯賴心之主宰運用以成之，以使之見乎情，此皆只爲心之發之事。然如吾人不先說性爲未發，而直以此性即理，亦即道，謂心之依其道而發，即依性依理而發；則心與性理俱發，而同于象山之言。若然則心之主性之流行，即性之流行之自見于心，不必如五峰之更言心主性。如要說心主性，亦可說性爲主于心。蓋心之主宰運用，乃一生生之歷程。此一生生之歷程，即依一生生之理、生生之性之主乎心而有者，則性亦主心也。若謂此生生之理、生生之性，未嘗主心，則心之主宰流行，又如何可能？如心主性，性亦主心，則不如只說一「即性即心」之心

註一：宋元學案衡麓學案。

註二：五峰對其兄之學，有所不滿，然在此語上，應相共契也。

之自主而流行，亦「即心即理」之心之自主而流行，則全同象山之心即理而自作主宰之說矣。然五峰之言，則于此猶一間未達。然此亦非謂象山之言，非不可說爲五峰之思想有通處之謂也。

四　朱子之工夫論之本質

吾人以上所言，在說明象山以前，由明道伊川至龜山上蔡以至胡五峰，原有一下接于象山之學脈。上節所引二程遺書二十五二先生語，有「理與心一，而人不能會之爲一。」此語謂爲明道說或伊川說皆可。明道伊川固皆望人直往會得此理與心一，而象山之宗旨，亦不外乎是。故今無論象山自覺及此否，其學皆實際上可說爲承此一學脈而發展。至于朱子之學脈，則雖亦自二程傳來，並與楊、謝、胡之言有相交涉之處。然其所承于二程是等者又另有其不同之方面。此可說不是承于二程之言「心之以性理爲其內容、心與理之一」之一方面，而承于二程之言「心性理之關連于氣質之昏蔽，而心與性理不一」之一方面。故亦不是直承于二程、楊、謝、胡等之言誠、敬、識仁、識心之正面的上達工夫之一方面，而是直承于二程、楊、謝、胡等之言氣稟之當變化、己私之當克、人欲之須去之「反此爲反面」者之下學工夫之一方面。故朱子首于明道之正面教學者須識仁、龜山之循明道之旨言與天地萬物爲一體及識仁之言，併以爲言太高而不切，兼有弊在；並對伊川心無已發，胡五峰之緣是而言之直接自發處之好惡察識而存養，以及胡氏之知言之「心無生死」「以心成性」，而欲人直接識得此心之體之識心、觀心、求心之說，同所不契，且更提出種種疑義。朱子于五峰之言識心，及以直下先立其大者，以發明本心爲教之象山之學，尤不以爲然。而考朱子之所以對其前諸賢之說之所以致疑，與對象山之學之所以反對，雖似有各方面之理由，然通此各方面之理由，而觀則不外依朱子之意，此諸賢之言工夫，皆唯自吾人之心之發用處從事察識等工夫，而忽吾人之心之發用，恒不能無氣稟物欲之雜之一方面；乃未知于如何對治此雜處，建立一由下學以自然上達之工夫。人之沿此用功者，乃不免與氣稟物欲夾雜俱流，泥沙並下，終成狂肆，流弊無窮矣。

按朱子對于學聖工夫之一問題，平生用力至爲艱苦，實嘗歷經曲折，乃有其定論。蓋其初嘗聞其師李延平觀未發氣象之說而不契，又見伊川有善觀者于已發觀之之言，初亦嘗主性爲未發心爲已發，而于心之發見處，提撕猛省以爲工夫。並由張南軒以知胡五峰「先察識而後存養」之旨，以得其印證。然終則自深悔其言，乃于凡只就心之發用處下工夫之言，皆以爲有弊。其悔後之所悟，則在識得吾人之原有一「未發而知覺不昧」之心體，而以在此處之涵養主敬爲根本工夫，以存此心體，而免于氣稟物欲之雜，使「吾心湛然，而天理粲然」；更濟之以格物窮理致知之功，而以此所知之理，爲一切省察正心誠意之工夫之準則；乃還契合于伊川涵養須用敬、進學在致知二者，爲「體用本末，無不該備」之說。（王懋竑、朱子年譜卷一下）然涵養主敬，在朱子又初爲致知之本，應屬第一義，致知窮理屬第二義，而其前諸儒所謂察識之功，在朱子，乃應位居第三矣。觀朱子所言之涵養主敬與窮理致知之工夫，其精切之義之所存，亦初純在對治此氣稟物欲之雜。此雜爲反面者，此諸工夫，雖皆各有其正面的意義，然朱子之用之，則初意在此爲反面者，以使正面之天理得眞實呈現于此心，更無一絲一毫之夾雜，以使此心之天理流行，而人欲凈盡。遂與其前諸賢以及並世之象山，重直接識得一正面之仁體或心體，或自明其本心，爲「依正以成正」之純正面工夫者，成不同之二型。今吾人若能識得朱子之工夫論乃意在對治氣稟物欲之雜，則其所以疑于其前諸賢之言及對象山之論，即亦皆可先加以一眞正同情的了解。及此了解既畢，則朱子之言之限制處亦見。然後吾人可再來重看龜山、上蔡，以及五峰、象山之言察識與發明本心之工夫，何以又得免于朱子所言之弊害之故；則朱子之工夫論與象山之工夫論，如何得其貫通之途，亦漸可見矣。

此下一節當先舉證以說明朱子之所以疑于明道、伊川、龜山、上蔡、五峰、象山之言，乃皆緣于朱子意謂此諸賢未能注意及人之氣稟物欲之雜之一問題之故，而朱子之重涵養主敬與致知窮理，其初意乃在對治此氣稟物欲之雜，亦當隨文論及。

五　朱子對龜山上蔡言仁之疑義

茲先以朱子之所以致疑于明道識仁，及楊龜山謝上蔡言仁之旨而論。除朱子以與天地萬物爲一體之言，乃言仁之量，又謂以覺訓仁乃以智爲仁，于仁之本義不切合，吾于原性文中已述及之外；其言之評論及此二說者，大皆歸在：說明本此二說以爲工夫之弊。茲試將朱子之言畧加分析，便知朱子之言此工夫之弊，又皆是自人之氣稟物欲之雜上說而來者也。

如以朱子對明道之言而論，朱子固嘗以明道之言，「初看便好，久看愈好」；又言明道才高。然言才高即已是自氣質說。高者之言，不必對才低者亦有用。故朱子又謂明道之言亦太高。于仁者以天地萬物爲一體之言，在程門諸賢皆奉爲歸的者，朱子則謂「其言太廣，學者難入」「太深無捉摸處」（語類九十五）又論求之不得其道，即「莽莽蕩蕩無交涉矣」（註）朱子此類之言，亦實未嘗不是。因學者才力不逮，多有氣禀之拘、物欲之弊，此言固可對之可只爲一超遠而外在之莽莽蕩蕩的「大的氣象」，而與其自己生命無交涉也。朱子仁說又謂以與物同體爲仁者，其弊將至于「含糊昏緩，無警切之功」，而不免「認物爲己」。何以與物同體爲仁，其弊便至于此？此自不是自聖人之以中國爲一人，天下爲一家之心境上說，而是自學者分上說。蓋在學者分上說，其心中本無此一大的仁之量，要其勉強想像此一大的氣象，此即一心氣之膨漲而鬆散。此時學者之氣質之昏蔽，物欲之夾雜仍在，則此心氣之膨漲，與昏蔽相俱，而物欲又驅此心，以向天地萬物而馳散，則含糊昏緩認物爲己之弊，即勢所不能免矣。

再如朱子對謝上蔡以覺言仁之說，則其仁說嘗謂其使人張皇迫躁而無沉潛之味，其弊至于認欲爲理。何以以覺言仁便有此弊？如以此覺爲智說，則智者固不必有此弊也。此弊亦是學者之弊。學者何以有此弊？此蓋因依上蔡以覺訓仁之說，乃要人于人與人之痛癢相關之訓覺中，識得此仁。此亦原于明道以手足痿痺爲不仁之旨，並與楊龜山以痛疾或民隱處識物我一體之意相通。然于此具體的痛癢相關之知覺中識仁；此知覺自身中初

註：朱子大全三十二答張敬夫問曰：「滿腔子是惻隱之心。此是就人身上指出，此理充塞處，最爲親切。若于此見得即萬物一體，更無內外之別。若見不得，却去腔子外尋不見，即莽莽蕩蕩無交涉矣。陳經正云，我見天地萬物皆我之性，不知我身之所爲我矣。伊川先生曰：它人食飽，公無餒乎？正是說破此病。知言亦云，釋氏知虛空沙界爲己身，而不敬其父母所生之身，亦是說此病也。」朱子語類卷二十卷百一四謨亦錄「不先自愛自理上識仁，而以天地萬物同爲仁，轉却無交涉」之旨。又卷四十一謂呂與叔「以己既不立，將我並觀，則雖天下之大莫不皆在吾仁之中」……。乃「因佛家說一般大話，他便這般話去敵他」云云。

不包涵理之是非之辨，而知覺恒連于氣，故朱子謂「上蔡以知覺言仁，若不究見原本，却是見氣不見理。」（語類卷三十三）而此知覺中，便可夾雜物欲之私，不免認欲爲理矣。至于張皇迫躁之弊，則當是自人之不能無氣質之昏蔽而來。蓋覺知之事，原待乎心之淸明，如淸明在躬，自然寬裕有餘，若有氣之昏蔽在心，而淸明不濟，則張皇迫躁以求覺，又在所不免矣。據語類所記，朱子又意謂上蔡以覺訓仁，乃將仁之理攙和在具體之覺中，看爲「活物」，而學者乃不免「却別將此個意思，去覺那活動，則方寸紛擾。」（語類百零三）是亦無異于謂以覺求覺，必致內在的紛擾。朱子後之反對五峯在具體之覺中識仁，反對禪學象山一切識心之說，皆由疑上蔡之以覺言仁之說，爲以覺求覺，必致紛擾而來。其何以必致紛擾，則後文再說。

朱子之仁說，以與物同體及以知覺言仁之說爲有弊，其改而以「心之德、愛之理」言仁，則可謂無此種種之弊者。因仁既爲心之德愛之理，自初爲超于物欲氣稟之雜之外者。然仁之理如何表現于愛之情？其表現于愛之情，如何皆能中節？則朱子仁說中只見有「克去己私」一語。此克去己私一語，亦針對私而說者。至于如何使仁之理之發而皆中節，則此文並未論及，而爲其工夫論中之一問題，即如何使現有之心之已發，契合于未發之性理，而致中以致和之問題。朱子蓋先對此問題，已有定見，乃同時作此仁說。而朱子之對未發已發之定見則今又當由程門以下，對工夫問題之討論次第說來。

六　程門之工夫問題及延平之觀未發

大約自明道以其天資之高，學養之粹，指出聖人之心普萬物而無私，仁者之渾然與物同體；後之學者即嚮慕于此境。伊川承明道而言「百理俱在，平鋪放着」「性即理」「冲漠無朕之中，而萬象森然以備」，以說聖人之心之寂然不動、感而遂通，其心之所發者之無不中節；而後之學者即更欲求有一當下之工夫可用，以使其心之所發，亦能中節，以識得此心之仁體，而遙契于聖人之心。由二程以降，諸儒者之言之異，皆不在此一究極之理想上，而唯在工夫之討論上。上述之龜山、上蔡就疾痛民隱知覺識仁，皆是即生活中之事上識仁之工夫。然識仁只是知一大本，如何使人行于達道，使發者皆中節而合乎中，則問題又進了一步。對此問題，人如只于其已發處，知有過不及，而自求合乎中，乃一般之省察克治之功，此尚只及此問題之淺一面。此問題之深的一面，則爲關連于所謂未發之中之問題，如呂大臨、蘇季明與伊川所討論者。此一未發之中之問題，吾意在根底上初乃一「如何在人之意念行爲未發之先，用一工夫，使所發意念行爲，皆自然中節，如聖人之從客中道」之問題。因性即理之義，既由明道、伊川而立，則學者之意念行爲之發，自理上看，原亦未嘗不能如聖人之發而中節，恰到好處。因在理上看，本來是「即事即物，無不有個恰好底道理」……程子所謂「以道言之，無時而不中」是也。此理既即吾人之性，則吾人之意念之行爲之發，固亦當原能「無時而不中」也。然此在道理上性理上看，當無時而不中者，何以自事實上看，又有時而中有時而不中？何以自性理上看，人所當能，而實際上又不能表現于其心之所發，使其一一皆中節，則此問題全在人之工夫。此一工夫之一問題，自橫渠、明道、伊川以來，原有一思想線索：即視此人之所發之所以不中節，原于氣質之昏蔽，及有私欲亂之；而對治之工夫，即在求去此氣稟物欲之雜。此一工夫之在發後用者，即上所言之對其發之過不及，加以省察克治，而自求合乎中之功。此乃自昔儒者之公言。然自濂溪、橫渠、明道、伊川以降，言此省察克治之工夫，則皆是要人在念慮之微之幾上用工夫，自導其過不及之心氣之始動、生命之氣之始動，以返諸正。此一在念慮之微之幾上心氣之始動上用工夫，已較一般之省察克治，恒在情欲已肆，行事已成後，再加以強制者，其效爲深切。然此省察克治，仍畢竟是在念慮已發，心氣已動後用，只依此言修養之功，即仍非正本清原，以使其發者直下無過不及，自始無氣稟物欲之雜之道。又凡人尙須從事省察克治之功者，即其尙未達于聖人之不思而中、不勉而得、從容中道之境之證。聖人之從容中道者，乃其心之所發，自始即循理而發，由中至外，直道而行。如濂溪所謂「靜虛動直」「靜無而動有，至正而明達」，橫渠所謂「聖人之動，無非至德」「有感無隱」（正蒙天道），明道所謂「聖人言，冲和之氣也，貫徹上下。」（遺書十一）伊川所謂「不思而中，即常中；不勉而得，即常得，……自在道上行。」（遺書十五）此皆同謂聖人之「從容中道」「直道而行」，更不待曲折之工夫。一般人在念慮行爲已發後之省察克治，即皆曲折之工夫，而非所以直契于聖人之境，而自求其所發，如聖人之直發而中節之工夫也。然學者既原非聖人，如何能有一工夫，使此由未發至發、由中至外，亦爲直道而行更無曲折，即爲一至難之問題。對此一問題不能善答，聖人即終有不可學之處，仍將或不免歸于漢儒以聖人爲天降之說。濂溪橫渠與明道固皆言聖人可學而至，而伊川更言「生而知之者，可不須學，而聖人必須學。」（遺書十九伊川語）聖人必學而至，而此學又必須學到「不思而中、不勉而得、自然中節，更不學不慮」此便是一至切近、至深遠，至莊嚴而亦至難答之問題，乃整個宋明儒者共同之問題，而亦貫于宋明理學思想史之發展中者。對此問題，人即心知其答，言之亦難盡善，而聞者亦不必相契。于是而有種種問、種種答。伊川對此問題，或已心知其答，然就其對學者所答之語言上看，則伊川之答，亦明未能盡善。蓋伊川之言只及于「聖人之發而中節，乃依于其中之性理，雖未發而寂然不動，亦原能感而遂通。」此言自善。然于學者之如何能有「如聖人之寂然不動感而遂通」之工夫，則伊川之言，即有使人難明者。學者要如聖人之感而遂通，無不中節而常中，必須其未感未發時之性理之在其心，亦同于聖人，然後可發而中節而常中，以常在道上。然在人未感未發時，對此性理之在其心，似無工夫可用。因此性理之在心，而又初無過不及、無時而不中。即此「中」原在，自不待求；又此「中」既未發，亦無「中」可求。故伊川答蘇季明之問，首言不能于未發前求「中」。人于此如求「思」此「中」，「思」便仍屬已發。故謂「善觀者唯于已發之際觀之」，此亦同于謂未發不可思，亦不當觀而不可求。此發此思，皆屬于動。伊川嘗謂知覺亦是動，又言先儒以靜見天地之心爲非是，蓋不知「動之端，乃天地之心也。」（伊川易傳卷二復卦，又遺書十八答蘇季明）是見伊川以于此未發之性理，實無工夫可用也。然對此一：「如何使學者之在中而原無過不及之性理」，能表現爲「中節之發以求爲聖人」（註）之一問題，又仍應有一工夫，伊川乃于此言「于喜怒哀樂未發時，涵養便是」。何謂涵養？伊川言「涵養須用

註：此語中有三個中字，有三義：一是自性理之未發在心中說。朱子答林澤之（大全卷四十三）所謂只喜怒哀樂不發，便是中是也。此「在中」之「中」，是自存在地位說。二是在此在中之性理全體之「無過不及亦無所偏倚」而稱爲「中」，此中是伊川與呂大臨書所謂「用以狀性之體段」，而亦以說爲「性之德」者，此亦爲朱子之所承，而常言及者。此乃是一價值義之狀辭，而用於性理之全體自身者。此即朱子此書之謂「未發之中以全體而言也。」三是中節之中，即表現爲合理之「發」之中。此合理之發，即朱子此書所謂「時中之中，以當然而言也。」此發中即和。有此和則在中之性理，亦表現於其中。故伊川謂「和」則「中」在此中，此和即中節。此中節之中乃對「發」之合理之狀辭。至於伊川所謂中在和「中」之中字，則又是自第一義之「在中」之意言，此三義須分別淸楚。而隨文領取。

敬」，又謂「不愧屋漏，是持養氣象」，「敬而無失，便是喜怒哀樂未發之謂中。」則所謂涵養，即持敬而不失之謂。若然，則此涵養之工夫，似只在「持敬而無失，以應合于在中而未發之性理」上。此持敬而無失之工夫，似仍屬于心之思，心之已發上之工夫。此亦不悖乎其言心皆已發之旨。然于此吾人却不能不有一問題，即：如心皆已發，敬而無失之功，只是應合此在中而未發之性理，則此應合，便只是以已發「遙契未發」，而非「直契未發」之一當下之應合。又此敬而不失，只表示一消極的不違理，便亦只是一消極的應合。然由此一消極的遙契的當下所有之一應合，如何可眞包涵得此性理，培養得此性理，以使之能繼續的、直接的、積極的表現于中節之「發」之中？仍是一問題也。

對上述之問題，人之工夫如要鞭辟近裡，明似待于此心之積極的或正面的求直接契入未發之性理之自身，然後能使此性理緣此契入之工夫，以有其積極的繼續表現于中節之發之事。故後此之楊龜山、羅豫章，至李延平，即更發展出一觀未發氣象之說。此說蓋合伊川所謂「喜怒哀樂未發時，涵養便是」，及蘇季明所謂「靜時自有一般氣象」二言之意，而更直以「觀未發氣象」，爲伊川所謂涵養，或代伊川所謂涵養，所成之說。朱子對此說，于其與何叔京書嘗謂：「人之于靜中體認大本，未發時氣象分明，即處事應物，自然中節，此乃龜山門下相傳指訣」云云。蓋延平嘗自謂觀未發氣象之言，本之羅豫章，而龜山嘗謂「于未發之際，體所謂中。」（朱子大全四十三答林澤之）故朱子謂爲龜山門下相傳之口訣也。然朱子斷自龜山，即見此初非伊川之教。而龜山之言體所謂中，如何體法，其意亦不明。而豫章之告延平此言，亦未必如延平之以此爲根本工夫，則謂此爲延平之說亦可。今按延平此說，蓋明有進于伊川之言。此因伊川之未發，只指性理，對此未發之性理，應無

景印本・第八卷・第一期

觀等工夫可用；伊川亦明謂：「善觀者于已發之際觀之」，未言觀于未發氣象也。吾意延平所謂觀未發氣象之工夫之所以立，蓋即因其欲求直接契入未發之性理之自身，此工夫之實際，蓋不外自收斂吾人之心之發，以還向于其所自來之未發，即觀其氣象；冀由此通此未發已發之隔，而開此未發之性理之呈現之幾，方可「實見是理」，「卓然見其爲一物，而不違乎心目之間」，（宋元學案豫章學案附延平答問）則其後之發自亦易自然中節矣。然在此工夫之實際上，人所爲者，唯要在收歛或靜歛其心之發，以還向于未發，固亦不必有特定之物或理爲所觀，此所觀者可只此渾然的未發氣象。然觀得此未發氣象，則此觀之之心即無偏倚，而開得此性理之呈現之幾，並使發而中節之事成爲可能，而此亦確是一新工夫論也。

七　胡五峯之重已發上之察識與朱子對未發問題所經之曲折

至于對胡五峰之思想，則上章已言其以性爲未發之體，心即性之形、性之用，而心之涵性，乃如用之涵體。此以心涵性之心體，唯在聖人分上，乃感而遂通,而又寂然不動者。此蓋因在聖人分上,其發乃無不中節，即心即道之故。至在衆人，則與聖人雖同有此未發之性，而其發，則不能眞感而遂通，復寂然不動。（註一）故在五峰以寂然不動非狀性之辭，而爲狀心之辭（註二）。聖人之所以爲聖人，不在其感而遂通，而在其感中而恒寂然不動。人欲求達聖人之心之寂然不動之境，亦不待反求之于未發之性理，故觀未發之性理，亦不能爲工夫。工夫唯有在心上用。吾人之心之所發，雖不能皆中節，感而遂通，又寂然不動；然要有其發而中節處，容吾人之加以省察，以自求自識其感而寂之心體。此其爲教，乃純本伊川所謂善觀者就「已發」而觀之之旨而來。然其以寂然不動狀心，而不以之狀性，則大有別于伊川之以寂然不動狀性者。五峰以察識爲先而後存養，亦不同伊川言涵養工夫之要，唯在敬而無失者之消極。五峰所謂察識，要在對現有之心之發處，作正面的自覺反省。此一反省，初步自包括對心之發之正者不正者二端之省察（然觀過可以知仁，則即在吾人對發之不正者之省察）中，亦可反照出心之正面之「發」處，而對此心之正面之發處，加以自覺，以「操而存之，存而養之，養而充之，以至于大，大而不已，與天同矣」，「本天道變化，與世俗酬酢」則感而遂通，亦寂然不動而與聖人同其心體之呈現矣。此即先察識而後存養之工夫，與由龜山以至延平之觀未發之中，由靜斂已發以還向于未發，而重生涵養者明爲兩途。朱子之工夫論，初嘗徘徊此二者間，歷經曲折，而後成者。而朱子于此二者所以皆不契，則細察其故，又皆由其不忘此二工夫之弊，而此弊又皆由人之不能無氣禀物欲之雜而來者也。

註一：朱子語類九十五「南軒言喜怒哀樂之中，衆人之常性；寂然不動者，聖人之道心」。此正承五峰之說。朱子下文謂「某看來，寂然不動衆人皆有是心；至感而遂通惟聖人能之」，是則朱子與胡氏之說之不同也。

註二：宋元學案五峰學案答曾吉甫謂「未發只可言性，已發乃可言心，故伊川云中者所以狀性之體段，而不可以狀心之體段。心之體段難言，無思也，無爲也，寂然不動，感而遂通天下之故，聖人之所獨。若楊尹二先生以未發爲寂然不動，是聖人亦感物而動，與衆人何異？至尹先生又以未發爲眞心，然則聖人立天下之大業，成絕俗之至行，舉非眞心耶？故某嘗以爲喜怒哀樂未發，同此大本，雖庸與聖無異，而無思無爲，寂然不動，乃指易而言，易則發矣。故無思無爲寂然不動，聖人之所獨」。此見五峰之以寂然不動言聖人之心之發，聖人之所以爲聖人不在性，而在此心之發，則學者學聖工夫，亦自當在發處用矣。

按朱子答林擇之書，嘗言于延平之說，所以不同，遂不復致思，而自嘆其辜負此翁（大全四十三）（註一）蓋當延平在世朱子已欲將觀未發氣象之說與已發處察識而存養之說，合而爲一。此即無異欲會通延平與由其友張南軒所聞于胡五峰之說。如延平答朱子書言：「來諭言仁是心之正理，如胎有包涵，其中之生氣，無不純備，流動生發，自然之機，無頃刻停息，憤盈發洩，觸處貫通，體用相循，初無間斷，非意推擴得好。」（註二）此所述朱子書中之意，與朱子初答張欽夫所言畧同。朱子又答張欽夫書曰：「所謂凡感之而通、觸之而覺，蓋有渾然全體、應物而不窮者，是乃天命流行、生生不息之機，雖萬起萬滅，其寂然之本體未嘗不寂然也，所謂未發，如是而已。夫豈別有一物，限于一時，拘于一處，而可以謂之中哉。天理本眞隨處發見。雖汩于物欲，流蕩之中，而其良心萌蘖，亦未嘗不因事而見，學者于是致察而操存之，則庶乎可以貫乎大本達道之全體，而復其初矣。」次書又謂「自今觀之，只一念間已具此體用，發者方往，而未發者方來，了無間斷割截處……龜山所謂學者于喜怒哀樂未發之際，以心驗之，則中之體自見，亦未爲盡善。大抵此事渾然無分段時節先後之可言。今著一時字際字，便是病痛……。」與張欽夫再一書謂「通天下只是一箇天機活物，流行發用，

註一：朱子答呂士瞻書（大全文四十六）：舉程子涵養於未發之前則可，求中於未發之前不可，李先生當日功用，未知於此兩句爲如何，後學未敢輕議，但當只以程先生之語爲正」。則朱子固明於延平之說，疑其非是。語類卷百三李先生當時說學已有許多意思，只爲說敬字不分明，所以許多時無捉摸處。又語類九十六謂延平驗乎未發之前，不得其道，則流於空。今按王懋竑朱子年譜考異卷一三十歲及卷三五十九歲，記朱子與延平之同異甚詳。

註二：朱子與延平書不見朱子大全，此所引延平書見胡廣所編性理全書。

無間不息，據其已發而指其未發者，則已發者人心，未發者皆其性也，亦無一物而不備矣。夫豈別有一物，拘于一時，限于一處，而名之哉。即夫日用之間，渾然全體，如川流之不息、天運之不窮耳。此所以體用精粗動靜本末無一毫之間，而鳶飛魚躍，觸處朗然也。存者存此而已，養者養此而已。」據此以觀，此一階段之朱子之思想，乃一面承認伊川至延平所謂未發者之在中之義，亦有伊川所謂心爲已發，而時時發之旨，再有明道所謂渾然一體者，無時不流行于此之發中之旨。此其所見，已大進于龜山所傳于一時一際，別觀未發之說。謂「一念之間已具此體用，發者方往而未發方來，了無間斷」。「發者是心，未發者皆性」，即謂：人可自當下一念之心之發以見性，亦舍此心之發處無以見性，更無用工處。故朱子此時亦謂，「若不察于良心發見處，則渺渺茫茫無用工處」。此即可通于五峰之察其良心之萌櫱而操存之之旨，即五峰之由察識而存養之說。此其所悟亦可謂之能貫通二程以來已發未發之隔于一念之間，即知所用工之處，「可以貫乎大本達道之全體而復其初」矣。然朱子又終悔其當時之說者，又何也？

按朱子對其當時之說之悔悟，見于其後來答張敬夫之書，其言曰：「日前所見，只是儱侗見得大本達道底影像，却于致中和一句，全不曾思議。蓋只見得個直截根原、傾湫倒海底氣象。日間但覺爲大化所驅。如在洪濤巨浪之中，不容少頃停泊……以故應事接物處，但覺粗厲勇果，倍增于前，而寬裕雍容之氣，畧無毫髮。而今而後，乃知浩浩大化之中，一家自有一個安宅，正是自家安身立命主宰知覺處，所以立大本行達道之樞要。」觀此朱子之悔悟之言，其自謂前日儱侗見得一大本達道之影像，則于「未發之體之大本」「已發之用之達道」二者間之，當有一通處，非其所悔悟之核心。此核心乃在其前書于致中和一句未嘗致思。此即全是一工夫上之問題。所謂致中和之問題，在當時即：如何致「未發之在中而無偏倚」之性理，以見于「發而中節」之「發」之一問題。依此一問題，人便不能直下緣未發之體之生生不已之機，而任其不容已地發；而應在未發已發之間，有一斷制，即：在未發上應有一事先之工夫。否則所發者，即只是隨氣之鼓動而發，不免挾湫海之泥沙以俱傾，隨氣質之粗猛以俱行，無寬裕雍容之氣象矣。此中之病根所在，則亦正不外人原有氣稟物欲之雜于氣之鼓動之中，與天命流行，生生不息之機，可俱起俱行；故不于已發未發間，有一斷制，于未發處無一工夫，必不能保其發之不雜不偏也。按朱子後與林擇之書（大全四十三）嘗言「事物未至，固已紛綸膠擾，未發之時，旣無以致夫所謂中，而其發必乖，又無以致乎所謂和。」則人欲致中而致和，必須于事物未至時，先有以自去其緣于氣稟物欲之雜而來之紛綸膠擾，然後可以言發而不乖之和亦明矣。此則正爲朱子之悔悟之核心所在也。

朱子悔悟後之第二書，言浩浩大化之中，有主宰知覺處爲安宅。然此主宰知覺處是否即指宋元學案所定爲中和說三，所謂「思慮未萌，知覺不昧，一性渾然，道義全具」之心體，則是一問題。按朱子後來答石子重書（大全四十二）「謂大化之中有個安宅，此立語固有病，然當是意思，却是要見得自家主宰，所謂大化，須就此識得，然後鳶飛魚躍，觸處洞然。但泛然指天指地，便是安宅，安宅便是大化，却顢頇儱侗，非聖人求仁之學也。」此書自言其立語之病，蓋是謂即此自家之主宰知覺處，以識得大化，尚有使人以大化即安宅之病。非謂此書無以主宰知覺爲安宅之意也。若無此意，則全同前一書矣。朱子之自謂其言有病者，大約在此第二書，雖言大化中有安宅，即安宅以識大化，而二者之間，仍未簡別開，故曰有病。必至其第三書明白分開動與靜，寂然與感通，未發與已發；于未發只言一「思慮未萌、知覺不昧、一性渾然、道義全具」，方爲眞正之不爲大化所濫之安宅，而爲朱子之歸宗義也。

八　朱子言心之未發與相應之工夫

此上所提及之朱子所歸宗之義，如純理論地說，要在由此以肯定人心之有寂然不動，靜而未發之心體，乃不如伊川五峰所言之全是已發，亦不如五峰之「以聖與庸之所同在未發，謂無思無爲寂然不動，而又感而遂通，乃聖人之所獨」之說。朱子乃視此寂然不動，亦即吾人之未發之心體，而與聖人同有者，此即更將未發與寂然不動二者，再合而爲一，而轉類于伊川之言。其與伊川不同者，則在朱子于此所謂未發之性，亦不只視爲一不發或未嘗發，而直視之爲此心體之內容。程子所謂直以狀性之德性之體段之「中」，（遺書未發問答）朱子固亦承之以狀性理之「渾然在中，亭亭當當」「未感于物，未有倚著一偏之患，亦未有過不及之差之體段。」（大全四十三答林澤之）然此狀性理之體段之「中」，已不復只是直狀性理之自身，而是狀一「屬于心之性理」或「心之性理」之體段。朱子仁說之所以說仁爲愛之理、心之德，亦正依此心體涵性德之義，然後能說。本此心涵性德之旨說未發，則所謂未發，只是心未嘗有接物之思慮之謂，而非耳無聞，目無見（註），心也俱無

註：大全三十答張欽夫「問者謂當中之時，耳目無所見聞，答語殊不痛快。」語類九十六「謂耳無聞目無見之說，亦不甚曉。」皆朱子不以伊川以在中者爲所不見之說爲然之證也。語類九十四謂伊川解艮其背爲「止於所不見，」此所謂不見，蓋即指在中之性理而言，而朱子謂「如此說費力」，而謂「止只是所當止」，亦即見朱子乃以「止於不見當在中之性理之說」，爲不然也。

之謂。故依朱子意，于伊川所謂「靜中有物始得」（註一）之此「物」所指，應亦非只是一性理，而是一「思慮未萌、知覺不昧之心體」。此正同呂大臨所指爲中與未發之「昭昭自在」之心體或本心。（註二）而朱子于答呂子約書（大全四十七）乃明點出：「心之有知、目之有見、耳之有聞」之一等時節，以與「心之有思、耳之有聽、目之有視」之一等時節，相簡別。前者爲未發，後者爲已發，即皆是在有心處，分別未發與已發。蓋已大不同于伊川五峰之只以未發已發分別心性之言者矣。

關于已發、思、與動之三名之涵義，在伊川五峰，蓋與朱子不同。朱子已發未發說，亦嘗謂「程子之已發，

註一：對伊川所謂耳無聞目無見之靜中有物始得，朱子初亦嘗以此靜中之物爲太極或理（語類九十六洽錄），或見聞之理（九十六去僞錄）；繼又謂其即指知覺，如鏡中之光明（九十六文蔚錄）。此蓋隨朱子之所悟，而前後之解釋不同。依伊川本旨，則當謂直指性理爲是。伊川答語中固有見聞之理之一名也。若謂之爲指心體之流行，則是朱子以其後來之見，釋伊川之意也。

註二：朱子固嘗辯呂大臨以中之一名指性，及以赤子之心爲未發之非，（語類九十七）然於呂氏之「未發前之心體昭昭自在」之旨，則實加以承認，故謂「呂說大概亦是」。又二程遺書程氏經說卷八，有中庸解一篇，據朱子語類卷六十二及九十七，謂聞之龜山，此文實是呂大臨所著，而此文則爲朱子所稱。今按此文即以未發爲本心，本心無過不及爲言。此文所謂本心，亦即其與伊川問答，所謂「昭昭自在」之心也。語類九十七又謂陸子靜力主此文爲眞明道之書，朱子謂「某所聞甚的自有源流，非預說也」看朱子確有據而說。然象山之所以爭此文是明道著者，亦正因此文之言本心正與象山之旨合之故。朱陸二人同有契於呂大臨，亦即二賢思想之一會合處。後當更及之。

指心體流行而言，非指事物思慮之交」，又謂「伊川所謂動，只似活字。」（語類九十六）而程子所謂思，亦或只如孟子之言「心之官則思」之思，則朱子所謂知，亦即相當于伊川所謂思。伊川所謂「心有指體而言者，寂然不動者是也。」此所謂心之「體」之本意，蓋只指此未發之性理；而心之自身，則指緣此性理而發用，以感而遂通處說。故凡心之有思有知，皆是發、皆是動，而此心之發之動中，即有此性理之內容，表現于此動此發之中。此即以心涵性理以爲一。于是伊川所謂心，亦可只有如朱子所謂之「心體之流行」，或「知覺不昧」之狀態，並無所謂「思慮之發」者。若以上之解釋爲是，則亦可調和伊川與朱子之異。觀程子言主敬涵養之旨，亦實與朱子之言主敬涵養之旨無別。故朱子于伊川之言主敬涵養者，亦從未有疑也。又若以上之解釋爲是，亦可多少調和朱子與五峰之異，因五峯之所謂「心爲已發，動則心」，此發此動之原始義，亦即心體流行或心之能表現此性，或形此性言，亦非指事物思慮之交發也。

上段文依朱子與伊川五峯三賢用名之異，以調和三賢之說。此只是一就三賢之言之密義上作一調和。若就三賢之明顯的立義用名上看，則依朱子之立義用名爲標準，便仍當說程子與五峯，未嘗能辨別心在事物之交之思慮、與心體流行或心自身之知覺不昧，其二者之不同；若于此二者，皆同稱之爲動爲發，則有用名不清之失。緣此用名之失，即勢必對心在事物之交之思慮上之工夫，與存此心之知覺不昧之工夫，亦缺少了一辨別。缺此辨別，則涵養致知之功，亦可相混濫，而二者輕重先後，亦不明。故五峯乃以察識爲致知，並主先察識而後存養；唯存養之功，至于與天同大，乃能有聖人之感而遂通，寂然不動之心體之呈現。然朱子則必辨此二者之別，並以吾人有此未發之心體流行，即見其寂而能感，而工夫之本，則在自覺吾人之有此心體，而涵養之。至于五峯言已發後之察識之事，固于伊川之論有所進。然依朱子之立義用名，仍當說伊川五峯只以心爲已發之言，爲有所未足，而五峯之已發後之察識，乃第二義以下之事也。故朱子已發未發之說一文，調和其與伊川之異之言，仍不如其與湖南諸公論中和書之逕謂此心爲已發，乃伊川爲說之誤，較爲直截了當也。但此書中，又言伊川自以爲未當而改之，此則仍是曲爲調停之論。朱子之謂伊川已改其說，其證據亦不充分，又更不如吾人之逕言朱子之言心有未發而又寂而能感之言，已有所進于伊川五峯只以心爲已發之言，爲合乎事實也。

然朱子之言有此未發而昭昭自在之心體，其要義並不是純理論的講心有如此如此之一面，其意乃在由此即可開出一工夫論，以免于氣稟物欲之雜。因依此心之有此未發之體，此心體中有一性之渾然之不偏體段在，則存得此心，人即可免于一氣質之偏。此心爲知覺不昧者，則存得此心，便可免于氣質之昏。又此心中尚無接物之思慮，則此中亦無人欲，故存得此心，亦免于人欲之雜。于是，主敬涵養之工夫，在朱子即皆所以存得此心。由是而學聖之工夫，即非如蘇季明之如何去思一未發之中；亦非如呂大臨之于「赤子之心之發而未遠乎中」上求中；再非如李延平之靜斂已發之心，以觀未發之氣象；復非如五峯之即心之所發，而察識其心之道之性，以由發透入未發而存之；而是：即以此現有之「未有思慮，而知覺不昧，一性渾然，道義全具之心體」之自存，爲一切工夫之本。依此工夫，人不須離心以求未發，觀未發氣象，故非溺于虛靜，又非只在發處察識，故不隨于動。此靜中之工夫，確乎有心體之昭昭自在，可緣之以感物有思慮，故靜而能動，亦動而能靜；寂自能感，亦感而能寂。此即朱子之所以進于伊川之只觀已發，不免于「反鑑」之弊者。（註一）然其精切之義之存在，則又不在有此一知覺不昧之心之本身，而在此心能長保此知覺不昧，則人得自拔于其氣質之昏蔽與物欲之雜之外，使在中而無偏倚之性理，更能呈現，以發而中節，則得漸契于聖人之不思而中，不勉而得之境矣。此中，朱子言根本工夫之要點，在對性理本身無工夫可用，對心之本身亦無工夫可用，工夫只在「如何使此心爲一能呈現性理，以有其中節之發」。此即不外在由主敬涵養，以使吾心湛然清明，不爲氣稟物欲所雜，使渾然之性理，粲然于中；而更輔以格物窮理之事，以使此心恒得超于物欲氣稟之上，而唯向在理，藉外窮物理之學，以更明性理而已。（註二）本此朱子之工夫論，以觀彼求當下之心之外之未發，或在已發後察識者，則開始點已離心之本位，不能無偏，而氣質之偏蔽，亦將隨之而至。至于在接物而有思慮之發處察識者，依朱子觀之，此發處即原有氣稟物欲之雜，與之俱行；察識本身爲一發，則同不能免于此雜，亦不能免于此察識之不精。更緣人之察識，又可使人把捉其心之私欲，緣之以起。此即朱子之所以終必大反五峯以察識爲本，再事存養之學，與一切由心之所發以識心，更反求心體之論者也。

註一：語類六二：「楊呂諸公求之於喜怒哀樂之未發，伊川又說於已發處觀，如此則全無未發時放下底。今且四平着地，放下要得平帖，湛然無一毫思慮；及至事物來時，隨宜應接，當喜則喜，當怒則怒。喜怒哀樂過了，此心湛然者，還是未發之一般。方是兩下工夫，若只於已發處觀，則發了又去尋已發，展轉了一層，却是反鑑。」

註二：朱子大全答潘文叔：「理雖在我，而或蔽於氣稟物欲之私而不能見，學雖在外，然皆所以講乎理之實；及其浹洽貫通，而自得之，則又初無內外精粗之間也。」此即藉外窮物理之學，以內明性理之旨也。

九　胡五峯言察識之精切義與朱子對五峯言心、性、情、天理、人欲之名義之評論

此下先論朱子對胡五峯言察識之說之評論，以見朱子之所以有反對五峯之論，純由鑒于人心之所發，不能無氣稟物欲之雜，而五峯之言，在朱子視之乃未嘗眞注意及此雜之一問題者，故五峯亦未知在察識之外，重對治此雜之涵養主敬及致知窮理工夫也。

茲按胡五峯言察識，正上承明道、龜山、上蔡、重識仁之旨而來，而其言又更爲精切。如以識仁之一問題而論，明道龜山之以識得我與天地萬物同體之義爲言，或可謂對一般學者爲太高，無捉摸處而不切。然五峯于此，則有指點人如何反省以從事此察識，而切合學者之當下工夫之論。如知言載：「彪居正問，萬物與我爲一，可以爲仁之體乎？曰，子以六尺之軀，如何能與萬物爲一？曰身不能與萬物爲一，心則能矣。曰人心有百病一死，天下之物一變萬，子若何能與之爲一？居正竦然而去。他日某問曰：人之所以不仁，則以放其良心也。以放心求心可乎？曰齊王見牛而不忍，此良心之苗裔，因私欲之間而見者也。一有見焉，操而存之，存而養之，養而充之，以至于大，大而不已，與此天同矣。此心在人，其發見之端不同，要識之而已。」（宋元學案五峯學案）

按此段文之前一部份，即謂天地萬物爲一體之言，學者或難湊泊。然下一部份，即指出人總有與物相感，而見其仁心之流露處，便可于此察識，而自覺之，更加存養，即是一當下功夫開始處。由此存養擴充，以極其

量，即可心與天合。此即明較明道龜山言之渾淪者更切合于學者之用功，而無朱子所言之「太高」，學者無從捉摸之病者。又上蔡以知覺爲仁，朱子以爲或不免認欲爲理之弊。因知覺爲心之所發，乃連于具體事物者，而人之物欲或私欲，即可與原于仁而起之知覺，互相夾雜。然上引一段語，五峰乃要人于私欲之間而見良心苗裔，即要人于私欲中揀別出良心，故五峰又有「天理人欲，同體而異用，同行而異情，進修君子，宜深別焉」之語。五峰之爲此一言，亦是有見于人之自謂出于天理者，或不免夾雜有人欲行于其中，乃與純出于天理于行同而異其情。故當自察識其動機之出于天理或人欲。此即意正在醫治人之認欲爲理之病。朱子亦嘗謂「胡子之言蓋欲于天理中揀別得人欲，于人欲中揀別得天理，其意甚切。」此外五峰又有觀過知仁之說，亦即欲由人之自觀其過，而由其知過之心，以自知其仁，此乃更于「知過、知人欲之心」之上，識得仁或天理之一近思之方，其意亦甚精切。然朱子之終不契于五峰之言察識及言心性等者何也。吾人如細觀朱子之所以疑于知言之旨，其中有似純屬于對心、性、情、天理、人欲等名義之界說者，但歸根則在朱子之以察識之工夫爲有弊，亦不足爲本原上之工夫；而此弊則又皆由人之不免于氣稟物欲之雜，而察識之工夫又不足以救此弊而來者也。茲分言此二者于下：

所謂關于心性情等之名義之問題，即依朱子之意，性或天理，可稱爲體。性理爲決定是善，心則統性與情，而爲氣之靈。才、欲、則後于情而有。人欲則由人心昧于天理或心之不存天理而起，故直接無根于天理之善。此諸名之義，皆各有分界，不可相亂，亦不能直下皆一以貫之而說。然在五峰之意，則以心體之一名，兼涵心之道與性，及心之知或覺；人欲與合天理之行，即同此一心之所發，天理與人欲二者之差別，在一是依「仁者心之道」以好惡而發，一依己私以好惡而發。此差別在心之好惡之情，所依者之爲道或爲己私之不同，故亦可連貫一心而說。又在五峯意、心之性必由心而形，而表現于「好惡以道」之情。唯在人好惡以道時，此性乃得表現而完成，故此好惡亦即性。然人眞欲好惡以道，使其情與行皆合天理，自必當對「好惡以己私」之「人欲」加以省察而去之，而對其爲天理者，則當識得而存之，此即心之察識。此心之察識，亦即「心之對其所發，更加以主宰，以成其性」之一統體的歷程中之最重要之事。在此統體的歷程中，「本天道變化，與世俗酬酢，參天地，備萬物」，亦有其才、有其術。此中雖無私的人欲，亦有本其合天理之欲，以求主宰所接萬物之事。此才、此術、此欲、以及心之知天地宰萬物之事，亦同爲包涵于此心之成性之統體的歷程中者。由是而五峯有「聖人不病才、不棄術、不絕欲」之言，又有言「心者知天地，宰萬物以成性」之語。此中，當心之表現爲天理人欲之相對之階段，雖明有善惡之相對；然自此心體上看，却初無此相對。又自此心之能在二者間加以深別，以去其人欲之私，使其情、其欲、其才、其術，皆爲天理之所貫澈流行言，亦無此善惡之相對。此蓋即五峯以心之性非「與惡相對之善」之可名，乃謂性善爲讚嘆之辭之本旨。然此心性無善惡，天理人欲，同體異用，及心以成性之說，則同非朱子之所許。蓋朱子依其心性情才欲諸概念之分別，先界定性理爲善，心爲統性情，性情有別，而才欲又後于情而有，人欲乃欲之一種，非直根于心體；則固不能應許此心性無善惡，心以成性，天理人欲同體異用之言。故朱子亦嘗逕以「名言之失」評五峯也。（註）

註：朱子疑胡五峯之言，主要見其知言疑義，又全書卷二十五答劉子澄，卷四十二答胡廣仲，卷四十六答胡伯逢，及語類卷百零三，評胡五峯處。

十　五峯言名義之失，與對治氣稟之雜之工夫問題

然吾人于此如更自深處，追問朱子之所以疑于五峰之言之故，則根底唯在朱子之不許人之本此一「直上直下之即心以成性之統體的歷程」，以言學者之聖賢工夫。對此一歷程，應先可分爲段落，以看心之性之如何，心之是否成性，天理人欲之如何由好惡以分；而後存理去欲；工夫者何處下手方可得而定。依朱子之義以討論此諸問題，則在心之性之上看，不可言心無善惡；心之是否成性，當看此心是何心，心非必然成性；而心之爲何心，關鍵又在心所連之氣稟；其發之好惡之爲天理或人欲之所以分，關鍵亦在此氣稟。依朱子觀之，五峰于此等等，皆未能識，故只知以察識爲工夫，而未知涵養爲工夫之本。朱子之所以必反對五峰以性無善惡，心以成性，天理人欲同體之說，亦正在五峰之未知此氣稟問題之重要，故不能于此有一相應之工夫；而朱子之能知涵養工夫之重要，亦正在其能知氣稟之連于心性之故也。茲更稍詳之于下：

按朱子之所以反對五峰之心性無善惡之說者，此即因就心之體上看，或就心與其性之本身關係看；吾人皆不能籠統合心性爲一體；而說此二者之關係，又皆不可離人之氣質以言。自心所具之性理言，此爲一善之標準之所在，而其本身亦只爲善者。此性理之善，固初不與人欲之惡爲相對，然不得因其可超于與善之相對之上，而謂不可以善名之。因其自身雖不與人欲之惡對，然世間既有人欲之惡，與此性理之表現所成之善，相反相違以相對；則此性理之善，亦有與人欲之惡爲所相對之義，即必當有善之名，以別之，並表此性之本無有惡之善；不能如五峰之以性爲「天地鬼神之奧」便謂不可以善名之，而謂此善爲嘆讚之辭，性本無善惡也。依朱子

意此性之表現，與性理之自身，「雖有未發已發之不同，然其所謂善者，則血脈貫通」，（全書四十六答胡伯逢）故朱子答胡廣仲又曰：「天理固無對，然既有人欲，即天理便不得不與人欲爲消長；善亦本無對，然既有惡，即善便不得不與惡爲盛衰。……但其初則有善而無惡，有天命而無人欲耳。……孟子道性善只如此說，蓋謂天命不囿于物可也，以爲不囿于善，則非天之所以爲天矣。謂惡不可以言性可也，以爲善不足以言性，則不知善之所自本矣。謂性之爲善，未有惡之可對則可，謂終無對則不可。蓋性一而已，既曰無有不善，則此性之中，無復有惡與善爲對不待言而可知矣。若乃善之所以得名，是乃對惡而言，其曰性善，是乃所以別天理于人欲也，……今謂別有無對之善，此又善之所疑者也。」至于就此中之心言，心能呈現表現或實現此性理，則爲道心，此心亦只善而無惡。若心之動，違于此道，則爲不善之人欲之心。亦不能言心無善惡。至尅就具虛靈明覺之人心之本身而言，固可謂無善惡。然此人心，在實際上，不上合于天理，即下順于人欲。實際上之心，固仍或善或惡。而此中之關鍵，則在此心之必連氣而說。氣有昏明之別，則心之發，即有違理順理之別。言性無善惡，而兼謂心無善惡，即忘却心之既具此性理，而其所連之氣又有昏明之別。忘却氣之昏明，則亦將忘却所以直接致其明而去其昏之涵養工夫。此即心性無善惡之論，在朱子必視爲不可行者也。

知心之具此理，而氣有昏明，心之發有善惡之別；則于心之是否能成性之問題，亦不能一語直說。此「成」如是創成之意，則性理爲心所原具，固非心之所創成。五峰謂性爲「有而不無」，亦無由心所創成之意也。五峰所謂心之成性，蓋因性乃由心而形著于外，由心而呈現、表現、或實現之義。若然，則在朱子觀之，于性之是否由心而呈現，亦將依心之氣之昏明而定，亦即待于所以致其明，而去其昏之一涵養工夫之有無深淺而定，非此心必能成性，亦非直率此心，便能成性也。今泛說心能成性，則可使人于心之所發者，無論其是依于氣之昏者或明者而發，皆視爲可加以直率者，而又將不免忽此中心之未發之際之涵養工夫矣。

至于天理人欲，同體異用之說，謂同一心體之好惡之情，其依于道以生者爲天理，其依己私以生者，即爲人欲。此在朱子，乃視爲直將已發之天理人欲，並平等歸諸一心體之所發之說；此一心體，將兼爲此天理之善與人欲之惡之本原，則心體亦將爲善惡雜糅，而兼爲人欲窠子矣。此中朱子之評論，固不免于五峰有誤解，因五峰固可說：唯仁爲心之道，惟合乎天理之情，乃直承心體而有；人欲之好惡，則此心體之流行之落入己私而有；固非將二者平等的歸原于一心體，爲一心體之二幾（註一）之論也。然五峰即作此辨解，以朱子義觀之其同體之言，仍有病在。此即五峰之忽畧心之道之呈于心之用，必以心之氣爲媒介，而非一由心體而直呈爲用之事。因有此氣爲媒，即有氣之昏明。氣必清明，而後心之發皆合乎天理；氣有昏蔽，則天理不顯于心，而心乃或自陷于形氣之私，以成人欲。人于此，若不知心體之呈用，必連于氣之昏明以言，則不知天理人欲之所以分之關鍵，原不在已發之好惡上言，亦不在心體所具之性理上言，而在此心氣之昏明之能否實現性理上言。故不可以已發者兼有天理之善與人欲之惡之相對，而謂能發此二者之此心體之性，超于此善惡之相對之上，而爲無善無惡；亦不可對此已發之二者之或善或惡，並歸之于能發之之心體，以疑此心體所具之性理之善。當知在此心體之所具上看，「當然之理，人合恁地便是體，故仁義禮智爲體」（註二），此體上便實只有天理之善，更無

註一：朱子大全四十六答趙致遠有圖說明胡氏善惡二幾之失。

註二：語類卷百零一評論胡五峰之學處，方子錄。

人欲之惡與相對，所謂「豎起來看皆善，橫看後一截方有惡」（語類九四）是也。今不知此義，亦即不知使此「渾然之性理得粲然于心」之涵養工夫，方爲一切工夫之本。于是五峰之此說若不淪于只觀此心體之超善惡之一種觀心之論，即將歸至：于已發而異用之天理人欲上，更下察識之工夫。此即皆不能于如何使渾然之性理得粲然于心之問題上着眼，亦不能知：去氣質昏蔽之涵養工夫之切要。此專務言察識之工夫，尤爲朱子所致憾于五峰者。由察識以識心觀心，亦爲可緣重察識而生之弊，乃朱子言之累累者。然此察識與識心觀心之工夫，其弊之所自起，皆由其缺乏平時一段對治氣質之昏蔽之涵養工夫，而人之氣稟物欲之雜，乃隨其所用之工夫以俱流矣。此下再分別評之。

十一　朱子論只重察識工夫之弊

觀朱子書信中對五峰所傳之重察識，並于察識中就所識得之合天理者而存養之之論，致疑之點甚多。大要言之，朱子之意是謂：察識之工夫，只及于已發之動，而未及于未發之靜，而「心體通有無、賅動靜，故工夫亦通有無，賅動靜方無滲漏」（大全卷四十三答林澤之）；于此，若只「以察識端倪爲下手處，缺却平日涵養工夫，則意趣偏于動，無復深潛純一之味，而其發之言語事爲之間，亦常躁近浮露，無有聖賢氣象」（全書六十七已發未發說）此即功夫之有偏，而德性亦有偏，乃不免于氣象之偏，遂不能矯氣質之偏也。若于靜中之未發上無工夫，必待「發而後察，察而後存，則工夫不至者多矣」。「蓋發處固當察識，但人自有未發時，此處便只合存，豈可待發而後察，察而後存耶？」（全書三十六答張敬夫）此即謂要有深潛純一之味使工夫綿密，必于靜中有涵養主敬工夫。然此尚只是以涵養補察識之不足之言。至于涵養主敬之工夫，所以當爲察識之本者，則以先無涵養主敬之工夫，只言隨事察識，就其「善端之已萌」者，「有所覺知」，以「「自得施功」；則不知人未先有存養之功夫，不能有此自得，亦不能有深義之覺知（註一）；則其察識亦必不精，更不能保其察識之無差謬。故朱子與張敬夫書下文更謂：「初不曾存養，便欲隨事察識，竊恐浩浩茫茫，無下手處，而毫厘之差，千里之謬，將有不可勝言者。」又答胡廣仲（大全四十二）曰：「須是平日有涵養之功，臨事才能識得，若茫然都無主宰，事至然後安排，則已緩而不及于事矣」，故必「未接物時，便有敬以主乎其中，然後事至物來，善端昭著，而所以察之者益精爾。」朱子言在隨事省察，求有所覺知之前，必先有一段涵養主敬，而後方有深義之覺知，善端昭著；即意謂：必涵養主敬，以使心恒虛靈不昧，而後義理昭著，方能察識不謬，而有深義之覺知。是見在朱子涵養主敬之工夫，正即人于未發之際，所以謀自去其氣質之昏蔽之功夫也。

朱子所謂人在未應事接物時之主敬涵養功夫，儘可卑之無甚高論，初不外于「整齊嚴肅、嚴威儼恪、動容貌、整思慮、正衣冠、尊瞻視」，（註二）以至灑掃應對進退等所謂小學之功。然此小學之功，正爲大學之格物、致知、正心、誠意之本。故謂「誠欲因夫小學之成，以進乎大學之始，則非涵養履踐之有素，亦豈居然以夫雜亂紛糾之心，而格物以致其知哉。」此小學主敬涵養之功，固成童之所當先備，然亦學者一日所不能廢，而

註一：大全四十六答胡伯逢即重在以此言察識之非學者所能先事，故於此書中引明道之「人之制怒須先能忘其怒，方能觀理之是非」爲說，人必於觀理之是非，先有一段功夫，地位已高，才能有「此深一義覺知」，「不應無故而自覺」云云。

註二：語類十二。

當時時以之爲主者。（註一）此小學主敬涵養之功，不同于察識以及一切格物、致知、正心、誠意之功者，在其爲先自覺的，亦爲超自覺的工夫。此乃傳統儒者所謂、禮樂之教之精義所存。二程更以主敬涵養，即所以致此心之箇靜、淸明、高遠，使之理自然明之道。（註二）然世之學者于思辨察識上用工夫者，其最難之事，即是由其自覺反省的工夫中，再翻出，以肯定此一先自覺或超自覺的工夫，爲自覺的工夫之本。此一工夫之所以當爲本，正在吾人之先自覺的自然生命中，原有一依于氣質物欲而生之墮性。人之心靈之淸明，首賴于此心之有主乎此身之一面，以種種規矩約束此身一面，方能使此心惺惺了了。此種種規矩，有其機械的形式性，然其意義，則純是消極的爲對治氣質物欲之機械的形式而有，其目標只在呈現心靈之淸明，使渾然之天理，得粲然于中，則非可訶責。朱子重此自覺超自覺的工夫，爲一切自覺的格物、致知、窮理、正心、誠意工夫之本，乃意在：面對人之氣稟物欲之雜，而求有以磨鍊銷化之之道，而由下學以期上達。此中不能不謂有一極篤實精切而莊嚴之旨在。緣此以觀只重察識工夫者，唯于心在應事接物之「發」時，方加察識，並于此「覺而操之之際，或指其覺者，便以爲存」，即明爲：前面間却一段主敬工夫；而亦于所以「接之之道，不復致力」；則勢

註一：又朱子全書四十二答吳晦叔，「敬爲小學，今者未嘗一日從事於小學，而日必先致其知，然後敬有所施，則未知其以何爲主而言格物，以致其知也。」

註二：二程遺書卷十五「敬以直內，有主于內則虛，此道最是簡，最是易，又省工夫。卷六「涵養到着落處，心便淸明高遠」。卷十五「一者無他，只是整齊嚴肅，則心便一。則自是無非僻之行。此意但涵養久，則天理自然明。」「敬則自虛靜，不可把虛靜喚做敬，人居敬則自然行簡」（遺書十五）

必「一日之間，存者無幾何，而亡者什八九矣。」（全書四十三）至于對五峰之言「就本心發見處察而存之」，可至「與天同大」之言，則更爲朱子之所疑。故曰「今日已放之心，不可操而復存，置不復問，乃俟異時見其發于他處，而後從而操之，則所操者亦發用之端耳。于其本原全體，未嘗有一日涵養之功，便欲擴而充之與天同大，恐其無是理也。」是又見朱子之持敬涵養之工夫，乃純重在將今日已放之心，先收歸自己。放心不返，則氣稟物欲之拘仍在；則偶有此心之發用之端，亦只此端之偶見，固難必其可擴充至與天同大矣。

朱子之工夫論，當其反對五峰南軒之以察識爲本之說時，乃以涵養主敬之小學工夫是第一義，上已詳言之，此即如伊川之言：「入道莫若敬，敬以直內。」至于大學之格物致知以窮理，應是緣敬而來之第二義之工夫（註一）上文亦提及，此如伊川之言：「未有能致知而不在敬者」。至于就臨事時意念之發，從事省察或察識，以是是非非，而免于自欺，得自誠其意，自正其心，以應事物，則應是第三義之工夫，（註二）此如二程之言：「義以方外」。將三者相較而論，前二者皆平日之工夫。其中之第一，乃直接對治氣稟物欲之雜，以使心湛然清明，足以見理者；第二之格物致知窮理，則意在使心由知物之理，而超拔于物之形氣之上一層次；

註一：朱子晚年較不堅持第一第二義之先後，見本文下篇第二節。

註二：此三者中之前二者直接對外，間接對內，一與三皆直接對內，而有一動一靜，一有事一無事之不同。朱子養觀說：「靜中之知覺，復之所以見天地之心也；隨事觀省，是乃所謂動上求靜，艮之所以止其所也。」（全書六十七）又與胡季隨書言「涵養者，本謂無事之時，常有存主也。省察於將發之際，謂謹於念慮之始萌也；省察於已發之後，謂審之於言動之後也。」（全書五十三）此則又開省察爲二：一在將發，一者已發，然要皆發上之事也。

同時藉理以使其自心，得自位于氣稟物欲之雜之上一層次，而更以此理爲其第三義之察識、誠意、正心之所據。此三工夫，固皆朱子之所不廢。然此中之第三義必本乎第二義與第一義，其理由全在第一二義之能直接針對氣稟物欲。如其言「此心此理，雖本完具，却爲氣稟，不能無偏，倘不講明體察，極精極密，往往隨其所偏，墮于物欲之私，而不自知。是以聖賢教人，雖以恭敬持守爲先，而于其中，又必使人即事即物，考古驗今，體會推尋，內外參合。蓋必如此，然後見得此心之眞，此理之正。」（答項平父大全五十四）此言第三義當兼以第一第二義爲本也。朱子又謂：「當知凡一物有一理，須先明，然後心之所發，輕重長短，各有準則：若不于此先致其知，但見所以爲心，識所以爲心，泛然無所準則，所存所察，亦何自而中理乎？」（大全三十答張欽夫）此言第三義當以第二義爲本也。「近世之識心者，其靜也，初無持養之功，及其動也，又無體驗之實，但于流行發見處，認得頃刻間正當的意思，便以爲本心之物，不過如此，如此擎奪作弄，做天來大事，不知此只是此心之用耳。此事一過，此用便息，豈有據頃刻間意思，便能使天下事事物物，無不得其當之理耶！」（答方賓之大全五十六）此即言無持養或涵養與體驗，而徒致知以察識得此心；則其發出之正當者，終不得保存，亦不能應物而皆得其當以合其正則也。

十二　識心之說與氣稟物欲之雜

然朱子之不契于五峰以降重察識之論之理由，除以此非第一義之工夫外，彼復意言察識者，非以「識得事之理、心之理，而更存養之」爲工夫；乃是直接以心爲所對，欲求直接沿心之發用，以見得此心之體爲工夫。

此以心識心，以心覺心，以心觀心，求心體，更爲朱子之大忌。朱子意禪學之精神即如是，其疑于胡五峰之察識者亦在是。而其後之攻陸象山，則更純因朱子斷定其學近禪之故也。關于朱子之所以闢禪學與疑五峰攻象山之理由，初看是在說禪之于四端五典之理，不能該備，說心外無法，而實心外有法，（大全卷三十答張敬夫）說象山不務窮理，言察識者不知以窮理爲先；進一步看，則在朱子謂此以心觀心、覺心、識心之說，皆是在心之一時所發之用下工夫，此有裂心爲二之病；再進一步看，則此中有一心之自己把捉，所造成之紛拏迫切，使工夫不能成就；而自最深處看，則此以心識心、觀心、覺心，而加以把捉之者，乃是一私欲；若以此爲工夫，又必不免任氣稟夾雜，一任俱流，如泥沙並下，終成一大狂肆。此中姑不論朱子之疑于五峰而反對禪與象山之處，是否得諸家之眞，然要之其所以反對之故，亦唯在朱子之意此一類工夫中有私欲在，而于氣稟之雜之問題，未嘗正視而已。茲試稍詳以說明之于下：

按朱子早年著觀心說，即意佛家爲主以心觀心者。朱子于此文中反對觀心之理由，是說心乃「人之所以主乎身，一而不二者也，爲主而不爲客，命物而不命于物者也。故以心觀物，則物之理得。……聖人之學，非塊然兀坐，以守其烱然不用之知覺」；亦實不能更「有物以反觀乎心，此或心之外復有一心，以管乎此心。」又謂此「以心使心，如口齕口，如目視目，其機危而迫，其途險而塞，其理虛，其勢逆。」此猶是自心之爲主而不爲客，心之一而不二之義，言彼主觀心者，無異使一心自裂爲二，如「以此一物操彼一物，如鬬之相捽而不舍。」（大全四十七答呂子約）「心有二主，自相攫拏。」（大全五十四答項平父）。此亦即自「勉求觀心使心，無異心之自退自逆，以自迫，而終自塞其心之觀理之用，使理虛」；以言此觀心爲心之自障，而亦障理。

朱子于此，尚未嘗言及以心觀心者，果有何所得；更未及于此以心觀心者乃出于私欲之義也。

大約在朱子乃先意佛氏之說爲以心觀心，而本此意以觀胡五峰及他人凡不以涵養主敬致知窮理工夫爲先，而言察識者，即意其說，皆同此一類。故其答張敬夫書（大全三十一）謂「不知以敬爲主，而欲存心，則不免將一個心把捉一個心，外面未有一事時，裏面已是三頭兩緒，不勝其擾擾矣，就使實能把捉得住，只此已是大病，況未必眞能捉得住乎？儒釋之異，亦只于此便分了。如云常見此心光爍爍地，便有兩個主宰了，不知光者是眞心乎，見者是眞心乎？」此即明謂凡不以敬爲主，而言存心者，皆是欲把捉其心之類，而同于佛者。此即包涵五峰之察識之說在內。（註）唯此所引朱子之言：此心把捉自己，不必能得，徒生擾擾；亦尚只是自此工夫之不能成就上說。此外朱子所言同類之語如：「以心察心，煩擾益甚，」（答張欽夫）「以覺求心，以覺用心，紛拏迫切。」（答游誠之）「今乃欲于此頃刻之存，遽加察識，以求其寂然者，則吾恐夫寂然之體，未必可識，而所謂察識，乃所以速其遷動，而流于紛擾急迫之中也。」（大全四十七答呂子約）「只要想象認得此個精靈……若日一面充擴，一面體認，則是一心兩用，亦不勝其擾擾矣。」（大全六十四答或人）「這天理說得蕩漾，似一塊水銀，滾來滾去，捉那不著。」（語類百十七義剛錄）「又如水不沿流溯源，合下便要尋其源，鑿來鑿去，終是鑿不著。」（同上）「陸子靜學者欲執喜怒哀樂未發之中，不知如何執得那裏來」（語類

註：全書四十二答石子重「今人著察識字，便有尋求捕捉之意，與聖賢所謂操存主宰之味不同，此毫厘間，須看得破。不爾，則流於釋氏之說矣。胡氏之書，未免此弊也。」「若敬以所發之心，別求心之本體，則無此理矣，此胡氏觀過知仁之說，所以爲不可行也。」（大全四十六答黃商伯）

百二六）「心不能自把捉，自是如此。蓋心便能把自家，自家却如何把捉得他？」（語類一二〇）皆是言欲由察識心之一時之表現，以求得一寂然之心體或天理之自身，終不可得。然亦尚未及于以心觀心者果何所得，而謂其出于私欲也。

然朱子雖謂由心之一時之用，求見心之寂然之體，乃不可能之事，而見此心之光影，則在朱子又非以爲不可能。如上述之見此心之光爍爍地，或「閃閃爍爍在那裏」，「光輝輝地在那裏。」（註）在朱子則又嘗謂之爲「……回頭向壁間，竊取一霎時間己心光影，便爲天命之體也。」（大全五十一答潘文叔）「恍惚些間，見得些心性影子。却不曾仔細見得其眞實性，所以都不見裏面許多道理耳。」（大全五十三答胡季隨）「用心太過，意慮泯絕，恍惚之間，瞥見心性之影象耳。」（大全四十五答廖子晦）

然此由心之用，而把捉此心，或于此心見一些光影，或見其光爍爍在那裏，不見其中許多道理，畢竟又有何要不得？則追根到底，朱子所言者，正不外說此是一私欲，人不能緣此以去其氣稟之雜而已。何以知朱子乃意此識心、觀心、覺心之說，出自人之私欲，然後反對此說？此可首由吾于原性一文論朱子之道心人心私欲處見之。朱子嘗言：「雖云出自道心，但微有一毫把捉的意思，即未離人心之境；……動以人，即有妄，非私欲而何？自然從容中道，方能是道心。」朱子又言「說識字即有尋求捕捉的意思。」（上頁注引）朱子所謂由「識心」而有一切紛拏迫切，三頭兩緒之感，亦正由此中有一捕捉，而又不能遽得，然後產生者也。此外，朱子又謂佛家之求一死而不亡者，即「于自己身上，認得一個精神魂魄，有知有覺之物，便目爲己性，把持作

註：朱子年譜論學切要語卷二，又語類百十七答陳淳甫。

弄，到死不肯放舍，謂之死而不亡。是乃私意之尤。……改名換姓，自生自死，則是天地性中，別有若干人物之性，性各有界限不相交，更不由天地陰陽造化……」（答連嵩卿大全卷四十一）「豈曰一受其成形，則此性遂爲吾有，雖死猶不滅，截然自爲一物，藏于寂體之中……」「聖賢之所謂歸全安死，亦曰無失乎所以受乎天之理，則可以無愧而死耳。」（答廖子晦大全四十五）「非以實有物，可奉持而歸之，然後吾之不斷不滅等，得以晏然安處于冥漠之中也。」（同上）又曰：「釋氏之不見天理，而專認心爲主宰，故不免流于自私。」（答張欽夫大全三十）「釋氏……欲空妄心見性，惟恐其死而失之，非自私自利而何？」（答李伯謙，大全四十三）由此諸語，足見朱子乃意謂人之求把持此人之精神知覺，求其死而不亡，即是私欲。則一切在人之識心求心之工夫中，對自心之把捉捕捉之意，在朱子自必視爲出自私欲。朱子之所以反對此等識心之說，亦唯因其意謂此中人有私欲之雜，亦明矣。大率，在朱子之意是：凡言識心者，重在識心，而不重由涵養工夫，以使心足以見理，更由格物以窮理；即無異視理爲外，而不求知；便同于告子外義之論（註），而人亦不能升至氣稟物欲之雜之上一層次；于是氣稟物欲之雜，即與此識心之工夫，夾雜俱流。故曰：「古之學者，所貴乎存心者，蓋將推此以窮天下之理；然今之所識心者，乃欲恃此而外天下之理。是以古人知益崇而論益卑，今人則論益高，而狂妄恣睢也愈甚；則于義理之精微，氣質之偏蔽皆所不察，而其發之暴悍狂率，無所不至；其所慨然自任，以爲義之所在者，或未必不出于人欲之私。」（答方賓王，大全五十七）

註：朱子語類五十二德明錄「告子外義，外之而不求……只就心上理會……子靜不讀書，不求義理，只靜坐存心，却似告子之外義」。

由此上所引朱子之言，可見在朱子之意，此識心之教，即未嘗正面求對治此氣稟物欲之雜者；故依之爲學，其心之所發，即不免于不合理。朱子之反對象山，則亦歸根在謂：「其千般萬般病，只在不知氣稟物欲之雜。」又或謂其「雖說心與理一，而不察乎氣稟物欲之私，其發多不合理。」再或謂其「于義理之精微、氣質之偏蔽，皆所不察」，勢必「若得一個心，萬法流出，都無許多事」（皆見語類一二三），則「將一切麁惡的氣，都把做心之妙理，則其所慨然自任者，未必不出于人欲之私也。」（答項平父大全卷五十四）朱子又謂「只用窮一個大處，則其他一切皆通。……爲此說者，謂是天理，不知却是人欲。」（語類十八）「子靜……于心地工夫，不爲無所見，但使欲恃此陵跨古今，更不下窮理細密工夫，卒與其所得者而失之，人欲橫流，不自知覺。」（答趙子欽大全卷五十六）「使人顚狂粗率，日用常行，反不得其所安。」（答胡季隨大全五十三）是皆見朱子之所以不契于象山之只重識得一心之教者，唯是意其忽畧去除氣稟物欲之雜之細密工夫，乃自恃而自足，即自淪于人欲之私而已。

吾人以上順朱子之本意，說其所以疑于龜山上蔡之識仁之教，五峰之言察識，以及其所以反對佛家與陸象山之說，在根本上只有一個理由，即依朱子看來，此諸說皆忽視人之原始的氣稟物欲之雜，可與心之發用俱流之一問題，而其言其學，乃皆不能無弊。其弊之大者，即爲如佛之求守此知覺精神，以冀死而不亡之一私，如象山之只任一心之發，而歸于顚狂粗率。而其責象山之不務窮理，禪宗之心外有法，不能于四端五典，莫不該備，尚是其言之外表之一層。在根底上是朱子之以心之直接求自識其心，即是把捉之私，只重識心，必忽過與此心之發用俱流，種種夾雜。朱子所以必務窮理與涵養本原之工夫，即在其以唯有此工夫，方可對治此雜，使此心清明，義理昭著，然後可據理以爲察識其心之所資。決不宜直下先言察識之工夫，而招致把捉其心之私欲之起，更忽此氣稟物欲之雜種種之弊害。此即朱子之所以反對言察識爲本及五峰、禪宗、與象山之言之故也。

朱陸異同探源（下）

一　辨朱子所言察識之弊之不必然性

上章所述朱子在工夫論上，對其前諸賢及象山與禪宗之評論，唯是順朱子之意而說。本章則當進而討論其所評論者之是非與局限，並一討論朱陸之學如何可得其會通之郵。此中，吾首當畧及朱子評論佛學、禪宗、象山及五峯之言心，未能相應而說之處。如朱子之意象山爲禪學，並意想之禪學佛學之精神，即在把捉得一心之知覺精神，便與象山之學、禪學、佛學之本來面目，明顯不相應。根據吾于原性一文所述，佛學禪宗固言觀心，然觀心須知心之實性之清淨，心之空性，而把捉之執着之，正佛家之所破。今以把捉此心責佛學與禪宗，彼必不受也。又視佛學之超生死，爲只對現有之知覺精神，加以把持捉弄，到死不放，冀其死而不亡，以存于冥漠之中，則佛家當謂：此正吾所破之常我執也。至于以此責象山，更不相應，因象山正亦嘗以佛之只求一人之超生死者爲自私也。（註）今按象山之發明本心，乃發明一心即理之心。言發明此心，固亦許有窮理之事，前述象山之言，已可爲證。象山言發明本心，亦從無見此心如光爍爍之言，並嘗以告子之硬把捉爲戒（文集卷三

註：象山以義利辨儒佛，朱子語類十七德明錄，及語類百二十四當錄中，皆言及之。唯朱子以象山所言，尙是第二義；其第一義，乃在：佛說萬理皆空，儒則萬理皆實耳。

十五，語錄李伯敏錄）。象山又告學者「見有神明在上，在左右，乃是妄見。此見不息，善何以明？」（象山全集卷四）是見象山固未有對其一人之知覺精神，加以把持捉弄，冀其死而不亡也。至于善言察識之胡五峰，固有心無生死之言，然此無生死之心，乃在所發之知覺精神之上一層次，乃指以仁爲心之道，亦具此仁之理之本心，非一人之知覺精神之謂也。朱子之言聖賢只求無愧此理之義，即象山辨義利，只見義不見利之旨，亦五峰之言心只求盡道以成性之旨。至于此只求無愧此理，而自求盡道之心，是否必亦有生死，正亦難言。吾人于本文上篇已說其正當爲無生死者，而朱子于此，亦實未能作究竟說。朱子答何叔京書，首亦言「所謂天地之性即天之性，豈有死而遽亡之理，此理亦未爲非」。如順此義下去，則性理既不亡，聖人之心與性理合者，自亦當死而不亡。而人果有一具理而能盡道以成性之本心，亦正當皆同此無生死，而鬼神亦可謂實有也。無生死超生死之義，亦儒佛之所可共有，亦未必皆廢者。吾原性一文論王船山處已及此問題，並舉證指出朱子于此問題之未有定論，亦未必眞主斷滅，無有之論今不贅。唯朱子之言，對佛家五峰及象山之評論，雖未必與諸家之言之本旨相應，然當時之學者，蓋亦或不免有「必先有一見處，然後有以造乎平易」，（答汪尙書大全三十）欲由「遽時察識，以存其寂然之體」，「意日用之間，別有一物，光輝閃爍，動蕩流轉……乃向無形象處，東撈西摸，捕風繫影，用意愈深，而去道愈遠」。（答廖子晦書）或求「廓然之一悟」一「迥然超絕者」；（答汪尙書大全卷三十）以致由心識心之工夫，而「恍忽之間，見得一光輝輝之物事」或「一光景」者。朱子之早年，自謂見一大本達道之影像，亦此類也。則朱子之言，亦非無的而發。朱子之謂此亦爲一種人欲之私，更謂徒教人察識心者，亦可引致人之此私。是皆未嘗非一精切之見。大約人在對于世間名利私欲淨盡之後，人反而專在自己之心性上，用工夫時，人即原可循其平日向外攀緣逐取之物欲，所養成之心習，轉而求把捉執持此心性之自身。此乃人之私欲之最後一關，實亦不易破除。其所以難破除，在此一私欲之初起，只是一人心自然有之一回頭之自覺，人初儘可不自覺其是一把捉之私。大約此回頭之自覺，在自事物拔起之外，更過了一分，便成把捉之私。朱子語類卷二十謂上蔡說仁曰：「試察吾事親從兄時，此心如何」。卷三五曰：「前面方推這心去事親，隨手又便去尋摸取這個仁；前面方推此心去事兄，隨手又使一心去尋摸取這個義，是二心也。」此摸取仁義于後，而不見此當事親從兄之理于前，直以此心順此理而行，便是由回頭自覺，而淪于把捉之私之始幾。世之學者蓋罕能知此義。朱子則深有見于是，其所以斥責一切識心之論，與孟子說心以來而有之一切「求心之病」（語類十九）（註），蓋皆意在于是。而由人之回頭自覺，向後尋摸，至于「見得」一心之虛靈知覺之光景後，更自宅其心于其中，把捉所見，又足自怡悅；則其破除尤難。至于此人之本來未有回頭之自覺，而有所「見得」者，亦恒不免于自期其能于此先有所「見」，以爲其功夫之欛柄。然在朱子看來，凡此一切「先求有所「見」，待有所「見」，然後下工夫」之一念，已是一把捉之私。蓋德性之工夫，原不能有待。謂必先有所「見」，然後有以造乎平易，以及謂必「發而後察，察而後存」，在朱子觀之，即皆爲有待；未得此所待而欲求之，即是去把捉之私。又人偶有見處，縱是實見，若便生自負之心，以爲自家之言柄足恃，乃當下直情逕行，如王學之末流，此又是把捉舊日見處之私。若依朱子之意，則人亦不當待有見處或對舊日見處，而對之有任何把捉之私；而當知當下未應事接物時之主敬涵養，下至正衣冠、尊瞻視，即是一最切實之工夫。而隨事格物窮理，亦是工夫。

註：語類十九論語不說心，只說實事，孟子說心，後來遂有求心之病。

用此諸工夫，要在時時見得當然之「道理在面前……立即見其參于前，在與則見其倚于衡，皆是見得理，此不成有一塊物事光輝輝地在這裏。」此諸工夫亦皆實是能去氣稟物欲之雜之事。于此，人眞下工夫一分，即必然有一分去氣稟物欲之效。而可使人當察識時自然察識益精，以自有其見處者。然凡此所謂見處，自其爲一時之所有言，亦只是一時之見。人之此見，乃此心之用；此用亦可「一過便息」。如禪宗之開悟，悟後之境，亦不能長保；又如儒學者之一時憤悱，亦不必能長保。即其明證。故一切工夫，仍要退而在平時之日用尋常之主敬涵養隨事格物上用，方能隨時有以去其氣稟物欲之雜，以使人之臨事察識，自然益精。則人之欲其察識之精，而求有見處者，亦當承認此朱子所言之二工夫之重要。循此以觀朱子之教，則其疑于以察識爲本之教，而意其不足，而謂人不當重此有見處，而易之以涵養主敬，致知窮理之教，則其言固又明有所進于昔賢。此又正由朱子知人之「待察識以施功」，其中即有一病痛；並知先有此涵養致知窮理之工夫，乃所以使人免于氣稟物欲之雜，以成此察識之精者之故。然凡此等等，又正可合以見朱子之察識之精，故能察識及：「于氣稟物欲之雜于一般之察識中」，亦察識及：「察識之有待于涵養主敬致知窮理之處」；方有此以涵養爲本，窮理爲次，察識爲三之三義之工夫論也。由此觀之，則吾人眞重察識，亦當循朱子之此察識之精處，以了解其言之切義之所存，而吾人對朱子之所言者之正面價值，固亦當全盤加以肯定也。

二　辨察識之工夫之獨立性

然吾人欲曲盡此中之理蘊，則又當更即循吾人方才所言之朱子之察識，能察識及本身之弊害等處，以更了解察識之所以爲察識之性質。朱子之能察識及察識自身之可有其夾雜與病痛或其自身之弊害；則人之察識，固亦應皆能察識其察識自身之弊害。此即同于謂人之察識本身，儘可有不同之層次，而可自己批評其自身，然後察識之弊害乃亦爲察識之所能自見。但如察識之弊害，亦可由察識而自見，則察識即非必然有此弊害。朱子謂因人有氣稟物欲，故有涵養與致知窮理之功者，其察識必益精，此吾人固無異辭。然是否無事先之涵養，主敬致知窮理，則其察識之本身，即必然爲氣稟物欲之所雜，則是一眞實問題之所在。今吾人若眞承認：察識亦能察識及其自身之所雜，則此察識，即明可居于其所雜者之上一層次，而可超于此所雜之上以自運行，而無朱子所言之弊害者。若然，則謂必待識而後存固不可，然謂必待涵養窮理，而後人乃能從事察識，以免于氣稟物欲之雜，亦同不可。吾人觀朱子後來之論，雖在義理次序上似仍當以涵養主敬爲本，然在用工夫次第上，則漸不主一定之先後。前文註所已引及之語類卷一一五，謂「涵養、體認、致知、力行四者，本不可有先後，又不可無先後,當以涵養爲本」。此後一語即自義理次第說涵養爲本,前一語即自工夫次第言其無先後也。朱子又或謂「痛理會一番」，「須先致知而後涵養」，「理不明，持守也是空」。（均見如語類卷九）「須得窮理而求得放心」（語類十九），則是以致知窮理爲先矣。故又謂「須先涵養淸明，然後能格物……亦不必專執此說」，（語類十八）「某向時亦曾說未有事時涵養，到得有事却將此去應物，却成兩截事」。（同上）總之「未發已發，不必太泥，只是既涵養，又省察，無時不涵養，無事不省察。不曾涵養，亦當有省察。不可道我無涵養工夫，後于已發後更不管他。今言涵養，則曰不先知理義底涵養不得；言省察則曰無涵養，省察不得。二者相捱，却成躭擱。」（語類九二）依此朱子後來之論，則涵養省察之工夫，固可相輔爲用，亦可各獨立進行。果可獨立進行，則亦未嘗不可獨立進行而無弊。而五峰之特重察識，則亦應無不可。察識之工夫本身，是否可單獨進行無弊害，關鍵亦儘可不在其前之涵養窮理之工夫有無，而可只在此察識之本身之性質，如吾人方才所言之此察識之是否能運行于其所夾雜之氣禀物欲之上一層次。如察識之運于此上一層次，乃可能之事，如朱子之察識及察識之弊害，即是其例。則察識固自可爲一獨立工夫也。此中吾人不須主張察識之必無弊害，只須主張察識可無弊害，即已足夠建立察識之可爲一獨立進行之工夫。在下文，吾當更言前于朱子之諸賢，其言識仁與省察工夫，如善解其意而用之，即皆可無朱子所說之弊，而學者之特重察識之工夫，亦即未嘗不可。次當論：如只從工夫之弊害上說，則朱子之涵養主敬與致知窮理之工夫，亦未嘗不可有弊。涵養主敬，致知窮理與察識之工夫，在其皆可有弊、亦可無弊上說，其地位亦原平等。然此一切工夫之弊之根原，又皆不在此一切工夫論之本身，而在學者之對之之誤解與不善用之之故。今若只自學者誤解與不善用上說，世間亦無不弊之工夫。然人之求去除此三工夫之弊，更有一根本之工夫，此即爲自昔儒者與朱子象山所同重之「誠」、「實」或「自信」之根本工夫。若人能識得此根本工夫，則于象山之依本心之自明或發明，以言立志自信，即可見其實義。又朱子于此本心之存在，則在其心性論上與直相應于此心性之工夫論上，亦未嘗不求加以肯定唯在其宇宙論與一般之工夫論上，又不能于此加以肯定。故于此吾人唯有順朱子之心性論，與直契于其心性論之工夫論之路數，以求一會通朱陸之郵。此爲吾人可逐步求得者。此下即擬將此三者，更一一分別說明之如下：

所謂朱子所言察識之弊害，可有而不必有者，即吾人之用察識之工夫時，儘可不先說「要待察識有見處，然後能造乎平易」等。吾人之用此工夫，儘可在事先無「欲把捉一見處」之私，更無別求一寂然之體，或見一光爍爍之本心之意，則亦無不能把捉己心之私。吾人之察識，儘可是即事而用工夫，然又非即事察事，亦非即事察心，而是即事察心之理之所存，並順此理以生其心。由此中有心之順理以生，即使吾人之心，直接居于具體事物之上一層次，亦使吾人之心居于氣稟物欲之雜之上一層次，便可免于朱子所言之察識之弊害。此中之識之一字，亦決不涵捕捉之義。朱子之謂識字即涵捕捉之義，亦明非其前之宋儒用此一字之通義。此字之義，在宋儒自明道言識仁以降，蓋皆當順孔子所謂默識之識去了解。（註一）孔子之默識，正當爲一無言之自識，而自順理以生其心者，固非往識一事物、一對象、而涵把捉或捕捉意味之認識也。明道言識仁，明是謂于渾然與物同體之心境中，求識得此仁之理。（註二）今若吾人緣此義去看上蔡、龜山、五峰。所謂識仁或識心之道之義，而循其本意，在教人識事之理與心之理，去作工夫；即皆可使人直接超拔于氣稟物欲之雜，居于其上之一層次，而可無朱子所言之弊害矣。

譬如以龜山之就人之疾痛相感以言萬物與我爲一爲仁體，及上蔡之就痛癢相關之知覺爲仁之言而論；此皆顯然出于明道「仁者渾然與物同體」，其心「廓然大公」，及其以痲木爲不仁之旨，與伊川之「人能至公便是

註一：語類一一八謂體認自家心是甚。纔識得，不操而自存。又語類一二一對心體只是要認識他，則朱子用識字亦有默識之一義也。

註二：以此例明道所謂學者先有知識，亦即此意，上蔡龜山以及五峰之察識之識，皆緣此而來。朱子全書四十四答胡廣田謂「明道所謂先有知識，只爲知邪正誠趨向耳，未便爲知之至也。」實則此明道所謂知識，固非朱子心中之知之至，然亦非抽象的知正邪趨向，而正是即具體事而識其理之謂也。

仁」之旨。（二程語錄可學錄）凡此所謂物我一體、公、及知覺之概念，如視作仁之定義看，蓋皆不如朱子定仁爲心之德愛之理之精切。朱子謂其皆不足以訓仁是也。然如吾人只視此諸言，爲指示人以識仁之方看，則未必有朱子所言之弊害。朱子之視此諸言爲可有弊害者，蓋在此中由心之公而及之「天地」，「己與萬物」及「痛癢之知覺之所覺」等，皆分別爲具體事物。吾人如著念于此諸具體事物，又生心動念，不能無氣禀物欲之雜，則此諸言即可引致吾人上文所言之種種弊患。朱子之意固未嘗不是。然吾人今只另下一轉語，即若吾人是由此以反識「吾心之所以能若是」之仁之理，則此全部弊患，即皆可無有。于是此中之諸言，是否皆爲仁之一名切合的訓詁。亦無大關係。如「人與人之痛癢相關之知覺」，或「以物我爲一體」與「心之公」，此三名固不同其所指，或亦皆不如「愛之理」一名所指者之精切；然而皆不礙吾人可緣之識得在其名之所指中，有一愛之理或仁之存乎其中。仁之理本身爲超乎氣禀物欲之雜之上之外者，此原爲朱子所承認。則人心之識此理，即當下可使其心超乎其氣禀物欲之雜之上。人之識其理，當下即是一使之超乎其氣質之昏或氣禀物欲之雜之上之工夫。則此即事察識，知其心之理，而存養之，豈非一「雖未嘗意在求去氣禀物欲之雜，而自然去此氣禀物欲之雜」之一純正面的工夫乎？此一即事察識，以知其心之理，而存養之工夫，在胡五峯所舉之孟子書中所載齊宣王由見牛而生不忍之心之例，尤爲親切。齊宣王見牛不忍，乃其已往所經之事，而孟子即告之自反省：在其有此事時，其心之爲一如何之心。齊宣王亦終知此乃一不忍之心。孟子即告以當本此不忍之心，以推及于民。此處，齊宣王誠順此「對其自己已表現之不忍之心所察識而得」之「不忍之理」加以存養，以擴充其不忍之心，此即齊宣王所以入于聖賢之途之道路甚明（註）。然則由察識而存養之工夫，正是孟子之工夫。孟子未嘗言朱子之一套。如何涵養得知覺不昧之工夫，亦未嘗言先致知窮理之主敬工夫，而恒唯隨處教人自反求其心之所存而擴充之。此由察識以存養之工夫，正爲孟學之正傳，而原在儒家之思想史中，爲一可獨立進行之一套工夫亦明矣。

此由察識而存養之工夫，其所以可爲一獨立進行之工夫，在察識而得其心之理，更存養之，即所以使人順理以生其心，于超于氣稟物欲之雜之上一層次。此察識而存養之工夫之切實義。在就此心此理之已呈現處，而順其呈現，以下工夫。此乃不同于在致知窮理之工夫中，其理尚未知，亦不同于涵養主敬之工夫，只所以致心之清明以足以見理者。朱子重此後二工夫，乃謂理之呈現于心，須以此二工夫爲事先之準備，其目標固仍在理之呈現于心。今在理已呈現于心處，從事察識，其由察識所透入者，正是朱子欲由涵養主敬致知窮理之工夫中以使之呈現之理。此察識之工夫，依上文所說初屬第三義。然此工夫中所見之理，則不屬第三義，而即朱子之本心中所具之理，亦主敬致知之工夫所欲呈現之理，而爲其第一義第二義之工夫之目標所在者。此察識之工夫，乃直接以理之呈現于心者爲所識，便應爲第一義。而朱子所謂第一義第二義工夫，乃爲助成此理之呈現于心而有，則亦可說爲第二義以下之事矣。至于由察識而存養，乃順理之呈現于心，而更致其相續之「呈現」或「現」，以逐步擴大。此即是「現」「現」相生。如前「現」不差，後「現」自亦不差。此中，後現不須把捉前現，而前現亦自爲後現之所依，以相續生，則泉源混混，不捨晝夜，其流行即可達沛然莫禦之境矣。至于在此

註：語類十八德明錄：「齊宣王因見牛而有不忍之心，此蓋端緒也。就此擴充，直到無物不被，方是致與格」則朱子固有此意也。

流行中之氣禀物欲之夾雜，人固不能自保證其必無。然此心之存養而擴充，既在氣禀物欲之上一層次進行，而心之理，日隨此心之充擴而日現；則人應亦可益能自照見其夾雜，而察識自能益精，克治之功亦日勤；如清流日升，而昏濁日沈，清流向于前，則昏濁落于後。若然，則謂此由察識而存養之工夫，不能單獨進行，以使氣禀物欲之雜，自然得其化除之道，亦非也。人于此若必疑其察識之或有差，乃併其不差者，而不加以存養，唯退而從事朱子所謂涵養主敬之功、格物窮理之事；則此亦正可爲一工夫之懈怠。如清水既流，乃自窒其流，謂俟吾將來之水澄清，然後可流，豈不翻成工夫之懈怠？此如當齊宣王之已自識其見牛而欲以羊易之心，爲一不忍之心，而正欲順之以充達之以保民而王之際；孟子又立即告之以此保民而王之心中，可能有氣禀物欲之雜，當暫停此心，以從事涵養致知；此何異斷此宣王向道之幾乎？誠然，當宣王已知存養其保民而王之心之後，孟子固亦可如朱子之更教之以平時涵養致知，以去其夾雜。又若宣王無孟子之指點，不知于何處識得其心之合理者而存養之時，亦可先姑教以涵養主敬與致知窮理之功，以俟其有朝一日有此心之發，而自識自存。宣王亦不當謂待我有識處、見處，然後有工夫可用。此即朱子之補此二段工夫之切實處。而朱子之反對必待有見處，然後有平易工夫可用，反對待發而後察，察而後存，其旨固吾人前文之所亦嘗代爲發揮者也。然在人有可察識處，乃不識之而存之，謂爲當先自疑其有夾雜，以退而從事涵養致知，則朱子亦未嘗能爲此言。蓋人若因不能自保證其發之不差與識之不誤，乃恒自疑其發之有夾雜，遂謂必先退而從事于涵養致知；則須知此涵養致知之工夫，何時能完滿，使發皆無差，察皆無謬，亦非吾人之所知。朱子謂：「若必待發而後察，察而後存，則工夫之不至矣。」此言固善，然吾人亦同可言：若人必待涵養致知，工夫完滿而後發，發而後察，則終身亦無敢發敢察之日矣。此即朱子之所以亦終必歸于謂「涵養省察，不可二者相捱，却成躭擱」，不可道「我無涵養則省察不得」也。然若無涵養仍可省察得，則如五峰之特重此察識之工夫，固非必不可，而亦非必然有弊者矣。

三　辨朱子所言之主敬致知之工夫，亦可有弊，並論無必然不弊之工夫

至于言此諸工夫之弊，則察識之弊，在識之不精而不見及其氣禀物欲之雜，以及欲把捉此心等，朱子已言之甚備。吾文上節亦只辨解察識之以心之理爲所識，更存養之，而順理以生其心，則亦可無弊；而未嘗謂察識必可無弊，故吾人于朱子之察識可有之弊，亦可全部加以承認。然朱子所補之涵養致知之功，是否即必無弊，此亦同是一問題。吾意是此涵養致知之工夫之是否有弊，亦當視吾人之以何心情從事涵養致知，及涵養致知之所得者爲何以爲定。此同于謂察識之是否無弊，當視所識得爲何，識後如何用工夫以爲定也。

茲先以主敬涵養之工夫而論。朱子于此工夫，重在日常生活上用。如其答林擇之書謂「程子言敬，必以正衣冠尊瞻視爲先」云云。吾人于此便須知，若吾人是賴此等事，以使自己清明在躬志氣如神，或此常自醒覺，此固可去氣質之昏蔽。然人于此如着念在此動容貌、齊顏色之一定習慣之養成，以正其衣冠、尊其瞻視于他人之前，則此亦未嘗非出于氣禀物欲之私，而同于荀子所斥之子張氏之賤儒者。又人之由整齊嚴肅以主敬者，亦未嘗無陷于拘束矜持之病。朱子亦嘗論：此病由于乃「將此敬別作一物，又以一心守之」而來，「若知敬字只是自心當體便是，則自無此病矣」云云（註一）。又嘗謂「不格物，只一個持敬，也易做得病，……亦易以昏困。」（語類卷十八）「常要提撕，令胸次湛然分明，若只塊然，守着個敬，却又昏了。」（語類一一四）又辨死敬

活敬之分。（語類十二）今按此人之主敬，可有將敬別當作一物成死敬之弊，亦正如朱子之謂言察識者，其以一心察識一心，便有使此心「迭相窺看」，「外面未有一物，裏面已三頭兩緒」之弊，相類似；亦與由察識而欲識心之本體，于心外見一心，光爍爍地之弊，相類似而亦皆同有一把捉之私。然人之能知此皆爲私，又正緣于人之察識。人之以一心察識得一心之爲私，而于一心中，自分主客，亦非不可說。朱子晚年，亦固自言「知得不是的心便是主，那不是的心便是客。」（註二）而其又言以前者爲主以治後者之客，則亦意許一心察識一心，非皆出于把捉之私矣。朱子既不以人之主敬之可有弊，而能知此弊者乃是人之察識，遂謂主敬之功可廢，謂人當先有察識而復能涵養；然則固亦不能以察識之有弊，遂謂必先涵養而後能察識矣。至如朱子之言格物窮理以致知，必理明知至，而後可言深義之覺知或察識，否則未易言自得之功（註三），又不免有「好徑欲速」「過高」之病。此言固亦是。然是否格物窮理以致知之言，即無其他之弊，亦是一問題。如以陸王之觀點言，則人之格物窮理以致知，即可視物爲外，視理爲外，人乃逐物、逐心外之理而不知返。此雖非即朱子之教之本旨，然受朱子之教之學者，固嘗有此弊矣。又朱子之言格物窮理以致知，是否即無過高之弊，亦甚難言。如朱子謂必「即凡天下之物，莫不因已知之理，而一一窮之，以求至乎其極，至衆物之表裏精粗無不到，然後吾心

註一：語類卷五十三答胡季隨。按持敬易犯矜持之病，伊川早已言之。如二程遺書三，言不可矜持太過，又言忘敬而後無不敬。

註二：朱子語類卷十七僩錄

註三：語類卷四十六答胡伯逢。前已舉其義於上章第八節註。

之全體大用無不明；爲格物窮理以致知之功，有此功然後可從事省察之誠意正心之事」云云。在陽明觀之，則此乃聖人：「盡心知性，生知安行之事，非初學所能得。」（傳習錄上）陽明遂謂此朱子所言之工夫，遠不如其致良知之工夫，唯要人就其所知之意念之善而存之，所知之意念之惡而去之者之易知易行。此陽明所謂自知其意念之善惡之致良知之工夫，正類似朱子所謂「覺知」或察識之功。則畢竟言覺知或察識與言格物窮理，孰爲過高，亦看此二名所指之工夫之境地而定，初不能有預斷之結論可得。是見朱子之言，必以吾心之全體大用無不明，爲致知格物之功，亦未嘗無過高之弊也。依陽明以觀朱子之意，明在：使人于其致知格物工夫中，即做得聖人之事，而其心意之發，更無差誤；此正可使人在所言之誠意正心中，無實工夫可用。則陽明如謂此乃好徑欲速，又何爲不可乎？

然如理而論，則一切所謂過高之言，是否有弊，實又皆不定。如言之過高，而唯啓學者好徑欲速之心，固爲一弊。然必以過高之言爲有弊，而務說切近之言，亦未始無弊。孟子時人固嘗以孟子之言「道則高矣，美矣，宜若登天然，勢不可及矣。」然孟子答以「大匠不爲拙工改易繩墨」，則義之所在，理之所在，卑近者固不必推之使高使遠，高遠者亦不可必抑之以成卑近。人慕高遠而好徑欲速，與貪切近而安于卑瑣，二者厥弊唯均。然此弊害之起，又不在言之高遠，亦不在言之切近，而在學者之聞其言者，如何會其意而用其心。如聞高遠之言，而求自拔于卑瑣，聞切近之言，而自勉于循序以進，則厥德允攸；而高遠之言，切近之言，又皆可無弊。則必尙高遠而輕切近之言，與尙切近而廢高遠之言，則又同皆不能無偏，而有弊矣。然尅實言之，則此一切言之弊，仍皆只是原于學者之不善會其意，而未能善用其心而來。對善會其意善用其心者，則又不只高遠之言，切近之言皆無弊。即鑑于學者之尚高遠而輕切近，乃姑爲切近之言，而暫廢高遠之說，如朱子之力戒高遠之言之類，對之亦無弊，因其可知朱子之意在教學者之循序以進也；同時于朱子所疑爲過高遠之言，如明道象山之論，對之亦無弊，因其知其意在使之自拔于卑瑣，亦不視其言之必有弊矣。反之，如不善會言之意，不知所以善用其心，則天下亦實無不弊之言。人之不善會意、不善用心，其歸根唯在朱子所謂人之不能無氣稟物欲之雜，而連此雜以知言，而後天下之言乃無不弊。欲知言而忘其言之弊，亦唯有不連此言之與人之氣稟物欲之雜相關聯而生之弊，以知言，而唯就言之本身之正面意義以知言而已矣。此即吾人之所以于朱子之言，可全幅加以承認，而仍不疑于龜山上蔡五峰之察識之本旨，而可兼言其言之故也。

四　辨誠信之工夫與本心之二義

吾人上文謂天下無不弊之言，而一切言工夫之言，無論言省察、涵養、言致知窮理，又無論其言之對學者爲高遠，或切近，學者如不善會其意，不善用其心，則皆無不弊。然此其咎責，唯在學者之氣稟物欲之雜于其心，而不在此言。蓋凡此工夫，原皆所以直接間接去此氣稟物欲之雜，而言之之後，聞者乃或更又濟以氣稟物欲之雜，以誤用工夫則天下事之無可奈何者，亦見天下之言之效，必有時而窮者。然天下之言之效，必有時而窮，而人之實際用工夫之事，則亦並不以此言之效之窮而亦窮。人之眞實際用工夫，而欲免于聞言而誤用工夫之弊者，則此中固亦有一工夫。此即「將一一所言之工夫，離言以歸實，務求其工夫之本身，如何得相續，不以氣稟物欲之雜，而誤用此工夫，以致弊害之起」之工夫。此一工夫，即一切工夫之運用之根本工夫。此根本工夫無他，即朱子與象山所同皆言及之誠或信或實之工夫而已矣。

此求誠或信實之一工夫之所以爲根本，在一切工夫之所以有弊，皆緣于其有不實或間斷之處而來。如以察識之工夫而言，察識此心，而至于欲把捉此心，則此工夫有弊。然此弊何由生？是則唯由此時人雖由察識，以求識其心之理，尙未能即實循此理以生其心而來。人不實循此心之理，以生其心，而把捉其自己之心之自私之欲乃起。而此自私之欲之起，亦即此理之不實有于心也。又如以涵養主敬之工夫而言，如人之整容貌、齊顏色而不以之爲「清明在躬，志氣如神」之資，遂轉而着念在容貌顏色之本身，以求尊其瞻視于他人之前，則是此心之清明之沉墜于容貌、顏色之整齊之中，而自間斷其清明矣。再如涵養主敬，而視敬如一物，以把持之，則是此心之自離于敬之外，而自外還求把持此敬，使心與敬間，生罅隙，而相間斷矣。再如格物窮理，而視物爲外、視理爲外，乃向之追逐，成逐外之病；亦由心先沉陷于物，乃意彼物外于我身，復意我之心乃只在此身之軀殼中。身物既相外，人于此乃不知「即物窮理，是此心之順物以知理，亦通達乎物以知理，此中物與理乃隨心而俱現，即外即內」之義，遂有此逐外之病。然此逐外之病，由于此心先外陷于物，再回顧此心，如只在此身之軀殼中，以使身物相外而來，亦即同于謂其由吾人之「順物以通達乎物」之窮理工夫之間斷而來。由此以觀，則知此上所述一切工夫之弊，皆由工夫之間斷，有所不實，然後依于氣稟物欲之雜之種種弊害，隨之以起。一切工夫，原皆所以直接間接去心之弊患，弊患不同，則工夫原非一端。如執一工夫，以去不同之弊患，則工夫自可有弊。然此執一工夫，不知隨心之弊患之不同，而以之相輔爲用，致以所執之一工夫，爲其他當有之工夫之礙，亦是使工夫成虛而不實，自生間斷者。若人之工夫，能處處皆實而無間斷，則一切工夫之弊，亦即無起之可能。故此使工夫皆實而無間，即一切工夫之運用之根本工夫之所在也。

此使一切工夫相續無間而皆實之工夫，即孟子所謂思誠之工夫，或「有諸己之謂信」之工夫；中庸所謂誠之之工夫。程子之言誠敬，亦謂「敬則無間斷。體物不遺者，誠敬而已矣，純則無間斷」。（遺書十一）又言「學者須自信」（遺書十八）而朱子亦常言誠為實理，信亦為理之實有諸己之于「實則無間斷，聖賢教人只是要救一個間斷」（語錄一二一）。乃通天人而言，信則為人所為之實云云。陸象山亦言「千虛不博一實。吾平生學問無他，只是一實。」（文集三十四）而隨處言「實理、實事、實德、實行」（註）。朱子謂必理見于心氣之流行，事物之流行而後實。象山亦謂必心與理一，而後誠而後實。二賢于此，亦原無異說也。

然此求誠求實之工夫，乃意在使吾人之工夫能相續無間，而不雜于弊害，亦即求其工夫之純一而不已。然此純一不已，又如何眞實可能？則人儘可謂：當下暫得之純一不已並不能保證未來之純一不已，則相續者終可斷，不雜者終可雜。人于此如念其可斷，則此念即可使之斷；如念其可雜，則此念已為雜念。吾人亦不能保證此當下已有之雜念，不更生于來日，使此來日之工夫，亦時斷而時雜。由實際上看，人在工夫歷程中，固亦時斷時雜也。此即必須賴于吾人于其斷時雜時，或知其可斷可雜時，同時更有一自信：即雖斷而吾仍能使之續，雖雜而吾仍能使之純。或于當下立一志曰：今既續，如再有斷，吾必更使之續；今既純，如再有雜，吾必更使

註：象山全集卷一與曾宅之：「心，一心也；理，一理也。至當歸一，精義無二。……萬物皆備於我矣，反身而誠，樂大焉。此吾之本心也。……古人自得之，故有其實，言理則是實理，言事則是實事，德則實德，行則實行。吾與晦翁書所謂古人質實，不尙智巧，言論未詳，事實先著。……以其事實覺事實。」

之更純。或曰：今既續，吾唯求使之如其續；今既純，吾唯求使之如其純。然人此志之能立，正本于吾人之自信能使之續，使之純；而人能立志，亦增吾人之自信其能。此立志以定趨向，與學者之當有一自信，乃儒者之公言，亦朱子之所重。（註一）胡五峰嘗言：「立志以定其本，居敬以持其志；志立乎事物之表，敬行乎事物之內」。朱子亦嘗稱其語（語類卷十八僩錄）。朱子晚年又嘗謂「從前朋友來此，某將謂不遠千里而來，須知個趣向，只是隨分爲他說箇爲學大概。看來都不得力。今日思之，學者須以立志爲本。」（語類一一八）然只以趣向爲志，似不夠份量。觀朱子于五峰所謂「志立乎事物之表」之一義，亦實未能如象山之重視。象山之言立志與自信，則可謂皆立之于事物之表，而不如朱子之重敬，乃重其「行于事物之內」者。吾人今亦可言：「人若不能本自信以立志于事物之表，以超于事物之上而拔起，則人對其當前之工夫之可斷可雜，或暫斷暫雜，即不能有一工夫，以再續之而去其雜，則工夫之繼續成純，即勢必終有不可能者矣。」然人于此又或謂：人欲求去此間斷與雜，不須有一立乎事物之表之志與自信，而只須有一隨順事物而加以一回頭之自覺，即可去此間斷與雜。如當吾人知工夫之斷時，既知其斷，即已續；當吾人知此工夫之雜時，既知其雜，即已求純。如朱子之謂知心之已放，即收其放心，「知其放而欲求之，則不放矣」；「纔覺間斷，便是相續處」之言是也（註二）依此說則一切工夫，唯在現在，而不須更念及未來之可斷、可雜，亦可不須有一超乎事物之上之志之立與自信，預爲杜絕其雜其斷之計，以思出其位，而馳心于當下功夫之外，亦不必更論有心之本體（註三）。此義自亦甚精闢，然亦有輕率之處。因人之知其心放者，未必知其心放者有多少；知其工夫之斷與雜者，亦不必知其斷處與雜處之全體。則知處不放，其餘仍放；知處已續，不知處仍斷；知處不雜，其餘仍雜。又人之知其心之放者，亦不必即能收；知其斷者，亦不必皆能續；知其雜者，亦不必皆能使之成純。則見：由知放以至全收，由知斷以全續，由知雜以至全純，仍待一相續不斷之工夫。此工夫不能再雜。此相續不斷之工夫，蓋非日月至焉之事，而爲一生之事，更不能言由當下之一回頭自覺之功而皆辦。此回頭之自覺，能徹上不必能徹下，能徹後不必能徹前。徹下徹前，以實成此相續之工夫，必待「于肯定此心之未來之可斷可雜處，更建立一自信與志願」，以相續之功，杜絕其未來之可斷可雜之機。此立志與自信，既在今日，亦即一當下之事。此立志與自信，乃以此當下之心涵攝彼未來，包括彼于未來，使未來之可斷可雜之機，即由當下之此心之立志與自信，加以化除，使不得更實有斷有，雜得來雜。此固非思出其位，馳心于當下之功夫之外，而正所以見此當下之工夫

註一：如語類十五不可做的決定是不做，心下自肯自信得及；語類十八志不立，又如何去學，又如何去致知格物中做得事；語類卷八及卷百十三至百二十一訓門人語中，言立志者尤多，不必一一引也。

註二：大全四十八答呂子約，「讀胡子知言答或人，以放心求放心之問，怪其覼縷，散漫不切，當代之下轉語，……知其放而欲求之，則不放矣」。又語類卷五十九「心不待宛轉尋求，即覺其失，覺處即心，何更求爲？自此更求，自然愈失。但要知常惺惺爾，則自然光明不待把捉，此外去釋孟子操則存，舍則亡」。又求放心章，論及此意者甚多。

註三：語類卷五十九端蒙錄謂操則存，舍則亡，泛言人心如此，……亦不必要於此論心之本體也。又㽦錄及去僞錄言范淳夫之女，謂心無有出入。伊川謂此女雖不識孟子，却識得心。然朱子於此二段文，明主人心自是有出入，而不以伊川意爲然。亦即不欲於此論及心之本體，亦不信有心之本體足以爲工夫之所據也。

之純一充實，然後能滿溢于一般所謂現在之外，以涵攝包括彼未來，而防弊于機先者也。

吾人如知吾人之立志而自信，求其工夫之相續不雜，而純一不已之「思誠」「誠之」之工夫，即爲吾人當下之一工夫，而意在涵攝包括未來于其內者；則此「思誠」「誠之」工夫，即爲一自「保養灌溉其一切工夫，而加以順成」之一絕對無外之工夫，亦爲一切工夫之能繼續運用，所依之根本工夫。吾人之所以能有此工夫，又原于吾人之心之有此性，有此理。則此心此理即應爲一絕對無外之心之理，而吾人亦當自發明此心此理，不能言外有聖人之心與理必異于我；以聖人之心與理，即一切工夫之純一不已之所成故。吾人眞能保養灌溉此一切工夫，至于相續不已，則吾人自己之心即聖人之心，聖人之心即用此諸工夫之心之此理之充量實現所成故，而其理亦即吾人之用此諸工夫之心之理故。吾人亦不能說外有天地之心之理異于我，以依儒者相傳之共許之義，天地之德亦只在其生物不測，而純一不已故。則我與聖人與天地，雖可說異，其心與理，則同此純一不已之誠，唯或至或不至而已。吾人如知吾人之此能立志自信，以求其工夫之純一不已之此心此理，同于聖人與天地；而此立志與自信，乃爲一切聖賢工夫者之所不能廢，則亦非朱子之所言之工夫所能廢。而朱子既亦望學者之工夫能相續不雜，以至于聖人之純一不已，亦理當教學者直下自信其心，其理之同于聖人與天地。此中之異，唯在聖人與天地，其心恆如其理，而充其量實現其理，吾人學者則雖立志而自信其能不斷不雜，又或不免于斷與雜；即似免于斷與雜，亦不能不思不勉，而從容中道，自然純一不已，不免有防斷防雜之心。此即見吾人之此心之光明，尙不能充普，而自疑之陰影仍在，便終不是聖人。此「不是」不是「全不是」，只不是「全是」。即吾人現有之此心與心之理，尙未全然冥合；則由勉強之功，以更發明此心此理，乃吾人學者之分內事。朱子與象山亦同未敢自謂其當前之此心，便已與心之理，全然冥合，而同于聖人。而二賢之所志，又唯在求此全然冥合。則對此心與此理之關係及其存在地位，當如何去講，又爲二賢思想之異同之關鍵所在矣。

此中如依象山之說，吾人之此心與此理之所以能全合，以得同于聖人，乃以吾人之本心即理之故，或吾人之心，本求能自依于理，以自盡其爲一合理之心。由此而象山之發明此心此理，即發明：本心之即理。所謂本心即理者，即謂吾人之心，所以有不合理者。唯以自限隔、自沉霾、而不免有病、或障蔽未剝落故；則障蔽剝落盡，而此心明（註一），發者無非是理，此心即心之本來或本心矣。故吾人之此心，原即本心，原爲一與理全合之本心。其有不合理，唯由病與障蔽尚未剝落而已。即吾人現有之心所以有異于本心，乃在外有所加。而工夫遂唯在減此外加，而復此本心之明。此一義也。至于所謂心本求能自依其理，以自盡其爲合理之心者，則是謂此心原能自依其理，以生生而日新，如一本之原能生生，而枝葉暢茂，枝葉日茂而其本亦日榮；又如一原泉之不息而充沛流行，放乎四海，以喻此心之日充日明而日新（註二），理亦日充實于此心。此又一義也。依前說，則工夫皆不外日減，以復本上之高明，以鞭辟而入裏，而未嘗有所增（註三）；依後說，則工夫乃順本而日積日進，日著日盛，日廣日大（註四）。此二義，在象山之言中皆有之，合之則可喻如「取日虞淵，洗光咸池」。（註五）淸洗所以復其光，光輝原自能日新，即所以喻：此理之未嘗溢于本心，而唯內在于此心之中；復則心與理俱復，新則心與俱理新。此二義初不相違，似相異而未嘗不相成。如只言復不言新，則復皆復故，心無生理，縱本心完備，亦爲頑物；如新皆憑空另起，則起無所本，虛脫成二，心即斷裂，亦無生理。故必復而能新，新不異故，方見生理。其所以能復，正在其能新，亦爲復而新，如日自生光而自洗；其所以能新，正在其能復，亦爲新而復，如光自洗而光自生。此中實只有自復自新之一純一無二之理，以成此本心之純一而不已。故此二義，相異相成，以成一義，不能以象山之言，或此或彼，即視同矛盾也。知此二義之不二，知象山所言，本心自有此自復自新之理，而眞能信得及；則知人心原能自作主宰，四端萬善，原自能滿心而發，充塞此心，亦充塞宇宙，更無欠少；而工夫亦初不外自拔網羅，自去限隔；于此本心，知「聖賢之形容詠嘆，皆吾分內事」，（註六）更無所增益。限隔去而本心之全體見，滿心發而本心之大用存，虛靈明覺與天理，合爲一心之體，而對事物之知覺思慮，同爲此心之用。用之所發，即體之所存；體之所在，亦用之所充。象山雖罕言體用，然其所以罕言，正以其視體用無二事之故。吾人固可姑用此二名，以釋其旨，並藉此以見其與朱子言心之體用之異同也。

註一：人心有病，須是剝落得一番，即一番淸明。(全集三十九)千古聖賢，自去人病，如何增損得道？

註二：象山全集卷一與邵叔誼：「由萌蘖之生，而至於枝葉扶疏；由原泉混混，而放乎四海，豈二物哉。」此外卷十二與詩趙然道亦同此旨。象山言日新語：如與高應朝書：「根本苟立，保養不替，自然日新。」言日充日明語：見全集卷五與舒元賓書。又如全集六與傅子淵書：「大端既明，趨向既定，則德當日新，業而日富」；及象山與朱子和答詩「涓流滴到滄溟水，拳石崇成泰華岑。」亦同此旨。

註三：後之學者，如江右東林蕺山，皆意在復本，以滅爲工夫。然滅得不盡之時，還望此心之高明，則此高明，又轉爲深隱。至如慈湖龍溪，則意在順本，而披開枝葉；而光輝之日新，乃只爲一現成之靈明。此二派之分，皆由對象之此二義，各有所偏重之所致也。

註四：全集卷三十二論語說。

註五：全集三十四：「有人上書云：手扶浮翳開東明。先生取其語，因云：吾與學者言，眞所謂取日虞淵，洗光咸池」。則光輝之日新與浮翳之淸洗，二義皆備矣。

註六：全集卷五與舒元賓書。

五　朱子工夫論中之歧義

至于朱子如何言此心與理之關係，與心之存在地位，則朱子在宇宙論與一般工夫論中，其泛說此心在天地間之地位，及泛說工夫者，與其扣緊心性論以言心與工夫者，三方面之言，實未能全相一致，而有不同之論。朱子在宇宙論上，乃以心爲氣之靈，氣之精爽；此氣依理而生生不息，以成氣之流行；故氣在流行中，則心亦在流行中。氣之流行，或動或靜，心亦不能無動靜。氣靜，而已往之氣，一去不回；氣動，而新來之氣，依理而新起。故氣有消息、有存亡，而心亦不能無存亡。吾人之心氣原可合道，亦可不合道，宇宙間除理爲常在以外，更無一常在之本有而普遍之道心，以使人心必然化同于道心。故人之是否有其道心之純一不已，以同于聖人之全心皆理，全理皆心，則依于此道心之氣，是否相續不斷而定。則吾人之依當前此心之求道，自信其能求道，自信其能合于聖人之純乎天理之心，即純爲主觀的，並無宇宙論上之必然；而此亦即聖賢之所以千載而一遇，人心恒百死而一生也。

至于在朱子之泛論工夫之言中，則人心之是否合道，全以人之工夫而定。欲仁仁至，則世間亦無阻此心之合道，以成道心者。有此道心常爲一身之主，以至如聖人之純一不已，亦人之工夫之所能決定。一念之間，以心合道，操則存而道心見；一念之間，工夫不至，舍則亡，而此心下淪于具不善之人欲之心。故在此工夫論中，人在有生之日，其心固無時而無，然道心則又可有時而無。唯道心雖無，其道或天理性理固在；人心再上提以合于道，則道心又見。人于此若能使其心，念念聽命于道心，而化同于道心，則道心全，而吾人之心即同于聖人之心。然若吾人之心不上提以合于道，則道固自在，而道心却無。此時如謂此道心或本心亦自在，遂離此當前之人心以別求，則工夫將淪于把捉，翻成人欲。于此，欲使人心合道，只須使此心當下自向于道便是，不必謂另有道心或本心在此心之上，而別求之也。然在象山，則當謂此當下之心，未合于道，此乃整個本心或道心全體之暫時自沉陷、自限隔。此心既一操便在，則不操亦不能謂爲不存；而所謂舍亡者，乃隱而不見之稱，如逃亡者之仍在。此中操之之工夫，只在自去限隔，而自求升起，即是復其本心。當其未復，隱而不見，亦原無可求。本心之復，即在去限隔、自求升起之工夫中復之；則亦不能離工夫，而憑空見得或把捉得此本心。故謂此本心自存，並不必有朱子所言之使人別求，而加以把捉之弊。至人之所以當在此本心隱而不見時，而仍當自信此本心之有者，則因如謂其無，則此心之再復，唯依于「道與天理」之根仍在，却無本心爲其根。于是此再復者，便純爲新起（註）。此心之復，又不必能一念復而全復。今若無本心爲根，則此復亦可不全復，而隨時停止。吾人亦無理由以信其必能全復。反之，人若能信此心與天理或道，恒合爲一本心或原有之道心爲

註：朱子語類卷五十九孟子求放心章：「只存此心，便是不放，不是將已縱去了的收將轉來；舊的已過去了，這裡自然生出來。」此無異謂心時時在新生中也。

根；則其雖尚未全復，人亦可自信其有，而爲能全復者。人一自信此本心之有而能全復，亦即此本心之「自覺其有與能全復」于此一自信之中。此一自信之本身，又即所以助成其全復者。此中有此一自信，則工夫皆根于本心，非憑空而起；而人之工夫之所成，即皆此本心之自復、自現、而自流行之所成。此自信之工夫，皆有根于本心，則此「自信」，亦助成此工夫，而工夫乃易于得力。工夫之所成者，皆此本心之自復、自現、自流行，而于本體無所增；則人亦不能謂于本心之自復之外，別有工夫。此正所以免人對其「工夫」，自加把捉，亦不致有如朱子之言持敬，使人不免把捉此敬如一物之病者。此蓋即象山所以必教人自信其原有心與理一之本心之故，而不如朱子之言道心，純視爲由人之工夫，使此心上提以合于道，所成之說者也。

朱子在宇宙論上，固以心屬于氣，氣依理而動靜，並以心爲有動有靜，有存有亡者；在工夫論上亦謂此合道之心可由存而亡，亦可由亡而存，其存亡全繫在工夫上。然在其純粹之心性論與直接相應于其心性論之工夫論中，則又初不重依氣以言心，而亦未嘗不言「超乎一般之動靜存亡之概念之上」之本心或心體。此本心或心體、乃內具萬理以爲德，而能外應萬事以爲用，亦原自光明瑩淨，廣大高明，而無限量者；唯由物欲氣稟之雜，然後體有不明，用有不盡。于是人之一切去除其物欲氣稟之雜之工夫，如相應于此心性論而言，亦可說不外求自明其心之性理之善，而有以復其初，以使此心之全體無不明，而大用無不盡。此其義與象山之言工夫，唯在剝落去人心之病障，以自復其本心，而發明其本心，以滿心而發之旨，初無大不同；而與其在宇宙論上或泛論工夫時看心之觀點，明有不一致處。大約當朱子自宇宙論看心時，乃自外看心之屬于人，而依于人之氣，心之表現在其主乎身，而使此身能有運動知覺上。此心之表現或覺于理而爲道心，或覺于欲而爲人心，或順欲而違道以成具不善人欲之心。自此三心之表現上看，皆有動有靜，有存有亡，而道心亦有存有亡，乃別無一「無存亡出入」之心爲本原（註）。至于人之是否有與聖人同之純一不已之道心，乃依其心氣而定。則人于此，若必自信其能有聖人之道心，即實無客觀上之必然的根據。至在其泛論工夫時，則人用其工夫，以使心合于道，而道心存，無此工夫而道心亡；于是道心便是存而可亡、亡而可存者。然在其純粹心性論與直接相應之工夫論中，則朱子乃面對此心而言性。此所面對者，唯有此心，則于此心，便可只見其存，亦宜就其存而論其存，而不見其亡；其亡乃由氣稟物欲之昏蔽，則雖亡而其體未嘗不存；但隱而不見，而其用亦隱而不見耳。此中，唯賴去氣稟物欲之昏蔽，以復其心之清明，以使此心之全體見，而後大用行，則人固當自始有此心之全體，爲其本心矣。今觀朱子之言工夫之精義，實不在其由宇宙論之觀點，以看此工夫所成之道心或其在天地間之地位一面，亦不在其泛說心之操存舍亡之處；而正在其直接相應于純粹心性論中，所面對之此心性，以言工夫處。此面對心性以言之工夫，實朱子思想之核心之所在。自此核心上看，則其言本心，明有同于象山言本心「不以其一時之自沉陷自限隔而不在」之旨者。此中之異點，蓋唯在依象山義，此「去物欲氣稟之雜」之工夫，似即此本心之自明自立之所致；而朱子則有一套涵養主敬之工夫，以直接對治此氣稟物欲之雜，此一套工夫，似純屬後天之人爲者。在朱子，此涵養主敬之工夫，只在使內心之湛然之清明之體見，而知覺不昧，以使萬理得

註：大全卷四十答何叔京書：「存者道心也，亡者人心也。非是實有二心，爲一物不相交涉也，但以存亡而異其名耳。其亡也，固非心之本；然亦不可謂別是一個有存亡出入之心，却待反本還源，別求一個無存亡出入之心，來換却。只是此心，但不存便是亡，存亡之間，無空隙處。所以學者必汲汲於操存。」

粲然于中爲止，故純爲一未發時靜中之工夫。至于心之向外格物窮理而知物理，則所以明內具之性理，以爲省察誠意正心之準則，而爲心之已發而動，有思慮後，以使動合于理之工夫。此二工夫，一屬靜，一屬動；一屬未發，一屬已發；一屬向內，一屬向外；一爲明體而立體，一爲達用而用行；一爲心之主乎性，一爲心之主乎情……。二者各不相同，而相輔爲用。而朱子所以開工夫爲此相對之二者，則又正由其在宇宙論中之先分「動靜等爲二」之觀念，透入其心性論中而來 。此乃其不同于象山之無此動靜、已發未發、體用、內外等之分別者。象山之言滿心而發，乃滿乎心之內，亦發而充實乎萬物。此即無異一即體即用、即內即外、即動即靜、即未發以成已發之言。象山之有此言，又由其初未嘗如朱子之依宇宙論觀點，以言由氣之有動靜、言心之有動靜，亦未嘗如朱子泛論工夫時重此心之出入存亡二面之故也。

然由朱子之宇宙論之觀念之透入其心性論上，而將一本心開爲動靜等二面，亦緣是而開工夫爲涵養主敬格物窮理省察之種種之說，則與象山之言，亦實無必然之矛盾。吾人如順朱子之心性論 ，以言其涵養主敬之工夫，亦可見其亦並非眞視此工夫，爲人之所外加，而亦可只視之爲此心之本體之自明而自呈現，以成此涵養主敬之工夫；此中，即亦應有一心之本體與其工夫合一之義，而心之不昧其知覺，即爲心之立體之事，亦心之用行之事。又象山所謂發明本心之敎中，亦原具有一涵養工夫在，而自有其勝義可言。至于此心之發爲思慮，亦即此心之知覺之用，貫徹于其知物理之事中之所成，則格物窮理以致知，以及省察之工夫，亦可同時爲象山所言之「立志自信，發明本心，自作主宰」之工夫之所貫徹，而不必開爲相對之二者。由此而象山之合動靜內外之一工夫，即可統攝朱子所言之動靜內外交修之各方面之工夫于其下，象山之所言之工夫，若爲一大綱；朱子所言之工夫，則爲其細節；乃未嘗不可相會通以爲一，亦未嘗不可兼存，以分別爲用，而無矛盾之可言者矣。

此下即當先就朱子之心性論之立場，以說朱子與象山之言本心，皆有本體論上自存義；而朱子之主敬之涵養工夫，不外本心之自明自現之義；次當說象山之發明本心之工夫中，具有朱子所謂涵養工夫，而自有其勝義；再當說象山之發明本心自作主宰之工夫，可貫澈統攝朱子所謂致知、格物、省察等工夫三者之義于下文。

六　辨朱子心性論中之本心體用義

所謂在心性論之立場，朱子與象山之言本心，皆有本體論上之自存義，朱子之涵養主敬工夫，不外此本心之自明自現者，因朱子在心性論中，明常用本心、心體之一名；其力辯此心之體之爲未發而靜，亦意在言心之已發之用，不足以盡此心之體；彼之自悔其早年之只知已發爲心，而疑伊川心爲已發、五峰言察識之說、及一切觀心識心爲一光爍爍之所對、以及象山之只由此心以「流出萬法」之說；皆是不欲只就心之所發以觀心，而欲回頭體認此心之寂然之體。此其思想，正是趨向在：建立此心之本體論上之自存自在義。朱子雖言人心有氣稟物欲之雜，然亦屢言心體之原有明德，原爲一光明之體，非一切氣稟物欲之所能全蔽。而其涵養主敬之工夫之所以當爲本，亦正在此工夫乃直接與心之本體之光明之擴充、昏昧之減少，爲相應者。此昏前所已言。此主敬之一名，依一般之義，乃以敬爲對人對神之恭敬虔敬，或執事之專敬，此乃對人對事而說之敬。伊川言敬，則明白與恭相別。故曰：「發于外者謂之恭，有諸己者謂之敬。」又曰：「主一之謂敬，無適之謂一」。主一無適，而此心此身，自整齊嚴肅，即自然表現于對人對事中。此亦重在以敬收攝此心于當下，不使放舍之一面。

如伊川謂「某寫字甚敬，非是要字好，只此是學。」即不使此心溢出于當下之事以外，而別求其結果，以成就此心之不放舍之謂也。敬在伊川，可成就此心之虛靜，以靜坐致虛靜，亦敬之一端（註一）。由是而此敬之本質，即非一般所謂與人事等相對之敬，而純爲一心之「持己」、「閑邪」（註二）「涵養吾一」，以使「己與理爲一，一則無己」（遺書二十二上）而自去其心疾之絕對之敬。後尹和靖以持守收歛爲敬，上蔡以敬是常惺惺法，亦純就其爲心上之工夫說。至于朱子言敬之工夫，則一方本伊川之言，而謂主一無適之謂敬，並本伊川使身心整齊嚴肅之旨，而重在動容貌、整思慮、尊瞻視、正衣冠等日用尋常之事之小學工夫，以收攝涵養此心，使此心存而自能惺惺。（註三）此亦原于伊川上蔡之旨。然在另一方面，則在朱子之言敬，尚不只是一所用之「法」或「工夫」，在心之發上用者；而是以敬涵養心之未發之體。朱子言「敬爲心之貞」（與張欽夫）又言

註一：在伊川，敬全轉爲一心上之工夫，由二程遺書十一論敬之一節，最可見之。朱子語類卷十二謂：以敬字只是敬親，敬君，敬長，全不成說話。而舉修己以敬，敬而無失，聖敬日躋之言，以謂敬可單獨說。然在一般義，敬固皆有所對。單以持敬爲敬，乃始於程朱。故陸象山謂持敬之言乃杜撰。今謂之程朱所特重之敎亦可也。

註二：敬是持己，恭是接人；又敬是閑邪之道，閑邪則誠自存矣。

註三：語類十七朱子謂伊川以整齊嚴肅說敬，較上蔡以常惺惺說敬爲切。謂「如整齊嚴肅，此心便存，便能惺惺；若無整齊嚴肅，却要惺惺，恐無捉摸，不能常惺惺矣。」然惺惺却是歸宿處，故語類十七又謂先由和靖之說，方到上蔡地位。朱子又謂敬有把捉時，有自然時。（語類一一七）呂伯恭問持敬之義。曰：且放下了持敬，更須向前進一步。問如何是進一步處？曰：心中若無一事，便是敬。（類百二十）此皆是謂敬當進至無事時，以另有此心之惺惺也。

「未發，渾然是敬之體」（註一）「敬字只是自心自省當體」（大全五十三）以此言敬之工夫，即此工夫只是心之自體之貞定于自己，或「見此未發時之渾然的敬之體」之別名；而敬之一工夫，只在使此心體常存，而除此心體常存之外，亦可說別無敬之工夫。故謂「敬莫把做一件事看，只是收拾自家精神，專一在此」，敬只是「涵養操持不走作」，「只是提撕此心，敎它光明」，「這心便在身上」，「扶策得此心起」，「只收歛此心，莫令走作閑思慮，則此心湛然無事，自然專一……」「此心光明，有個存主處」，「今于日用間，空閑時，收得此心在這裏截然，這便是喜怒哀樂未發之中，便是渾然天理」，「人之本心不明，須是喚醒方知。學者工夫，只是在喚醒上。人心常炯炯在此，則四體不待羈束，而自入規矩」，（均見語類十二）「常要惺覺執持，令此心常在，方是能持敬」，（語類十三）「敬只是自家一個心常惺惺」（語類百十五訓道夫）「敬只是提起此心，莫敎放散」（同上驤錄）「未發之際便是中，便是敬以直內，便是心之本體」（語類八七）朱子又嘗稱焦先生之學，先立乎其大者曰：「他之學亦自有要卓然豎起自心，便是立，所謂敬以直內。」（語錄五九）是見朱子所謂敬之第一義，只是此心體之常存，亦即心之自貞定于其身，以見此心體之未發渾然是敬之體而已。至于或疑朱子之後來之不說敬爲心之貞，（註二）而語類十二中又載人傑錄「敬只是敬，更尋甚敬之體」者，則其故亦可得而言。按朱子答南軒書中言敬爲心之貞，乃自仁爲心之道，心之周流貫澈無一息之不仁說來。言敬爲心之貞，似有心之流行到敬，便爲元亨利貞之序之最後一步之意。此則仍偏在心之用與流行上言。此與其已發未發說心體流行之言同旨。朱子之思想後來之一發展，乃在此心體上更不說流行，（註三）唯于其初以「中」爲狀性之體段之言，則一直維持其謂不須別尋敬之體者，乃由門人問「只是收緊此心，未見敬之體」而來。依朱子意，收緊此心，應即是敬，此敬即已是此心體之炯然醒覺在此。故謂不可更于此心體外別尋敬之體，非不即心體之自存以言敬之謂也。

吾人如識得朱子之言敬，乃歸在心體之自存上言，則涵養之用敬，即此心體之自存而自用。敬是心之常惺惺法，亦只是此心之常惺惺。此朱子之所言，乃趨向在即心體之自存自用爲工夫。朱子所謂心之本義，固只是一虛靈明覺，然其內容，則具備萬理。故謂：「以前看得心只是虛蕩蕩地，而今看得湛然虛明，萬理便在裏面；向前看得便似紙一張，今看得滿紙都是字。」（語類百二）朱子大學註明德章又謂：「其體虛靈而不昧，其用鑒照而無遺。」語類十四釋爲「心中許多道理，光明鑒照，毫髮不差」「這個道理，在心裏光明照徹，無一毫不明」，「此心本自如此廣大，但爲物欲隔塞，故其廣大有虧；本自高明，但爲物欲係累，故于高明有蔽。」（語類十二）依大學本文，此明德即天之明命所在，而人之工夫不外明此明德而顧諟天之明命，亦即不外自見此心原具之明德之謂。故朱子又言：「人之一心，本自光明，常提撕他起，莫爲物欲所蔽，便將這個做

註一：大全四十三答林擇之，未發時渾然是敬之體，既發則隨事省察，而敬之用行焉。

註二：王懋竑朱子年譜考異卷一謂：朱子後來都無此語。

註三：韓元震朱書同異考三謂：已發未發說以「中」由心體流行見，與湖南諸公論中和，即去此心體流行之語，則湖南書爲後出。此書以無過不及屬未發，與胡廣仲書，則謂：「以無過不及，爲說未發之中不著」，是見與廣仲書之爲最後出。與廣仲書謂「中者，所以狀性之德，而形道之體；和者所以語情之正，而顯道之用」，即更不以心體流行爲言矣。

本領。」（語類十五）又言：「人之明德，未嘗不明，雖其昏蔽之極，而其善之端之發，終不可絕，但當于其所發之端，而接續光明之，令其不昧，則其全體大用可以盡明」，「明德須自家見得這物事，光明燦爛，常在目前始得。」（語類十四）又言：「此心本如此廣大，但爲物欲隔塞。若能常自省察警覺，則高明廣大自若，非有所損益之也。性者理之全體，而人之所以生者也；心則人之所以主乎身，而具是理者也。天大無外，而性稟其全。故人之本心，其體廓然無限量；惟其梏于形器之私，滯于聞見之小，是以有所蔽而不能盡。人能即事即物窮理，至于一日貫徹會通而無所遺，則有以全其本心廓然之體，而于性之所以爲性，天之所以爲天，皆不外乎此，而一以貫之矣。」（大全四十五答廖子晦）由此上所引，明見朱子以提撕、省察、警覺、及致知格物窮理之工夫，皆不外去其本心之昏蔽、物欲及梏于形器之私，而復其心體。凡此等等，言人有此未發而現成之心體，本自光明、廣大、高明、無限量，此朱子之學之所歸宗，正大有進于其早年承伊川傳來之「性爲未發、心爲已發」之說，只有「性爲未發之心體」而「無獨立義之心體」者。對其前之思想言，則朱子亦實正是趨向于：依本心之心體之建立，而以一切工夫，不外所以自明此心體之說者。朱子言「聖賢千言萬語，只要人不失其本心。」（語類卷十二）「今求此心，正爲要立個基址，得此心光明存主之處。心、生道也，但當安靜深固中涵養出來。」（語類十二）此與象山之立根處，亦正無不同也。

此中如要說象山之異于朱子者，則在：朱子之言主敬之工夫，固可說爲即此心之自操自存，其謂此心自有生道，亦無異謂此心自起其用，或此心體本能自呈現以爲工夫；然朱子又必將心之未發已發、體用、動靜分爲二，（註一）則所謂心具生道同于心具此生之理動之理，（註二）故一方要見未用之體，一方又似要承體而別起用，則與象山之言，有毫厘之別。故其雖一方言心體本是高明廣大，敬只是使此心自存自在，人能存得敬，則「吾心湛然，天理粲然，無一分着力處。」但下一句又謂「無一分不着力處。」（語類卷十二）于他處朱子又謂要見「未用之體」，（註三）「須着此一分力，去提省照管」。（語類卷十二伯羽錄）而其言對此心之收歛、收緊、操存、提撕之語，亦似未嘗不可視爲在此心之原具之明德之上，另加一後起之工夫，以復其本有之明德者。如純依象山義講，則此工夫之本身，應亦只是此本心之自明自立之表現，即本心之體之自呈其用。然在朱子，則終未于此作決定說。依朱子之宇宙論，以說此人之工夫，要爲一心氣之流行，有此工夫，乃有此流行。此工夫，此流行即不能皆說爲如性理之本有者。則此所謂本心之明，其依理而生生者，亦可只指吾人之有生之初，所受于天之氣，原有其虛靈上說。而工夫則皆爲後起，以求遙契吾人有生之初之所受于天者。則由此工夫所致之此本心之「明」，即皆爲修成，不能皆說爲原有之本心自身之自明自立之表現。人亦儘可視彼無此修之工夫者，即無此「明」，以謂此明，乃純由變化氣質物欲之雜而後致；亦即化去昏蔽之氣爲清明之氣之結果。

註一：文集五四答徐彥章「求之吾書，雖無體用之云，然其曰寂然而未發者固體之謂也；其曰感通而方發者，固用之謂也。且今之所謂也者，其間固有動靜之殊，則亦豈能無體用之分哉。

註二：仝上答徐彥章另一書曰：「未發之前，萬理皆具，乃虛中之實，靜中之動。」此靜中之動，即只指此理之具而能動而已。「陳安卿問：未發之前，靜中有動意否？答曰：不是靜中有動，是有動之理」。亦謂靜與未發中，只有理也。

註三：語類一二一「子約書有見未用之體，此話却好。問：未用是喜怒哀樂未發時，那時自覺有一個體段則是。如著意要見他，則是已發曰：只是識認他。」

而朱子又原可由其宇宙論上之此觀點，以言其工夫與本體之關係；則其對所言之工夫，是否皆視為即此本心之自明自立之表現之一問題，即必不能作決定說矣。

吾人今之解決此一問題之一道，蓋唯有將朱子之宇宙論之觀點，暫置一旁，而直循朱子在心性論上原嘗謂主敬之工夫，不外此心體之自惺惺在此，而見其自存自在之義，以進一步謂：凡此所謂人之工夫所修成之本心之「明」，亦只是此本心之體之自呈現之用。在此本心之體上，亦原有此一用，即原能自起此工夫，而一切工夫，亦莫非此本體之所起。此工夫中所見之心氣之一切流行，自亦即此形而上之本心之全體之所起，而不可說為只依一形而上之本有之理而起者。此本心之全體，即一眞正之心與理合一之形而上的本體義的本心（註）。此心之呈現為工夫，即呈現為一依理而自建立、自生起其自己，以呈現為工夫。對此本體義的本心之存在，則又為學者立志之始，即當先加以自信者。此自信其存在，亦正為吾人之一切工夫，所以能相續不已之根本的工

註：一般之思想，以心為能知理為所知，即朱子亦不能免此。欲由此義以轉入眞正之心理合一義，當知所謂心之知理，即心自規定其自己，為一知理之心，亦即心之自依其能規定自己之理，以成一知理之心。又即心之依其規定自己之理，以自創出自生起此一「知理之心」。而此中所知之理，則屬于下一層次，以為此能自創出，能自生起之「此心」所用以規定其自己者，有如西哲康德之說一切道德法則，皆人所自建立而用以自律者。故此謂所知之理，乃第二義之理。第一義之心之理，乃直至心之能自規定，自創出，自生起其自身處，所言之此能創能生之理。此能創能生之理與心之創生之事俱呈，俱現，皆屬於「能」而非屬於「所」。今即將此一能創能生之理，更使之為此心所自覺而成為所知，則已落於第二義之理矣。

夫。于是一切工夫之相續不已，亦不外此本心之流行，而可攝之于本心之自明自立之一語而已足。此即全同于象山之學，而此亦正爲循朱子之學之原有之趨向而發展，所亦必至之義也。

順此先自信本心之原有此自呈現之用，而自起一切工夫之義，以言朱子所謂主敬，以變化氣稟物欲或去氣質之昏蔽等修爲工夫，則其對心體而言，即只有消極之意義，而另無積極之意義。一切修爲之工夫，即此本心之自明自立。本心之自明自立，與去氣質之昏蔽之工夫，乃一事之兩面，而自始是依前者以有後者。如日出而烟霧自散，非先驅烟霧，方見日之明。故亦非先別有一敬爲工夫，以去除此氣質之昏蔽，方見本心之明。而當說此學者之主敬工夫，自始即是此本心之明之自現。此敬之工夫，與其他一切工夫，皆自始非與氣稟物欲之雜等，只居于一相對之地位者，而亦皆即此超相對之本心之明之自現。而尅就本心之明上言其自現，初亦不見有與之爲相對者之眞實存在，而此「似存在而爲其相對者之氣質之昏蔽等」之化除，乃其自現之自然結果。人能自覺此一義，以觀任何工夫，而用任何工夫，則此工夫即全幅爲一純正面之承本心之體而發用之自明自立之絕對工夫，乃可更不見有堪與之爲相對者氣質之昏蔽之眞實存在。而此「氣質之昏蔽之化除」之事，既爲「此心之自明自立」之結果，便只有消極的意義，而別無積極的意義，于本心上另無所增益。如要說增益，則只是此本心之在其自明自立中，有其自起用自流行，而可見其自己之日新。自「新」之別于舊言，即不可說有日充日明之一自增益、自擴充。于是此所謂「氣質之昏蔽之化除」，亦可說只是其「本心之明之自日新、自增益、自擴充，而其外之陰影自遁」之別名。今如只在此明之增益擴充途程中之內部看，則此外之陰影之自遁，亦不可得而見；而于一切「去氣質之昏蔽之事」，亦可更不見其有，而唯有此本心之體之自立自明或本心之發明其自己，以自充塞宇宙，更無其他矣。至于人若問吾人既有此本心之明，何以又現有種種氣質之昏蔽在此，則此亦非本心未嘗表現之謂，如烟霧雖在，而日光亦未嘗不照于烟霧之上是也。朱子謂人雖昏蔽之極，仍有本心之明，亦即此本心之明未嘗不表現之謂也。至于問其何以不表現到將彼氣質之昏蔽全然化除之程度？則此問題實不能客觀外在地問。因此所謂不表現，到全化除氣質之昏蔽之程度，即吾人尚未有「充量之工夫」以爲其「表現」之謂。然吾人並不能因此而疑其能充量之表現，更不能疑其自身之存在（註）。吾人之所以不能于此有疑，因此本心乃吾人之本心，吾人原不能離吾人之所以見之之工夫，而討論其自身之存在。在吾人見之之工夫中，則固只見其存在，而能表現以相續表現，以求自充其量而表現矣。又此本心，不特不能離吾人之工夫，以討論其自身之存在，亦不能于吾人在用主敬省察致知窮理等實修工夫之半途，而停下此諸工夫，逆此本心之明之不斷日新，表現爲此諸工夫，而即體以成用之方向，而回頭去求把捉此本心之體。此回頭把捉之所以不可，是因此回頭把捉正由實修工夫之停滯而生。而此把捉之動機，亦恒爲出自私欲，而爲不當有者，如上章所論。由此把捉本心之體，而見此心如光爍爍地，在朱子固以爲非，在象山謂「見有神明在上、在左右，此見不息，善何由明？」亦以之爲不當有者也。大率此所謂見此心光爍爍地，或神明在上在左右，或初亦不必盡出于私欲，而爲人原可有之經驗。如禪宗所謂光景，西方宗教所謂見神明，或上帝之神秘經驗，皆同此一類。此經驗之所

註：朱子語類卷五十三論心之操存舍亡曰：「若有一處不如此，便是此處不在了。問本心依舊在否？曰：如今未要理會在不在，論理來自是在那裡。只是一處不恁地，便是此心不在了。」則朱子亦當在理上承認此心表面亡時，亦自在。然其意似以此不關工夫事，故不須理會。然實則知其在，則可有一自信，此自信即可爲工夫，是則朱子之所忽者也。

以有，可初出自人之欲求其本心全體之充量表現，而其實修之工夫，又以特殊之阻碍而力有所不足時；此一欲求，即化爲一對此本心全體之充量表現之一祈望。此中實修之工夫既以特殊之阻礙，而力有所不足，又不能使此本心得自然相續表現，則此本心之光明，即凝聚而冒起，以現于其祈望中，而成一超越外在，爲自心所對之光景神明，如高懸在上，宛若一非吾人之生命所有之一客觀之存在者。人于此乃又或自顧其自身之生命，全是一黑暗充滿，或原始罪惡者。此皆人之經驗中可有之事。然要之，此皆實修之工夫有所不能繼時，此本心之冒起，而凸現後，所幻現之相，固非此本心表現于實修之工夫時當有之相，亦非朱子象山所謂識本心、發明本心之言之所指。若人更憑此經驗，以謂人原無此本心之光明之體，能自起用以爲工夫，則更大謬矣。

七　辨發明本心中之涵養，與其貫徹于心之動靜義

所謂象山之發明本心之工夫，即具有朱子所謂涵養工夫，而自有其勝義者，即象山所謂發明本心，此本心之自明自立，亦即其所以自保養。此保養，即是本心之自己涵養其自己之事，而具有朱子之所重涵養工夫在。此中二賢之不同，亦唯在朱子之言涵養，乃是相對于此氣質之昏蔽，而用此工夫爲對治，却未能信此工夫即此本心之自呈用，或本心所自起。然象山之發明本心，則要在自種種限隔中拔出，既能拔出，即可不見有氣稟物欲之蔽，爲所對治。此即如上節所謂日之自照自明于烟霧之上，便自然能使烟消霧散，亦終容不得烟霧，如本心既自明自立，即容不得種種氣稟物欲之雜。象山所謂「此道之明如太陽當空，羣陰畢伏」(全集三十四)「太陽當天，太陰、五緯猶自放光芒不得，那有魑魅魍魎來」(全集三十五)是也。人之氣質之昏蔽之起者，亦更不足障

此本心之自明。此即純正面的絕對的本心之自明自立工夫之簡易眞切處。此一人之本心之自明自立之工夫，原非以一個心觀一個心，亦非自一心之所發，別求或反求一心之本體之謂。而只是人之立志自求其工夫之純一不已，相續不斷。即人之立志求其本心之明之相續呈現而不斷，以使本心日充日明。亦即無異于人之本心之顯爲此志而自立于人之中，以爲一日充日明之本心。在此本心之日充日明中，于此姑分爲前後際說，即以其當前方呈現之明，養其已呈現之明；而此當前方呈現之明，亦爲後起相續之呈現之明所明與所養。由是而此正面之一自明自立之工夫，亦可說爲前前後後同類之工夫所開所繼。此當前之工夫涵養本心，亦爲此本心之「無窮盡的相續呈現而相爲開繼之工夫」之所涵養。則此一當前之工夫，即爲在無窮盡的本心呈現所成之工夫中運用，如涵泳于無窮工夫中之當前工夫，而爲一寬裕有餘、從容自得之工夫矣。據二程遺書，程子屢及杜元凱「優而柔之，使自求之，厭而飫之，使自趨之，若江海之浸，膏澤之潤，然後渙然冰釋，怡然理順」之語。朱子訓門人，言讀書法時，用及涵泳之語（註一），而象山亦更時道及杜語，特標出涵泳二字，以意指此心之自涵泳于其義理之中。象山亦隨處用此二字。陳廣敷重編象山語錄，即定名曰涵泳篇。朱子之謂以心觀心，不免于迫切浮露者，其所指者何在不可知，然要不可以指象山之發明本心之教之其中所具之存養涵泳之勝義亦明矣。

如吾人識得象山之言本心之自明自立中，自有涵養，而朱子之言涵養，亦不能離此本心之自涵養，以自明自立之義；則由朱子之涵養工夫，而益之以立志求此工夫之相續，及對本心之自信之義，即同于象山所言之于本心之自明自立之中之涵養工夫。朱子之所以未能及于此義，亦蓋非朱子之智之必不能及此，而唯在朱子之意：人有氣稟物欲之雜，即必須先有一直接以針對之之爲事之靜中之涵養工夫。此工夫，乃自存其心體，以治此雜者；而此心體，即初當與此雜成相對，而只爲一靜居于其自己之體。人之主敬以自存此體之爲一靜中之涵養工夫，其效亦止于撥開氣質之蔽，以不障此光明之體爲止。而在此工夫中，所見得此心體之光明之體，亦即只是一體，而非一自起其用，而自明其明之體。故于此一靜中之涵養工夫外，可另有動上之省察窮理之工夫以與之相對（註二）。然依象山之直下由立志自信之義，以言發明本心之工夫，則爲一純正面的自求同于聖人純乎天理之心之呈現，而自明其明，並在此心之自明其明之相續中，信其本心中之本無一切氣稟物欲之雜，即自拔于一切網羅中，而舉頭天外；人乃能在此雜中，而不見此雜；而即以不見此雜之本身爲工夫。不見此雜，故唯見一本心之明；亦因唯見一本心之明，而不見此雜。故此「不見此雜」之工夫，亦即此「本心之明自起」之別名，復即「本心之自呈其明之用」之別名。故能不見此雜者，亦同時見此本心之原能呈用以起工夫，是爲眞發明得此本心。此發明本心之工夫，亦即當爲貫徹于動靜之中，亦貫徹于靜中之察識，以及致知格物之工夫中，而不能自懸絕以只爲一靜中之工夫者矣。由此而吾人可進而言象山之發明本心之工夫，所以能通于朱子所謂心之未發之體之靜，心之已發之用之動，而貫徹統攝涵養以及于省察窮理之工夫之故。

所謂象山發明本心之工夫可通于朱子所謂心之體用、動、靜、未發已發，而貫徹統攝涵養以及于省察窮理

註一：朱子語百二十一並謂涵泳只是仔細讀書之異名，此與象山言涵泳，實異義也。

註二：朱子此二工夫，固亦或相攝而說。如謂：「涵養中自有窮理，窮其所養之理，窮理中自有涵養工夫；養其所窮之理，兩項都不相離。」（語類卷九賀孫如）「居敬窮理二事……互相發明；能窮理，則居敬功夫日益進；能居敬，則窮理工夫日益密。」（同上廣錄）然兩項二事相攝，仍是兩項兩事也。

等工夫者，因朱子所謂心之已發與未發之別，原唯是「心之只有一知覺之不昧，而于物無定着、無思慮」，及「心之感物以後，對物有所定着而有思慮」之別。吾人固可于吾人之心，作此一分別，此即吾人之閒居無事時之心，與正有所事之心之分別。此處更說在閒居無事時之主敬涵養之工夫，以使此心惺惺了了，不同于有事時之須有之精明之察識工夫，固可說。在閒居無事時，或在主敬涵養之工夫中，吾人之心，于事物無所着，而只主乎此身，在此腔子裏，其見于外之事，亦只在正容貌、齊顏色等，而對外在之事物，另外無所事事。至在思慮或察識之工夫中，則心于事物有所着，而對外在事物之理，亦須用此心着意尋求，而心亦須運用此身，以對事物另有所事事。故朱子于此分心之未發已發，非無其所實指之意義。在心之未發，此心只是自知覺不昧，而主乎此身，在此腔子裏，此即可說爲心之靜居于其自己之內，而只爲一主；在已發，則此心對事物有所思慮，用此身以另有所事事，則如動而外出，以往宅心于事物之內，而爲賓。此二者固不同也。吾人今對朱子之說，唯一之問題是：若吾人眞見得上節所謂本心之體原能呈用之義，則朱子所言心之未發已發之別或動靜之別便非必須說爲一體用之別。因在未發時心之知覺不昧，此知覺便已不能不說是用，（註）此知覺之相續，即其知覺之用之相續。當已發時，心之着于物，而有所思慮，則心爲此思慮之主體，而以此思慮爲用。此思慮之相續即

註：朱子語類百零一卷論「喜怒哀樂未發前，靜中有物，……乃是鏡中之光明……只是知覺」。又言：「伊川以知覺便是動，說得大過」。張南軒嘗以心有知覺，即是已發朱子以爲不須如此說。如動與發指思慮，此知覺固非動發，然此知總能照而有用者也。朱子語類卷一（三謂「須先就自心上立得定，則自然明白四達，照用有餘」，則體上之光明固原具此照用也。

其思慮之用之相續。于此，即只須說一心之二種能自相續之用之不同。此心實無論已發未發，皆無時不呈用，而此心之體皆在其中。不必說未發時即爲體，已發時方爲用也。

若知與思慮皆心之用，則吾人可更進一步再問：就吾人之心上看，此于事物無定着之知覺之用，與有所定着之思慮之用，二者畢竟是一心之平等相對之二用，或只爲自心之一用次第表現所成之二用？試思：當吾人只有知覺時，吾人固自知無思慮，而在有思慮時，則亦自知其有思慮。則思慮可有可無，此心之知覺實常在而如一，則此心之知之用，明是可兼通于吾人之思慮之有無者。則吾人豈不可言：此心之用，乃即表現于心之思慮之中，而謂此心之思慮，即此心之自運此知，以向于事物及其理，而入乎其中之所凝成者乎？觀朱子之以即物而思慮其理爲致知，則朱子之教中，亦固有此義矣。

今吾人再試就此心之知之用之本身，與心之致其知所成之思慮，二者一加比較，並看其關係如何；則吾人可說者應是：此心之知之本身，當其無所定着時，只是一無定限，亦無特殊之規定之虛靈明覺；而心之思慮，則爲此心之虛靈明覺之兼爲此事物之形相與理所規定，亦如被其所限。然在人既思慮得或知得事物之形相與理之後，則此心之虛靈明覺，又超拔于此規定限制之外，唯留此心之知。是見此心之知、實爲心之用之本，而其思慮，則只爲此知之運用之所凝成，亦爲其所能加以超拔，而加以貫澈者。今吾人若依朱子之用名，謂此只具知之用之心，爲一未發之心體，則此未發之心體，固爲一貫澈于其已發之中，而恒爲之主之心體。吾人于此可言：當有此未發時，或尙無此所謂已發；然却不可言此已發之中，無此未發。則此未發已發，並非平等相對之一心之兩面，而實乃此一心之次第表現其知所成之兩段；而其後一段之表現爲思慮，其未發之心體仍貫澈其中，而爲之主。則于此言發明本心之功夫，亦不特只是求在靜時涵養得一未發之本心，而當是即在人之思慮之中，亦應可時時發明其本心者。則此發明本心之工夫，即爲時時可當下運用，亦可當下指點他人運用，而無關于有事無事，動時或靜時者。故象山謂「心正則靜亦正、動亦正…若動靜異心，是有二心矣」。（註）誠然，人如用此工夫于動時不得力，固可暫退而用靜時之工夫。然只以靜時之涵養工夫爲重，吾人前說其亦可有弊。則靜時不得力，亦同可重返至動時之省察或致知工夫。此中無論在朱子所謂未發或已發，動時或靜時，皆有此本心之明，現成貫注在此，則于此人欲求自明其本心，皆爲現成自在之事，便不能定在此動靜之時際上，分本末體用。唯當自本心之發用之或爲知，或爲知而兼爲思慮上，分說其體與次第表現之二用。至對此心自身之體，則當說爲實隨其用之所往之或爲知或兼爲思慮，而亦與之俱往，以爲其主者。然後無論在靜時之涵養與動時之省察、致知，方得皆爲人之當下求自明其本心之體，或自明其明德之工夫之所在；而後能如朱子所謂「于格物、致知、誠意、正心、修身之際」，「常見得一個明德，隱然流行于五者之間」（語類十五大稚錄）也。

註：象山全集卷四與潘文叔：前文若自謂已得靜中工夫，又別作動中工夫，恐只增擾擾耳。何適而非此心？心正則靜亦正動亦正。心不正，則雖靜亦不正矣。若動靜異心，是二心也。又卷五與高應朝，亦謂動靜豈有二心。卷三與張輔之「若非專所不知所聞，只成得板倜擔，自沉溺於曲學闕行，豈有定於靜，而不定於動耶。」

八　象山之言與朱子之言之自然會通

吾人如知象山所言之本心之自明，無論在靜時動時，有思慮時，無思慮時，用涵養工夫，或用察識之功夫時皆可有，即同于說：象山所謂本心之自明之工夫，並非要人在一時間先作此一工夫，而是謂人時時能有此本心之自明自立，時時能對本心之明之發處，自信得及，此即所以擴充增益此本心之明，使本心更得呈現，以自作主宰，而自己樹立者。本心日明，而自亦將愈能見得自家之病。故象山亦自謂「老夫無所能，只是識病」（全集三十五）此固亦非見得一光爍爍之物事，便守此一物，據爲己有，自高自大，更不見自家病痛之教也。唯此一工夫，非先意在治病，或治氣稟物欲之雜，以與之相對而立；而初唯是一純正面的承本心之發之四端萬善，而自信所及、以成其相續無間，使此光明日顯；而自然見得病痛；即以此光明照徹此病痛，而化除之，如日出而照烟霧，乃旋照而旋散耳。至于尅就此發明之工夫，遍在于未發已發涵養省察之中而言，則此涵養省察以及一切致知窮理之工夫之細密處，亦無足以與此發明本心之工夫相悖者。此一切細密之工夫，所同可爲此一工夫之所貫徹。此其所以爲大綱。大綱提掇來，其餘固皆可由此大綱之所貫注，而細細理會去。則朱子與其他賢者所言之其他種種細密工夫，象山亦不須更加以反對，而皆可于不同之意義上，加以承認，而人用任何工夫，亦皆可如「魚龍之游于江海之中，沛然無碍」。此即象山所以于朱子之學，雖不同其所見，而其言中對朱子之批評，反較朱子對象山之攻擊爲少之故。以系統規模之博大而言，朱子固是泰山喬嶽，非象山之所及。然朱子之讀聖人書所成之規模系統彌大，析義彌多，然亦未嘗不言：「讀書須是以自家之心體驗聖人之心。少間體驗得自家之心，便是聖人之心」（語類一一九）「聖人之言即聖人之心，聖人之心即天地之理」（語類百二十）「而今看聖人說話，只聖人心成片價，從面前過」（語類百一一）則此未嘗不歸宿在見心之即理己之心之同于聖之人心，而通于象山之發明本心之旨。唯此乃朱子之學四方八面，湊合將來之所終。象山則以此朱子之學之所終，爲學者立志之所始，亦學者自始當直下契入之一根本義。則以朱子觀象山，乃或疑其只是「揀一個儱侗的說話，將來籠罩」「只一條索無可貫」（語類二七）「巴攬包籠」（語類一二一）「籠統無界分」（語類五七）「若只憑大綱看過，何緣見精微出來」（語類十三）又如「只管說一個心，萬法流出，都無許多事」（語類九二）而或更疑其心空而無理，只是禪，以至謂其欲把捉此心，未必不出于人欲之私。朱子之所以有諸疑之故，亦意皆可解。正如象山之言朱子之支離，「其條目足以自信」者，爲不見道者其意之可解也。然象山要學者，「先且當大綱思省」（全集卷三與曹挺之）自謂：「其言坦然明白全無粘牙嚼舌處，所以易知易行」而亦未嘗礙人之由此大綱，以有種種條目之細密工夫。則象山之學，亦未嘗礙朱子之教，而朱子之學，旣未嘗不歸在見心之即理、己之心即聖人之心，則亦即未嘗不與象山同旨。然以朱子觀象山之言，「雖心理一，不察乎氣禀物欲之私，是見得不眞」。（語類一二六）此即謂必須先見及此氣禀物欲之雜，足使心與理宛然成二，然後吾人方能實有去此雜之工夫，以實見心與理之一。以象山觀朱子，則先見有此氣禀物欲之雜，即不能直下見及心與理之一，而未能本此見，而以「自信此心與理一」爲工夫。所見者旣是有此「雜」，以使心與理不一者，則此所見者非心與理一，乃心與理二。則由工夫之所成，而見及之心與理一，即只屬修成，非眞本有。若非本有，則修可無成，而亦不可修。于此心與理一之爲本有一義上，則朱子在其心性論之雖亦向之而趨，而未能圓成。如前所辨。此則舍取象山之論蓋無他途。然取此象山之論，仍可回頭正視氣禀物欲之雜之一問題，而即其雜，以知吾人之工夫亦當順其雜而有，乃未嘗不可有種種複雜之工夫。以其人之道，還治其人之身，則即雜所以成純。則朱子之教，亦無一可廢。朱子之言縱有黏牙嚼舌之處，人能一一呑嚥，亦未嘗不可相泯于無迹。總上所言，可見二賢之論，正如始終之相涵，博約之相資。世謂朱子以道問學爲先，心理非漫然爲一；陸子以尊德性爲先，乃心與理一者，吾人于本文篇首嘗評其說爲不切。今如識得此二家之工夫論有此始終相涵，博約相資之義，則固亦皆當說，而未嘗不切矣。

五十四年十二月

漢唐褒斜道考

嚴耕望

引言

漢唐時代，褒斜道爲秦蜀交通幹線，以其險峻爲全國諸道之冠，故久爲史家所稱述。此道本循褒斜二河谷所修建，故名褒斜。二水皆發源於郿縣褒城間之衙嶺山，斜水東北流至郿縣入渭，褒水東南流至褒城入漢。此道即由褒城循褒水河谷而上，踰衙嶺山，復循斜水河谷而下出秦川也。此條路線，在漢魏無可致疑，然考之唐史，往往不能通解。如玄宗幸蜀，及僖宗第二次南幸，皆向西取道散關，而文史所見，或云途經斜谷。又如褒斜谷道不逾五百里，郿縣至長安不過二百餘里，而通典稱漢中取斜谷道至長安九百三十三里，是亦不合。今詳考史傳、志書、政典、詩文、石刻、雜著，乃知唐世所謂褒斜道絕大多數指褒城鳳州道而言，實爲北魏所開之迴車道，攘褒斜之古名耳。前賢未察，因名同而誤爲一道，致唐史典籍反多可疑，故爲之辨，並詳其驛程焉。

一　漢魏褒斜古道

關中與漢水上流地區之交通當甚早。此觀國語載周幽王伐有褒事可知。

晉語一，史蘇曰：「周幽王伐有褒，褒人以褒姒女焉。」又鄭語記史伯述褒姒故事。（史記周本紀畧同。）

則幽王以前，褒國與關中早有交通，不始於幽王之用兵也。

戰國秦惠文王時，褒漢爲蜀所有，秦蜀兩王曾會遇谷中，不久秦即起兵滅蜀，說者多謂即循漢世所謂褒斜道。

史記張儀傳：「苴蜀相攻擊，各來告急於秦。」秦惠王遂發兵伐蜀，兼滅苴巴。時在惠文王後九年。

（年份參三家注及考證。）是秦蜀交往必早在此前。考華陽國志卷三蜀志述秦蜀事之傳說頗詳。畧云：

「周顯王之世，蜀王有褒漢之地，因獵谷中，與秦惠王遇。惠王以金一笥遺蜀王，王報珍玩之物。」

「周顯王二十二年，蜀侯使朝秦。秦惠王數以美女進，蜀王感之，故朝焉。」

「蜀王別封弟葭萌於漢中，號苴侯。……苴侯與巴王爲好，巴與蜀讎，故蜀王怒伐苴侯。苴侯奔巴，求救於秦。」「周慎王五年（秦惠二十二年即後九年）秋，秦大夫張儀、司馬錯…等從石牛道伐蜀。…開明氏遂亡。」

按秦蜀二王之會，未明何谷，而十三州志：「蜀王從卒數千餘出獵於褒谷西溪。惠王亦獵於山中。」（輿地紀勝一八三引。）是言褒谷也。水經注二七亦以褒谷當之。又此次用兵，水經注以爲由此道，後世地理學家多從之。然亦無確證，惟可能性較大耳。

其後范睢相昭王，又曾大修棧道。說者亦以爲即褒斜道。蓋可信。

秦策三，蔡澤說范睢曰：「今君相秦……棧道千里，通於蜀漢。」稱睢之功，棧道建設爲其一。後世以爲此即褒斜道，如方輿紀要五六。觀下文引史記高祖紀，以陳倉道爲「故道」，則褒斜爲新道也。時去范睢相秦不過五十餘年，（睢相昭王，始於紀元前二六六年。）此褒斜新道嘗即范睢所修者歟？

秦代末年，褒斜道爲經常往來之棧道，而稱陳倉大散關道爲故道。漢高祖燒絕褒斜道，其出兵關中乃從故道出散關。

史記高祖紀：

「漢王之國，……從杜南入蝕中，去輒燒絕棧道，以備諸侯盜兵襲之，亦示項羽無東意。」

漢書高祖紀：

「漢王……從杜南入蝕中。張良辭歸韓，漢王送至褒中，因說漢王燒絕棧道，以備諸侯盜兵，亦視（同示）項羽無東意。」（師古曰：「棧即閣也，今謂之閣道也。」）

史記留侯世家：

「漢王之國，良送，至褒中。遣良歸韓。良因說漢王曰：王何不燒絕所過棧道，示天下無還心，以固項王意。乃使良還，行燒絕棧道。……良至韓，……說項王曰、漢王燒絕棧道，無還心矣。」

漢書張良傳畧同。惟無末句。「行燒絕棧道」師古釋之曰：「且行且燒，所過之處皆燒之也。」據史記本紀，所燒者為蝕中棧道。（詳唐子午道考。）據漢書本紀，所燒者為褒中棧道。觀兩書張良傳，所燒實為褒谷棧道。然漢王由長安入漢中乃取道蝕中，無可疑者。既已燒褒谷棧道，則復燒蝕中棧道，乃事所必然。故水經注謂漢祖燒子午棧道也。張良由褒谷道北歸，又燒絕此道閣棧，示無還意，則當時必視此道為交通幹線。而史記高祖紀又云：

「至南鄭……用韓信之計，從故道還襲雍王章邯。邯迎擊漢陳倉。」

漢書本紀同。亦即石門頌所謂「出散入秦」也。按故道即陳倉散關兩當畧陽道，河渠書所書較褒斜道迂迴四百里者。（詳唐散關鳳興道考。）蓋秦舊都雍，即今鳳翔縣。其時秦蜀交通或本由陳倉西南經今鳳縣兩當東南至漢中。後都咸陽，遂復開斜與褒兩谷連絡之褒斜道。史以「棧道千里通於蜀漢」為范睢功，或者即睢時事歟？褒斜道開而陳倉舊道廢。高祖已燒褒斜道，乃復從舊道出兵矣。

其後蓋遂以「故道」爲秦蜀交通之主要幹線。漢人傳稱高帝開石門，或歸美之辭歟？

李翕郙閣頌（隸釋四）：「嘉念高帝之開石門，元功不朽。」按此事別無所見。石門頌述西漢四道，亦不涉石門事，疑歸美之辭耳。

然漢都長安，舊道究迂遠，不如褒斜之捷近，故武帝中葉復修褒斜棧道，且欲以通山東之漕運。通漕事雖失敗，但褒斜道全長四百餘里，較故道近四百里，故遂復爲關中通巴蜀之主要交通線矣。

史記河渠書云：（漢書溝洫志同。）

「其後，人有上書欲通褒斜道，及漕事。下御史大夫張湯。湯問其事。因言，抵蜀，從故道。（正義引括地志：「鳳州兩當縣，本漢故道縣也。在州西五十里。」）故道多阪回遠。今穿褒斜道，少阪，近四百里。而褒水通沔，斜水通渭，皆可以行舟漕。漕從南陽上沔入褒，褒之絕水，至斜間百餘里，以車轉，從斜下渭。如此，漢中之穀可致，山東從沔無限，便於砥柱之漕。且褒斜材木竹箭之饒擬於巴蜀。天子以爲然，拜湯子卬爲漢中守，發數萬人作褒斜道五百餘里。道果便近，而水多湍石，不可漕。」

按此事系於河東守番係言漕事後。係以元朔五年由河東守遷御史大夫（公卿表）。則復通褒斜事當在武帝中葉。漕事雖失敗，然「道果便近」。故史記貨殖傳云：

「巴蜀亦沃野……然四塞，棧道千里，無所不通，唯褒斜綰轂其口，以所多易所鮮。」

足見武帝末年褒斜道爲秦蜀交通之最主要幹線。又華陽國志三蜀志：「壐書交馳於斜谷之南，玉帛踐乎梁益之鄉。」此固說西漢事，交通幹線又得一徵矣。

褒斜道之名稱亦始見於此時。褒斜二水皆發源於褒城、武功間之衙嶺山，斜水北流入渭，褒水南流入漢，此道北段畧沿斜水，南段畧沿褒水，故曰褒斜。

此兩水分流入渭、沔，前引河渠書已言之。漢地志扶風武功縣，「斜水出衙嶺山，北至郿入渭。褒水亦出衙嶺，至南鄭入沔。」按衙嶺山在唐褒城北九十八里，（河渠書正義引括地志及寰宇記一三三褒縣條。）即今縣北約九十里，郿在今郿縣東北。武功在今郿縣東四十里。（一統志。）

西漢後期有所謂武功谷口剗道者，蓋亦指此而言也。

史記田叔傳褚先生補曰：「武功，扶風西界小邑也。谷口，蜀剗道近山。」正義：「括地志云，漢武功縣在渭水南，今盩厔縣西界也。駱谷閒在雍州之盩厔縣西南二十里，開駱谷道以通梁州也。按行谷有棧道也。」按括地志此條奪譌甚多，別詳駱谷道考。然正義以褚先生補文之谷口即駱谷口，則甚明。今按：一統志鳳翔府卷古蹟目，「武功故城在郿縣東，漢置縣。舊縣境有武功山，斜谷水亦曰武功水。縣本以山水立名也。寰宇記，武功故城在今郿縣東四十里鳳泉故縣北，渭水之南。」據通志，今郿縣盩厔相距一百里，（南山谷口考引。）則武功故城西南至斜谷較東南至駱谷為近。且斜谷水有武功之名，足見在武功轄境；駱谷則絕非轄境也。況斜谷之名至遲武帝世已著，而駱口之見史似不能早於曹魏。故此谷口當指斜谷，非駱谷也。正義誤。又據史記孝武本紀索隱，褚少孫為宣元成時代人。

其後王莽開子午道，但褒斜未廢，故光武伐蜀，一軍從斜谷入。

華陽國志五公孫述志：「世祖(光武)重遣吳漢劉尚征述；又遣臧宮從斜谷道入。」按西漢承平二百年，此第一次用兵巴蜀，即利用此道，足見其爲一要道。

然歲久仍不免荒塞，至東漢明帝永平四年詔開褒斜，鑿通石門。蓋安帝永初間，此道爲叛羌所壞，乃修子午，以遠羌患。至順帝即位(延光末)，復廢子午，通褒斜。桓帝建和年間又見增修。並詳石門頌。

後漢書惟順帝紀云，延光四年十一月丁巳即位，「乙亥，詔益州刺史，罷子午道，通褒斜道。」其餘歷次修廢不詳。而司隸校尉楊孟文石門頌(隸釋四)

「高祖受命，興於漢中，道由子午，出散入秦。……後以子午塗路歮難，更隨圍谷，復通堂光(附注)凡此四道垓隔尤艱。至於(明帝)永平，其有四年(六一)，詔書開余(斜)，鑿通石門。中遭元二，西夷虐殘，橋梁斷絕，子午復修。上則縣峻，屈曲沶顚，下則入冥，廎寫輸淵，……空輿輕騎，滯导弗前，惡虫蔽狩，蛇蛭毒蟳。……愁苦之難，焉可具言。於是……故司隸校尉犍爲武陽楊君厥字孟文，深執忠伉，數上奏請，……百僚咸從，帝用是聽，廢子(子午)由斯，得其度經，功餝爾要，敞而晏平。……至(桓帝)建和二年(一四八)仲冬上旬，漢中太守犍爲武陽王升字稚紀……嘉君明知，……勒石頌德。」

「王府君閔谷道(缺)難，分置六部道橋，特遣行丞事西成輔服……造作石積，萬世之基，或解高格(同閣)，下就平易，行者欣然焉。」

據此畧見褒斜子午迭爲興廢之況。洪氏跋云：「順帝紀，延光四年，詔益州刺史罷子午道，通褒斜路，蓋從其所請也。……安帝永初元年先零羌叛，斷隴道，寇三輔，入益州，殺漢中守，乃橋梁斷絕時也。自明帝永平四年通石門至永初幾五十年。自永初褒斜斷絕至延光四年，凡十五年。」按此所論大體近是。

此頌外，復有鄐君開通褒斜道一刻，記各項數字極詳。自永平六年興工至九年完成，工程極爲浩大。蓋永平四年楊孟文僅興議草創，至鄐君實成之也。兩次實爲一事，故石門頌畧之歟。

鄐君開通褒斜道石刻（金石萃編五）：「永平六年，漢中郡以詔書受廣漢蜀郡巴郡徒二千六百九十人，開通褒余道。太守鉅鹿鄐君部掾冶級王宏、史荀茂、張宇、韓岑等，興（釋文作典）功作。太守丞廣漢楊顯將相用始作橋格（即閣或欄）六百二十三間，大橋五，爲道二百五十八里，郵亭、驛置、徒司空、褒中縣官寺並六十四所。凡用功七十六萬六千八百餘人，瓦（凡？）卅六萬九千八百（以下今石已缺，僅見宋晏褒釋文，）　四器。用錢百四十九萬九千四百餘斛粟。九年四月成就。益州東至京師，去就安隱。」按此刻在褒縣石門。

建和稍後，永壽年間，復有增修，見於石刻。

李壽碑（羅季書褒中古跡輯畧）：「右扶風丞楗爲武陽李君諱壽字季林，以永壽元年中始解大臺長，由其修閣道憂勤，民懽喜，行人蒙福。君故益州從事，再舉孝廉，尙書，改授雲安郡朐忍令，換漢中宜禾都尉。」按永壽爲桓帝年號。

漢末，劉焉使張魯據漢中，斷絕谷道，以利割據，故流民南徙皆從子午道。

華陽志二漢中志：「初平中，（劉焉）以（張）魯爲督義司馬，住漢中，斷谷道。」三國志三一劉焉傳，「遣魯爲督義司馬，住漢中，斷絕谷閣，殺害漢使。焉上書言米賊斷道，不得復通。」當即此道，斷之以利割據也。三國志八張魯傳，魯據漢中，「韓遂馬超之亂，關西民從子午谷奔之者數萬家。」正以斜谷道斷，故民之南徙者專從子午也。

然不久蓋又修復，故建安末年，曹操得由斜谷道與劉備爭漢中。

紀要五六，已畧引述，今不詳考。

其後魏蜀交兵屢由此道，畧舉如次：

（A）魏太和二年、蜀建興六年（二二八），蜀諸葛亮伐魏，揚聲由斜谷。

蜀志諸葛亮傳，建興「六年春，揚聲由斜谷道取郿，使趙雲鄧芝爲疑軍，據箕谷。」

（B）魏太和四年、蜀建興八年（二三〇），魏曹眞伐蜀，由子午斜谷諸道並入。

魏志明帝紀，太和四年「七月…詔大司馬曹眞、大將軍司馬宣王伐蜀。」曹眞傳，太和四年，眞大舉伐蜀。「以八月發長安，從子午道南入。司馬宣王泝漢水，當會南鄭。諸軍或從斜谷道，或從武威入。」（集解引胡三省曰：「武威當作武都。」）蜀志後主傳，建興「八年秋，魏使司馬懿由西城，張郃由子午，曹眞由斜谷，欲攻漢中。丞相諸葛亮待之於城固赤阪。大雨道絕，眞等皆還。」按此次數道並進，而所述曹眞主力有斜谷、子午之異。考魏志二二陳羣傳，「太和中，曹眞表欲數道伐蜀，從斜谷入。羣以爲，…斜谷阻險，難以進退，轉運必見鈔截…不可不熟慮也。帝從羣議。眞復表從子午道。羣又陳其不便。…詔以羣議下眞，眞據之遂行。會霖雨積日，詔眞還。」是眞本擬自出斜谷，後變計自子午道也。然仍分兵出斜谷等道。

（C）魏青龍二年、蜀建興十二年（二三四），蜀諸葛亮大軍由斜谷道出武功至五丈原。

魏志明帝紀，青龍二年四月，「諸葛亮出斜谷屯渭南。」蜀志後主傳，建興「十一年冬，亮使諸軍運米集於斜谷口，治斜谷口邸閣。」（集解：邸閣，儲糧之所也。詳見魏志王基傳。）「十二年春二月，亮由斜谷出，始以流馬運。」諸葛亮傳，建興「十二年春，亮悉大衆由斜谷出，以流馬運，據武功五丈原。…其年八月，亮疾病，卒於軍。」

（D）魏景元四年、蜀炎興元年（二六三），魏鍾會等分從駱谷、斜谷、子午谷等道並入滅蜀。

魏志陳留王奐紀，景元四年，使鍾會「由駱谷伐蜀」。又鍾會傳：「（鄧）艾趣甘松、沓中，……（諸葛）緒趣武街、橋頭。……會統十餘萬衆分從斜谷、駱谷入。……魏興太守劉欽趣子午谷。諸軍數道平行。」

魏、蜀在關中漢中地區相對用兵，取道斜谷者大抵有以上諸次。惟魏正始五年（二四四）曹爽伐蜀，蜀延照二十年（二五七）姜維伐魏，由駱谷道，餘或專出斜谷道，或兼出斜谷道也。

及鍾會定蜀，謀貳於司馬氏，欲使姜維先出斜谷。司馬昭識鍾會必叛，使賈充入斜谷至漢中。

魏志二八鍾會傳：「進軍成都，…威震西土。…遂謀反。欲使姜維等皆將蜀兵出斜谷，會自將大衆隨其後。……會得文王書云，恐鄧艾或不就徵，今遣中護軍賈充將步騎萬人徑入斜谷，屯樂城，吾自將十萬屯長安。」

如此針鋒相對，皆以斜谷爲用兵主線，尤見此道在當時交通上之地位。

魏蜀既屢從斜谷道用兵，故時見增修。

魏太和四年，曹眞由子午斜谷諸道伐蜀。王肅傳論之曰：「深入險阻，鑿路而前，…聞曹眞發已踰月，而行裁半谷。治道功夫，戰士悉作。」又魏景元四年，鍾會伐蜀事。會傳云：「分從駱谷、斜谷入，先命牙門將許儀在前治道。會在後行，而橋穿，馬足陷，於是斬儀。」又蜀建興十一年，諸葛亮治斜谷邸閣，明年出兵。邸閣雖非閣道，要於道路亦不能無修建也。

今可考見於石刻者，有魏太和六年，與景元四年兩次。景元四年冬，魏已平蜀，故復修之，以爲秦蜀交通之孔道也。

潘宗伯韓仲元李孝章通褒斜閣道碑：

□□伯、韓仲元以泰□六年五月十日造□□。景元四年十二月十日盪□將軍浮亭侯□□李苞…中□□□木工二千人，始通此閣道。」（文物一九六四年十一期褒斜道石門附近棧道遺迹及題刻的調查）

晏袤跋文云：

潘宗伯、韓仲元、記造橋閣十九字。紹熙甲寅始見於石門之南益（崖？），其泰字下一字不顯，…漢魏兩晋以來，紀年者凡七，惟魏明帝有泰和六年…餘皆一二年或三四年，則知此魏泰和六年明矣。是歲蜀建興十年。先以泰和四年魏司馬懿伐蜀，五年蜀諸葛亮圍祁山，…秋七月亮復軍。明年亮休士作木牛流馬，故魏人得入褒谷治橋閣矣。後題景元四年三十八字者，魏陳留王年號，自泰和六年至此凡三十三年，則此二號皆魏之紀年無疑。……魏盪寇將軍浮亭侯李苞字孝章復通此閣道于景元四年，即蜀炎興元年。冬十一月，魏鍾會鄧艾率衆伐蜀，……巴蜀皆平。十二月，魏分益州爲梁州，褒斜閣道于是乎通矣。」（同上）

按碑刻於石門南約二十餘米崖壁上。晏袤爲南鄭令，以慶元元年作跋，論此事年代蓋可信。

至晉太康元年亦曾於褒中縣北境修斜谷閣道，今留壩縣西江口尚有摩崖可考。

唐孫樵興元新路記（全唐文七九四，參褒中古蹟輯畧）：

「二十四孔閣。閣上巖甚奇，有石刻云：褒中興（輯畧作典）閣主簿王顒、漢中郡道閣縣（橋）掾馬甫（畧）等百二十人，匠張羌（畧）等百四十人，閣道教習常民學川石等三人。凡七十字。其側曰，太康元年正月二十九日。按其刻乃晉武平吳時，蓋晉由此路耳。」

按通觀全文，二十四孔閣在文川谷道中，東北去郿縣，東南至南鄭，距離畧相等，而爲褒中縣地。復考褒斜道連雲棧南段調查簡報（文物一九六四年第十一期。），則此摩崖尚存，據拓本釋文如次：

□褒中典閣主簿王顒字休諧

□褒中典閣主簿周都字令業

漢中郡道閣府椽馬甫字叔郡

漢中郡北部督郵逈通字叔達

都匠中郎將王胡字仲良典知二縣

匠衞續教蒲池石佐張擇等百廿人

匠張羌教褒中石佐泉彊等百卌人

治余谷閣道教習常民學川□□□□

等三人，詣漢中郡受節（下缺）

征西府遣匠（下缺）

據拓本收藏人張叔亮云，刻文在留壩縣西江口岩上，其地今仍名二十四孔閣。此本則一九三二年所拓也

然則此年所修不但確知即褒斜道，且途程所經又得一明確據點矣。

及東晉南北朝時代。南北分立，不以南北交通幹線爲急務，故未見有修郿褒間谷道者。至北魏正始四年「開褒斜道」，乃散關廻車褒城道，非復漢魏古道矣。

褒斜本二水名，前引河渠書及漢地志已言之。其分水嶺之衙嶺山地位偏近褒城，故斜谷長而褒谷短，谷道四百七十里號稱五百里，山谷深險，曹操稱爲「五百里石穴」，最能得其形勢。

辛氏三秦記：「褒斜，漢中谷名，南谷名褒，北谷名斜，首尾七百里」。（後漢書順帝紀延光四年注引，地理書鈔頁三六二。）梁州記：「褒谷，南口曰褒，北口曰斜，長四百七十里」。（史記貨殖傳正義引。）里數不同。考元志和二二，輿地紀勝一八三，皆作四百七十里。與河渠書五百里之說爲近。七百里蓋奪譌也。

西征賦注：「褒斜谷…南口褒，北口斜，長百七十里。」（續郡國志扶風武功縣注引。）則又奪「四」字矣。

復考括地志：「褒谷在梁州褒城縣北五十里。（元和志二二，作五里，是也。此衍「十」字。）斜水源出褒城縣北九十八衙嶺山，與褒水同源而派流。」（史記河渠書正義引。一統志引括地志，斜水褒水二名互易位。）寰宇記一三三褒城縣，「衙嶺山在縣西北九十八里，褒水源出此山，至縣理東注漢水。」足見斜谷長，而褒谷短。

關於兩谷形勢。魏志一四劉放傳注引孫資別傳云：「昔武皇帝…自往拔出夏侯淵軍，數言，南鄭直爲天獄中，斜谷道爲五百里石穴耳。言其深險，喜出淵軍之辭也。」既證七百里之譌，亦見谷道之形勢。輿地紀勝一八三興元府景物上褒谷條引郡國志：「兩谷高峻，中間谷道，褒水所流。」亦見其概。

而述此谷道之詳仍以水經注爲最。據注，由褒城北入褒谷口，經石門，西北經三交城，赤崖，大石門，至衙嶺山；自山以北，則循斜谷達渭川。觀其述千梁無柱之險，誠可驚駭。

渭水注：「渭水于（武功）縣，斜水自南來注入。水出縣西南衙嶺山北，歷斜谷，逕五丈原東。原在武功西十里餘。…其水北流注于渭。」

又沔水注：「漢水又東合褒水。水西北出衙嶺山，東南逕大石門，歷故棧道下谷，俗謂千梁無柱也。諸葛亮與兄瑾書云：前趙子龍退軍，燒壞赤崖以北閣道，緣谷百餘里，其閣梁一頭入山腹，其一頭立柱于水中。今水大而急，不得安柱，此其窮極，不可强也。又云：頃水大暴出，赤崖以南橋閣悉壞。時趙子龍與鄧伯苗一戍赤崖屯田，一戍赤崖口，但得緣崖與伯苗相聞而已。後諸葛亮死于五丈原，魏延先退，而焚之，謂是道也。自後按舊修路者悉無復水中柱，逕涉者，浮梁振動，無不遙心眩目也。褒水又東南，逕三交城，城在三水之會，故也。…褒水又東南得丙水口。…褒水又東南歷小石門。門穿石通道六丈有餘。刻石言，漢明帝永平中司隸校尉犍爲楊厥之所開。…蜀都賦曰：阻以石門。其斯之謂也。門在漢中之西，褒中之北。褒水又東南歷褒口，即褒谷之南口也。北口曰斜，所謂北出褒斜。褒水又南逕褒城東，…又南流入于漢。」

按褒谷較短，酈注詳述之。斜谷較長，酈注反畧之，何耶，豈亦材料所限歟？

（附註）石門頌，「更隨圍谷，復通堂光。」按嘉「慶一統志二二七西安府山川目倉谷條引長安志，「韋谷、底保谷在盩厔縣西南三十里。」又引縣志，「縣境南山…極西，與郿縣接界處爲韋谷，俗訛爲泥谷，在縣西南五十里。」谷東二十三里爲駱谷。又陝西南山谷口考：「駱谷西二十五里爲韋谷，今訛爲泥谷，在盩厔縣西南，爲盩厔郿縣連界處。有韋谷水北入渭谷南有路通佛坪。」檢元和志二鳳翔府扶風縣，「武德三年分岐山縣，置圍川縣，…取今縣南湋川水爲名，近代訛作圍。…貞觀…八年改爲扶風。」是此韋谷之名甚早，亦作湋谷、圍谷也。石門頌之圍谷必即此谷無疑。　堂光無考。陝西南山谷口考云，郿縣東南有湯谷、潭谷，豈其地耶？

二　拓跋魏迴車道

自晉室南遷，秦漢褒斜古道日就堙廢。至北魏宣武帝正始中，有漢中之地。刺史泰山羊公以褒斜古道久堙且險，遂於正始四年（西五〇七）奏開回車新道，南通褒城谷口，以便控制漢中地區。史稱此道爲「斜谷舊道」，蓋誤書也。

魏書世宗紀，正始四年九月「甲子，開斜谷舊道。」實即廻車道也。魏石門銘（褒谷古蹟集畧）詳其事云：

「此門蓋漢永平中所穿，將五百載。世代綿廻，戎夷遞作，乍開乍閉，通塞不恒。自晉氏南遷，此路廢矣。其崖岸崩淪，磵閣堙褫。門北各數十里，車馬不通者久之。攀蘿捫葛然後可至。皇魏正始元年，漢中獻地，褒余始開，至於門北一里，西上鑿山爲道，峭岨盤迂，九折無以加，徑途亘碍，行者苦之。…三年，詔假節龍驤將軍（畧）梁秦二州刺史泰山羊公建旗嶓漾。…以天險難升，轉輸囏阻，表求自廻車以南開創道路，釋負担之勞，就方軌之逸。詔遣左校令賈三德領徒一萬人，將師百人，共成其事。…起四年十月十日訖永平二年正月畢工，閣廣四丈，路廣六丈，皆塡谿棧壑，砰險梁危，自廻車至谷口三百餘里。連輈並轡而進。往哲所不工，前賢所輟思，莫不夷通焉。…於是畜產鑪鐵之利，紈錦罽毲之饒，充牣川內，四民富實，百姓息肩，壯矣。…銘曰：西帶汧、隴。東控樊、襄。…水眺悠晶，林望幽長，秋風夏起，寒鳥春傷。穹窿高閣，有車轔轔，成夷石道，牭牡其駰，千載絕軌，百兩更新。…魏永平二平太歲己丑正月己卯朔卅日戊申，梁秦典籤太原郡王遠書。」

按據此石刻紀事，南北朝時，褒斜道廢塞，北魏正始中得漢中地，「褒斜始開」，然「經途亘碍」。正始三年，羊公爲梁秦刺史，「以天險難升，轉輸囏阻」，乃「表求自廻車以南開創道路」。「自廻車至谷口三百餘里」。明此囘車道爲新開者，非循褒斜古道也。事始於正始四年十月，正與魏書所記爲同一事。而魏書云「開斜谷舊道。」實誤。

迴車地在梁泉縣南六十里。是羊公所開新道取陳倉散關大道，由梁泉東南經回車以達褒城也。

元和志二二，鳳州梁泉縣，後魏太和元年置。「迴車戍在縣西北六十里。梁太清五年，西魏遣雍州刺史達奚武爲大都督及行臺楊寬，率衆七萬，由陳倉路，取迴車戍，入斜谷關，出白馬道。謂此也。」（藝文影畿輔叢書本。）寰宇記一三四，同。惟云「在縣南一百六十六里。」紀要五六作「縣南一百六十里。」按志云「西北」顯誤。當從記作「南」爲正。里數有「一百」之差。按元和志及寰宇記，興元至鳳州（治所即梁泉縣）三百八十里。褒城至興元三十里。則褒城至梁泉蓋三百五十里上下。前引石門銘，迴車至谷口（褒谷口）三百餘里。則迴車至梁泉縣應以六十里爲正。寰宇記、紀要皆誤也。檢乾隆志一八五漢中府褒水條引府志「有車倒河在（鳳）縣東南八十里。」按「車倒」與「迴車」之義爲近，疑即古迴車戍地區歟？

西魏大統十七年（西元五五一），達奚武曾由散關出回車道入南鄭，然其所出南口，爲白馬城，非褒口。

周書二文帝紀，魏大統十七年十月，遣「大將軍達奚武出散關，伐南鄭。」前引元和志二二及寰宇記一三四梁泉縣回車戍條，所記即此事。謂達奚武等「率衆七萬由陳倉路，取迴車戍，入斜谷關，出白馬道。」惟此次用兵出口爲白馬，非褒城。按水經沔水注，「沔水又東逕白馬戍南，濜水入焉。水北發武都氐中，南逕張魯城東。…庾仲雍謂山爲白馬塞，……東對白馬城，一名陽平關。濜水南流入沔，謂之濜口。其城西帶濜水，南面沔川，…亦曰濜口城。」元和志二二興元府西縣，「百牢關在縣西南三十步，隋置白馬關，後以黎陽有白馬關，改名百牢關。自京師趨劍南，達淮左，皆由此也。」所謂「入斜谷關出白馬道」者，蓋由關南行出灙口、白馬城，即唐之西縣也。唐僖宗光啓二年幸興元，褒谷棧道爲石君涉所燒，乃變計由他道至西縣，亦即此道也，詳第四節僖宗西幸條。

後三年，即恭帝元年（西五五四），此廻車閣道被焚毀。同年崔猷復修通之。鑿山堙谷五百餘里。但南口所在不詳。

通鑑一六五梁承聖元年紀：

「魏宇文泰命侍中崔猷開回車路，以通漢中。」

按周書三五崔猷傳：「魏恭帝元年（即梁承聖三年），太祖欲開梁漢舊路，乃命猷（畧）等五人率衆開通車路，鑿山堙谷五百餘里，至於梁州。」（下文「即以猷爲都督梁利等十二州白馬儻城二防軍事梁州刺史」。）北史三二，同。皆與通鑑「作回車路」者異。胡三省據北史，以「通」字爲正，云「前史蓋誤以通字爲廻，傳寫者又去其傍爲回也。」此論似是。然據前引北魏石門銘及元和志廻車戍條，正應作「回車路」。則通鑑「回」字不誤，而周書、北史「通」字乃臆改耳。或曰，達奚武既於四五年前由此道入梁州，何以此時又重開？考留壩府志卷四，「西魏恭帝元年四月，樂熾焚路。同年九月崔猷修復。」（褒斜道石門附近棧道遺迹及題刻調查頁三九引。）則此路自北魏開通，至西魏恭帝元年被焚阻，同年崔猷乃復開之，達奚武事在此前，固不礙也。

綜觀北魏至西魏末五十年間，所開通漢中道路皆自散關經回車而南者，未嘗見有循秦漢褒斜古道也。

三　唐褒城北出秦川諸道修治史

褒斜道，唐初雖曾重修，並通水運。然在前期，實未置驛。

冊府四九八邦計部漕運條：「（貞觀）二十二年七月，開斜谷道水路，運米以至京師。」此蓋遵行漢武故事歟？未必久行。通典一七五，漢中郡「去西京，取駱谷路六百五十二里。斜谷路九百三十三里。驛路一千二百二十三里。」（寰宇記一三三，全同。）是前期斜谷駱谷兩谷道皆不置驛也。（駱谷不置驛又見六典六刑部司部條。）

中葉以後，始屢修秦川通褒城道，置館驛；然非一線。茲以時代爲次考述之。

（1）憲宗元和元年復置斜谷路館驛。

舊憲宗紀：西川劉闢反。以長武城都知兵馬使高崇文充神策行營節度使，伐之。元和元年正月「壬辰，復置斜谷路館驛。」「甲午，高崇文之師由斜谷路，李元奕之師由駱谷路，俱會於梓橦。」寰宇記三〇鳳翔府郿縣，「按唐書，永貞元年，西川節度使劉闢反。先是鳳翔斜谷路館驛停廢，今宜却置，命高崇文爲神策行營節度使。崇文領兵馬取鳳翔斜谷路，李元奕領兵取駱谷路，同赴梓州。」按通鑑二三七，元和元年正月「甲午，崇文出斜谷。…崇文軍至興元。」云云。是所取之道南口在褒城無疑。而寰宇記云「先是鳳翔斜谷路館驛停廢。」又云高崇文「取鳳翔斜谷路。」「斜谷」上冠以「鳳翔」則入口頗有取散關廻車戍之可能。

（２）敬宗寶曆二年，裴度奏修斜谷道及館驛。　是年裴度奏修斜谷驛道，於岐山縣南界置渭陽驛，郿縣北界置過蜀驛。入斜谷西南行至寶鷄縣南界，置安途驛。皆在鳳翔府境。其南循褒谷段，改甘亭館爲懸泉驛，駱駝蓦館爲武興驛，坂下館爲右界驛。懸泉驛，蓋在褒城縣北九十里之甘亭關。右界驛蓋在七盤嶺北坂下，南距褒城二十餘里。武興驛蓋在懸泉、右界二驛間。此次所修即漢魏古道無疑。

舊書敬宗紀，寶曆二年春正月「辛巳，興元節度使裴度奏修斜谷路及館驛，皆畢功。」唐會要六一館驛條述此事較詳云：

「寶曆二年，鳳翔隴州觀察使上言，當管緣興元新廻（通）斜谷路，創置驛三所。岐山縣南界置渭陽驛，郿縣北界置過蜀郡，寶鷄縣南界置安途驛。其月，山南西道觀察使上言，當道新制斜谷。其中須置館驛及創驛右界名者三：甘亭館請改爲懸泉驛，駱駝蓦館改爲武興驛，坂下館請改爲右界驛。並可之。」

據此，北段鳳翔府境三驛地望已明，而興元府境三驛則未悉。茲分別考述之

甘亭館、懸泉驛。檢元和志二二褒城縣，「甘亭關在縣北九里。今爲戍。」（一統志引亦作九里，而隋志考證引作九十里，不知何本。）然寰宇記一三三，褒城縣「甘亭關在縣北九十里，隋開皇元年立，今爲甘亭戍。」（文海影本云「甘亭關在縣北入斜谷一十里。」據下文，此似說鷄頭山，豈有奪文耶？然入斜谷十里即在縣城北二十里以上。且一十里通常只云十里。，有「一」字即有問題。）是「九里」「九十里」不同。疑「九十」爲正。何者？隋地志，褒城縣「有關官」，當即此關也。而通典一七五，褒城縣「有甘泉關，隋置之。」亭泉必一字之形譌耳。又新志，褒城縣「有牛頭山，北有甘寧關。」寧亦形譌也。據新志，似可定關在

牛頭山北。一統志引縣志，山在縣西二十五里。唐世縣治在今縣南十里之打鐘壩，則其時山當在縣西北三十里以上。關在山北，必更遠矣。故疑「九十里」爲正。若僅九里，則遠在石門鷄頭山之南，地平坦，置關何爲？甘亭館、懸泉驛當在同一地區。

坂下館、右界驛　會要此條列舉鳳翔境驛名，由北而南數之。興元境驛名次序當亦同。且蜀鑑云：「自褒谷至鳳州界一百三十里，始通斜谷。」（通鑑九胡注引李文子語。）則甘亭館北四十里即出興元府境，其間不容有兩驛，益證會要此條列舉懸泉、武興、右界三驛者係亦由北而南數之也。考褒城縣北有七盤嶺，詳第五節。而輿地紀勝一八三興元府景物條，「七盤坡在褒城縣北二十里。唐元稹詩云，迤邐七盤路，坡陁數丈城。」孫樵出蜀賦，「陟雞幘之險墟，下七折之峻阪。」（詳後第五節引。）皆即七盤嶺，是固可以坡坂稱之也。此處坂下館，當即七盤嶺之北坂，其處南距褒城二十餘里，正當有一驛也。

駱駝蔫館、武興驛　會要，此館驛列排於甘亭館、坂下館之間。甘亭、坂下之地望既可考，相距六十餘里，其間正當有一館驛，必駱駝蔫無疑。且乾隆志一八五，漢中府境有兩武興山。其一在畧陽縣北，必非其地。其一在沔東北十五里。山之北麓必在沔縣東北數十里外，即褒城縣西北數十里處也。此館改名武興驛，當即因在武興山東北麓，褒城縣西北五六十里處歟？

（3）文宗開成四年，歸融修散關至褒城道。　是年，歸融鎮興元，修驛道自散關至褒城凡十五驛。輿地碑記目四，興元府有「山南西道新修驛路記」。集古錄，唐劉禹錫撰，柳公權書，李陽冰篆，號三絕碑。開成中，山南節度使歸融自散關南至劍門，鑿山石棧道千餘里以通驛路。碑不著所立年月，在興元。」按禹錫山南西道新修驛路記，尙存。茲據全唐文六〇六節錄如次：「開成四年，梁州牧缺，…歸氏…融…鎭於嬀墟。我之提封，踞右扶風，觸劍閣千一百里。自散關抵褒城次舍十有五，牙門將賈黯董之。自褒而南，逾利州至於劍門，次舍十有七，同節度副使石文穎董之。兩將受命，分曹星馳。並山當蹊，頑石萬狀，坳者垤者，兀者銛者，磊落傾欹，波翻獸蹲；熾炭以烘之，嚴醯以沃之，潰爲埃煤，一篲可掃。棧閣盤虛，下臨谽谺，層崖峭絕，枘木亘鐵；因而廣之，限以鉤欄。狹徑深陘，銜尾相接；從而拓之，方駕從容。急宣之騎，宵夜不惑，郄曲稜層，一朝坦夷，興役及時，國人不知。」

按此爲褒城向西北取鳳州出散關至秦川之道，自不待言。

此即北魏所開廻車道路線也。而當時朝野即稱爲「褒斜舊道」或「斜谷舊道」。

按此詳下文４５兩條。

（４）宣宗大中三年，鄭涯開文川谷道。　大中初，鄭涯爲山南西道節度使，以「褒斜舊路」修阻，奏開文川谷新路。三年十一月完成，較褒斜舊路減捷十驛。所謂「褒斜舊路」即十年前歸融所修之散關褒城道也。

舊書宣宗紀：

大中三年「十一月，東川（當作興元）節度使鄭涯、鳳翔節度使李玭奏修文川谷路。自靈泉至白雲置十一驛。下詔褒美。」

唐會要八六道路條：

大中三年十一月，山南西道節度使鄭渥（涯），鳳翔節度使李玭等奏，當道先准勅新開文川谷路，並已畢功訖。勅旨：蜀漢道，古今攲危，…誠爲要害。…鄭渥（涯）首創厥功，李玭繼成巨績。按兩路之遠近，減十驛之途程，…通千里之險峻，便三川之往來。」

孫樵興元新路記（全唐文七九四。）

「滎陽公爲漢中，以褒斜舊路修阻，上疏開文川道以易之。」

按此所謂「褒斜舊路」及「按兩路之遠近」之舊路，即指開成四年歸融所修散關褒城間之斜谷路而言。非郿褒間之舊路也。何者？此時去歸融修道恰僅十年，鄭涯修文川道前，通行之道必即歸融所修散關褒城道。此其一。新路記稱「舊路修阻」，勅旨稱較舊道「減十驛之途程」。按郿褒古道，通常謂四百七十里，或五百里，（見前。）；而文川道，郿褒間十五驛，五百五十里，（見孫樵新路記，詳後。）則此時所謂褒斜舊道，決非指郿褒間舊道可知。前考開成四年歸融所修散關褒城間之道路爲驛十五，與文川道等。又據元和志二，散關東北至寶鷄縣五十二里，縣東北至鳳翔府九十里。府東至扶風縣一百里，則就入京師言，文川道較散關褒城間之驛道里程道減捷二百四十二里。舉成數而言，可謂近減十驛矣。此其二也。第二點尤爲強證，大中初年所謂「褒斜舊道」必指歸融所修散關褒城間之斜谷道，可斷言矣。

文川谷新道，有孫樵興元新路記，述其道途所經甚詳。

孫樵新路記，見全唐文七九四。其末段云：「滎陽公爲漢中，以褒斜舊路修阻。上疏開文川道以易之。…其勤至矣。其始立心，……將濟民於艱難也。然朝廷有竊竊之議，道路有唧唧之歎，豈滎陽公始望耶？況謀肇乎賈昭，事倡乎李俅。…而怨咎獨歸，豈古所謂爲民上者難耶！」是此記爲鄭涯所開文川谷道而作無疑。

據此記，自扶風西南渡渭至郿縣四十里。自郿南行二十五里至谷口，有臨溪驛。又南踰兩嶺一河，三十里至松嶺驛。又二十六里至連雲驛。又西五十一二里至平川驛。又西並澗渡嶺有閣道，約二十五里至河池關。踰關西南，閣道並澗，渡大橋，凡十六七里至白雲驛。又西並澗，閣道二十三里至芝田驛。又若干里至仙岑驛，自仙岑南二十八里至二十四孔閣，有晉太康元年修道刻石。此刻尚存，在今留壩縣東北九十里之西江口地區，閣名仍舊。又十五里至青松驛。又西約三十五里至山輝驛。又西踰長松嶺五十五里至廻雪驛（雪一作雲），又南約三十五里至盤雲驛。又西並澗約三十五里至雙溪驛。又南十九里至天苞嶺，南望興元。下嶺三十里至文川驛。又南三十五里至靈泉驛。又三十里至興元府治南鄭縣。是自郿縣至南鄭約五百五十里左右，置驛十四。參之會要，及二十四孔閣摩崖刻石，則此道南段爲新開之文川道，北段則就斜谷舊道修建者。且臨溪驛以北尚有一鳳泉驛，新記今本已脫逸。

孫樵興元新路記（全文七九四）爲極寶貴材料，茲據全唐文節錄其驛程並據褒谷古蹟集畧所收孫樵新路記畧石刻校正如次：

「入扶風（今縣）東臯門十舉步，折而南，平行二十里，下念濟坂，下（衍？）折而西十里，渡渭。又十里至郿。…自郿南平行二十五里，至臨溪驛。驛抱谷口。…出臨溪驛百步，南登黃蜂嶺，…又登潗岑嶺。盤折而上甚峻。二嶺之間凡行十里。…由大路十里，橋無定河。河東南來，觸西山下潨，號怒北去。…又十里至松嶺驛，逆旅三戶，馬始食茅。自松嶺平行，又三里，逾二橋，登八里阪，甚峻。下阪行十里，平如九衢。又高低行五里至連雲驛。自連雲驛西平行二十里上五里嶺，路極盤折，凡行六七里，及嶺上，泥深滅踝。…凡泥行十里，稍稍下去。又平行十里，則山谷四拓，原隰平曠，水淺旱細，可耕稼，有居民，似樊川間景氣。又五里至平川驛。自平川西，並澗高下行十里，復度嶺。上下嶺凡五里，復平，不能一里，復高低有閣路，行七八里，扼路爲關。北爲臨洮，關爲河池。（記畧，「關」作「南」，是也。）自黃蜂嶺洎河池關，中間百餘里，皆故汾陽王私田，嘗用息馬，多至萬蹄。…入關行十重，皆閣道並澗。閣絕，有大橋婉婉如虹，絕澗西南去。橋蓋，路如九衢，夾道植樹，步步一株。凡行六七里至白雲驛。自白雲驛西，並澗皆閣道，行十里，巖上有石刻，橫爲一行，曰鄭淮造，凡三字。不知何等人也。又一十三里至芝田驛，皆閣道，卒高下，多碎石。自芝田至仙岑（據記畧，仙岑爲驛。疑「自芝田」上，有奪文。）雖閣路，皆平行。往往澗旁谷中有桑柘，民多叢居，雞犬相聞，水益清，山益奇，氣候甚和。自仙岑南行十三里，路左有崖，壁然而高，出其下殷其（殷？）有聲，如風怒薄冰，里人謂之鳴崖。…又行十五里至二十四孔閣。閣上崖甚奇，有石刻。其刻云，褒中興閣主簿王禹（名畧）等百二十人…凡七十字。其側則曰，太康元年正月二十九日。按其刻乃晉武平吳時，蓋晉由此路耳。又行十五里至青松驛。自仙岑而南，路旁人烟相望，澗旁地益平曠，往往墾田至一二百畝。桑柘愈多，至青松即平田五六百畝。谷中號爲夷地。居民尤多。自青松西行一二里，夾路多松竹。稍稍深入，不復有平田。行五六里，上小雪嶺，極峻折。嶺東多泥土，疏而黑。嶺西尤峻，十里百折。上下嶺凡十八里，四望多叢竹。又高低行十里至山輝驛，居民甚少，行旅無庇。自山輝西高低行二十里，上長松嶺，極峻。羊腸而上，十里及嶺上；復羊腸而下，十五里及嶺下。又高下行十里至迴雪驛。（記署石刻雪作雲。）自迴雪驛南行三里，上平樂坂，極峻，盤折上下凡十五里至福溪。又高下行十里至黃崖。崖南極峻折。上下黃崖六七里至盤雲驛。西行復並澗行二十里即背絕小嶺，上下凡五六里稍平，又行十里至雙溪驛。自雙溪南平行四里至天苞嶺，羊腸而上，凡十五里，極峻折，往往閣路。至嶺上，南望興元烟靄中也。下嶺尤峻絕，凡三十里至文川驛。自文川南行三十五里至靈泉驛。自靈泉平行十五里至長柳店，夾道居民。又行十五里至興元，西平行三十里至褒城縣，與斜谷舊路合矣。」

按此記已極詳。復考唐會要八六道路條云：

「大中三年十一月，山南西道節度使鄭渥（涯）、鳳翔節度使李玭等奏：當道先准勅新開文川谷路，從靈泉驛至白雲驛共一十所，並每驛側近置私客館一所。其應緣什物糧料遞乘並作大專知官及橋道等開修制置畢。其斜谷路創置驛五所。平州（川）驛一所，連雲驛一所，松嶺驛一所，靈谿驛一所，鳳泉驛一所。並已畢功訖。」

據此，南自靈泉驛北至白雲驛，即自南鄭北至河池關皆所謂文川道，爲新開者。自河池關以北各驛皆就舊斜谷道重建者。舊宣宗紀，大中三年條云，鄭涯李玭「奏修文川谷路。自靈泉至白雲置十一驛。」十一當乙。只云置此十驛，亦見此爲新開文川谷道，河池以北爲斜谷舊道也。然前於第一節述晉太康元年修褒斜道事，引孫樵新路記所載二十四孔閣太康元年摩崖文字，及今存摩崖拓本，則此文川谷道實經今留壩東北九十里之西江口（西江口位置見一統志漢中卷關隘目。），閣名仍舊，亦即古褒斜閣道之一段。則二十四孔閣地區以北至河池關一段當亦大體循古道而行。此處東北至郿縣之里程，與東南至興元之里程，恰畧相當，故可云北段循褒斜舊道也。又孫氏新記，自河池關以北僅四驛。而會要此條有五驛。所多鳳泉一驛，觀其敍次，當在斜谷口臨溪驛（即會要之靈谿驛）之北。按今存新記本有奪譌處。（如首句「入扶風」即有問題。中間文字奪譌，前已校正數處。又驛間里距記述極詳，惟芝田驛至仙岑驛無里距，且觀其行文，上文顯有脫逸。）疑鳳泉驛當在郿縣或扶風以北也。檢乾隆志一八三、「鳳泉在扶風縣北明月山西。」「明月山在扶風縣北五十里，…山之東接乾州界。」豈即其處耶？

觀此驛程，北段循斜谷舊道，而南段則在褒斜舊道之東，其出口即在興元府治南鄭縣，當褒谷口東三十里也。南端蓋畧沿文水，故稱文川谷道。

乾隆一統志一八五漢中府山川目：「文水在城固縣西北。…縣志，文水在縣西北四十里。兩水合流有如文字。宋（劉宋）范柏年對明帝云，臣鄉有文川，即此。」考水經注二七沔水注：「漢水又左會文水。水即門水也。出胡城北山石穴中。長老云，杜陽有仙人宮。石穴，宮之前門，故號其川爲門川，水爲門水，東南流逕胡城北…右注漢水。」按城固在南鄭東七十二里，（元和志。）胡城在兩縣間。則文水正當南鄭東北。新記之文川驛在興元北六十里，當即文水之會歟？

蓋即畧循元和志所謂太白山道。

元和志二二，興元府「北取太白山路至鳳翔府六百里。西取斜谷路至鳳州三百八十里。」寰宇記一三三，與元和志同；而「六百里」「作六百七十里」。按通典一七五述漢中郡北出之路，除驛路、斜谷路、駱谷路外，又云「北至扶風郡（鳳翔）六百七十里。」亦即元和志、寰宇記之太白山路也。而當以作六百七十里爲正。按此路，不西取褒谷，不東出駱谷，而由南鄭直北行，其方位正與此處所開文川谷道畧相當，故疑即畧循舊太白山道而行也。

以今地按之，北道旣南口在南鄭，北口在郿縣，中經留壩東北之西江口。似當即今小河口通斜谷之間道歟。惟今小河口道之北段較迂廻耳！

羅秀書跋孫樵新記引舊志：「疑即今小河口至虢川路耳。此路先至興元，平行三十里至褒城。時縣治在打鍾垻，正合此里數矣。」而羅氏不以然，曰「舊志釋云由小河口一路。古開此路並無明文可考。且與褒中無涉。想仍由馬道折入東溝，出文川口，避石門之險耳。」今按前考文川谷道實循斜谷而行。道中有二十四孔閣，南距南鄭二百八十九里，北距郿縣二百六十七里，即畧當兩縣之正中間。其摩崖今地仍名二十四孔閣，在留壩縣東北九十里之西江口境。考留壩廳志引道路考述清代小河口路之行程：起城固，西北行百四十里至小河口，又百二十里至西江口，又百四十里至進口關，（鳳縣東百五十里，）又八十五里至虢川，（寶鷄縣東南百五十里。）又三十里五至桃川，（岐山縣南百五十里。），又循斜谷六十里至斜谷關，經盩厔縣至長安，共八百八十里。（詳第四節末。）觀地圖，小河口東南至城固，西南至南鄭之里距畧相等。是西江口南經小河口至南鄭約二百六十里，北經進口關桃川等地至今斜谷關三百二十里，又數十里至郿縣，則西江口以南與唐文川道畧相當，而以北則較迂曲，但最北段皆循斜谷而行，則又相一致。然則兩道北段皆循斜谷，中間皆經西江口，此其同者，今道中段較迂迴南端出口在城固，此其異也。至於由馬道折入南鄭，則未見有據。

然新開谷道路基不易鞏固，旋爲山水摧毀。明年復修褒斜舊道，文川新道蓋又漸就堙廢矣。

（5）大中四年，封敖修復斜谷舊道。　文川谷道修建之明年，因路基未固，爲山水所壞，乃令山南西道節度使封敖修復斜谷路，事始於是年六月宰相之奏請，七月二十即畢功。所謂斜谷舊道亦即文川道開通前歸融所修之散關回車褒城道也。

舊書宣宗紀，大中三年「十一月，（畧）鄭涯（畧）李玭奏修文川谷路。……經年，爲雨所壞，又令封敖修斜谷舊路。」新一七七封敖傳畧同。云「敖更治斜谷路，行者造便。」其詳見於唐會要八六道路條云：

「大中四年六月，中書門下奏，山南西道新開路，訪聞頗不便人，近有山水摧損橋閣，使命停擁，館驛蕭條，縱遣重修，必倍費力。臣等今日延英面奏，宣旨却令修斜谷舊路及館驛者。臣等商量，望詔封敖及鳳翔節度使觀察使令速點檢計料修置，或緣館驛未畢，使命未可經通，其商旅及私行者，任取隱便往來，不得更有約勒。勅旨依奏。」「其年（大中四年）八月，山南節度使封敖奏，當道先准詔令臣檢討却置斜谷路者。臣當時差軍將所由領官健人夫併力修置道路橋閣等。去七月二十日畢功，通過商旅驛馬擔馱往來。七月二十二日已具聞奏訖。其館驛先多摧毀破壞，併功修樹，今竝已畢。臣已散牒緣路管界州縣，及牒鳳翔、劍南、東西南（兩）川觀察使，竝令取八月十五日以後，於斜谷路通使命。謹具如前。勅旨宜依，仍付所司。」

按紀云「修斜谷舊路」。傳云「更治斜谷路。」而奏又一再言「卻修」斜谷舊路。必即文川新道開通前之舊道無疑。此舊道即開成四年歸融所修劉禹錫所記之散關褒城道也。以其廢棄不久，故能一月畢功。

（6）僖宗光啓二年修棧道。

通鑑二五六，僖宗光啓二年，爲田令孜逼幸興元。既至興元，遣王建戍三泉，晉暉屯黑水，「修棧道以通往來。」此未指明何道。考舊書僖宗紀，是年，田令孜逼乘輿幸興元，由寶鷄入散關。「時興元節度使石君涉聞車駕入關，乃毀徹棧道，柵絕險要。車駕由他道僅達，爲邠州軍踵後，崎嶇危殆告數四。」通鑑同年紀云，石君涉爲朱玫等所使，「柵絕險要，燒郵驛，上由他道以進，……僅得達山南。」下文乃書僖宗至興元，使晉暉屯黑水修棧道事。按黑水即褒水。石君涉所燒毀棧道郵驛即散關鳳州至褒城道無疑。晉暉屯黑水，「修棧道以通往來」者亦必此道無疑。

（7）後唐明宗天成三年，修斜谷閣道。亦即散關褒城道。

五代會要二五道路條：「後唐天成三年（九二八）二月，興元府奏修斜谷閣道二千八百餘間。」按此未指明爲郿褒道，抑爲鳳褒道。然下條云：「（長興）四年（九三三）三月，西京留守王思同進擬開駱谷路圖。」左右奏曰：「據興元關內兵戎交番，乃轉餉大散，修開斜谷道，于迴校五百里。」此明以散關褒城道爲斜谷道，則五年前修斜谷閣道二千八百餘間亦屬此道可知矣。

四　唐褒斜道（斜谷道）之名與實

綜上所考，先秦漢魏之褒斜道由郿縣循斜谷南接褒谷，復循褒谷南抵褒城。拓拔魏世，以舊道堙塞，乃由散關梁泉開回車新道，亦南達褒城，當時史家已誤書爲斜谷道。唐中葉以後，秦川達興元褒城之直線交通路線，屢經修治。就中元和元年所修斜谷驛道路線北段入口不明，大中三年所修文川谷道，與褒斜之名無涉。此外，惟寶曆二年裴度奏修斜谷道置館驛，係由郿縣入谷口，循褒斜古道達褒城。其餘開成四年歸融修散關至褒城道置館驛，當時朝野皆稱爲「褒斜道」。大中四年復加修治。其後僖宗及後唐明宗又復治之，則中葉以後「褒斜道」「斜谷道」之名多指散關至褒城道，而郿縣褒城間之褒斜古道，反不著矣。

觀歷年治道史事，可得結論如上。復考之唐人志書與君主行幸，尤見其然。

茲先論志書所記。通典、元和志即以「斜谷路」專屬之散關、褒城道，足見盛唐以下，散關、褒城道幾專「斜谷道」「褒斜道」之名，爲秦梁交通之重要幹線，非復如先秦漢魏以郿褒間之褒斜道爲幹線矣。

通典一七五漢中郡節：

「北至扶風郡六百七十里。」（扶風郡節同）

「去西京，取駱谷道六百五十二里，斜谷路九百三十三里，驛路一千二百二十三里。」

元和志二二興元府褒城縣，「當斜谷大道。」又述興元府四至云：

「北取太白山路至鳳翔府六百里。」（當脫「七十」）

「西取斜谷路至鳳州三百八十里。」（鳳州節同）

按寰宇記一三三興元府「西北取斜谷橋閣路至鳳州三百八十里。」與元和志同。而其去長安三道里程又與通典全同。惟第一條作「北至（取之譌）太白山路，至鳳翔府六百七十里。」而卷三〇鳳翔府節乃云「南取太白山路至興元府六百里。」知通典北至扶風即取太白山路，與元和志同，惟里數所述有歧耳。大中初年開文川谷道，蓋與此太白山道畧相當，已見前論。驛道係指散關青泥道而言，詳另文。斜谷道則所指未明。而元和志云：「取太白山道至鳳翔，取斜谷道至鳳州。是元和志褒城「當斜谷大道」之大道，在唐世即指褒城至鳳州經散關入秦川之大道也。而郿褒間之褒斜古道，反非大道矣。且以里數核之，郿褒間之古褒斜道四百七十里，褒城距興元三十里，郿縣北至扶風縣四十里（興元新路記），扶風東至京師二百一十里。（元和志，鳳翔府至京三百一十里，中經扶風。扶風在府東一百里。）若此道果暢通，則興元府取此道至京師應爲七百五十里。與通典取斜谷道九百三十三里者不合。而興元經褒城至鳳州三百八十里，（此據元和志．寰宇記，而通典作三百九十五里。）鳳州東北至鳳翔府二百八十里，（此據元和志。寰宇記鳳翔府四至條作二百四十里，而累計其鳳翔寶鷄散關鳳州四地距離則爲二百八十二里，實與元和志同。通典作四百里，自互矛盾，誤。詳另考。）府至京師三百一十餘里，（通典作一十七里，元和志作一十里。）則興元取散關道至京師應爲九百七十餘里，與通典云取斜谷道九百三十三里者畧相當。（若據寰宇記鳳翔府四至條，至鳳州二百四十里。則興元取散關至京師九百三十里更與通典里數全合。）是通典所謂斜谷道至京師，即取鳳州散關道也。而元和志、寰宇記亦云取斜谷閣道至鳳州。然則天寶元和間所謂斜谷大道，乃自散關鳳州向東南循褒谷至褒城道，非復郿縣褒城間古褒斜道矣。

次論唐代君主行幸之經途。　自玄宗至唐末，君主因關中事變，南幸山南蜀中者凡四次。玄宗幸蜀，德宗幸興元，僖宗一幸蜀，一幸興元也。

玄宗幸蜀，取道散關河池，而或云經斜谷，是河池褒城道中經斜谷也。

舊紀及通鑑記玄宗幸蜀路線頗詳，中經岐山，扶風（即鳳翔府）、陳倉、散關、河池（即鳳州梁泉縣）、普安（即劍州）諸地。但失載一重要地名，致河池以南經順政（興州）抑經褒城不可曉。考李德裕次柳氏舊聞：

「上（玄宗）始入斜谷，天尚早，煙霧甚晦。」（下述戒酒事。）

是云玄宗取斜谷道也。又鄭處誨明皇雜錄補遺：

「明皇既幸蜀，西南行，初入斜谷。屬霖雨涉旬，於棧道中聞鈴音與山相應，上既悼念貴妃，採其聲爲雨霖鈴曲以寄恨焉。」

案崔道融羯鼓詩（同文本全唐詩卷二六）：「寂寞鑾輿斜谷裡，是誰翻得雨淋鈴。」張祜有雨霖鈴詩（全詩一函七冊）亦詠此事。是亦謂玄宗經斜谷也。前人不知斜谷道即指鳳州河池至褒城道而言，頗疑雨淋鈴之作曲地。如王灼碧鷄漫志云：「予考史及諸家說，明皇自陳倉入散關出河池，初不由斜谷。」即以地理不合致疑也。

其歸程亦取道鳳翔。其散關鳳州以南蓋取興州道，未取褒城道，更非褒斜古道也。

舊玄宗紀，至德二年十月「丁卯，上皇發蜀郡。十一月丙申次鳳翔府。肅宗遣精騎三千至扶風迎衛。」按若循褒斜古道至郿縣出谷口，渡渭即至扶風縣、武功縣，當即東還長安，無緣西至鳳翔。玄宗既至鳳翔郡，是必由河池散關而來，決非由褒斜古道也。復考常袞李採訪請駕停金牛一日表，係爲漢中郡守山南西道採訪使李某所作以上玄宗者。時玄宗自蜀還京，駕至金牛，李某希駕停金牛一日，期得侍奉也。是玄宗回京，係取興州至散關，若取道斜谷，則不須請駕停金牛矣。詳散關鳳興道考。

德宗幸興元取駱谷道。其回程則取褒城散關道。而史亦云循斜谷入，且當時即稱爲褒斜道。與駱谷商嶺同視爲山南通關中之三大幹線，而褒斜古道不與焉。

幸興元取駱谷道明見正史、通鑑，不待言。其回程，舊書德宗紀興元元年條云：

「六月，…戊午，車駕還京，發興元。是日大雨，及入斜谷晴霽。…七月丙子，車駕次鳳翔府，…壬午，至自興元。」

按此明書經斜谷。然既至鳳翔，必由鳳州散關而來，其理由與玄宗返京事同。僖宗還京既係取褒城鳳州散關道。而陸贄鑾駕將還宮闕論發日狀（全文四七一），因久雨奏請車駕緩發云：「良以褒斜峻阻，素號畏途。」與舊紀大雨事合。是當時即視褒城散關道爲褒斜道也。復考舊書一三九陸贄傳，德宗在興元，鳳翔節度使不恭，贄奏暫寬其罪云：

「勤王之師悉在畿內，急宣速告，晷刻是爭。商嶺則道迂且遙，駱谷復爲賊所扼；僅通王命，唯在褒斜；此路若又阻艱，南北便成隔絕。」（新傳同。又見全文四七一，通鑑二三〇。）

論發日狀旣確指散關褒城道爲褒斜道，則贊此奏所謂「褒斜」亦必指同一道路無疑。是則散關褒城間之褒斜道與駱谷商嶺兩道同視爲山南通關中之三大幹線，褒斜古道不與焉，此又得一強證矣。

僖宗以黃巢入潼關，西幸成都，實取駱谷道。回程經鳳翔，其鳳州以南道路不詳。

僖宗此次西幸成都，實取駱谷道，詳駱谷道考。而新紀云經鳳翔，舊鄭畋傳云候駕斜谷，誤也。參看通鑑二五四廣明元年條。舊紀光啓元年正月「己卯，僖宗自蜀還京。二月丁亥朔，丙申，車駕次鳳翔。三月丙辰朔，丁卯，車駕至京師。」是亦先至鳳翔也。必由鳳州散關而來，惟鳳州以南取褒城道抑取興州道不可曉耳。但絕非褒斜古道也。

後爲田令孜所脅幸興元，取道散關，而史料所見亦云經斜谷。回程取道鳳翔府，與上次同。

此次出幸亦由鳳翔、寶鷄、散關道，明見本紀及通鑑（光啓二年）。新書二〇八田令孜傳，述逼僖宗出幸事，亦云道由陳倉、大散關。然下文述此事有云：「始帝入蜀，（此次只至興元，蓋令孜本計在入蜀也。）諸王徒步以從。壽王至斜谷，不能進。令孜驅使前，王謝足且拘，得馬可濟。令孜怒扶王，彊之行。王恥之。」是亦由斜谷也。然舊紀云：「時興元節度使石君涉聞車駕入關，乃毀徹棧道，柵絕險要。車駕由他道僅達。」通鑑二五六畧同。又云：「山南西道監軍嚴遵美迎上於西縣。丙申，車駕至興元。」是此次雖取梁泉褒城之斜谷道，然因棧道燒燬，致權在西縣出口，非褒城耳。回程至鳳翔，亦見本紀。

綜觀此三帝四次南幸，往還八程所經，除德宗去程及僖宗第一次去程取駱谷道外，其餘六次皆取散關道。無一取褒斜古道者。就中玄宗去程由散關、河池，經斜谷、褒城；回程由興鳳道。德宗歸程循斜谷出散關，當時更直視爲褒斜道。僖宗第二次去程由散關經斜谷；兩次歸程雖不知取褒城、鳳州道，抑取興州、鳳州道；但絕非取郿褒間之褒斜古道，可知也。至於文士行旅所稱褒斜實亦多指鳳州褒城道而言。

唐代文士取褒斜道者頗多。有確知其所指者，多爲鳳褒道。如第五節所引孫樵出蜀賦，取褒斜道，而云「出大散之奧區」。又劉禹錫送趙中丞參山南幕府詩：「綠樹滿褒斜」，又云，「縣道過黃花」。（輿地紀勝一八三引）。黃花縣在鳳州城北六十里散關道上，詳散關鳳興道考。是皆其强證。

然則自唐盛時歷中唐、晚唐，漢中褒城北出秦川之交通，以褒城至鳳州散關道爲幹線，故諸帝往返多由之，亦稱斜谷道，或逕稱之爲褒斜道。文士詩文所謂「褒斜道」亦多指此而言。此正與通典、元和志以褒城散關道爲斜谷大道之記載相應合，亦與前考棧道修治史之結論相應合。至於郿褒間之褒斜古道雖仍存在，且偶修治之，（如寶曆二年。）然已非經常之主幹交通線，可斷言矣。

爲欲澈底瞭解名實錯奪之緣由，當須復考明數事如次：第一，褒谷本得通稱斜谷，褒斜道一稱斜谷道。

楊孟文石門頌「詔書開余（斜）。」　華陽國志五，光武征公孫述，「遣臧宮從斜谷道入。」又卷三，「璽書交馳於斜谷之南。」三國志記魏蜀用兵提及斜谷道凡十二次，（省見前引）無一稱褒斜者。則漢魏時代，褒斜道本即一稱斜谷道也。下及唐世，元和志二鳳翔府郿縣，「城南當斜谷。…斜谷南口曰褒，北口曰斜。」寰宇記三〇，全同。是亦以斜谷兼該褒谷也。又前引元和志二二興元府褒城縣，「當斜谷大路。」又府八到條「西取斜谷路至鳳州三百八十里。」寰宇記一三三，皆全同。輿地紀勝一八三興元府景物下條同。又景物上條引皇朝郡縣志云，「褒水出太白山，由鳳州梁泉南流入斜谷，下褒中，即山河堰也。」是唐宋志書皆稱褒谷爲斜谷，褒斜道爲斜谷道也。又孫樵興元新路記（全唐文七九四），「至興元西，平行三十里，至褒城縣，與斜谷舊路合矣。」下文又稱爲褒斜舊路。唐會要六一館驛條：「寶曆二年二月…山南西道觀察使上言，當道新制斜谷，其中須置館驛及創驛右界名者三，甘亭館請改爲懸泉驛…」按甘亭在褒城縣北九十里。是唐代政書文記亦稱褒谷爲斜谷，褒斜道爲斜谷道也。下文引德宗紀，亦見其然。紀要五六「梁乾化初，岐王李茂貞遣將劉知俊侵蜀，圍安遠軍。蜀將王宗弼救安遠，及知俊戰於斜谷，敗之。此斜谷當即褒谷。斜谷去安遠甚遠，史以褒斜相通，互言之耳。」是也。按駱儻道，「南口曰儻谷，北口曰駱谷」，故名。而「儻谷一名駱谷」，駱儻道通稱爲駱谷道，見元和志二二洋州卷。褒斜古道，褒谷短，而斜谷長，又近京師，故以斜谷概兩谷之名，亦猶駱谷概儻谷之名耳。

第二，散關、鳳州、褒城道之南段，亦循褒谷而行，與郿褒間褒斜古道之南段路線相同。

前引石門銘，北魏始開此道，南端出口即在褒城石門矣。今考前引舊書德宗紀興元元年條云，六月「戊午，車駕還京，發興元。是日大雨，及入斜谷，晴霽。………七月丙子，車駕次鳳翔府。……壬午，至自興元。」德宗發興元之當日決不能到達眞正之斜谷。此所謂「入斜谷」者必即入褒谷南口。此亦褒谷通稱斜谷之又一強證。然此次行程實由褒城經鳳州至鳳翔，是即廻車道，已見前論。是此道南端實循褒谷與褒斜古道之南段同一路線矣。又孫樵出蜀賦，由褒城之石門，陟雞幘山，緣褒水東側行，出散關。（引詳第五節）。是尤此道南段亦循褒水北行不待解釋之鐵證。

第三，斜谷甚長，西南端達寶鷄梁泉縣境，且有文谷縱橫申展。

唐會要六一：「寶曆二年，鳳翔隴州觀察使上言，當管緣興元新廻（通）斜谷路，創置驛三所。…寶鷄縣南界置安途驛。」此次所修係褒斜古路線，（詳前第三節。）是斜谷西至寶鷄境也。又孫樵興元新路記，其北段由郿縣循斜谷向西南斜出經四驛一百五六十里至河池關。所謂河池關者，當西通河池，即鳳州也。足見郿縣斜谷本通鳳州。又元和志二二鳳州梁泉縣條：梁太清五年，西魏達奚武率七萬衆「由陳倉路，取廻車戍，入斜谷關，出白馬道。」按廻車戍在梁泉南六十里，則斜谷關必在梁泉東南，相距較近，而距郿縣則甚遠。足見郿縣之斜谷向西南申展之遠屆。復考宋李文子曰：「自褒谷至鳳州界一百三十里，（按寰宇記作一百五十里。）始通斜谷。斜谷在鳳翔府郿縣。」（通鑑九漢高祖元年紀胡注引、當出蜀鑑。）按郿褒間四百七十里。則斜谷長達二百里以上，西端直抵梁泉南界尤有明徵矣。又三國志鍾會傳集解引郿縣志：「斜谷在縣南三十里，入谷口二百二十里抵鳳縣界，出連雲棧，復百五十里出谷抵褒城。長四百五十里。」此雖非古褒斜道，然斜谷之長可知。與李文子之言相應。

以上皆本谷也。復考水經渭水注云：

「渭水又東，與綏陽溪水會。其水上承斜水。水自斜谷分注綏陽溪，北屆陳倉入渭。故諸葛亮與兄瑾書曰，有綏陽小谷，雖山崖絕險，溪水縱橫，難用行軍。昔邏候往來，要道通入（一作八）今使前軍斫治此道，以向陳倉，足以扳連賊勢，使不得分兵東行者也。」

是斜谷西南至陳倉界更有小谷溪水流至陳倉近郊，（嘉慶志二三五，以為在縣東南六十六里。）流注渭水，有小道可通行也。又乾隆志一八五，「斜谷水在鳳縣東二里。通志，一名安河，源出夫子嶺，遶鳳皇山南，西北流入嘉陵江。水經注，馬鞍山水…至故道城西入故道水。即此。」按鳳凰山在鳳縣東三里。是達至鳳縣近郊亦有斜谷之名矣。蓋亦斜谷之支谷歟？斜谷本谷既遠達鳳縣東南境，有斜谷關，而支谷申展更遠達陳倉梁泉之近郊，則此一帶谷道宜其亦有斜谷之名也。

第四，廻車戍通褒城道，中經斜谷關。是必有一段途程實循眞正斜谷西段而行者。

郿縣斜谷中有河池關，見前引興元新道記。足見西段有路可通河池，即鳳州。而鳳州回車道亦南經斜谷關，見前引元和志二二。

斜谷既長達鳳州梁泉南境。其北，則支谷申展，直至梁泉、陳倉之近郊。其南，則褒斜古道南段之褒谷亦通稱斜谷。故斜谷幾爲郿縣、陳倉、梁泉、褒城間大谷之通稱。而梁泉回車褒城道之南段又循褒谷而行，與褒斜古道之南段實採同一路線，且其北段又有一部份循眞正之斜谷，經斜谷關。然則梁泉廻車褒城道亦得竊「斜谷道」「褒斜道」之顯名，固其宜矣。

梁泉廻車褒城道既因種種條件亦可分蒙「斜谷道」「褒斜道」之名，而其險阻途程又較褒斜古道短近百里，故至遲自盛唐以來不但分「褒斜」「斜谷」之名，且已實奪褒斜古道在交通上向稱幹線之地位。至開成以後，又以其交通幹線之優越地位進而專據「褒斜」「斜谷」之顯名，郿褒間之褒斜古道反不爲人所重視矣。

褒斜古道長四百七十里，全程皆被視爲畏途，已見前考。而褒城至梁泉道長才三百五十里，（興元至鳳州治所梁泉縣三百八十里，減去褒城興元間三十里。）其險不逾於褒斜古道，而短近百里以上；至鳳州以北則較坦途矣。故就入京言，此道較古道迂遠二百里以上，然行者樂取此道，不取古道。帝王屢次出幸，皆不取古道，即爲明證。故前考史料確然爲褒斜古道者惟寶曆二年裴度所修之褒斜道，自後無聞焉。然則盛唐以下詩人經途褒斜，播爲歌詩者，亦爲梁泉褒城間之褒斜道，非復郿褒間之古道矣。

唐代詩人歌詠褒斜者頗多，除前引劉禹錫送趙中丞參山南幕府詩外，再舉數例如次：

張說再使蜀道：「眇眇葭萌道，蒼蒼褒斜谷。」（全詩二函四冊）

王維送揚長史赴果州：「褒斜不容幰，之子去何之，鳥道一千里，猿聲十二時。」（同上二函八冊）

雍陶西歸出斜谷：「行過險棧出褒斜，出盡平川似至家。」

薛能褒斜道中：「十驛褒斜到處慵，眼前常似接靈蹤。」（同上九函二冊）

于鄴斜谷道：「遠煙當驛歛。」（同上十一函三冊）

劉禹錫送令狐相公出鎮南梁：「雲樹褒中路，風煙漢上城，前旌轉谷去，後騎踏橋聲。」

下迄五代、宋世，此種形勢益見顯著。稱爲秦蜀交通幹線之「斜谷道」「褒斜道」即專指梁泉褒城道而言，而眞正之褒斜古道更絕不與焉。

五代會要二五道路條：

「（長興）四年（九三三）二月，西京留守王思同進擬開駱谷路圖。上指山險謂侍臣曰，如此之險，何以通道。左右奏曰，據興元關內兵戎交番，乃轉餉大散。修開斜谷路，迂廻校五百里。如從駱谷，自雍京直抵興元，糧戍稍便。」

是五代時斜谷道明指褒城鳳州散關道而言，故較駱谷迂廻五百里也。至於褒斜舊道，當時君臣似根本不知有其事矣。至宋世，宋會要方域一〇之二：

「（慶曆）三年七月二十七日，祕書丞知興元府褒城縣竇充言：竊見入川大路，自鳳州至利州劍門關，直入益州，路遙遠，橋閣約九萬餘間，每年係鋪分兵士於近山採木，修整通行。」

此爲褒城縣所奏，則仁宗時秦蜀大路乃由鳳州經褒城至利州者，非褒斜古道也。同書一〇之三又云：

「神宗熙寧十年二月二十四日，利州路提刑司言：准朝旨送下李杞奏：成都府至鳳州大驛路，自金牛入青陽驛至興州。雖興元府界上有褒斜路，久來使命客旅任便往來。昨利州路提刑范百祿擘畫，改移興元府路作大驛路，及撥併馬遞橋閣鋪兵級在彼。…伏覩褒斜新路，自金牛驛至褒城縣驛計三程。…自褒城驛至鳳州武休驛，其間只雞翁嶺一處，…目下修葺寬潤，通過無阻，…武休驛至鳳州計三程。…又成都府路提刑司言：舊路自鳳州入兩當至金牛驛十程，計四百九里。…新路自鳳州由白澗至金牛驛計三百八十五里。」

是神宗熙寧十年以前，大驛路已改由鳳州經兩當興州至金牛驛，而褒斜路不廢。至此年又改以褒斜路爲大驛道。然此所謂褒斜道者，即鳳州東南經白澗，武休，至褒城，轉金牛驛，正爲唐代由褒城循褒谷向西北至鳳州之褒斜道，亦非郿褒間之褒斜古道也。

迄乎明清，此道又稱連雲棧道，而褒斜古道已阻塞不通矣。

陝西南山谷口考述谷口交通諸線，其谷道南口在唐興元府境者僅有兩道，一連雲道，一小河口道。連雲道爲交通幹線，其行程詳下節引輿程記。小河口爲重要之間道，留壩廳志云：「客商尚多取徑于此。」

故谷口考中數度提及之。最詳之一節爲斜谷條下轉引廳志所引（三省邊防）道路考云：

「由城固縣東北行三十里（平原）至許家廟。又二十里（半險）雞冠梁。又三十里（險）石堰坪。又三十里（半險）雙溪。又三十里（半險）小河口。又六十里（險）梔杆石梁。又六十里（險）西江口（屬留壩廳）。又三十里（險）柘栗園。又三十里（平）王家瓏。又三十里（半險）苦竹街。又二十里（平）寇家關，又三十里（險）進口關。（屬鳳縣。通志云，進口關在鳳縣東一百五十里，與寶雞連界。）又三十里（平）上白雲。又四十里（半險）方柴關（屬寶雞。）又十五里（平）虢川。（通志云：在寶雞縣東南百五十里。道通漢中、鳳縣、寶雞、岐山、郿縣。有虢川水西流逕進口關爲紫金河上源。）又十五里（半險）杜家莊。（屬岐山縣。）又二十里（平）桃川。（通志云：在岐山縣南百五十里，其水出大山中，流爲斜水，逕太白峽，斜谷關，北流入渭。）又二十里（半險）鸚哥嘴。又四十里（險）斜谷關。（今關，非唐關故地。）由關東北趨槐牙（在郿縣東三十里）、亞柏（在盩厔縣西二十五里）經盩厔鄠縣，平行至西安省城，共二百四十里。共程八百八十里。」

據此里程，南段由城固西北經小河口，其路線在褒谷道之東。而北段，至少桃川至斜谷關一段即古褒斜道之北段也。按今連雲棧道之南段循褒谷，北段在褒斜古道之西，而小河口道之北段循斜谷，南段則在褒谷之東，是今此兩道各分循漢魏褒斜古道之一谷，而兩谷本身則無道相通矣。然三國志鍾會傳集解引郿縣志云：

「斜谷在縣西南三十里。入谷口二百二十里抵鳳縣界。出連雲棧，復百五十里出谷，抵褒城。長四百七十里。」

此則北段循古斜谷，南段則逕取連雲道，是不經西江口之二十四孔閣，而必經武休關者。按古道經二十四孔閣，見第一節。而宋人記載屢云褒斜古道旁連武休關，明關不在道上，詳後文。則此郿志所述非古道甚明。四百七十里之說蓋亦僅就古里程言之耳。然斜谷甚長，西南通鳳縣，前已言之。近代由連雲道向東北折入古斜谷，固有可能，然恐非重要道路，故谷口考引各家之說皆不及此。

又按前就小河口道與唐文川道比較，北段路線同循斜谷。南段同經西江口向東南行，亦相同。惟今道中間較迂回，又南端出口一在南鄭，一在城固耳。故大體言之，小河口道與唐文川道畧相一致。然則明清時代連雲道小河口道兩道形勢之形成亦當追溯至唐世矣。（小河口道，唐世已有，看篇末校後記。）

五　唐褒斜道之行程

由前所考，唐世褒斜道可謂呈「丫」字形。南段只一線，北段則分東西兩支，分達郿、鳳。稍詳言之，即南段由褒城循褒谷北行（確言之，當作北行偏西）不及百里，分為東西兩支。東支踰衙嶺山東北達斜谷，再循斜谷向東北出郿縣，此即秦漢褒斜古道也。然在唐世，塞時多通時少，不甚重要。西支則轉西北經斜谷關、廻車戍，抵鳳州，出散關。此即拓拔魏之廻車道也，實為唐代交通幹線。茲再詳考兩道行程所經於次：

（一）南段北行接西北支之褒斜道，即廻車道。　此道南段（褒谷段）由褒城縣起，有褒城驛。甚宏大。蓋在今褒城縣東南十里之打鐘壩。

褒城驛屢見於唐人詩文。如元稹有褒城驛詩，（元氏長慶集一四。）羊士諤有褒城驛池塘翫月，（全詩五函九冊。）薛能有題褒城驛池等兩詩，（同上二冊。）元稹黃明府詩序（元氏長慶集一〇）：「元和四年三月，予奉使東川。十六日至褒城東數里，遙望驛亭前有大池，樓樹甚盛。」其褒城驛詩：「嚴秦修此驛，（本注爲軍大夫。）兼漲驛前池。已種千竿竹，又栽千樹梨。」皆見驛之宏大。又其遣行云：「七過褒城驛，回回各爲情。」（元集一五。）則見使節經過之多。考孫樵書褒城驛壁：「褒城驛，號天下第一。及得寓目，視其沼則淺混而茅，視其舟則離敗而膠，庭除甚蕪，堂廡甚殘。烏覩其所謂宏麗者！訊於驛吏，則曰，忠穆公，嘗牧梁州，以褒城控三節度治所，龍節虎旗，馳驛奔軺，以去以來，轂交蹄劘，由是崇侈其驛以示雄大，蓋當時視他驛爲壯。且一歲賓至者，不下數百輩。」此尤具體說明其宏大異乎別驛也。此驛當即在褒城縣近郊。一統志漢中卷古蹟目引縣志，唐褒城在縣東南十里打鐘壩。驛當在同處。而關中勝蹟圖志二二，「褒城驛在褒城縣治西，今名開山驛。」疑非其地。

由驛東北行，約十里餘穿石門，陟雞幘山，下七盤嶺。

孫樵出蜀賦：（全文七九四）

「越百牢而南指，憩石門之委邃，…不可以久留兮，車軋軋而又東。陟雞幘之險墟，下七折之峻阪。褒斜紆其隘束兮，左窮溪兮右重巘。綿飛棧而屬危梁兮，續畏途而呀斷。下臨千仞之驚流兮，波澒洞而雷抃，…出大散之奧區，若脫足於囚拘。」

按寰宇記一三三褒城縣，「唐文宗時，温造爲興元節度使，赴任所，將近漢中，大雨，平地水尺餘，…

禱鷄翁山神，疾風驅雲，即時晴霽。」宋會要方域一〇之三，宋熙寧十年，利州奏云：「自褒城驛至鳳州武休驛，其間只鷄翁嶺一處。」云云。皆即此雞犢也。褒城北有七盤山，極有名於唐世。詳後文。此賦所謂「下七折之峻陂。」即七盤嶺無疑。是唐世褒城散關間之褒斜道，其南端仍經石門乃登鷄翁山，下七盤嶺。或云唐代棧道由七盤路南上鷄頭關，繞過石門之險，（褒斜道石門附近棧道遺迹及題刻調查，見文物一九六四年十一期。）似不足信。石門在今縣北約三里，（同上。）則唐世在縣北十里以上也。關於後世之石門、鷄頭、七盤路。乾隆志一八六連雲棧條引褒中縣志云，洪武二十五年因舊址增修連雲棧，自縣北鷄頭關起，一里至石洞，又一里至石嘴七盤，又七里至獨架橋。紀要五六引褒中志畧同。是洪武所修連雲棧此段，即因唐故道，至清乾隆未廢也。惟先經鷄頭關再至石洞，石洞當即石門，蓋明淸時代關在鷄頭山之南麓，而山實在石門之北耳。復考倪蘭畹石門道記（褒中古蹟輯畧）：「褒城縣治在連城山之陽，平地斗城。其東門外兩山夾一溪，東曰漢王城，西曰鷄頭關，關之東麓有洞曰石門。夏秋水漲，洶溢崖岸，不能間途。惟春冬始可拏舟而入。舟不能徑達，則捨舟而步，山徑溜滑，亂石縱橫，幾不能容。蓋登陟之難如此，故斯洞爲人跡所罕到。其洞面南，高一丈，濶稱之，深四丈，高二丈餘，南北通達。」下述石門內外刻石甚詳。按此文蓋作於道光末至同治初以前，其時石門道蓋廢棄已久。

嶺在縣北二十里。北阪下有坂下館，寶曆二年更名右界驛。

七盤嶺屢見於唐詩。沈佺期夜宿七盤嶺（全詩二函五冊）云：「浮客空留聽，褒城聞曙雞。」岑參送程皓元鏡微入蜀（全詩三函八冊）：「蜀郡路漫漫，梁州過七盤。」輿地紀勝一八三興元府景物下條，「七盤坡在褒城縣北二十里，唐元稹詩云，迤邐七盤路，坡阤數丈城。」是此嶺亦稱七盤坡，在褒城縣北二十里。前引孫樵出蜀賦：「陟雞幘之險墟，下七折之峻阪。」即七盤之北阪無疑。坂下館當在嶺北坡下，詳第三節第（2）目。

又緣褒水東北岸向西北行約三十里左右至駱駝薦館，寶曆二年更名武興驛。又北至甘亭關，距褒城九十里。置甘亭館，寶曆二年更名懸泉驛。

前引出蜀賦，「下七折之峻阪」下接云：「左窮溪兮右重巘。」當就其本人由南向北之行程而言。則道在褒水東岸可知也。其餘館驛關名及里距，皆詳第三節第（2）目。賈島宿懸泉驛（全詩九函四冊）云：「曉行瀝水樓，暮到懸泉驛」。按島以文宗時貶長江主簿，正在改館驛後不久，必即此驛也。

由甘亭西行至武休潭，在梁泉縣境，南距褒城約一百四五十里，蓋置驛。清武休關、武關驛，蓋即其地。唐褒斜路北段東西兩支之分歧即在武休以南。

太平廣記四二五武休潭條：

「王蜀先主時修斜谷閣道，鳳州牙將白（忘其名）掌其事焉。至武休潭。（出北夢瑣言。）」

考元豐九域志三，鳳州梁泉縣有武休鎮。又宋會要方域一〇之三：

「神宗熙寧十年二月二十四日，利州路提刑司言，⋯伏觀褒斜新路，⋯自褒城驛至鳳州武休驛⋯目下修葺寬濶，通過無阻。」

「武休驛至鳳州計三程。」

是北宋中葉梁泉縣有武休鎮。重修褒斜路時道上有武休驛，距鳳州三程也。復考雲麓漫鈔一：

「鳳州之東，興元之西，褒斜谷在焉。谷口三山翼然對峙，南曰褒，北曰斜。在唐爲驛路，所以通巴漢，旁連武休關。」（此仍誤唐之褒斜驛路由褒城出郿縣也。）

又方輿勝覽亦云：

「褒斜谷旁連武休關。…由武休以達長安，爲蜀之咽喉。」（乾隆志一八六漢中府卷關隘目引。）

同書又云：

「紫金水在河池縣北一里，源出太白山，沿流至鳳州武休關，入漢中，爲山河堰，即褒水也。」（乾隆志一八五漢中府卷山川目褒水條引。）

是宋世，此處又置關。其地已脫離褒斜古道而西，故云「旁連」。蓋唐世褒斜道北段東西兩支即分途於武休之南也。又觀勝覽第二條，關蓋近鳳州治所梁泉縣之南界，故云至武休關即「入漢中」。考寰宇記一三三興元府南鄭縣，「斜谷路在府西北，入斜谷路（即指褒谷）至鳳州界一百五十里。」輿地紀勝一八三，全同。而通鑑九漢高祖元年紀胡注引李文子曰：「自褒谷至鳳州界一百三十里，始通斜谷。」（此當出蜀鑑。）里數小異。蓋寰宇記及紀勝自興元府治所南鄭縣計之，則褒城至鳳州界僅一百二十里矣，故與李文子之說只十里之差。褒城去鳳州梁泉縣三百五十里。（元和志、寰宇記，興元至褒城三十里，至梁泉三百八十里。）則武休至梁泉不能逾二百二三十里也。檢乾隆志一八六漢中府關隘目引府志，「武休關在縣（鳳縣）東南二百二十里，今置武休驛。」（嘉慶志云在留壩廳南四十五里。）鳳縣即唐宋之梁泉縣，觀其里距二百二十里，當即宋武休關原址。是宋武休關驛東南去褒城不能逾於一百五十里，西北去梁泉不能少於二百里。宋會要「三程」之說，疑爲五程之譌歟？宋世此處既關驛鎮並置，足見重要。方輿勝覽以爲蜀之咽喉是也。今觀北夢瑣言此條，唐世已有武休潭之名，且當褒斜道（新道），必即其地無疑，亦宋道即唐道之一證也，且疑唐世已置驛矣。

此道又中經斜谷關，蓋在武休地區，或其西北。

元和志二二　鳳州梁泉縣，「冋車戍在縣西北六十里。梁大淸五年，西魏遣雍州刺史達奚武爲大都督及行台楊寬率衆七萬，由陳倉路，取廻車戍，入斜谷關，出白馬道。謂此也。」寰宇記一三四，同。惟作「在縣南一百六十六里。」按元和志「西北」方向顯誤。寰宇記里數亦誤，並詳第二節。則斜谷關必在梁泉南六十里之廻車戍南或東南也。前引通鑑胡注引李文子曰：「自褒谷至鳳州界一百三十里，始通斜谷。」則斜谷關當在梁泉之南，鄰褒城境。臆測其地望當在武休地區，或其西北也。

又西北至白澗，南距褒城二百三十五里，北距梁泉一百一十五里。

通鑑二九二周顯德二年條：

「蜀李廷珪遣先鋒都指揮使李進據馬嶺寨，又遣奇兵出斜谷，屯白澗。」

胡注：「九域志，鳳州梁泉縣有白澗鎭。」按出斜谷屯白澗，當指出斜谷而言，否則即爲斜谷西段，余所謂褒斜道北段之西北支也。又宋會要方域一〇之三：

「神宗熙寧十年二月，⋯成都府路提刑司言，⋯若新路自鳳州由白澗至金牛驛，計三百八十五里。」

按所謂新路即經褒城至梁泉路也。此里程可作兩種解釋。一謂鳳州至金牛，一謂白澗至金牛。檢元和志二二、寰宇記一三三，金牛縣在興元府西一百八十里。則金牛距褒城約一百五十里。褒城至鳳州三百五十里，則鳳州至金牛應爲五百里，超過三百八十五里之數甚遠。是此里程必指白澗至金牛而言，則白澗至褒城二百三十五里也。

白澗西北五十五里至廻車戍，又六十里至鳳州治所梁泉縣，今名鳳縣，即入散關大道矣。

按廻車戍在梁泉縣南六十里，已見前考。故其東南距白澗應爲五十五里。

自褒城至梁泉全程三百五十里，蓋置十驛，除前舉褒城、右界、武興、懸泉四驛外，如武休、白澗、廻車當亦爲置驛之所。

褒鳳里程前文屢次述到，薛能褒斜道中詩云：「十驛褒斜到處慵，眼前常似接靈蹤。」（全詩九函二冊）。此即鳳褒道無疑。復考劉禹錫山南西道新修驛路記（全文六〇六）：「自散關抵褒城次舍十有五。」按寰宇記一三四，鳳州東北至大散關一百四十里。元和志二二，鳳州至鳳翔府二百八十里，而散關在府西南一百四十二里，是鳳州至關亦約一百四十里。則散關至鳳州當有四五舍，即鳳褒亦應約十舍，與薛能詩合。

觀此行程里距，蓋實與明清連雲棧道無大差異。

方輿紀要五六引輿程記云：

「陝西棧道長四百二十里。自鳳縣北草涼樓驛爲入棧道之始。六十里至鳳縣，有梁山驛，又六十里至三岔驛，又七十里至松林驛，又南六十里至褒城縣之安山驛，又六十里爲馬道驛，又五十二里至雞頭關，關南八里即褒城縣，有開山驛。自縣而南五十里有黃沙驛，至此路始平，又爲出棧道之始矣。」

而乾隆志一八六漢中府卷關隘目連雲棧條引輿程記云：

「陝西棧道長四百二十里，自鳳縣東北草涼驛爲入棧道之始。南至褒城之開山驛路始平，爲出棧道之始。」（嘉慶志同。）

是兩處引輿程記有小異，即陝西棧道全程皆爲四百二十里，一云止於褒城，一云止於褒城西南五十里之黃沙驛。是鳳縣褒城間之距離，據紀要所引，止三百一十里。據一統志所引則三百六十里。今按乾隆志關隘目記驛程亦甚詳，可圖示如下：（嘉慶志同，惟留壩驛作安山驛，云在留壩廳治南。）

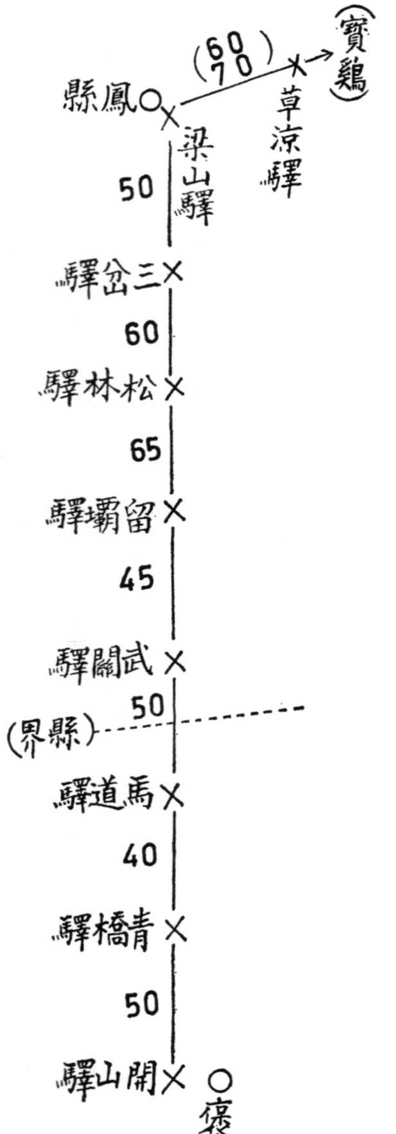

是鳳褒間相去三百六十里，與一統志所引輿程記合。且一統志山川目引府志，「有馬道山在縣北九十里，馬道驛西。」亦與此圖里程相同。紀要所引，馬道驛至褒城僅一驛六十里，必誤。至於紀要所引輿程記無武關驛，或明世路線小異，本無此驛歟？姑存不論。

唐世谷道中亦往往沿水穴山架木而行。五代之世，僅褒城縣境百五十里間，有橋閣險板閣各近三千間，則全程閣數當逾萬間矣。

史記高祖紀索隱引崔浩云：「險絕之處，傍鑿山崖，而施版梁為閣。」此似為今存材料釋棧道之最早者。李文子曰：「自褒谷至鳳州界一百三十里。…谷中，褒水所流，穴山架木而行。」（通鑑九漢高帝元年紀胡注引，當出蜀鑑。）是至宋世仍然。可徵唐世。寰宇紀一三三，興元府南鄭縣「斜谷路在府西北。入斜谷路至鳳州界一百五十里，有橋閣（輿地紀勝一八三，作棧閣。）二千九百八十九間，險板閣二千八百九十二間。」所謂橋閣蓋架木舖板如橋，險板閣則穴山植木而舖板者。

道途險峻可見，，唐人多有述之者，當推陸贄、孫樵兩文為最。

陸贄鑾駕將還宮闕論發日狀：「良以褒斜峻阻，素號畏途，緣側逕於巔巖，綴危棧於絕壁，或百里之內歷險且千，或一程之中涉水數四，若遇積雨滯浸，羣峰澍流，巨石崩奔，訇殷相繼，深谷瀰漫，往來不通，悉非功力之所支，籌畧之所過，斯須之頃，跬步之間，倉黃遘殃，皆不可測，…」（全文四七一）

孫樵出蜀賦已見前引。

五代以後，歷代鑿修，漸夷險為平，然康熙十一年王士禎取此道入蜀，作蜀道驛程記，述其險峻頗詳，結云「余所經歷，谷中驚湍飛棧，鳥駭獸逸，殊有孫樵之賦不及詳者。」則唐世之險，不能想像矣。

（2）北段東支，即古斜谷道。 此道唐世置驛亦頗可考。蓋南段循褒谷北行九十八里至衙嶺山，踰山達斜谷，循谷東北經寶鷄縣南界至郿縣南，出谷口至郿縣。寶曆二年修褒斜古道，於寶鷄南界置安途驛，郿縣北界置過蜀驛。大中三年開文川道，其北段即循斜谷古道東北行。首河池關，二十五里至平川驛，又五十一二里至連雲驛，又二十六里至松嶺驛，又三十里至臨溪驛，當谷口。又二十五里至郿縣。

以上見第三節第(2)(4)兩條。衙嶺山在褒城北九十八里，爲褒斜兩水分水嶺，見第一節引漢地志、括地志、寰宇記等書。

郿縣南當谷口，故一名斜谷城。

元和志二鳳翔府郿縣，「縣理城亦曰斜谷城。城南當斜谷，因以爲名。斜谷南口曰褒，北口曰斜。」

由郿北渡渭四十里，即接鳳翔通長安之大驛道。

渡渭至扶風四十里，見孫樵新道記，亦引見前考文川谷道節。通鑑二三〇，興元元年，「渾瑊帥諸軍出斜谷…拔武功。」即此斜谷古道也。

其河池關以南當經二十四孔閣，在今留壩縣東北九十里之西江口。

今留壩縣東北九十里西江口二十四孔閣有太康元年修余谷道摩崖，則此地必爲古道所經。唐修文川谷道亦經此。詳見前第一節晉太康元年修斜谷道條，及第三節文川道條。然則唐褒斜道北段之東北支，即古褒斜道，當亦經此地也。據孫樵興元新路記，　此地東北距郿縣二百六十七里，東南距南鄭二百八十九里。其南距褒城當較距南鄭稍近，則正畧相當於古道五百里之里程。此爲褒斜古道中段今地之唯一可考者。雖僅此一據點，然漢魏古道及唐道東北支之路線即可據此而定。近代間道有由斜谷接連雲道者，非古道之本線矣。

前引鍾會傳集解引郿縣志云：「斜谷在縣西南三十里，入谷口二百二十里抵鳳縣界，出連雲棧，復百五十里出谷抵褒城，長四百七十里。」此只是近代由斜谷西南接連雲棧道一線耳。非古褒斜道也。四百七十里之說，自亦僅就古代里數言之，已詳前論。

六　結　論

綜上所考，漢唐褒斜道名同而實異。

漢魏古道之開通當在戰國以前。戰國秦人充分利用以控巴蜀。漢世雖偶或堙廢，但經常視爲關中通漢中、巴、蜀之交通幹線，故屢經修建，見於石刻。其道以循褒斜兩河谷而受名：由褒中循褒水河谷入石門，經赤崖，西北達褒斜二水分水嶺之衙嶺山，經今留壩縣東北九十里西江口之二十四孔閣，復北循褒水河谷東北行至郿縣南，出谷口，達秦川。谷道全程約四百七十里，多鑿危崖植大木爲棧閣以通人馬，曹操稱爲「五百里石穴」，酈道元述其驚險萬狀，先民鑿通，艱難可想。

晉室南遷以後，南北對峙，恃險爲固，故少修治，道漸廢塞。北魏據有漢中，乃由散關大道上梁泉縣（今鳳縣）東南之廻車戍，別鑿一道，東南達褒谷，亦循谷而南，出石門，達褒中，全長三百餘里，稱爲廻車道。

當時史家亦稱之爲褒斜道，此爲名實淆亂之始。

唐代前期，史料較少。漢中通秦川之驛道則迂廻興州（今畧陽縣），經鳳州（今鳳縣），出大散關；而褒斜不與焉。

自中唐至五代，褒斜道復置館驛，爲南北交通幹線，史傳、地志、政書、石刻、詩文、筆記中多可考見。其中惟寶曆二年裴度奏修之褒斜道爲漢魏古道，其餘歷次修治與時人行旅，凡可確知所指者；皆屬鳳州至褒城道，即北魏創修之廻車道，非復郿褒間之漢魏古道矣。

此道南段由褒城縣之褒城驛，亦循褒谷入石門，歷雞幘山、七盤嶺，循褒水東北岸，歷武興、右界、懸泉等驛及甘亭關，折西北經武休潭（驛）、斜谷關、白澗、廻車戍，至鳳州治所之梁泉縣，全程十驛三百五十里。以今地按之，由褒城縣南之打鐘壩，循褒水西北行，經石門、七盤嶺、武關驛至鳳縣，路線里程皆與明清時代之連雲棧道畧相當。至於漢魏古道亦偶經修治，自褒城至甘亭關近百里間，與前道相同；此北則踰山經二十四孔閣循斜谷，先後曾置安途、過蜀、平川、連雲、松嶺、臨溪等驛，至郿縣。然通時少，塞時多。即上列驛名，亦多因修文川谷道而設，其爲修復褒斜古道而設者則甚少。

今較兩道里程：就漢中至京師長安言，取褒城鳳州道，全程九百三十三里，較褒斜古道迂廻二百餘里；然谷道險程，則減近百餘里。此其所以能攘據褒斜古道之顯名，爲漢中北通秦川之交通幹線歟？

民國五十五年十月二十五日，時客香江。

校後記

第四節末（頁一四三）涉及清代小河口道。今按新書一三八李抱玉傳：「廣德中，吐蕃入寇，帝次陝，羣盜徧南山五谷間，東距虢，西抵岐，椎剽不勝計。詔：薛景仙爲南山五溪谷防禦使，久不克。更詔抱玉討賊。抱玉盡得賊株柢蹊隧，分兵守諸谷，使牙將李崇密精騎四百自桃林虢川襲之，賊帥高玉脫身走城固…不閱旬，五谷平。」又寰宇記三〇，鳳翔府虢縣：「桃虢二城，史記云秦武公滅虢爲縣，謂之小虢。今虢西有二城，相去十里，俗謂之桃虢川，有路通漢中。」是今桃川、虢川通成固之小河口路，至遲自唐已有之。然就里距觀之，非文川路，亦非褒斜舊道也。此稿送排後，發現有當修訂處，遂因校稿之便，改訂數事。惟此一事增字較多，爲免排版改動太大，易致錯誤，故附書於此。

五十六年三月十二日。

本文引用材料書目

國語
國策
史記會注考證
漢書補注
後漢書集解
三國志集解
魏書
周書
北史
舊唐書
新唐書
通鑑
華陽國志
水經注
漢唐地理書鈔
元和志
太平寰宇記
元豐九域志
輿地紀勝
讀史方輿紀要
乾隆一統志
嘉慶一統志
關中勝蹟圖志
陝西南山谷口考
蜀道驛程記
唐六典
通典
唐會要
五代會要
宋會要（方域）
冊府元龜（邦計部）
隸釋
金石萃編
輿地碑記目
褒中古蹟輯畧
全唐文（少數參考專集）
全唐詩（同前）
太平廣記
次柳氏舊聞
明皇雜錄補遺
樂府雜錄
碧鷄漫志
雲麓漫鈔
褒斜道石門附近棧道遺迹及題刻的調查（文物一九六四年十一期）
褒斜道連雲棧南段調查簡報（同前）

唐褒斜道示意圖

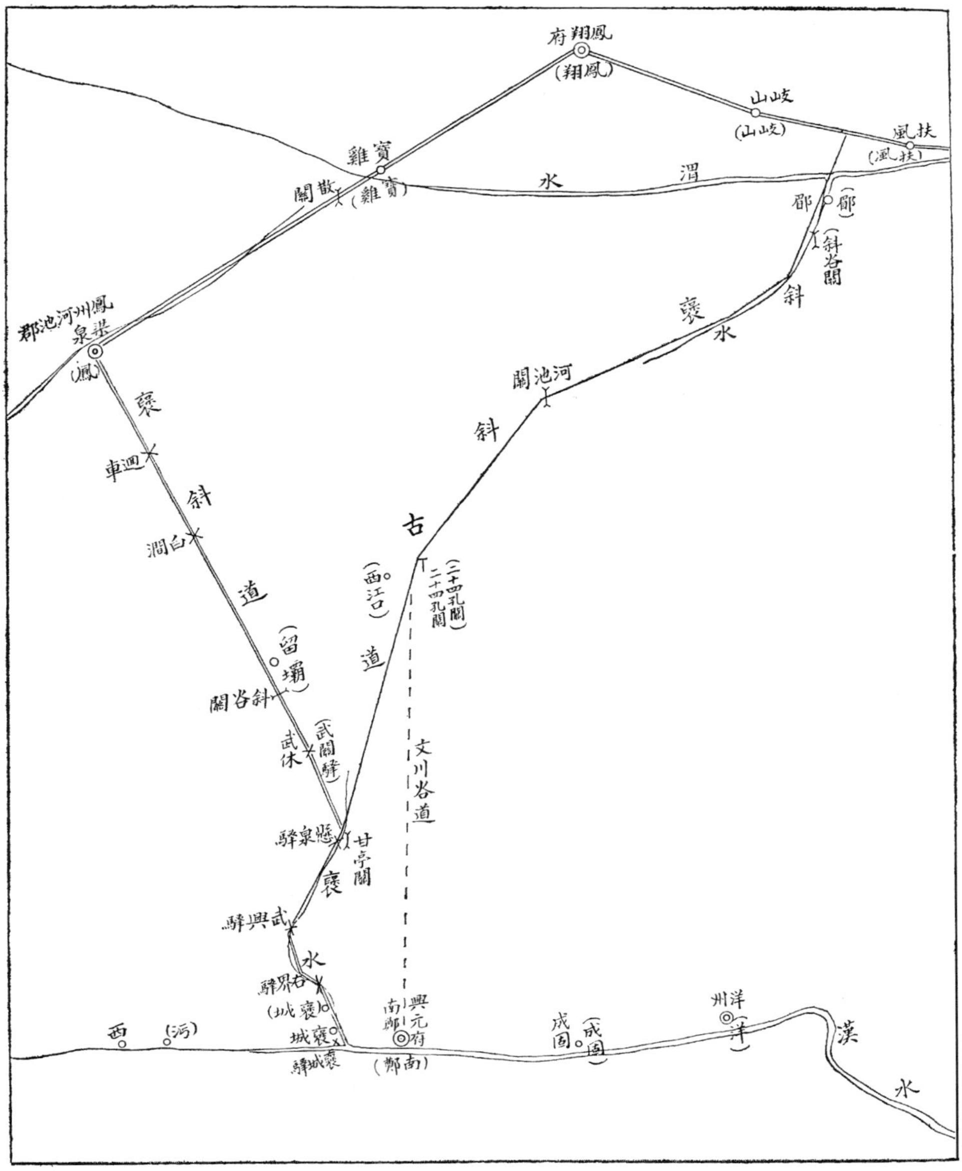

鳳翔府
(鳳翔)
岐山
(岐山)
扶風
(扶風)
寶雞
(寶雞)
散關
渭水
郿
(郿)
(斜谷關)
褒斜水
河池關
鳳州河池郡
梁泉
(鳳)
褒斜道
回車
白澗
(留壩)
斜谷關
武休
(武關驛)
懸泉驛
甘亭關
褒水
武興驛
褒城
(褒城)
褒城驛
古斜道
(西江口)
(二十四孔閣)
二十四孔閣
文川谷道
興元府
南鄭
(南鄭)
西
(沔)
成固
(成固)
洋州
(洋)
漢水

宋明間白銀購買力的變動及其原因

全漢昇

一

中國在唐（六一八——九〇六）及北宋（九六〇——一一二七）時代，由于全國的統一，商業的發展，錢幣的使用非常發達。在唐末至北宋中葉以前，當錢幣使用的盛況達到最高潮的時候，中國的貨幣制度又復前進一步，即採用銀兩及紙幣作爲交換的媒介。紙幣始于宋眞宗（九九八——一〇二二）時四川交子的發行。白銀在唐、宋之際已經開始具有貨幣的用途，好些物品的價格都以銀來表示，民間買賣也以銀作爲交換的媒介。（註一）

在自宋（九六〇——一二七九）至明（一三六八——一六四四）的幾百年中，白銀的作爲貨幣來使用，並不完全暢通無阻。當紙幣因發行過多而價値低跌的時候，政府爲着要穩定紙幣的價値，往往禁止白銀當作貨幣來流通，以便強制人民使用紙幣。（註二）可是，中國社會經濟長期演進的結果，由于客觀形勢的需要，白銀自然而然的成爲中國各地流通的主要貨幣，而且牠的購買力有越來越增大的趨勢。因爲白銀購買力增大，到了明朝中葉以後，或自公元十六世紀開始，隨着世界新航路的發見，及美洲儲藏豐富的銀礦之大規模的開採，中國便長期自海外輸入大量的銀子。自一五六五年開始，約共兩個半世紀左右，每年航行于墨西哥（墨西哥及其附近的廣大地區，當時稱爲「新西班牙」）與菲律賓間的西班牙大帆船，把大量的美洲白銀運到馬尼拉

（Manila）後，其中大部份都給運貨到那裡出賣的中國商人轉運回國。當日自馬尼拉運往中國的白銀之多，多到一位西班牙海軍上將于一六三八年說，「中國國王（按應作『皇帝』）能夠用來自秘魯（Peru）的銀條來建築一座宮殿！」（註三）因爲看見他們自美洲銀礦採煉出來的銀子，在運抵菲律賓以後，大多數都給中國商人運走，吃虧太大，在十七世紀上半，有些西班牙人甚至建議放棄菲律賓，不要把牠作爲殖民地。（註四）

爲着要明瞭新大陸發見後美洲白銀長期大量流入中國的背景，現在擬先分析宋、明間中國白銀購買力變動的情況，然後進一步探討變動的原因。

註一：加藤繁「唐宋時代金銀的研究」（日文本，東洋文庫論叢第六，東京，大正十五年，即一九二六年）第一分冊，第二、三章。又參攷拙著「從貨幣制度看中國經濟的發展」，「中國文化論集」（台北市，民國四二年）第一集，頁一一七至一二三。

註二：拙著「元代的紙幣」，中央研究院「歷史語言研究所集刊」（以下簡稱「集刊」）第十五本（上海商務印書館，民國三十七年），頁一至四八。

註三：Emma Helen Blair and James Alexander Robertson, eds., ***The Philippine Islands, 1493-1898***(以下簡稱 ***Phil. Isls.***), Cleveland, 1903-09, Vol. 29, pp. 70-71; ***T'oung-Pao***, Vol. VI, Leide, 1895, pp. 457-458; ***China Review***, Vol. XIX, no. 4, Shanghai, 1891, pp. 243-255.

註四：***Phil. Isls.***, Vol. 19, p.237; Vol. 27, pp. 64-65. William Lytle Schurz, ***The Manila Galleon***, New York, 1939, pp. 405-6.

二

對于白銀的購買力，我們可以根據以銀表示的物價來加以測量。自宋至明，或自公元十世紀中葉以後至十七世紀中葉以前的六個多世紀內，中國用銀兩來表示的物價有什麼變動？對于這個問題，因爲資料非常缺乏而零散，我們暫時只能分別就金價、米價及絹價的變動來加以攷察。現在先說金價。

四十年前，日本加藤繁教授在他的著作「唐宋時代金銀的研究」中，曾對宋代的金銀比價，即以銀表示的每兩黃金的價格，加以研究。近年來，楊聯陞教授在他的大著「中國貨幣及信用史畧」（註一）一書中，也曾注意到自宋至清的金銀比價。現在根據這兩位教授的研究，再拿拙著「元代的紙幣」（「集刊」第十五本）所引有關元代（一二七七——一三六八）金銀比價的記載來加以補充，作成第一表。

第一表　宋、元間以銀表示的金一兩的價格

年代	地點	價格（單位：兩）	附記
太平興國二年(977)		8	
咸平(998—1003)中	汴京	6.3(-)	根據金每兩爲錢5,000文，銀800文，折算而成。
大中祥符八年(1015)	汴京	6.3(-)	金10,000(+)文，銀1,600(+)文。
靖康元年(1126)正月	汴京	13.3(+)	金20,000(+)文，銀1,500文。
靖康元年(1127)十二月	汴京	14.5(+)	金32,000文，銀2,200文。
靖康二年(1127)正月	汴京	14 (-)	金35,000文，銀2,500文省。

靖康二年(1127)二月	汴京	12.8	金32,000文，銀2,500文。
紹興四年(1134)	杭州	13 (+)	金30,000文，銀2,300文。
宋寧宗(1195—1224)時	杭州	12.1(+)	根據嘉定二年(1209)金每兩爲錢40,000文，嘉泰年間(1201—04)銀3,300，折算而成。
至元十九年(1282)	各地	7.5	根據魏源「元史新編」卷八七「食貨志」及「元典章」卷二十載金每兩換「中統元寶交鈔」十五貫，銀二貫，折算而成。
至元二十四年(1287)	各地	10	根據「元史」卷九三「食貨志」載金每兩換「至元通行寶鈔」二十貫，銀二貫，折算而成。
至大二年(1309)	各地	10	根據「元史」卷九三「食貨志」載金每兩換「至大銀鈔」十兩，銀一兩，折算而成。
至正六年(1346)	各地	10	根據杉村勇造「元公牘拾零」載金每兩換「中統元寶交鈔」三百兩，銀三十兩，折算而成。
平均價格		10.3(—)	

資料來源：加藤繁「唐宋時代金銀的研究」，頁四七三，四七五；Lien-sheng Yang, ***Money and Credit in China: A Short History***, Cambridge, 1952 p,48; 拙著「元代的紙幣」，「集刊」第十五本。按表中所說的杉村勇造「元公牘拾零」，見「服部先生古稀祝賀記念論文集」，頁五七一至五八三。

根據第一表，我們可知北宋中葉以前，即約在公元十世紀末、十一世紀初，金價曾經低至每兩換銀六兩三錢少點。其後到了北宋末年，即一一二七年，金價高漲至每兩値銀十四兩五錢有多。在南宋時代，金價每兩換銀十二三兩左右。元代金一兩的價格，則以等于十兩銀子的時候爲多。自宋至元，金一兩的平均價格約爲十兩三錢左右。

到了明代，以銀表示的金價，和宋、元時代比較起來，可說低廉得多。這種現象，在明朝末年已經開始吸引顧炎武的注意，他在「日知錄」中說：「會典鈔法卷內云：洪武八年（一三七五），造大明寶鈔，每鈔一貫折銀一兩，每鈔四貫易赤金一兩。是金一兩當銀四兩也。徵收卷內云：洪武十八年（一三八五），令凡折收稅糧，金每兩準米十石，銀每兩準米二石。是金一兩當銀五兩也。三十年（一三九七），……更令金每兩準米二十石，銀每兩準米四石。然亦是金一兩當銀五兩也。永樂十一年（一四一三），令金每兩準米三十石，則當銀七兩五錢矣。……幼時見萬歷（一五七三——一六二〇）中，赤金止七八換，崇禎（一六二八——一六四四）中十換，江左至十三換矣。」（註二）現在我們根據顧炎武的研究，再補充其他有關記載，作成第二表。

第二表　明代以銀表示的金一兩的價格（註三）

年代	地點	價格（單位：兩）	根據
洪武八年(1375)	各地	4	「日知錄」。
洪武十八年(1385)	各地	5	「日知錄」。
洪武十九年(1386)	浙江温州府	6	「明宣宗實錄」（中央研究院歷史語言研究所印）卷八〇，頁四，「宣德六年六月甲辰」。
洪武廿八年(1395)以前	各地	5	「明史稿」（台北文海出版社影印本），志六〇，頁二，「食貨志」；鄧球「皇明泳化類編」（隆慶二年刊）卷八六，頁八六至八七。
洪武三十年(1397)	各地	5	「日知錄」；「明史稿」，志六〇，頁二，「食貨志」。
永樂五年(1407)	各地	5	「續文獻通考」（光緒十三年，浙江書局刋本）卷一〇，頁九；陳仁錫輯「皇明世法錄」（明刋本）卷三三，頁三。
永樂十一年(1413)	各地	7.5	「日知錄」。
宣德元年(1426)	各地	4	「續文獻通考」卷一〇，頁九。
宣德六年(1431)	浙江温州府	6	「明宣宗實錄」卷八〇，頁四，「宣德六年六月甲辰」。

正統五年(1440)	山西大同	1.67(一)(註四)	「明英宗實錄」(史語所印)卷六五，頁一，「正統五年三月乙巳」。
成化十七年(1481)	各地	7	「明憲宗實錄」（史語所印）卷二一九，頁二，「成化十七年九月己卯」。
成化十八年(1482)	貴州	7	何喬新「勘處播州事情疏」（叢書集成本），頁三一。
弘治十五年(1502)	雲南	8.8905	「大明會典」卷三七，頁二三，「金銀諸課」。
嘉靖九年(1530)	雲南	6	「大明會典」卷三七，頁二五，「金銀諸課」。
嘉靖十三年(1534)	雲南	6.361	顧炎武「天下郡國利病書」（廣雅書局本）卷一〇七，頁二六下，「雲南」，「貢金。」
隆慶元年(1567)	各地	6	余繼登輯「典故紀聞」（叢書集成本）卷一八，頁三〇一。
隆慶六年(1572)	雲南	8	「穆宗隆慶實錄」（江蘇國學圖書館傳鈔本）卷六五，頁六下，「隆慶六年正月癸酉」。
1576	中國	4	***Phil. Isls.***, Vol. 19, pp 53—54, Francisco de Sande, "Relation of the Filipinas Islands," June 7,1576.
約萬曆八年(1580)	雲南	5—6	徐孚遠等輯「皇明經世文編」（台北市國聯圖書出版有限公司影印明崇禎間平露堂刊本）第二二冊（卷三六三），頁五七八至五七九，張學顏「題免雲南加增金兩疏」（約萬曆八年）。
萬曆(1573—1620)中	各地	7—8	「日知錄」。
十七世紀初	廣州	6.6—7.0	***Phil. Isls.***, Vol. 19, p.307, Martin Castanos, "Buying and Selling Prices of Oriental Prcducts" （約1600's初）。
約1620—21	廣州	7	***Phil. Isls.***, Vol. 19, p.314, "Memorandum of the retail selling prices of wares in Canton"（約1620—21）。
1620—30	福建	8	Dutch data, 見 A. Kobata, "The Production and Uses of Gold and Silver in Sixteenth- and Seventeenth- Century Japan," in ***Economic Historv Review***, Second Series, Vol. XVIII, No. 2, August 1965, pp. 250-4.
崇禎(1628—44)中	各地	10—13	「日知錄」，A. Kobata,前引文。
1637—44	福建	13	A. Kobata,前引文。
平均價格		6.47	

根據第二表，我們可知明代金價非常低廉，每兩平均價格爲銀六兩四錢七分，約等于宋、元時代平均價格（每兩換銀十兩零三錢少點）的百分之六三。在明代頭二百五十年左右，金價最低時每兩只值一兩六錢七分，最高時每兩換銀八兩有多，而大部分時間每兩金價爲銀六兩上下。到了明朝最後十年，金價上漲至每兩換銀十三兩，纔將近達到北宋金價的最高水準。因此，從以銀來表示的金價的變動來看，中國白銀的購買力，在自北宋至明末六百餘年的期間內，有長期增長的趨勢。

其次我們再看看米價的變動。因爲米和黃金不同，牠是體積重量比較大而價值比較小的一種商品，如果要遠路運輸，其售價受運輸成本的影响非常之大。在過去交通運輸不便而面積廣大的中國，這個地區與那個地區的米價，往往由于運費的負担而相差很大。因此，現在我們考察自宋至明以銀表示的米價，暫時以長江下游或江南爲限。（註五）關于宋、元時代這一地區的米價，茲據過去數種拙作所引用的資料，列表如下。

第三表　宋、元間江南每石米價（以銀表示）

年代	地點	價格（單位：兩）	附記
熙寧八年(1075)八月	蘇州	0.5	根據米一石爲錢500文（「續資治通鑑長編」卷二六七「熙寧八年八月戊午」），銀一兩爲錢1,000文(熙寧二年福建銀價，見加藤繁「支那經濟史攷證」,東京，1953,下卷,頁一五〇至一五一），折算而成。
紹興二年(1132)春	兩浙	4.55	根據米一石爲錢10,000文(「宋史」卷六七「五行志」），銀一兩爲錢2,200文(加藤繁前引書，下卷,頁一二一及三一三），折算而成。
紹興五年(1135)四月	兩浙	3.18	根據米一石爲錢7,000文(李心傳「建炎以來繫年要錄」卷八八「紹興五年四月庚戌」），銀一兩爲錢2,200文(見上），折算而成。

紹興八年(1138)秋	浙西	1.36	根據米一石爲錢3,000文（「宋會要稿」，「食貨」四〇，「紹興八年九月初四日」），銀一兩爲錢2,200文（見上），折算而成。
至元十四年(1277)	江南	0.5	根據米一石爲「中統元寶交鈔」一貫（或作「兩」，下同，見「農田餘話」卷上），銀一兩爲中統鈔二貫，折算而成。
大德十年(1306)以前	江南	1.0	根據米一石爲中統鈔十貫（劉壎「水雲村泯稿」卷一四「呈州轉申廉訪分司救荒狀」），銀一兩亦爲中統鈔十貫，折算而成。
大德十年(1306)	江南	3.0(+)	根據米一石爲中統鈔30(+)貫（同上），銀一兩十貫，折算而成。
至正六年(1346)		1.25（中等粳米）	根據中等粳米一石爲中統鈔37.5兩（或作貫），銀一兩爲中統鈔30兩（杉村勇造「元公牘拾零」），折算而成。
同年		1.17(—)（中等占米）	根據中等占米一石爲中統鈔35兩（同上），折算而成。
平均價格		1.84(—)	

資料來源：拙著「北宋物價的變動」，「集刊」第十一本，頁三六九及三八二；「南宋初年物價的大變動」，「集刊」第十一本，頁四〇三；「元代的紙幣」，「集刊」第十五本，頁三七至三九。

宋、元以後，關于明代江南各地的米價，我們也收集到一些資料，茲列表如下。

第四表　明代江南每石米價（以銀表示）

年代	地點	價格（單位：兩）	根據
正統元年(1436)	江南	0.25	「續文獻通考」卷二，頁二六至二七。（以開徵「金花銀」時，米一石折價銀0.25兩作代表。）
正統十二年(1447)	常熟	0.25	「明英宗實錄」卷一五四，頁六，「正統十二年五月癸丑」。
正統十三年(1448)	江西	0.25	同書卷一六五，頁一下，「正統十三年四月戊午」。
景泰二年(1451)	蘇州、松江	0.25	同書卷二〇四，頁一二下，「景泰二年五月庚申」。
弘治十三年(1500)以前	南京	0.8—0.9	「皇明經世文編」第六冊(卷七八)，頁三四四至三四五，倪岳「會議」。
弘治十三年(1500)	南京	0.2—0.3	同上。

嘉靖二年(1523)	南京	1.3—1.4	顧起元「客座贅語」（萬曆四十五年自序，金陵叢刻本）卷一，頁二四。
約嘉靖(1522—66)中葉以前	江南	0.5—0.9	「皇明經世文編」第一六冊（卷二六一），頁七〇四至七〇六，唐順之「與李龍岡論改折書」（約嘉靖中葉前）。
嘉靖廿三至廿四年(1544—45)	松江	1.5	「雲間雜誌」（撰人闕，奇晉齋叢書本）卷中，頁一二。
嘉靖卅二年(1553)	揚州	0.5	鄭曉「鄭端簡公奏議」（隆慶五年自序，隆慶年間刊本）卷六，頁一五至一六，「秋災再請蠲減稅糧疏」（嘉靖三十三年十月十一日）。
嘉靖卅三年(1554)六月	崑山及附近	0.4	采九德「倭變事畧」（嘉靖三十七年十二月序，叢書集成本）卷二，頁四一。
嘉靖卅三年(1554)十月	揚州	1.0	「鄭端簡公奏議」卷六，頁一五至一六。
嘉靖四十五年(1566)	南京	0.4—0.6	「皇明經世文編」第一九冊（卷三一二），頁四八二，萬士和「條陳南粮缺乏事宜疏」（嘉靖四十五年）。
萬曆八年(1580)以後	江南	0.3	同書第二四冊（卷三九七），頁四六〇至四六二，趙用賢「議平江南糧役疏」（約撰于萬曆八年後）。
萬曆十六年(1588)夏	南京	1.5—1.6(倉米)	「客座贅語」卷一，頁二四。
		2.0(粳米)	同上。
萬曆十六年(1588)	松江	1.6	「雲間雜誌」卷中，頁一二。
萬曆十六年(1588)冬	松江	1.2(糙米)	范濂「雲間據目抄」（萬曆二十一年序，筆記小說大觀本）卷三，頁七。
萬曆十七年(1589)正月	松江	1.6	同書卷三，頁七至八。
平均價格		0.94(+)	

根據第三、四兩表，我們可知明代長江下游或江南的平均米價，每石約值銀九錢四分多點，約爲宋、元時代平均價格的百分之五〇左右。因此，就米價來說，明代白銀的購買力，約等于宋、元時代的兩倍。自然，由于有系統的米價統計數字的缺乏，我們現在只能利用一些零零星星的記載來研究宋、明間米價的變動，得出的結果可能並不完全正確。尤其是現在我們所能看到的米價資料，多半是因米價激劇波動而引起當時人士注意，

纔被紀錄下來的，故由此而計算出來的米價水準，事實上免不了有些偏高。因此，我們在這裡探討所得的結果，只能算是一個大致的趨勢而已。

除金價和米價以外，我們又可看看宋、明間以銀表示的絹價變動的情形。和米價一樣，我們對于絹價的研究，也以長江下游或江南爲限。因爲元代絹價的資料非常缺乏，我們現在只把宋代和明代江南絹一疋的價格，分別列表如下。

第五表　宋代江南每匹絹價（以銀表示）

年代	地點	價格（單位：兩）	附記
熙寧年間(1068—77)	兩浙	1.2—1.3	根據絹一匹爲錢1,200—1,300文（鄭獬「鄖溪集」卷一二「乞罷兩浙路增和買狀」），銀一兩爲錢1,000文（加藤繁「支那經濟史攷證」，下卷，頁一五〇至一五一），折算而成。
建炎三年(1129)	兩浙	1.82(−)	根據絹一匹爲錢6,000文，銀一兩3,300文（「淳熙新安志」卷二「折帛錢」；加藤繁前引書，下卷，頁一四七），折算而成。
紹興三年(1133)		1.36(+)	根據絹一匹爲錢3,000文（「建炎以來繫年要錄」卷六八「紹興三年九月己未」），銀一兩2,200文（「宋會要稿」，「食貨」四〇，「紹興三年四月十一日」），折算而成。
紹興三年(1133)九月	各地	1.82—2.27(+)	根據絹一匹4,000—5,000文（「宋會要稿」，「刑法」二，「紹興三年九月八日」），銀一兩2,200文，折算而成。
紹興廿六年(1156)二月	江南諸州	1.33(+)	根據絹一疋4,000文（「建炎以來繫年要錄」卷一七一「紹興二十六年二月甲午」），銀一兩3,000文（「宋會要稿」，「食貨」二七，「隆興二年十月七日」），折算而成。
紹興廿六年(1156)八月	臨安府	1.83(+)	根據絹一匹5,500文（「宋會要稿」，「食貨」九及六八，「紹興二十六年八月四日」），銀一兩3,000文，折算而成。

乾道六年(1170)		1.33(+)	根據絹一疋4,000文「（建炎以來繫年要錄」卷六八「紹興三年九月己未」原註），銀一兩3,000文，折算而成。
平均價格		1.57(−)	

資料來源：加藤繁「支那經濟史攷證」，下卷，頁一二一，一四七，一五〇至一五一，及三一三；拙著「南宋初年物價的大變動」，「集刊」第十一本，頁四〇七至四〇九。

第六表　明代江南每匹絹價（以銀表示）

年代	地點	價格（單位：兩）	根據
洪武廿八年(1395)以前	各地	0.3	「皇明泳化類編」卷八六，頁八六至八七。（據銀一兩折米四石，絹一疋折米一石二斗，計算出來。）
永樂五年(1407)	各地	0.625	「續文獻通考」卷一〇，頁九。
宣德元年(1426)	各地	0.25	同上。
正統二年(1437)	徽州府	0.5	「明英宗實錄」卷三〇，頁六下，「正統二年五月丁未」。
正統七年(1442)	南直隸	0.5	謝彬編「南京戶部志」（嘉靖二十八年序，明刊本）卷一八，頁二一下。
正統八年(1443)	各地	0.5	「皇明泳化類編」卷八八，頁五下。
成化四年(1468)	南京	0.7	「南京戶部志」卷一一，頁一九下。
成化十年(1474)	浙江嚴州府	0.6	同書卷一八，頁二一下。
成化十六年(1480)以後	江西、浙江	0.8	「明憲宗實錄」卷一九九，頁六，「成化十年正月庚戌」。
嘉靖八年(1529)	南京	0.7	「南京戶部志」卷一一，頁一四。
嘉靖廿八年(1549)	各處	0.7	同書卷一八，頁三三。
約崇禎(1628—44)末	湖州	1.0	「沈氏農書」（漣川沈氏撰），頁一七。
平均價格		0.6	

把宋、明兩代的絹價比較一下，我們可知明代絹一匹的平均價格只值銀六錢，約只爲宋代平均價格的百分之三八多點。這和明代平均金價爲宋、元間的百分之六三，米價爲百分之五〇比較起來，下落的程度顯然最大。（**註六**）如果把自宋至明以銀表示的金價、米價和絹價下降的程度計算在一起，我們可以判斷，明代白銀的購買力，約爲宋、元時代的兩倍左右。

註一：Lien-sheng Yang, ***Money and Credit in China: A Short History***, Cambridge, 1952, pp. 47-48.

註二：顧炎武「日知錄集釋」（黃汝成集釋，道光十四年刊）卷一一，頁一二至一三，「黃金」。按文中說洪武八年的金銀比價，見「大明會典」（中文書局影印萬曆十五年司禮監刊本）卷三一，頁一，「鈔法」；洪武十八年，見同書卷二九，頁一，「徵收」；洪武三十年，見同書卷二九，頁三，「徵收」。

註三：參考彭信威「中國貨幣史」（上海，一九五八），頁五〇三及六一九；Lien-Sheng Yang, 前引書，頁四七至四八；A. Kobata, "The Production and Uses of Gold and Silver in Sixteenth- and Seventeenth- Century Japan," in *Economic History Review*, Second Series, Vol. XVIII, No. 2, August 1965, pp. 245-266.

註四：正統五年（一四四〇）山西大同的金價，便宜到每兩只值銀一兩六厘七分少點（據「金六錢折銀一兩」計算出來），和其他年代的金價比較起來，着實過於偏低。按「明英宗實錄」卷六五，頁一，載正統五年三月「乙丑，巡撫河南、山西行在兵部左侍郎于謙奏：山西民已貧困，所解大同折糧金、銀諸物，甚不易得。近聞彼處巡撫官以金、銀成色不及，抑令煎銷，不惟延候日久，且所用木炭、黑鉛等物，並虧折之數，何從出辦。乞令銀一兩折米二石，金六錢折銀一兩，收庫支用，則民免稽延，不悞農種，官軍亦得其便。上謂戶部臣曰：謙所言良是，其速行之！」按明代政府在山西大同一帶駐有不少軍隊來鞏固國防，爲着應付那裡軍費的開支，故命令山西民衆向大同繳解折糧金、銀，而規定「銀一两折米二石，金六錢折銀一两。」這種比率，顯然是根據當地市場實況（或行情）來斟酌決定的。現在我們要問，當日山西大同的金價爲什麼會低落到這樣的程度？我想，這可能有两種解釋：第一，根據上面引文提及「山西……大同……巡撫官以金、銀成色不及，抑令煎銷」一事，當時在那裡的黃金的成色，可能遠較白銀爲低。第二，由於當日山西北部社會經濟的特殊情況，金、銀的供求狀況，可能各有不同。換句話說，比較起來，金可能供過於求，銀可能求過於供，故產生金價偏低的特殊現象。

註五：宋、明時代長江下游或江南米價的變動，大致可以代表全國米價變動的趨勢，因爲這個地區在當日全國經濟中佔有非常重要的地位。關於此點，除因爲自宋以來「蘇（州）、常（州）熟，天下足」的長江三角洲是全國的穀倉以外，我們又可以從這個地區的戶口在全國總額中所佔的百分比之大，觀察出來。北宋元豐三年（一〇八〇）全國共有一六、四七二、九二〇戶，其中淮南、两浙、江南東西路共有五、五四四、四五二戶（加藤繁「支那經濟史攷證」，東京，一九五三，下卷，頁三四七至三四八），約佔全國戶數的百分之三四。及明洪武二十六年（一三九三），全國共有一〇、六五二、七八九戶，六〇、五四五、八一二口，其中江蘇、浙江、安徽及江西共有五、六〇五、〇一一戶，三〇、三三五、九八六口 (Ping-ti Ho, *Studies on the Population of China, 1368-1953*, Cambridge, 1959, p. 10)，約佔全國總額的百分之五〇。

註六：明代絹價所以特別下降，除由於如本文將要指出的貨幣方面的原因以外，又由於明初政府在各地積極增加蠶桑生產，發展絲紡織業。關於這方面的情形，吳晗曾經加以研究，他說：「龍鳳十一年（一三六五）六月，下令凡農民有田五畝到十畝的，栽桑、麻、木棉各半畝，十畝以上的加倍，田多的照比例遞加。地方官親自督視，不執行命令的處罰。

不種桑的使出絹一匹，不種麻和木棉的出麻布或棉布一匹。（『明太祖實錄』卷一五，『明史』卷一三八『楊思義傳』）洪武元年（一三六八），把這制度推廣到全國，並規定科徵之類，……栽桑的四年以後再徵租。……二十五年（一三九二），令鳳陽、滁州、廬州、和州每戶種桑二百株，……令天下衞所屯田軍士每人種桑百株，……二十七年（一三九四），令戶部教天下百姓務要多種桑、棗和棉花，並教以種植之法。每一戶初年種桑、棗二百株，次年四百株，三年六百株。栽種過數目造冊回奏，違者全家發遣充軍。……二十九年（一三九六），以湖廣諸郡宜於種桑，而種之者少，命於淮安府及徐州取桑種二十石，派人送到辰、沅、靖、全、道、永、寶慶、衡州等處（今湖南及廣西北部一帶），各給一石，使其民種之，發展這一地區蠶絲生產和絲織工業。（『明太祖實錄』卷二一五，二二二，二三二，二四三，『明會典』，朱國楨『大政記』，『明通紀』）爲了保證命令的貫徹執行，下詔指出農桑爲衣食之本，全國地方官考課，一定要報告農桑的成績，並規定二十六年（一三九三）以後栽種桑、棗、果樹，不論多少，都免徵賦。（『明太祖實錄』卷七七，二四三）」（吳晗「明初社會生產力的發展」，科學出版社出版「歷史研究」，一九五五，第三期，頁五八）由於蠶絲增產政策的積極推行，明代絹產量自然增加，生產成本自然下降，故絹價遠較宋代爲低。除此以外，自元代開始，由於黃道婆在松江普遍傳授棉紡織技術，棉紡織工業在長江下游及其他地區發展起來。（拙著「鴉片戰爭前江蘇的棉紡織業」，「清華學報」新一卷第三期，民國四七年，頁二五至五一）到了明代，許多人都用棉布縫製衣服，對於絹的需要自然減小，故絹價下降。

三

中國白銀的購買力，爲什麽自宋至明要增加一倍左右？爲着要完滿解答這個問題，我們應該一方面攷察這幾百年中金、米、絹及其他物品的供求狀况和生產成本，他方面探討貨幣方面的原因。不過，目前由于資料的限制，我們在本文中只能從白銀需要方面來把與貨幣有關的原因討論一下。

上文說過，我國在唐末至北宋時代，隨着商業的發展，當錢幣使用的盛况達到最高峰的時候，銀兩和紙幣便或先或後的開始成爲交換的媒介。這兩種新貨幣最初本來同樣流通，後來大約由于本國銀礦生產不能滿足需要，紙幣却較佔優勢。可是，紙幣的流通，時間久了，往往因爲政府財政困難，大量增加發行，而價值劇跌，以致陷入通貨膨脹的局面，其中尤以宋、元兩朝的末葉爲最嚴重。（註一）

明太祖取得政權以後，于洪武八年（一三七五）命中書省造「大明寶鈔」，規定每鈔一貫準錢一千文，銀一兩，或金二錢五分。爲着要保證寶鈔的流通，在發行時就以法律禁止民間不得以金、銀、物貨交易，違者治罪。人民只准以金、銀向政府掉換寶鈔。政府又規定商稅錢、鈔兼收，比例爲收錢十分之三，收鈔十分之七，一百文以下的只收銅錢。（註二）其後又發行「小鈔」，自十文至五十文，共五種。（註三）

洪武鈔法初行的幾年，因爲發行量不大，還能保持和物價的一定比例。但自此以後，由于收回受限制，發行量沒有限制，發行過多，收回很少，寶鈔的價值便不能維持了。（註四）早在明太祖仍然在位的洪武二十七年（一三九四），在兩浙、江西、福建及兩廣等處流通的寶鈔，面值一貫（即一千文）的，低折到等于銅錢五十文至一百六十文來行使，即價值下跌到只等于十九年前鈔票剛發行時的百分之五至一六。（註五）以後實鈔的價值更越來越低跌。現在把明代各地市場上每一貫實鈔兌換到的錢數，及每一兩銀子兌換到的鈔數，分別列表如下。

第七表　明代每貫鈔換錢數

年代	錢數（單位：文）	根據
洪武八年（1375）	1,000	「明史」卷八一，頁二，「食貨志」。
洪武廿七年（1394）	50—160	「續文獻通考」卷一〇，頁五至六；「明太祖實錄」卷二三四，頁二，「洪武二十七年八月丙戌」；「明史」卷八一，頁三，「食貨志」；「明史稿」，志六二，頁一六，「食貨」四。
正統十三年（1448）	2	「明英宗實錄」卷一六六，頁二，「正統十三年五月戊子」；「續文獻通考」卷一〇，頁二〇。
成化元年（1465）	4	「明憲宗實錄」卷一九，頁五，「成化元年七月丁巳」。
成化二年（1466）	1—2（舊鈔） 10（新鈔）	「明憲宗實錄」卷二七，頁三至四，「成化二年三月辛亥」；「續文獻通考」卷一〇，頁二二至二三；余繼登輯「典故紀聞」卷一四，頁二三五。
成化二十三年（1487）	1（—）	「明武宗實錄」（史語所印）卷六，頁二至四，「成化二十三年十一月庚子」；「續文獻通考」卷一〇，頁二五；「明史」卷八一，頁四，「食貨志」。

第八表　明代每兩銀換鈔數

年　代	鈔數(單位：貫)	根　　據
洪武八年(1375)	1	「明史」卷八一，頁二，「食貨志」。
洪武年間(1368—98)	3—5	「日知錄集釋」卷一一，頁四四，「鈔」；「續文獻通考」卷一〇，頁一八。
永樂(1403—24)中	83.3	「續文獻通考」卷一〇，頁二八。
正統元年(1436)	1,000(+)	「日知錄集釋」卷一一，頁四四，「鈔」；「明英宗實錄」卷一五，頁九下至一〇，「正統元年三月戊子」。
正統十一年(1446)以前	1,000	「明英宗實錄」卷一三七，頁三下至四，「正統十一年正月辛巳」；「續文獻通考」卷一〇，頁二〇。
正統十一年(1446)	400—500	同上。
景泰三年(1452)	500	「明英宗實錄」卷二一八，頁二，「景泰三年七月丙申」；「續文獻通考」卷一〇，頁二〇至二一。
景泰七年(1456)	700	「明英宗實錄」卷二六三，頁三，「景泰七年二月甲辰」；「續文獻通考」卷一〇，頁二〇至二一。
成化十三年(1477)以前	1,000(—)	「明憲宗實錄」卷一六一，頁一，「成化十三年正月丁未」。
成化十三年(1477)	2,000—2,500	同書卷一六一，頁三，「成化十三年正月壬戌」；「續文獻通攷」卷一〇，頁二四。
弘治年間(1488—1505)	750(—)	「續文獻通考」卷一〇，頁二八。
嘉靖八年(1529)	1,250	「皇明泳化類編」卷一〇四，頁五至六。
約嘉靖十九年(1540)	10,000(+)	「皇明經世文編」第七冊(卷一〇二)，頁四八四至四八六，梁材「議勘光祿寺錢糧疏」(約嘉靖十九年)。

根據第七、八兩表，我們可知由明太祖開始發行的「大明寶鈔」，就在他在位的後期，其價值已經不能維持得住。就每貫寶鈔與銅錢兌換的比率來說，在牠發行一百一十二年以後，價值下跌到不及原來的千分之一。就每兩銀子兌換寶鈔的比率來說，在牠發行一百六十五年以後，價值下跌到不及原來的萬分之一。爲着要維持寶鈔的價值，明朝政府在最初發行的時候，已經明令禁止以金、銀作爲貨幣來交易。人民對于這種禁令大約並沒有好好的遵守，故政府在洪武三十年（一三九七）、三十三年（一四〇〇）、永樂元年（一四〇三）、二年（一四〇四）、洪熙元年（一四二五）及宣德元年（一四二六），都先後重申禁令。（註六）除金、銀外，原來規定與寶鈔一同行使的銅錢，到了洪武二十七年（一三九四），有鑒于牠的流通足以反映出寶鈔價值的低跌，政府也掩耳盜鈴，下詔禁止使用。其後到了正統十三年（一四四八），又重申這項禁令。（註七）不過，政府這種強迫人民行使或持有不斷貶值的寶鈔，而不許他們行使價值比較穩定的金屬貨幣的辦法，在短期內固然可用嚴刑峻法來實行，但時間久了，人民爲着保護自己的利益，免受損失，自然是要藐視這種禁令的。（註八）不特如此，人民雖然被迫使用寶鈔，因爲對鈔值的穩定早已失却信心，故鈔一到手，便趕緊把牠花費，結果寶鈔的流通，不獨數量加多，而且速度增大，從而促使市場上的物價向上升漲。（註九）因爲「天子不能與萬物爭權」，或違反經濟上的自然法則，故到了宣德三年（一四二八）下詔停造新鈔，就是已經印造好的，也收庫存貯，不許放支。（註一〇）其後到了正統元年（一四三六），政府在長江以南大部分交通不便地區徵收的田賦，規定由米、麥折成銀兩，按照每石折銀二錢五分的比率來徵收，稱爲「金花銀」。人民既然被准許用銀代替米、麥來繳納田賦，他們必須能夠把米、麥拿到市場上出售，得到銀子作代價纔成。因此，政府「弛用銀之

禁，朝野率皆用銀」，以後寶鈔不復暢通，只有官俸還是用鈔來折付。（註一一）

自宋眞宗（九九八——一〇二二）時四川發行交子以後，中國各種紙幣的流通，到了明英宗正統元年（一四三六），已經有了四百餘年的歷史。在這長時期的紙幣流通過程中，因爲曾經發生過幾次嚴重的通貨膨脹，故到了「大明寶鈔」不斷貶值以後，白銀便自然而然的代替寶鈔作爲交換的媒介。約在弘治（一四八八——一五〇五）初期，丘濬說：「本朝制銅錢、寶鈔相兼行使，……行之既久，意外弊生。……自天順（一四五七——六四）、成化（一四六五——八七）以來，鈔之用益微矣。必欲如寶鈔屬鏹之形，每一貫准錢一千，銀一兩，以復初製之舊，非用嚴刑不可也；然嚴刑非聖世所宜有。」（註一二）換句話說，明室統治中國約一世紀以後，如果要強迫人民像明初那樣使用寶鈔，事實上已經不可能；反之，在當日社會經濟發展的過程中，白銀却自然而然的普遍流通起來。

註一：拙著「宋末的通貨膨脹及其對於物價的影響」，「集刊」第十本，頁一九三至二二二；「元代的紙幣」，見前。

註二：「大明會典」卷三一，頁一，「鈔法」；「明史」（藝文印書館本）卷八一，頁一至二，「食貨志」；「明史稿」，志六二，頁一五，「食貨」四。

註三：「明史稿」，志六二，頁一五，「食貨」四。

註四：例如「明太宗實錄」（史語所印）卷三三，頁八，載永樂二年（一四〇四）七月庚寅，「都察院左都御史陳瑛言：比歲鈔法不通，皆緣朝廷出鈔太多，收斂無法，以致物重鈔輕。……」（「明史」卷八一，頁三，「食貨志」畧同）又「明史」卷八一，頁四，「食貨志」說：「及（仁宗）即位（一四二五），以鈔不行，詢（戶部尚書夏）原吉。原吉言：鈔多則輕，少則重。民間鈔不行，緣散多斂少。……」

註五：「續文獻通考」卷一〇，頁五至六，在洪武二十七年項下說：「時民重錢輕鈔，多行折使。初以鈔一貫折錢五十文，後折百六十文。浙、閩、江（西）、（兩）廣諸處皆然。由是物價踊貴，鈔法益壞不行。」又參攷「明太祖實錄」（史語所印）卷二三四，頁二，「洪武二十七年八月丙戌」；「明史」卷八一，頁三，「食貨志」；「明史稿」，志六二，頁一六，「食貨」四。

註六：「明史」卷八一，頁三，「食貨志」；「明史稿」，志六二，頁一六，「食貨」四；「明太祖實錄」卷二五一，頁二，「洪武三十三年三月甲子」；「明太宗實錄」卷二七，頁四，「永樂二年正月戊午」；「明宣宗實錄」卷一九，頁一，「宣德元年七月癸巳」；「大明會典」卷三一，頁三至四；「續文獻通考」卷一〇，頁一二；「日知錄集釋」卷一一，頁四二至四三，「鈔」。

註七：「明太祖實錄」卷二三四，頁二，「洪武二十七年八月丙戌」；「明英宗實錄」卷一六六，頁二，「正統十三年五月戊子」；「續文獻通考」卷一〇，頁五至六，一〇；陳仁錫輯「皇明世法錄」（明刊本）卷三三，頁七。

註八：例如「明太祖實錄」卷二五一，頁二，「洪武三十三年三月甲子」說：「時杭州諸郡商賈，不論貨物貴賤，一以金、銀定價。」又「明宣宗實錄」卷一九，頁一載宣德元年七月癸巳，「戶部奏：比者民間交易，惟用金、銀，鈔滯不行。」又「續文獻通考」卷一〇，頁一二在「洪熙元年正月」項下說：「時鈔法不通，民間交易，率用金、銀、布帛。」

註九：在永樂二年（一四〇四），陳瑛已經說「比歲……物重鈔輕。」（見註四）及宣德元年（一四二六）七月，明宣宗的詔令中也說「客商……藏匿貨物，高增價值。」（「續文獻通考」卷一〇，頁一二）關於當日以鈔表示的物價上漲的情形，我們可拿米價來作代表。米一石的價格，在洪武十八年（一三八五）為鈔二·五貫（「明史」卷八一，頁二，

「食貨志」），洪武二十八年（一三九五）以前爲三．五貫（「皇明泳化類編」卷八六，頁八六至八七），洪武三十五年（一四〇二）以後爲一〇貫（「日知錄集釋」卷一一，頁四一至四二，「鈔」），及洪熙元年（一四二五）和宣德元年（一四二六），更上漲至四〇至五〇貫，或六〇至七〇貫，因地而異（「明宣宗實錄」卷六，頁一四至一五，「洪熙元年閏七月癸亥」；「續文獻通考」卷一〇，頁一二）。

註一〇：「日知錄集釋」卷一一，頁四四，「鈔」。

註一一：「明史」卷八一，頁四，「食貨志」。

註一二：「皇明經世文編」第六冊（卷七二），頁七一至七三，丘濬「銅楮之弊」二（又見於黃訓輯「皇明名臣經濟錄」，嘉靖間刊本，卷二四，頁七至八）。

四

上引「明史」（卷八一，頁四）「食貨志」記載正統元年（一四三六）因明令徵收「金花銀」而「弛用銀之禁，朝野率皆用銀」之後，緊跟着說，「其小者乃用錢」。換句話說，自洪武鈔法廢壞以後，中國的貨幣制度以銀兩與銅錢並用爲主要特點，不過因爲銅錢的價值太小，不足以適應市場上大宗交易的需要，故銀兩自然而然的成爲具有無限法償資格的本位貨幣，其需要越來越大。（註一）

因爲社會上大家都爭着用銀，而不喜歡用錢，故正德三年（一五〇八），政府特地規定：「以太倉積錢給官俸，十分爲率，錢一銀九。」（註二）其後在隆慶元年（一五六七），政府又「令買賣貨物，值銀一錢以上者，銀、錢兼使；一錢以下者，止許用錢。」（註三）但再過三年，依照靳學顏的估計，當日全國各地市場上的交易，就價值來說，用錢作交換媒介的佔不到百分之一〇，其餘百分之九〇以上都用銀來支付。（註四）此外，關于明代銀、錢在流通界中勢力盛衰消長的變化，我們又可以把宋、明兩代政府歲入銀、錢的數額比較一下，來加以考察。

第九表　宋、明政府歲入銀、錢數額（註五）

年代	錢數（貫）	銀數（兩）	根據
天禧五年(1021)	26,530,000(+)	883,900(+)	「續資治通鑑長編」卷九七「天禧五年」。
元祐元年(1086)	48,480,000	57,000	蘇轍「欒城後集」卷一五「元祐會計錄收支叙」。
萬曆八年(1580)	21,765.4	2,845,483.4	孫承澤「春明夢餘錄」卷三五。
約萬曆九年(1581)	21,765.4	3,704,281.6258	「皇明世法錄」卷三六，頁一五下至一六。

根據第九表，可知自宋至明，政府歲入錢數越來越少，銀數則越來越多。由此我們也可以看出明代社會「用銀而廢錢」的趨勢。

銀在明代社會中的重要性之所以遠過于錢，原因有種種的不同。其中最重要的一點，爲明代商業的特別發展。明自立國以後，隨着國家的長期統一，人口與物產都大量增加，從而促進商業的空前繁榮。（註六）到了萬曆年間（一五七三——一六二〇），由于大規模商業的經營，「富室之稱雄者，江南則推新安（在今安徽南部），江北則山右（即山西）。新安大賈，魚、鹽爲業，藏鏹有至百萬者。其它二三十萬，則中賈耳。山右或鹽或絲，或窖粟，其富甚于新安。」（註七）當商業發展，交易量增大的時候，用價值低下的銅錢來作交換媒介自然要感到不便，故有行使價值較大的銀兩（註八）之必要。

在明代流通的貨幣中，銀兩之所以比銅錢重要得多，又由于當日鑄錢量的減小。銅是鑄錢的主要原料，可是經過過去長期的開採以後，明「朝坑冶之利，比前代不及什之一二，間或有之，隨取隨竭。」（註九）銅礦生產既然有限，明初政府因爲鑄錢需銅，「令私鑄錢作廢銅送官，償以錢。是時有司責民出銅，民毀器皿輸官，頗以爲苦。」（註一〇）由于銅的缺乏，明代銅價昂貴，從而鑄錢成本特別的高，（註一一）故鑄錢數量甚小。根據洪武二十六年（一三九三）的則例，當時除南京外，全國各地的爐座，一年共可鑄錢一八九、四一四貫零八百文。（註一二）這和北宋熙寧六年（一〇七三）後及元豐三年（一〇八〇）每年約鑄錢六百萬貫（註一三）的數字比較起來，約只爲後者的百分之三多點。不特如此，洪武二十六年所規定的每年十八、九萬貫的鑄錢額，實際上並不是年年鑄造，而是時常停鑄。就是在鑄造的年頭，也不一定按照定額鑄造。因此，明朝到十六世紀末爲止的兩百多年間，鑄錢的數目並不多，總共恐怕不過千把萬貫。（註一四）換句話說，明代頭二百多年所鑄的錢，在北宋熙寧（一〇六七——七七），元豐（一〇七八——八五）時代鑄錢最多的年頭，只要兩三年的時間便可鑄造出來。錢的鑄造額既然這樣稀少，不足以滿足當日在商業發展聲中的市場上的需要，人們自然要普遍用銀來交易了。

除由于商業發展及鑄錢量小以外，明代社會對于銀的需要所以遠比錢大，又由于錢值不如銀值那麽穩定。關于銅錢的流通情況，顧炎武說：「我朝（明朝）錢法，遇改元即隨年號各鑄造通用。」（註一五）因此，明代某一皇帝死了，上面刻有他的年號的錢便不再通用，從而價值下跌，或打折扣纔能行使，使持有人大受損失。（註一六）自然，由于鑄錢的稀少，全國各地不可能都使用刻有當今皇帝年號的錢，也有使用宋代及其他朝代舊錢的。可是，舊錢有許多種，無論那一種都不能長期行用；當停止行用以後，錢值往往下落三分之二，即低跌到只等于原值的三分之一。（註一七）由于錢值的劇烈波動，人民生活自不免要大受打擊。例如隆慶四年（一五七〇）高拱說：「小民日求升合，覓數錢以度朝夕，必是錢法有一定之說，乃可彼此通行。而乃旦更暮改，迄無定議。小民見得如此，恐今日得錢而明日不用，將必至于餓死。是以愈變更愈紛亂，愈禁約愈驚惶，舖面不敢開，買賣不得行，而嗷嗷爲甚。」（註一八）因此，明代錢值老是不穩定的結果，人民爲着保護自己的利益，自然不願用錢，而普遍採用價值比較穩定的銀兩來作貨幣了。

註一：關於此後銀、錢在流通界中的勢力盛衰消長的情形，「明史」卷八一，頁五，「食貨志」在嘉靖四年（一五二五）項下說：「是時鈔久不行，錢亦大壅，益專用銀矣。」又「皇明經世文編」第一八冊（卷二九九），頁六二七至六三〇，靳學顏「講求財用疏」（隆慶四年，一五七〇）說：「夫銀者，寒之不可衣，飢之不可食，又非衣食之所自出也，不過貿遷以通衣食之用爾。而銅錢亦貿遷以通用，與銀異質而通神者，……而致用則一焉。今獨奈何用銀而廢錢！……錢益廢，則銀益獨行。」（「穆宗隆慶實錄」卷四二繫此文於「隆慶四年二月」，但較簡略。又參考「明史」卷二一四，頁一四至一七，「靳學顏傳」。）又明末黃梨洲「明夷待訪錄」「財計」一說：「至今日而賦稅市易，銀乃單行，……錢僅爲小市之用，不入貢賦，使百務併於一途，則銀力竭。」

註二：「明史」卷八一，頁五，「食貨志」。又「續文獻通考」卷一一，頁三一，引「萬曆會計錄」說：「今京師常祿，皆一分支錢，九分支銀。此外無有以錢爲俸者。」

註三：「皇明世法錄」卷三三，頁一三。

註四：註一引靳學顏「講求財用疏」說：「惟時天下之用錢者，曾不什一。」

註五：關於宋代政府歲入銀、錢的記載，參攷拙著「唐宋政府歲入與貨幣經濟的關係」，「集刊」第二十本，頁一八九至二二一。

註六：例如「皇明泳化類編」卷八九，頁六說：「成化十六年（一四八〇），彭韶爲廣東左布政使，……上疏云：國家昇平百十餘年，生齒之繁，田里之闢，商旅之通，可謂盛矣！……」又關於國外商業的發展，張燮「東西洋考」（惜陰軒叢書本）卷七，頁一八下說：「市舶之設，始於唐、宋，大率夷人入市中國。中國而商於夷，未有今日之夥者也！」

註七：「五雜俎」卷四。原書未見，茲引自藤井宏「新安商人的研究」（日文），「東洋學報」第三六卷第二號，昭和二十八年，頁一八一。又關於江南商賈的財富，王士性「廣志繹」（萬曆二十五年自序，嘉慶二十二年重刻本）卷一，頁五說：「江南非無百十萬金之產者，亦多祖宗世業。」又「皇明經世文編」第一八冊（卷二九九），頁六三一，靳學顏「講求財用疏」說：「臣竊聞江南富室，有積銀至數十萬两者。」又「神宗萬曆實錄」（江蘇國學圖書館傳鈔本）卷三三二，頁三，「萬曆二十七年三月甲申」說：「（徽州吳）守禮爲两淮巨商，累貲百餘萬。」此外，關於山西商人的財富，「廣志繹」卷三，頁三四說：「平陽、澤、潞豪商大賈甲天下，非數十萬不稱富。」

註八：明代銀兩與銅錢並用時，每兩銀子換錢多少，因時、因地及因錢而異，但以一两銀換七百文錢的時候爲多。例如自明初（一三六八）至弘治（一四八八——一五〇五）年間，漢陽銀每兩都換錢七百文。參攷董穀「碧里雜存」（叢書集成本）卷上，頁五八至五九，「板兒」。

註九：「皇明經世文編」第六冊（卷七二），頁七五，丘濬「山澤之利」（又見於「皇明名臣經濟錄」卷二四，頁八至九）。

註一〇：「明史」卷八一，頁一，「食貨志」。

註一一：「明孝宗實錄」（史語所印）卷一九七，頁七下，「弘治十六年三月戊子」說：「工科左給事中張文陳鑄錢事宜，謂鑄錢之費，每錢一萬，費銀十兩。……」又徐學聚「國朝典彙」（明刊本）卷九三，頁四，「錢法」載嘉靖「二十年（一五四一），工部尚書甘爲霖奏：鑄造制錢，得不償失。………」又「明史」卷八一，頁六，「食貨志」載嘉靖三十二年（一五五三），「給事中殷正茂言：兩京銅價太高，鑄錢得不償費。……」

註一二：「續文獻通考」卷一一，頁五至六。據彭信威「中國貨幣史」，頁四七二，當時每年鑄錢額應爲一九〇、四一四貫零八百文。

註一三：北宋熙寧六年（一〇七三）後每年鑄造銅、鐵錢六百餘萬貫；元豐三年（一〇八〇）鑄五、九四九、二三四貫，其中銅錢五、〇六〇、〇〇〇貫，鐵錢八八九、二三四貫。（參攷拙著「唐宋政府歲入與貨幣經濟的關係」，「集刊」第二〇本，頁二一七）對於宋代鑄錢數量的豐富，明人非常羡慕，例如靳學顏說：「用錢之多，鑄錢之盛者，尤莫如宋。故宋太祖欲集錢至五百萬，而贖後山諸郡於遼。……又宋之饒州、處州、江寧等處，皆其鼓鑄之地，今江南人家嘗有發地得窖錢者，則無南北皆用錢可知。其餘書史所嘗言幾百萬、無慮鉅萬、累鉅萬之說，率多以錢計，臣亦不暇枚舉。」（「皇明經世文編」第一八冊，頁六二九至六三〇，靳學顏「講求財用疏」）

註一四：彭信威前引書，頁四七二。

註一五：顧炎武「天下郡國利病書」（廣雅書局本）卷九四，頁二，「福建」四，「漳浦縣」。又「皇明經世文編」第二六冊

（卷四三二），頁五九〇至五九二，劉應秋（萬曆十一年進士，見「明史」卷二一六，頁一六，本傳）「與大司徒石東泉書」說：「鑄錢……數更而屢變也。本朝……嘉靖（一五二二——六六）鑄錢最多，……然世廟在位久，至末年錢始通行，其舊錢及洪武、永樂、宣德、弘治諸錢皆廢矣。未幾易以隆慶，又未幾易以萬曆。」

註一六：上引劉應秋「與大司徒石東泉書」緊跟着說：「每一更易之際，列肆兌錢者，資本一日消盡，往往吞聲自盡。而小小市販輩，皆虧折其母（原作毋，誤）錢，傳相驚疑。………小民既無所主，而先積錢之家，出其所蓄，賤售以償十一。錢百文，重銅十二兩，所易銀不過一三（二？）分而已。……夫錢本神物，其流行與否，非禁令可齊，要於民之所便而已。不然，何……今嚴行當朝所鑄，反告售稱不便也？」又「皇明經世文編」第二九冊（卷四八四），頁六八六至六八七，李之藻（萬曆二十六年進士，見「四庫全書總目提要」，上海商務，民國二十二年，頁一七二〇）「鑄錢議」說：「錢者年號以爲政者也。年號之不能後天地而老也，亦明矣。今試以問嘉靖之錢，視萬曆之錢價奚若，而富者肯蓄多藏厚收以自爲困乎？積金以券人，逾日而息增。蓄錢以實藏，閱歲而必賤。彼日惴惴焉更鑄之是懼，惟恐錢之不化而爲鏹，而何以行之？」

註一七：上引「天下郡國利病書」卷九四，頁二，在「遇改元即隨年號各鑄造（銅錢）通用」之後，緊跟着說：「但民間使用，則隨其俗。」以下又舉福建漳浦縣爲例，說：「嘉靖三年、四年（一五二四——二五），用元豐錢。七年、八年（一五二八——二九），廢元豐錢，而用元祐錢。九年、十年（一五三〇——三一），廢元祐錢，而用元（紹？）聖錢。十三、十四年（一五三四——三五），廢元聖錢，而用崇寧之當三、熙寧之折二錢。萬曆三年（一五七五），廢崇寧錢，專用熙寧錢。五年（一五七七），廢熙寧錢，而用萬曆制錢。方一年，而萬曆錢又置不用，用者以低銅而已。（萬曆錢厚，估一文直銀一厘；今三文准銀一厘。）」又萬曆「汝南志」卷二（原書未見，茲引自藤井宏「新安商人的研究，日文，「東洋學報」第三六卷第一號，頁一二）記載河南汝南舊錢流通的情形說：「日者鹺價忽騰，錢法頓滯，不知所自起。蚩蚩之氓，負戴入市，出粟一斗，僅易鹽二斤。且所得錢，暮不能爲用，如大定、大觀、開元、正元、祥符、太平等錢，皆格不行。一夫倡言，千人附和，雖有厲禁，視若弁髦。無何，有客來買前錢，以一當三，捆載而去。此所謂壟斷之尤，而姦人之雄也。富商大賈，坐牟厚利，細民重困，無有已時。」

註一八：「皇明經世文編」第一八冊（卷三〇一），頁七一七至七一八，高拱「議處商人錢法以蘇京邑民困疏」（「穆宗隆慶實錄」卷四四繫此文於「隆慶四年四月」，但較簡略；又參攷「續文獻通考」卷一一，頁二七）。又關於人民對錢失却信心的情況，同書第一八冊（卷二九九），頁六三五至六三八，靳學顏「講求財用疏」說：「臣竊聞往時但一行錢法，則輒張告示戒廠衞，不先之於賣菜之傭，則責之以荷擔之役。愚而相煽，既閉匿觀望之不免，而奸豪右族，依托城社者，又從旁簧鼓之，以濟其不便之私。一日而下令，二日而閉匿，不三四日而中沮矣。」

五

綜括上文，我們可知以銀表示的物價，自宋至明，有向下降落的趨勢。我們因此可以測量出明代白銀的購買力，約爲宋、元時代的兩倍左右。

在這幾個世紀內，中國白銀的購買力所以增大，原因有種種的不同，但在貨幣方面對于白銀需要的激增，當是其中一個重要的原因。因爲在明代商業發展聲中，由于通貨膨脹而不斷貶值的紙幣，和供給不足，價值低下而不穩定的銅錢，都不足以滿足各地市場上對于貨幣的龐大需要，故銀兩便普遍流通起來。除市場交易以外，面對着這種貨幣經濟發展的大潮流，政府原來以徵收實物爲主的稅收，也改爲「折銀」，更助長對銀需要的增大。上文說過，早在正統元年（一四三六），政府在長江以南大部分運輸困難地區課徵的田賦，已開始由米、麥改折成銀，按照每石折銀二錢五分的比率來徵收，稱爲「金花銀」。這種課徵辦法，後來到了嘉靖年間（一五二二——六六）更擴大範圍，使全國各地（除漕糧地區外）的田賦、徭役以及其他攤派，都合併在一起，改折成銀兩來繳納，稱爲「一條鞭法」。（註一）此外，在鹽法方面，明代政府初時實行「開中」（去聲，納粟中鹽的意思）之法，即由商人在邊地（以北方及西北爲主）開墾耕種，把收穫的粟或米向沿邊駐軍繳納來作軍餉，然後換取鹽引，前往淮南等產鹽地區領鹽出售。可是自弘治五年（一四九二）開始，政府改變這種辦法，不再要商人納粟或米，而要他們納銀，然後給與鹽引。（註二）因此，明代政府歲入中的銀兩，有越來越多的趨勢。

對于因銀的需要增大而物價下落及銀的購買力提高的情形，生當明季的黃梨洲已經有一個銳敏的觀察，他說：「至今日而賦稅市易，銀乃單行，……夫銀力已竭，而賦稅如故也，市易如故也，皇皇求銀，將于何所？故田土之價，不當異時之十一。豈其壞瘠與？曰否，不能爲賦稅也。百貨之價，亦不當異時之十一。豈其物阜與？曰否，市易無資也。」（註三）這種因銀的需要激增而購買力提高的背景，說明了明朝中葉以後，當世界新航路發見的浪潮冲擊到中國海岸來的時候，爲什麽中國在對外貿易擴展的過程中，要長期自國外輸入大量的銀子。

民國五十五年八月二十日，九龍。

註一：梁方仲「一條鞭法」，「中國近代經濟史研究集刊」（國立中央研究院社會科學研究所，民國二十五年）第四卷第一期，頁一至六五；又「釋一條鞭法」，同刊（但改名爲「中國社會經濟史集刊」）第七卷第一期（民國三十三年），頁一〇五至一一九；田繼周「明代後期一條鞭法的研究」，「歷史研究」，一九五六，第三期，頁三四至三五。

註二：王崇武「明代的商屯制度」，「禹貢半月刊」（北平，民國二十五年）第五卷第十二期，頁一至一五；藤井宏「明代鹽商的一考察」（日文），「史學雜誌」（一九四三）第五四編第五號頁六二至一一一，第六號頁六五至一〇四，第七號頁一七至五九。

註三：黃梨洲「明夷待訪錄」，「財計」一。

論北宋末年之崇尚道教（下）

金中樞

目次

中篇（下）　崇尙道教之措施（下）

六　抑釋以揚道

宣揚教義之同時，爲配合其發展，首一措施，即抑釋以揚道。關于此點。據混元聖紀卷九云：

徽宗皇帝崇甯五年丙戌十月五日下詔曰：「有天下者，尊事上帝，勅命惟幾，敢有弗虔。而釋氏之徒，修營佛事，妄以天帝次於鬼神之列，瀆神踰分，莫此之甚，其能克享上帝之心乎？可令有司檢會剷除，以稱朕嚴恭寅畏之意。（頁一一一）

天帝即上帝，自古通稱。然就徽宗立塲言，當指玉皇上帝也。此觀本文徵引其他有關此類文字可知，而下引宋大詔令集上玉皇上帝尊號御筆手詔，（見本文七）言之最明。則此詔抑釋氏，不爲不甚。

又十朝綱要云：

大觀元年，正月，丁巳，禁道士齋醮不得倣僧徒擊鐃鈸。（註一）

鐃鈸乃相擊以和樂，出於夷音者也。（註二）此蓋即禁道士倣用之原因。要其蔑視僧徒，亦其一因也。觀諸下文，尤爲顯然。長編本末卷一二七云：

大觀元年，二月，己未，御批：道士序位在僧上，女冠在尼上。

此與唐則天皇后「令釋教在道法之上，僧、尼處道士、女冠之前，」（舊唐書卷六載初二年夏四月）適得其反。

然宗教非政治，何用等差？今道士與僧，女冠與尼，分明如此，是抑釋以揚道之明證也。所當注意者，是月戊午朔，（二十史朔閏表）長編拾補引十朝綱要作乙未，（同注一）誤。

又拾補引十朝綱要云：

十二月，戊戌，詔內外佛寺尙有以道像侍立者，並迎歸道觀；不可遷，則除之。（同注一）

昔日道像能託於佛寺，今必建宮觀以迎奉之，前屈而後伸，一至於此。且當時僧尼必仍有藉道教以自飾者；不然，何立制令以警之？長編本末卷一二七云：

政和二年，正月，癸未，詔：「釋教修懺水陸及祈禳道場，輒將道教神位相參者，僧尼以違制論，主首知而不舉與同罪，著爲令。」（頁一）

道場乃釋道二教誦經禮拜之所。水陸惟「釋氏教中有水陸齋儀，按其事始出於梁武帝蕭衍，初帝居法雲殿，一夕夢僧教設水陸齋，覺而求其儀，而世無其說，因自撰集銓次，……大抵取救焰口經事云爾。」（事物紀原卷八，歲時風俗部，水陸）顧道像既嘗託於佛寺，則神位相參，自所難免。今立制以繩之，其嚴如此，是抑釋以揚道之又一明證也。」

抑有進者，宋史卷二〇徽宗本紀云：

大觀四年，春，正月，辛酉，詔：「士庶拜僧者，論以大不恭。」

薛畢二鑑本此說，所言同。（註三）既禁士庶拜僧，猶禁其禮佛也。所以如斯，實有其理論根據。岳珂愧郯錄卷六云：

政和五年，十一月，四日，臣僚言：諸色人然頂、煉背、刺血、斷指，已降指揮，並行禁止。日來未見止絕，乞行法。」詔：「毀支體有害風教，況夷人之法，中華豈可效之？累降處分，終未能革，可徧行下，以大不恭論，添賞錢三千貫文，監司守臣知而不舉，與同罪。」

又云：

詔則大觀四年二月三日已有之矣。

案續宋編年通鑑：「春，二月，禁燃頂、煉背自毀者。」（拾補卷二九，頁六注引）宋史本紀是月庚午朔條亦云：「禁燃頂、煉背、刺血、斷指。」（卷二〇）岳氏後條所云，蓋即指此。又長編本末政和七年四月庚申御筆：「覩中華被金狄之教，盛行焚指、煉背，捨身以求正覺，朕甚憫焉！……令天下歸於正道。」（卷一二七，頁四）坦齋筆衡：「徽宗崇尚道教，凡當時詔命與夫表章，皆指佛爲金狄。」（**註四**）老學庵筆記亦云：「林靈素詆釋教，謂之金狄亂華。當時金狄之語，雖詔令及士大夫章奏、碑版，亦多用之。」（卷九，頁一二）則岳氏前條所云，與此說正相脗合。且所云之事實，於宋史可考見之。宋史王衣傳云：「衣爲大理評事，升寺正。林靈素得幸，將毀釋氏，以逞其私。襄州僧杜德寶，毀體然香，有司觀望，靈素竟捕以聞。衣閱之，曰：『律，自傷者杖而已。』靈素求內批，坐以害風教，竄流之，停衣官。」（卷三七七）既竄流之，遑論不恭！蓋事防習染，故士庶拜僧者，亦論以大不恭。考禁燃頂諸說，又實與八行科有關。蓋其時「諸路以八行貢者，如親病割股，或對佛然頂，或刺臂出血、寫青詞以禱，以此謂之孝，……不可遽數。」（**註五**）效夷人之法，以遂其孝名，誠可謂爲大不恭。然而並未治其罪。厚彼而薄此，其意固在釋氏。觀下文，尤可證。長編本末卷一二七云：

重和元年，秋，八月，辛未，（道籙院）又乞禁士庶婦女輒入僧寺；詔：「令吏部申明行下」（頁六）

此猶禁絕婦女禮佛也，較前詔尤嚴。

又宋會要選舉四云：

政和元年，十一月，十五日，臣僚言：「乞士大夫毋得體釋氏之說爲文，士子程文有引用佛書，或爲虛無怪誕之言者，皆黜勿取。」從之。（二四九三——二四九四）

此自表面視之，係黜以釋氏取士，實同禁讀佛經也。

又長編本末卷一二七云：

重和元年，四月，辛巳，道錄院上看詳釋經六千餘卷，內詆謗道儒二教——惡談毀詞，分爲九卷；乞取索焚棄，仍存此本，永作證驗。（頁四）

此云所取焚者，祇關道儒二教之謗詞，要其爲經之一部，則所焚仍釋經也。諸如此類，不一而足。通考卷二二七云：

辯正論八卷，鼂氏曰：「唐釋法琳撰」。潁川陳良序云：「法琳姓陳，關中人，著此書，窮釋老之教源，極品藻之名理。宣和中，以其老子語，焚毀其第二、第四、第五、第八凡五卷，序文亦有翦棄者。」（考一八二〇）

此明云「窮釋老之教源」，其書當論老子，且非論老子不爲功。今以其有老子語而焚毀其一部分，並翦棄若干序文。似所焚毀及翦棄者，乃釋氏之書也。觀諸下文，尤爲明朗。同卷云：

破邪論二卷，甄正論三卷，鼂氏曰：「唐釋法琳撰。已上三書，皆經宣和焚毀，藏中多闕，故錄之。」馬氏云：「按破邪、甄正二論，昭德讀書記以爲宣和焚毀，藏中多闕。然愚嘗於村寺經藏中見其全文。破邪論專詆傅奕，而併非毀孔孟，所謂破、淫、邪、遁之辭，無足觀者。甄正論譏議道家，如度人經璇璣停輪處，以爲璇璣無停輪之理；使停輪至七日七夜，則宇宙顚錯，而生人之類滅矣。……此論頗當。」（考一二八〇）其時不惟「抑釋以揚道」，且至「揚道以儕儒」時期，宜乎其焚棄之矣。

此外，並改其建制。宋大詔令集卷二二四云：

重和二年，正月，八日，御筆手詔：先王之教，用夏變彝，衣服有常，以臨其民，而奇言異行，莫不有禁，故道德一，風俗同。自先王之澤竭，佛教始行于中國，雖其言不同，要其歸與道爲一，世賴以趨於善者，亦非一日。然異俗方言，祝髮毀膚，偏袒橫服，棄君親之分，忘族姓之辨，循西方之禮，蓋千有餘歲。朕方敦禮義，遹追三代，其教雖不可廢，而害中國禮義者，豈可不革。應寺院屋宇、田產、常住一切如舊，永不改革，有敢議者，以違御筆論。其服飾，其名稱，其禮、其言，並改從中國。佛號大覺金仙，餘爲仙人、大士之號。僧稱德士，寺爲宮，院爲觀，即住持之人爲知宮觀事。言念四方徒衆，不悉茲意，可令每路委監司一員總其事，郡守寮佐召集播告，咸使知之。（八六八）

長編本末作宣和元年正月乙卯，是年二月庚辰改元，正月戊申朔，同；所說亦同。（卷一二七，頁七）歸其大義，要謂佛教爲外來之教，惟其歸於道爲一，固不可廢，因本先王「用夏變夷」之義，使其服飾、其名稱、其禮、其言，並改從中國。然此僅就其名稱云爾。即就其名稱言，除「僧稱德士，寺爲宮，院爲觀，即住持之人爲知宮觀事」外，尋皆有所更稱，或補充，或詳定。如同日詔：「僧已降詔改爲德士，所有僧錄司，可改作德士司；左右街道錄院，可改作道德院。德士司隸屬道德院，蔡攸通行提舉。天下州府僧正司，可並爲德士司。」（仝上，頁七——八）並改「行者稱德童」。**（註六）**越四日，即十二日己未，又「改女冠爲女道，尼爲女德。」**（註七）**然東都事畧以「女德」稱「女德士」。（同注七事畧）又十四日辛酉御筆：「德士……並稱姓氏，舊有師號者仍舊。」（同注七本末）然宋史本紀僅題「稱姓氏」。**（註八）**御筆又云：「寺院已改爲宮觀，諸陵佛寺改爲明眞宮，臣庶墳寺改兩字，下用黃籙院。」（同注七本末）此皆所謂補充者。又云：「佛封大覺金仙，文殊菩薩封安惠文靜大士，普賢菩薩封安樂妙靜大士，泗洲大聖封巨濟大士，雙林傅大士封應化大士，初祖達摩封元一大士，二祖封同慧大士，三祖封善明大士，四祖封靈慧大士，五祖封靜心大士，六祖封德明大士，永嘉速覺封全德大士。」（仝上）尋「和尙加封爵比應士」（仝上二十五日壬申條）然能改齋漫錄作「應眞」。**（註九）**此皆所謂更稱或詳定者。其次，就其改服飾言，據辛酉御筆：「德士冠並依道流見戴諸色冠樣，止不飾日月星辰。除有官職者，許服皁襈。紫道服，執牙簡。餘已有紫衣人，並紫道服。褐衣改銀褐道服，皆木簡。……佛賜天尊服，仍改塑。菩薩、羅漢並改道服，冠簪。」（同注七本末）又云：「僧已降詔爲德士，所有寺院撥放試經，進疏度牒，並改作披戴爲德士。」（仝上）此東都事畧畧之曰：「佛賜天尊服，德士依道流戴冠。」（卷一一）蓋言佛，而諸仙人、大士在焉；言德士，而諸女德、德童在焉。而編年通鑑並別以「道冠有徽，德冠無徽。」（同注六）所謂有徽與無徽，即飾否日月星辰也。宋史及諸家續通鑑則概以「易服飾」三字。（同注八）均欠該恰。又次，請言其禮，所謂「合掌和南不審，並改作擎拳稽首，」（同注七本末）是也。最後，請論其言，所謂「經文合改佛稱金仙，菩薩稱仙人，羅漢稱無漏，金剛稱力士，僧伽稱修善。」然無漏仍梵言，金剛乃華語，則所改並非盡然。至其何以如此，據宋史方技傳云：「林靈素始欲盡廢釋氏，以逞前憾，旣而改其名稱冠服，靈素益尊重。」（卷四六二本傳）諸家續通鑑即依此說，而謂林靈素請于帝改云云。（同注七、八）此諸史所云之大概也。

然據宋趙與時賓退錄則又云：

> 上謂靈素曰：朕昔到青華帝君處，獲言改除魔髡，何謂也？靈素遂縱言佛教害道，今雖不可滅，合與改正，將佛刹改爲宮觀，釋迦改爲天尊，菩薩改爲大士，羅漢改尊者，和尚改德士，皆留髮頂冠執簡。有旨依奏。皇太子上殿爭之，令胡僧一立、藏十二人、幷五臺僧二人、道堅等，與靈素鬬法，僧不勝，情願戴冠執簡，太子乞贖僧罪。有旨胡僧放逐，道堅等係中國人，送開封府刺面決配，於開寶寺前令衆，……此耿延禧所作靈素傳也。（卷一，頁四——五）

此說除「尊者」爲和尚之尊稱，別具一番意義，及「釋迦改爲天尊」，與上述「佛號大覺金仙，賜天尊服」不同以外；餘如宮觀、大士、德士，與夫「留髮頂冠執簡」之說，皆與諸史所云相同，乃道教之規範也。即以「天尊」與「大覺金仙」兩詞相較，亦幾相若。蓋「金仙」乃神仙之別稱，如唐睿宗女出家爲女冠，封「金仙公主」（註一〇）之類。則「金仙」冠以大覺之尊，實猶「天尊」也。是其時雖非滅釋，實強釋以從道焉。故吳氏有云：「林靈素主張道教，建議以僧爲德士，使加冠巾，其意以釋氏爲出其下耳。」（註一一）而皇太子竟爲之爭、並經一塲鬬法，雖其事兒戲如彼，而朝廷處分如此，足證釋道相爭，已然形同水火。則此種改釋氏之建制措施，絕非如上述諸家所謂從靈素云云之簡易與單純也。

然而道教當塗，究非釋教所能抵抗。宋費袞梁谿漫志卷八云：

宣和庚子改僧爲德士，一時浮屠有以違命被罪者，獨一長老遽上表乞入道，其辭有習蠻夷之風教，忘父母之髮膚，儻得同心而向道，便更合掌以擎拳等語。彼方外之人，乃隨時迎合如此，亦可怪也。又一長老，道行甚高，或戲之曰：「戴冠兒穩否」？答曰：「幸有一片閒田地」。此意甚微婉，直以爲游戲耳。（知不足齋本頁七）

此謂「宣和庚子改僧爲德士」，庚子係宣和二年，（陳表）徵諸上述，知其誤。第味其文，顯見當時實行此一政策，誠威脅利誘兼施之。此法家之「法治」，非儒家之「德治」也。史遷以老莊申韓同卷，其義深矣。「時饒德操已爲僧，因作改德士頌云：」

自知祝髮非華我，故欲毀形從道人。聖主如天苦憐憫，復令加我舊冠巾。舊說螟蛉逢蜾蠃，異時蝴蝶夢莊周。世間化物渾如夢，夢裡惺惺却自由。德士舊嘗稱進士，黃冠初不異儒冠。種種是名名是假，世人誰不被名謾。衲子紛紛惱不禁，倚松傳與法安心。缾盤釵釧形雖異，還我從來一色金。小年曾著書生帽，老大當簪德士冠。此身無我亦無物，三教從來處處安。（仝上）

陳瑩中有詩寄之曰：「舊時饒措大，今日壁頭陀；爲問安心法，禪儒較幾何？」（註一二）循是以觀，可明三點：（一）此一措施決策人，實爲當局。故王伯厚歎之曰：「北齊文宣王敕道士剃髮爲沙門，徽宗令沙門冠簪為德士，其相反如此！」（困學紀聞卷二〇）。（二）當時皈依佛教之人，多乏衜道觀念，故不待擊而先自降。（三）此不惟釋道相爭，儒亦參預其列。

又有進者，長編本末卷一二七云：

宣和元年，夏，五月，丁巳，御筆手詔：「釋氏改服異名，盡從華俗，不廢其教，翕然成風。然習之者，不知道妙未稱一道德、同風俗之意。今後應德士，並許入道學，依道士法。其德士宮觀知副以上職掌有闕，非試中人，不在選舉差補之限。其德童遇試經撥放，並習混元道德或靈寶度人一經，庶人無殊習，道通為一，以副勸獎之盛。（頁八——九）

考「一道德」之說，就宋世而言，自眞宗以來即如此。此拙著「畧論一道德與修新經義以取士」，（註一三）嘗詳論之。所不同者，其時偏重學術，故曰「齊理義」，「一道德」。此則偏重宗教，乃曰「一道德」，「同風俗」。要其目的，皆在修明政治。然而黨同伐異，愈弄愈糟。其首見行事者，則為利用科舉與學校。惟此謂道學，乃當時所新立，厥意在揚道以儕儒也。茲抑釋以揚道，故驅德士入道學，依道士法。其宮觀知副以上之選舉與差補法，亦咸與道士宮觀同。獨德童試經撥放，所習為混元道德、或靈寶度人一經；與道徒所習黃、老、莊、列兼及儒學易、孟，則大異其趣。此可悉於下節見之。

當時御筆又云：

天下僧尼已改宮觀，其銅鈸、銅像、塔等，按先天紀：鈸乃黃帝戰蚩尤之兵器，胡人之凶具，中國自不合用，可通行天下，應僧尼寺院，幷士庶之家，于逐路已改宮觀監司處，限十日送納，不得隱匿毀棄，

類聚斤重，具數奏聞。（長編本末卷一二七，頁七）

又云：

詔已降旨揮，鐃、鈸、佛像等，限十日納官，可除鐃、鈸，依已降旨揮佛像並存留，依所賜敕號添用冠服，徧行天下。（仝上，頁八）

又云：

詔外路僧尼，復用鐃鈸，令於在京官司收買。（仝上，頁九）

按右列第一詔在宣和元年正月初八日乙卯，第二詔即同月十二日庚申，相間僅五日，第三詔在宣和二年十月二十六日癸巳，距前兩詔，亦不及兩年，其反覆如此，顯見其紛更，多憑意氣用事。觀其本先天紀所謂「鈸乃黃帝戰蚩尤之兵器，胡人之凶具，中國自不合用」云云，尤爲不經之論。蓋器具之爲吉爲凶，不在器具之本身，而在世人之使用。彼用於惡則爲凶，我用於善則爲吉，易云：「備物致用，立成器以爲天下利，」不亦吉乎？況銅鈸雖謂出自西戎南蠻諸國，然自晉以來皆用之，或曰南齊穆士素所造，所謂「相擊以和樂」也。（同注二）若乃以其出自夷音，不適國情，予以禁用，未嘗以爲不可。然今不出此，而假兵凶之名以收之，並及士庶之家，非惟不當，誠屬不智。且視前此「禁道士不得倣僧徒擊鐃鈸」，過之遠甚。既而命除鐃鈸，存佛像，然佛像又須冠道冠，服道服，不惟不倫，可謂侮辱之至。至於佛像，一稱銅像，因佛像爲銅屬之物，一如鈸鐃，又稱銅鈸與銅鐃；鐃乃鈸之幼者，（註一四）言鈸不言鐃，而鐃在其中；又佛塔固與佛像相聯屬，乃佛寺應有之物，既謂並存，或可弗除；故二說不同，其實一也，可勿論焉。獨僧尼之鈸，初納於官，固無償給，既許其復用，反須收買，聚斂貨財，一至如此，蓋即因尚道，大興土木使然。（見下述）由是觀之，釋氏之不被廢，幾希！

反之，當時道教所受待遇則不然。長編本末卷一二七云：

徽宗政和七年，正月，乙未，御筆：自今應天下道士，與免堦（階）墀迎接衙府、宮觀科配借索騷擾，郡官、監察司相見依長老法。（頁三）

此謂依長老法，當即宋史所謂「以客禮相見」也。（註一五）故道門自政和末起，非但蠲除已往一切苛碎與苛俗，且深受朝廷之禮遇。加以當時御筆：「如有僧徒歸心道門、願改作披戴爲道士者，許赴輔正亭陳訴，立賜度牒紫衣。」（長編本末卷一二七，頁四）其抑揚如此，則道教之地位，勢必提高。

道教固源於道家，（註一六）故提高道教地位，亦必提高道家地位。於是首陞老子於諸子之上。長編本末卷一二七云：

政和七年，十二月，辛未，御筆：「太上老君所著道德經，世以諸子等稱，未稱尊崇之禮，可改爲太上混元上德皇帝道德眞經。」（頁四）

按太上老君，即老子，道家崇奉之尊稱也。（老子內傳）此以其改爲「太上混元上德皇帝」，亦尊稱之義也。然其事實起于眞宗大中祥符六年。（註一七）考「老子在張角、張陵時代，奉爲開教之祖，以其道德經爲聖典，後乃有無數駕而上之者，亦誠老子所不及料矣。此蓋自東晋以來，已有此變化。」（中國道教史，第三章，頁二六）今以其所著「道德經」，改名「道德眞經」固不徒謂爲「尊崇之禮」，提高其於道家地位而已也。

可不然乎？宋大詔令集卷二二四云：

政和八年，八月，十二日，手詔：「……自漢司馬遷、班固號稱大儒，皆小智自私，溺於流俗蹇淺之見，遷作傳則同于韓非、申不害之徒；固敘古今人表，以為第四等，列於游夏之後，蓋歷歲千數百矣。朕萬機之暇，既讀其書，賾其指意之所歸，為之訓解，間閱史氏，尤惜其序次之不倫，慨然于懷。豈天之將興斯文歟！表而揚之，實在今日。史記老子傳，陞于列傳之首，自為一帙；前漢古今（人）表，敘列于上聖，其舊本並行改正。（註一八）

實則老子升史記列傳之首，及前漢古今人表上聖之列，李唐已開其先河，（註一九）此不過承其緒風。抑張晏嘗明云：「老子玄默，仲尼所師，雖不在聖，要為大賢；文伯之母，達于禮典，動為聖人所歎，言為後世所則，而在第四！」（漢書卷二〇敘言顏注引）然梁玉繩則云：「列老子於中上，抑異端也，即史公老韓同傳之意。如張所規，必依唐宋昇入上聖，……可乎？」（仝上，補注）此皆各有立場，所言不必盡是。倘觀六家要旨，史遷固尚道家，何其抑異端也？及讀其老、莊、申、韓傳贊：「老子所貴道虛無，因應變化於無為。……莊子散道德放論，要亦歸之自然。申子卑卑，施之於名實。韓子引繩墨，切事情，明是非，其極慘礉、少恩，皆原於道德之意，而老子深遠矣。」自有其思想體系。又如顏注云：「六家之論，輕重不同。百行所存，趣捨難壹。張氏輒申所見，掎摭班史；然其所論，又自差錯。且年代久遠，墳典隳亡。學者舛駮，師論分異。是以表載古人名氏，或與諸書不同。」（仝上敘言）補注亦云：「案此表屢經傳寫，桼脫尤多，豈盡班氏之咎乎？」（仝上）則此謂司馬、班二氏，皆小智自私，溺於流俘蹇淺之見，非是。周壽昌曰：「後來各本俱遵之，惟毛本列第四，猶存班書元式。」（漢書卷二〇，表，頁七二）王先謙曰：「官本列上上，有列傳。」（仝上，頁七三）第自今存諸本觀之，均仍二書之舊，可見此一措施之不當。則混元聖紀之論，（見卷九，頁二三）豈其然乎？

又能改齋漫錄云：

政和八年，八月，御筆：太上混元上德皇帝，名耳，幷字伯陽及謚聃；見今士庶多以此爲名字，甚爲瀆侮，自今並爲禁止。（註二〇）

此謂老子名耳，字伯陽，謚聃，本史記之說。（見卷六三老子傳）按朱韜玉扎及神仙傳：「老子姓李，名耳，字伯陽，一名重耳，外字聃。」（註二一）唐書宗室世系表刪此諸家之說，而謂：「耳字伯陽，一字聃。」（卷七十上，頁二）然唐是老子之後，猶未禁士庶以此爲名字，而宋禁之，是宋尊老子過於唐矣。

尋又提高莊列地位。長編本末卷一二七云：

宣和元年，六月，甲申，封莊周爲微妙元通眞君，列禦寇爲致虛觀妙眞君。（頁九）

宋史本紀本說此，所言同。（見卷二二）然舊唐書玄宗天寶元年二月丙申條：「莊子號爲南華眞人，列子號爲沖虛眞人。」（卷九本紀）則此亦上承李唐之遺意也。又案宋史本紀同條：「仍行册命配享混元皇帝。」是趙宋尊重莊列，又過於李唐矣。

此外，尚有可得而言者。宋大詔令集卷一三六畧云：

崇寧元年，七日，三日，詔：朕以火德熒惑眞君，已令就洞眞君舊基脩建殿宇，設像寅奉，可改賜曰長生宮。

此其時設像之始也。又九朝備要卷二八云：

　政和三年，夏，四月，玉淸和陽宮成。原注：「即福寧殿誕聖之地作宮，至是成，奉安道像，上詣宮行禮。七年，改爲玉淸神霄宮。」

宋史本紀同月乙巳條云：「以福寧殿東，建玉淸和陽宮。」（卷二一）宋史紀事本末遂作四月，而謂「作玉淸和陽宮於福寧殿東，奉安道像，帝所生之地也。」（卷五一）宋史地理志云：「玉淸神霄宮，政和三年建，舊名玉淸和陽，在福寧殿東，七年改今名。」（卷八五，頁八）考續宋編年通鑑本此說。（見拾補卷三二，頁三注引）十朝綱要四月條亦云：「先是以福寧殿東誕聖之地，作玉淸和陽宮，至是告成。壬午，上詣宮中行奉安禮。」（仝上）壬午係四月朔日，（陳表）乙巳乃二十四日，疑本紀誤。是朔日宮成，即奉安道像也。至六年九月丙申，又令天下洞霄福地，修建宮觀，塑造聖像。（註二二）如下述設莊列之像於神霄玉淸萬壽宮，並配太上祠，（本文七）即聖像之一也。明年，又設長生大帝君及靑華大帝君像於天下神霄玉淸萬壽宮。（註二三）此據老學庵筆記云：「神霄以長生大帝君爲主，其次曰蓬萊靈海帝君，西元大帝君，東井大帝君，西華大帝君，淸都大帝君，中黃大帝君。又有左右仙伯、東西臺吏二十有二人，繪於壁。又有韓君丈人，祀於側殿，曰此神霄帝君之賓也。其說皆出於林靈素、張虛白、劉棟。」（卷九，頁五）並「圖寫九星二十八宿朝元冠服圖，頒行天下。」（註二四）此其一。

又宋會要禮二八云：

政和三年，十月，二十一日，詔冬祀大禮，以道士百人執威儀前引，分列兩序，立於壇下。（頁一〇二六）

宋史本紀作戊辰日，同；第所言畧簡，並及朝景靈宮。（卷二一）其地理志云：「徽宗崇尚道教，制郊祀大禮，以方士百人執威儀前引」云云。（卷一〇四，頁一九）返觀前引編年通鑑及淸波雜志所謂同年南郊，亦用同一儀式。蓋當時崇尚道教，凡祀典朝獻，並以道士執威儀前導也。其威儀設置情形，據老學庵筆記云：「天下神霄皆賜威儀，設於殿帳座外，面南，東壁從東第一架六物，曰錦繖，曰絳節，曰寶蓋，曰珠幢，曰五明扇，曰旌。從東第二架六物，曰絲拂，曰旛，曰鶴扇二，曰金鉞，曰如意。西壁從東第一架六物，曰如意，曰玉斧，曰鶴扇二，曰旛，曰絲拂。從東第二架（六物），曰旌，曰五明扇，曰珠幢，曰寶蓋，曰絳節，曰錦繖。」（卷九，頁四——五）此其二。

又，「政和三年十一月五日，以修祀事，天眞示現，詔爲天應節。既又以二月十五日太上混元上德皇帝降聖日爲眞元節，八月九日青華帝君生辰爲元成節。」（註二五）此其三。

此在在提高道教地位，第多荒誕不經，視明禋猶兒戲；然綜合以上各節，及其一再條具道教諸宗觀之，而別立所謂「高上之道」，以「教主道君皇帝」爲師，知其目的，實在反對釋氏。又以力不從心，遂有左列申明。長編本末卷一二七云：

政和七年，四月，庚申，御筆：「朕每澄神，默朝上帝，親受宸命，訂正訛俗。朕乃昊天上帝元子，爲太霄帝君，覩中華被金狄之教，……遂哀懇上帝，願爲人主，令天下歸於正道。帝允所請，令弟青華帝君，權朕太霄之府。朕夙夜驚懼，尙慮我教所訂未周，卿等表章，冊朕爲教主道君皇帝，只可（於）教門章疏用，不可令天下混用。（頁四）

徽宗係上帝元子，辭太霄帝君與乃弟青華帝君，而下降爲人主，與夫金狄指佛之說，均見前云。所當辨者，（一）此謂「卿等表章，冊朕爲教主道君皇帝。」據九朝備要言，係徽宗詔道籙院，而由羣臣上章。（**註二六**）宋史則謂「帝諷道籙院上章」。（卷二一本紀同條）陳鑑兼采此二說，而謂「帝諷道籙院」云云，「于是羣臣及道籙院上表冊之。」（卷一二同條）王鑑固本陳鑑，而於此說則不及羣臣。（**註二七**）宋史紀事本末與王鑑同。（見卷五一同條）畢鑑則畧同陳鑑。（見卷九二同條）然則「諷」與「詔」，雖有「明」、「暗」不同，「道籙院」與「羣臣」，雖有政教輕重之別，要其事由徽宗主動則一。徽宗既主動，羣臣又附和，是以「教」統「政」也。則（二）此謂「只可於教門章疏用，不可令天下混用，」顯係「遁辭」。蓋「不可令天下混用」，據諸家續通鑑云，謂「不施于政事」也。（**註二八**）既不施于政事，而又稱「教主道君皇帝」，非「遁辭」而何？故通鑑輯覽云：「自漢以後，多有上其君尊號者。以廷臣而妄議人主崇稱，且不可爲訓。徽宗乃諷道士上表，冊爲教主道君，尤史冊所僅見。蔑九五之尊，而甘蒙異端之號，名不正而說無稽，不詳孰甚焉！且以此事假手羽流，致道籙姦徒肆行無忌，動輒造爲帝誥，以快其私，亦何異教猱升木乎？」（卷八〇，頁三四）至其所以如此，一若上云，即在反對釋氏。觀「林靈素凡四五表，皆以金狄爲語，如賀神霄降云：『蠢金狄之成羣，于丹霄之正法。』如謝駕幸寶籙院聽講大洞經云：『幸際玉霄之主，是膺金狄之風。』又短表云：『金狄熾而華風變』。又云：『期銷金狄之魔』。」（說郛卷一八，坦齋筆衡，頁五——六）可見當時雖極端排抵釋氏，而釋氏之影響力仍難銷除，故必於同時力行「揚道以儕儒」之措施耳。

注一：並見長編拾補卷二七之二及卷三一之一頁注引，但後者作「鼓擊鐃鈸」。

注二：鐃、亦名銅鐃：浮屠氏所用浮漚，器小而聲清，世俗謂之鐃；鈸、有「正銅鈸」、「銅鈸」之別，銅鈸亦謂之銅盤，其圓數寸，中間隆起如浮漚，大者圓數尺，以韋貫之，相擊以和樂，要皆出西戎、南蠻、扶南、高昌、疏勒之國。（通考卷一三四，考一一九五；事物紀原卷二，頁七九）

注三：薛鑑見長編拾補卷二九，頁六注引；畢鑑見卷九〇。

注四：說郛卷一八，頁五；其詳可參閱原文。又按通鑑輯覽：「劉定之曰：『金狄，指佛而言也。佛之徒，謂佛身體面貌，皆若金色。故徽宗云。』」（卷八〇，頁三四）

注五：詳見長編本末卷一二六，頁三——四，大觀四年正月庚子朔條，此拙著北宋科舉制度研究第四章第三節嘗引用之。（見新亞學報第六卷第二期，頁二三三——二三四）但原文作中丞何執中言。今考宋會要作徽宗大觀四年正月一日臣寮言，（見選舉一二，四四六五）畢鑑作同年月日中丞吳執中言，（卷九〇）宋史卷三五六吳氏本傳亦謂執中又言：「八行之舉，所得皆鄉曲常人，不足以爲士，願下太學攷其道藝而進退之，」後說是矣。長編拾補引畢鑑作同年正月辛酉，並云：「薛、畢作正月，蓋以吳執中上疏日在正月辛酉，」（卷二九，頁六注）與原說不符，不知所據何本，今並正於此。

注六：長編拾補卷三九，頁一引續宋編年通鑑。

注七：長編本末卷一二八，頁八。此宋史本紀併入乙卯，（卷二二）陳、王、薛三家續通鑑本其說，同（陳鑑見卷一二，

王鑑見卷二三，薛鑑見拾補卷三九，頁二注引）。東都事畧亦以其併入乙卯。（見卷一一）

注八：卷二二。陳、王、薛、畢四家續通鑑所言均同。（陳、王、薛三鑑同注七，畢鑑見卷九三）

注九：卷一二；但繫之政和八年，誤。

注一〇：唐書卷八三：「睿宗十一女。金仙公主，始封西城縣主，景雲初進封。」

注一一：見所著能改齋漫錄卷一〇，惟謂此事發於政和間，徵諸上述諸家所說，知其誤。

注一二：吳曾能改齋漫錄卷一〇；氏謂作德士頌四首，觀上述，知其誤。

注一三：見新亞學報第六卷第一期所載北宋科舉制度研究上，第三章。

注一四：觀注二及其徵引諸書之原文可知。

注一五：宋史卷二二徽宗本紀：「宣和元年，春，三月，巳未，詔天下知宮觀道士，與監司、郡縣官以客禮相見。

注一六：詳見傅勤家中國道教史第三章。

注一七：是年八月庚午上太上老君混元上德皇帝聖號制，見宋大詔令集卷一三五，頁四七五——四七六。

注一八：頁八六四；並見長編本末卷一二七，頁五。

注一九：「唐開元二十三年敕：升史記老子列傳於伯夷列傳上。」（四庫提要卷四五，「史記一百三十卷」，頁七二）「天寶元年，詔：漢書古今人表玄元皇帝，升入上聖。」（漢書卷二〇古今人表，頁七二，補注引周壽昌曰）

注二〇：混元聖紀作六年八月，（見卷九，頁一一二）如自其下頁所載天下學校諸生添治內經等御筆手詔觀之，證之宋大詔今集諸書，繫於八年八月二十一日，（見本文七引文）知其誤。

注二一：史記卷六三老子傳正義。考神仙傳：「老子名重耳，字伯陽。」則正義一則曰：「神仙傳云，外字曰聃，」誤；蓋係玉札之說也。

注二二：宋史卷二一本紀，但詞意畧取歷代通鑑輯覽卷八十。按修建宮觀事，已述於前。

注二三：見九朝備要卷二八。續宋編年通鑑本其說，所言同。（見拾補卷三五，頁四注引）第長編本末一二七於政和七年二月辛未御筆改天下天寧萬壽觀爲神霄玉淸萬壽宮條則云：「仍於殿上設長生大常君、靑華帝君聖像。」同卷政和六年十月甲申詔：「誠感殿長生大帝君神像，可遷赴天章閣西位鼎閣奉安。」原注又云：「恐此時未有長生大帝君像，當考。王黼宣和殿降聖紀云：『歲在丁酉，皇帝乃悟本長生大帝君，』丁酉，蓋政和七年也。」注說是。

注二四：詳見宋大詔令集卷一三六宣和元年五月二十七日詔。

注二五：宋史卷一一二禮志，頁一一。後二條並見同書卷二一本紀重和元年四月已卯、五月壬辰兩條。

注二六：備要卷二八：「政和七年，夏，四月，羣臣策上爲教主道君皇帝。」原注云：「詔道錄院曰：『朕乃昊天上帝元子，爲太霄帝君，覩中華被金狄之教，遂懇上帝：願爲人主，令天下歸於正道，帝允所請，卿等可上表章，策朕爲教主道君皇帝。』（頁一五）

注二七：該書卷二三：「政和七年。夏，四月，道籙院上章冊帝爲教主道君皇帝。原注又云：「帝諷道籙院曰：『云云』，於是道籙院上表冊之。」

注二八：陳桱通鑑續編言，見卷十二同條。王、畢二鑑本其說，分見卷二三及卷九二同條。

七　揚道以儕儒

論及揚道以儕儒，可於上述抑釋以揚道引混元聖紀同日敕文見之。其敕文曰：

舊來僧居，多設三教像爲院額，及堂殿名；且以釋氏居中，老君居左，孔子居右，非所以稱朝廷奉天神、興儒教之意。可迎老君及道教功德，並歸道觀，遷宣聖赴隨處學舍，以正名分，以別教像。（卷九）

此別孔老，不與釋氏埒，乃明黜釋氏，而揚道教，以儕儒術也。

又宋大詔令集卷一三六畧云：

政和六年，四月，二十九日，上玉皇上帝尊號御筆手詔：朕永惟玉皇大天帝昊天上帝，至宰萬化，名殊實同。而昔之論者，析而言之，不能致一。故於徽稱，闕而未備。今興建明堂，以享以配，而名實弗稱，震於朕心，大懼無以承天之休，欽帝之命。謹涓日齋明，恭上尊號，曰太上開天執符御厤含眞體道昊天玉皇上帝。其令有司備禮，奉上玉寶玉冊，以稱朕意。（頁四八一）

此謂「令有司備禮，奉上寶冊。」故宋史本紀作「九月辛卯朔，詣玉淸和陽宮，上太上開天執符御厤含眞體道昊天玉皇上帝徽號寶冊。」（卷二一）續宋編年通鑑本九朝備要，而畧云「上玉皇徽號」。（分見備要卷二八及拾補卷三五，頁八引）玉皇徽號既配享於明堂，而明堂爲儒家所重，徽宗亦自謂取考工記所言，追三代之墜典，黜諸儒之異說。（註一）則其所黜者，當即此謂「昔之論者，析而言之，不能致一」之說也。所謂「致一」，即「儒道偕行」之旨。尋又上地祇徽號，曰承天、效法、厚德、光大、后土；上寶冊禮儀，一如上帝。（註二）尤見其邁向此旨之積極。觀諸下文，更爲明朗。宋大詔令集卷二二四畧云：

政和八年，八月，二十一日，御筆手詔：「道無乎不在，在儒以治世，在士以修身，未始有異，殊途同歸，前聖後聖，若合符節。由漢以來，析而異之，黃老之學，遂與堯、舜、周、孔之道不同。故世流于末俗，不見大全，道由之以隱，千有餘歲矣！朕作而新之，究其本始，使黃帝、老子、堯、舜、周、孔之教，偕行于今日。

此蓋緣漢志之說。然漢「異家者，各推所長，窮知究慮，以明其指。」（前漢書卷三〇，頁五一）故志云：「若能修六藝之術，而觀此九家之言，舍短取長，則可以通萬方之畧矣。」（仝上，頁五二）是道不顯于時，非漢以來「析而異之」之過也。若必歸過前人，應自武帝、董仲舒啓之。蓋「自武帝初，立魏其武安侯爲相，而隆儒矣。及仲舒對冊，推明孔氏，抑黜百家，立學校之官，州郡舉茂材孝廉，皆自仲舒發之。」（前漢書卷五六本傳）自此以後，儒學遂獨尊。今徽宗「作而新之」，名兼儒道，而實在道，固反漢武之所爲也。

不惟如此，並進以莊列儕顏孟。混元聖紀卷九云：

（重和元年，十二月，丙申，）詔莊周、列禦寇，令神霄玉淸萬壽宮司設像，並配於太上之詞，以稱朕欽崇道妙之意。先是聖政錄編修官王禮言：「莊、列功不在顏、孟下，竊見朝廷推尊孔子，而顏、孟配祀，爵皆封公，至莊、列獨以諸子百家爲稱，未有旌異，乞講究崇祀之禮。」故有是詔。（註三）

此以莊、列儕顏、孟，上述以黃、老儕堯、舜、周、孔，其揚道以儕儒甚明。

此上就其精神言。若論其具體措施，則有下列各項。

(甲)置道階、道官及道職

首就置道階言，據長編本末卷一二七云：

政和四年，正月，戊寅朔，(註四)御筆：「置道階自六字先生至額外鑒義，品秩比視中大夫至將仕郎，凡二十六等，並無請給人從，及不許申乞恩例。」

畢鑑本此說，所言同。(見卷九一)續宋編年通鑑本九朝備要，(註五)及宋史徽宗本紀，(見卷二一)亦均作二十六等。其品秩比視中大夫至將仕郎，徵諸史志，亦適二十六等。(見宋史卷一六九，職官志)王鑑固本陳鑑，而於此所言畧同。(見卷一三)則陳鑑謂爲一十六級，(見卷一一)其一字蓋二字之誤。所當辨者，此云道階自六字先生至額外鑒義，而無「處士」之名；備要雖言「先生、處士、八字、六字、四字、二字」等名，第不及「額外鑒義」；陳王二鑑更祇畧及「先生、處士等名」。言人人殊，莫可詳究。然較之下述改定道階：自「六字先生」至「守闕校儀」之說，及觀崇寧元年詔「僧道官免試超越職名，補額外守闕鑑義之類」，(會要道釋一，頁七八七四)則此云是矣。要之，此六字、四字、二字先生，或處士，早自崇寧二年賜茅山道士劉混康之號開其先聲。(註六)則道階之設置，實濫觴於崇寧二年，而完成于政和四年。

尋又改定道階，並定道職與道官。宋大詔令集卷二二四云：

政和八年，十月，御筆手詔：道流入官，自一命以上，至視品中大夫，宜正名辨禮，以爲次遷之格。而文階近列，有館閣之聯，亦宜倣此定制，以待瑰瑋高妙不次拔擢之人。今以太虛大夫至金壇郎、同文臣中大夫至迪功郎、爲道階。以待宸爲待制，以授經同修撰，至直閣，爲道職。道階以年勞遷授，道職如文臣隨官帶職之制，不限常格，授惟其人，無則闕之，並無奉給人從。道官見比視寄祿官。道官見帶先生以下，今改道階。

中大夫六字先生太虛大夫
中奉大夫四字先生清虛大夫
中散大夫二字先生紫虛大夫
朝議大夫六字法師碧虛大夫
奉直大夫都道錄沖虛大夫
朝請大夫四字法師太素大夫
朝散大夫二字法師元素大夫
朝奉大夫行道錄正素大夫
朝請郎守道錄太虛郎
朝散郎試道錄清虛郎
朝奉郎行副道錄紫虛郎
承議郎守副道錄碧虛郎
奉議郎試副道錄沖虛郎

通直郎行都監太素郎
宣教郎守都監元素郎
宣義郎試都監正素郎
承事郎行副都監翠微郎
承奉郎守副都監碧落郎
承務郎試副都監丹臺郎
承直郎行校儀左華郎
儒林郎守校儀右極郎
文林郎試校儀瓊臺郎
從事郎行守闕校儀南昌郎
從政郎行守闕校儀南華郎
修職郎試守闕校儀丹林郎
迪功郎試守闕校儀金壇郎

如文臣

道職

帶貼職

沖和殿侍宸　同中大夫

葆光殿侍宸　同中奉大夫
燕頤殿侍宸　同中散大夫
蘂珠殿侍宸　同朝議大夫
凝神殿侍宸　同奉直大夫
葆光殿校籍　同朝散大夫
蘂珠殿校籍　同朝奉大夫
凝神殿校籍　同朝請郎
燕頤殿撰經　同朝散郎
蘂珠殿授經　同朝奉郎
凝神殿授經　同承議郎

道官九等，總司教事。都監之名，既已非正，又復別于通錄，不稱司存之目，名以定禮，所宜釐正。今自都錄而下，以知同簽書爲職事官之任，庶幾名定實辨，政事斯舉。

都道舊名　知今名
都道錄　知左右街道錄院事
副都道錄　同知左右街道錄院事
左街道錄　知左街道錄院事

右街道錄　知右街道錄院事
左副街道錄　同知左街道錄院事
右副街道錄　同知右街道錄院事
左街都監　簽書左街道錄院事
右街都監　簽書右街道錄院事
左街副都監　同簽書左街道錄院事
右街副都監　同簽書右街道錄院事（註七）

宋史本紀同此作十月，並繫之甲辰。（見卷二一）諸家續通鑑均依本紀。（註八）長編拾補據長編本末，則作十一月己酉。己酉係朔日。按各本史書俱云朔日改元。故續宋編年通鑑本九朝備要，又作重和初。（註九）似長編本末誤。至改以太虛大夫至金壇郎，同文臣中大夫至迪功郎爲道階，較之政和四年所定，僅係「正名辨禮」，其等級仍相同，爲二十六階，他書多如是說，則編年通鑑據備要作十六等，（註一〇）蓋刊誤。宋史林靈素傳作置郎、大夫十等」，（卷四六二）尤誤。所宜注意者，即此謂道階，諸史多稱道官；稱道官者，亦若官制，元豐寄祿格，以階易官，乃階官之通稱耳。（註一一）又此云道職如文臣帶貼職，自冲和殿侍宸，至凝神殿授經，凡十一等。九朝備要所言畧同，謂「道職自冲和殿侍宸，至凝神殿校經，凡十一等。」並謂「侍宸同待制，檢籍同修撰，校經同直閣。」（註一二）續宋編年通鑑依傍備要，所說亦同。（見拾補卷三三，頁一注引）獨宋史本紀稱道職八等，（卷二一）不知何所據而云然。陳、王、薛、畢四鑑均依其說。（同注六）陳氏、王氏、畢氏又云：「有諸殿侍宸、校籍、授經，以擬待制、修撰、直閣之名，」（仝上）則均本宋史林靈素傳文也。（見卷四六二）又此謂道官九等，而其目列十官，以所涉他書皆不之載，無從稽考，姑存而勿論。所當增補者，即備要於言道官、道職之餘，而又云：「皆給告身印紙，經道籙院磨勘，功過注授，加官、差遣、入品、用蔭，如命官法。」（註一三）續宋編年通鑑同，當本備要此說。則當時所定道階、道官、道職等，儼然與文武階、官、職相爭衡，以儕儒也。

（乙）立道學、補道職、置道學博士

當時除置道階、道官、道職以優待道門，而爲揚道以儕儒之措施以外，次即立道學，補道職，置道學博士。首就立道學言，據十朝綱要云：

政和六年，閏正月，丁未，置道學。（拾補卷三五注引）

宋史本紀所言同。（見卷二一）續宋編年通鑑同備要，皆言閏月置道學。（註一四）王鑑同陳鑑（明鈔本），亦均作閏月。（同注八本條）則拾補引陳鑑作政和三年閏正月，（見卷二八，頁一注）不知所據何本；以三年閏四月，（見陳表）顯見誤刋。又東都事畧作重和元年八月庚午，晚此兩年另八閏月，則大異。然其時正頒道學之習經。（見下述）以常理推之，立學與習經，不能相距許遠，彼或然耳。惟史稱：「從林靈素之言也」。林靈素者，「少從浮屠學，苦其師笞罵，去爲道士，善妖幻。」則此所置道學，乃道教之學也。宋大詔令集卷二二四畧云：

政和八年，八月，二十一日，御筆手詔：「夫人能洪道，非道洪人。苟非其人，道不虛行。自今學道之士應入學人，令所在州縣勘會保明，不經刑責，不犯十惡、姦盜、及違八行之人，許入州縣學教養，並依見行學法。所習經以黃帝內經、道德經爲大經，莊子、列子爲小經；外兼通儒書，俾合爲一道：大經周易，小經孟子。

此猶唐之道舉也。所不同者，唐時專習老、莊、文、列，（**註一五**）此則去文子而習內經，並兼儒學易與孟。然其所以兼易、孟，而不及他書；蓋「易學廣大，無所不包，……方外之爐火，皆可援易以爲說。」（四庫題要總叙易類）孟子爲新學所推崇，而司馬光著疑孟，以其下儕諸子，尤爲此時所欲平反者也。（**註一六**）又當辨者，（一）此詔長編本末作重和元年八月庚午，（見卷一二七，頁五）拾補本其說，（見卷三七，頁一五）畢鑑亦同，（見卷九三）九朝備要僅謂重和元年。（見卷二八，頁二一）前已言之，是年十一月改元。作重和與作政和，一也。顧八月辛亥朔，庚午係二十日，則此謂二十一日，似誤之。（二）所謂不經刑責，不犯十惡、姦盜、及違八行」云云，其刑責一詞甚普通，姑不置論。就十惡言，佛家有十惡，然此時尚道，絕無從佛之理。舊刑律有十惡：「一曰謀反，二曰謀大逆，三曰謀叛，四曰惡逆，五曰不道，六曰大不敬，七曰不孝，八曰不睦，九曰不義，十曰內亂。」（隨書卷二五刑法志）隋以來因之。然此又與「違八行」之說，多所重複。八行者，孝、悌、睦、婣、任、恤、忠、和是也。反之，即爲違八行，當受八刑之制裁。首三惡及大不敬，皆屬不忠之刑。不道屬不和之刑。不孝、不睦正八刑之二目。即如姦盜，亦屬不和之刑。此其彰明較著者也，其詳可參閱當時所立八行科。（**註一七**）（三）其見行學法，本文不便詳及，拙著「罷州郡發解而專由學校升貢」一文，（**註一八**）可供參考。

又可得而言者，即其升貢方法。原詔云：

州縣學道之士，初入學爲道徒，試中升貢，同稱貢士；到京，入辟廱，試中上舍，並依貢士法；三歲大比，許襴鞹（註一九）就殿試，當別降策問，庶得有道之士，以稱招延。

貢士法，一如上述八行科，拙著北宋科舉制度研究下，嘗具言之，（同注一七、一八）茲不贅。又此謂「襴鞹」，九朝備要作「襴襆」。（註二〇）若然，則襴蓋即「襴衫」也；襆即「襆頭」，一作「幞頭」。宋史輿服志：「幞頭，……國朝之制，君臣通服，……其初以藤織草巾子爲裡，紗爲表，而塗以漆；後惟以漆爲堅，去其藤裡，前爲一折，平施兩脚，以鐵爲之。……襴衫以白細布爲之，圓領、大袖，下施橫襴爲裳，腰間有襞積，進士及國子生、州縣生服之。」（卷一五三）又「依文士給號祇候唱名」。（註二一）「唱名謂之傳臚，聖上御殿宣唱，第一人、第二人、第三人爲一班，其餘逐甲各爲一班。」（朝野類要卷二，叢書集成本頁二六）則道徒升貢，既同稱貢士，又從貢士法，參加進士之「省試」（即三歲大比）與「親試」（即殿試），冠服同襯君臣進士，是其地位，已與儒士埒。

不惟如此，其前程尤較儒士爲優。原詔云：

一、學道之士，……有度牒合披戴者，並依舊外；唯在學一年，方許披戴。……若犯十惡、姦盜、贓濫，詐欺，並不得披戴。

一、應天下神霄玉清萬壽宮、天慶觀知及副知，除見任人且依舊外，將來有闕，並以學校登科人充，其餘宮觀亦依此。

由第一條視之，自此道徒入學，不僅爲其出路之必經階段，且能縮短其入仕進程。由第二條視之，自此道徒出路，不僅有其獨立之機關，且其利祿高於文士。

其另一殊榮，厥爲補道職。原詔云：

道所以不顯于時者，蓋士不用于世，人不教養於學，行不修于身，故人得以賤之。今作而興（新）之，合儒學之士，悉由庠序，與儒爲一道，苟爲獎勸，亦未樂從。自來惟有先生、法師、處士、大師等號；而品秩甚少，名稱既高，視官亦隆，人難遽進，並合依舊外。其在學中選人，可依下項增置士名，分入官品：元士（正五品），高士（從五品），大士（正六品），上士（從六品），良士（正七品），方士（從七品），居士（正八品），逸士（從八品），隱士（正九品），志士（從九品）。……每歲試經撥放。

此謂「增置士名、分入官品」爲十級，混元聖紀所言同，僅提「逸士」在「居士」之上。（道藏輯要，尾集七，混元聖紀卷九，頁一一四）能改齋漫錄所言亦同，第於「上士」下刪去「良士」一級，以「方士」升之，別以「處士」代「方士」。（卷一三）長編本末作九級，不入官品，祇置士名，以「大士」作「大夫」，而刪去「方士」一級。（卷一二七）畢鑑同長編，亦作九級，，而於「高士下刪去大夫二字，良士下增方士二字，隱士在逸士之上。」（註二二）九朝備要則又云：「增置士名，自元士至志士凡十三品。」（卷二八，頁二一）以史材及其分品之詳，當從此十級之說。要其目的，亦在提高道教地位，使儒道并行，以期其所謂「儒道合一」。至何以知其用此士名補道職，緣諸史有「道徒升貢依文士，初入仕並補志士道職」云云。（註二三）

然宋史稱：「補道職，舊無試，元豐三年始差官考試，以道德經、靈寶度人經、南華眞經等命題，仍試齋醮科儀祝讀。」（卷一五七，選舉四）則此謂補道職，固承「新法」之遺規耳。惟此時「諸州選試道職法，其業以黃帝內經、道德經爲大經，莊子、列子爲小經。」（仝上蔡攸語）所謂「每歲試經撥放」，此也。

此外，「並賜褐服」，「藝能高出其徒者，得推恩。」（同上長編本末及宋史）考「賜褐服」，依文士應作「釋褐」。事物紀原卷三云：

宋朝會要曰：「太平興國二年，正月，十二日，賜新及第進士諸科呂蒙正以下綠袍靴笏，非常例也。」御前釋褐，蓋自此始。（集成本頁一二四）

又朝野類要卷二言釋褐云：

上舍試中優等者釋褐，以分數多者爲狀元，其名望重於科舉狀元。（集成本頁二三）

此明謂釋賤者之服，而服官服也。則賜褐服，係反其道而行，依當時之道士，豈其然乎？

次即入仕。原詔云：

一、元士以下，資任請給，各隨品，依品官（註二四）法，唯人從不差兵士役人，止於宮觀人內量差，其叙位在本品之下。

一、志士以上，令禮部置名籍差注，並如吏部法，其犯十惡、姦盜、贓濫、詐欺，並得替如品官，仍不叙。

此謂「品官法」和「吏部法」，事涉職官，非本文所能詳及，然即此亦足證其於撥放以後，叙用同給養，一若士人，唯其隨從之供應，畧有不同。

既立道學如彼，又補道職如此。而「提學司訪求精通道經者，不問已命未仕，皆審驗以聞。其業儒而能慕從道教者，聽每路於見任官內、選有學術者二人，爲幹官，分詣諸州檢察教習。」（宋史卷一五七）其誘勸之重如此，猶恐不敷，乃別立方針，以搜羅遺逸。原詔云：

自興道教，異人閒至，深慮山林高蹈之士，尚多有之，而學道之士，非専治身，出而顯教，亦士之所願，而延致之禮未妥，致老於林壑，無聞于時，可令監司訪之州，州訪之縣，縣下耆保，各具所管地分有無高尚之士，依八行法，以禮延入學，並以名聞。或高尚不願入學，監司郡守親臨勸駕，給劵馬人船，差官伴送赴闕；又不願，即具奏聽旨，當賜璽書報聘。高尚之士，多隱於卒伍工隸僕廝之類，或身自犯刑責，以逃世離俗，今延納招聘，一無所問，仰並以名聞。

此其以利祿提倡道教，尤大彰明較著者也。然而以身行道者，猶不願墮入其彀中。蓋「行道者有以兼乎名，守名者無以兼乎道。有其道而無其名，則窮不失爲君子。有其名而無其道，則達不失爲小人。與其爲名達之小人，孰若爲道窮之君子。」所爲「道不同，不相爲謀，亦各從其志也。」而後之學者，則不然。長編本末卷一二七云：

重和元年，十月，壬辰，資政殿學士、知陳州鄧洵仁奏：「本州學係籍學生止有九十一人，而一兩月間，士之勸誘入道學，及內外學生願換道徒者，將與儒士等；委是本州州學教授當職官，推行有方，提舉學士置司，在本州遵承道旨，同共叶力奉行。州學內舍生宋瑀，願換道學內學生，本人係故翰林學士宋祁之孫，已兩預貢舉，行藝淸修，自來留心道學，舊有撰到道論十篇，及近撰神霄王淸萬壽宮雅一篇，謹具繳奏呈。」御筆：「宋瑀特與志士，仍許赴將來殿試。」（頁六）

宋史選舉志亦畧載其言，並謂「道徒術業精退，州守貳有考課殿最罪法。」（卷一五七）而「長倅以下，受賞有差。」（仝上）準是以觀，非利祿使之然也，而何？

又次，請言置道學博士。宋史卷二一徽宗本紀云：

重和元年，九月，丙戌，詔太學辟雍各置內經、道德經、莊子、列子博士二員。

畢鑑本此說。（見卷九三）王鑑本陳鑑，亦同於政和六年閏正月立道學條云：「尋詔太學、辟雍各置內經、道德經、莊、列博士二員。」（陳鑑見卷一二，王鑑見卷二三）返觀上述當時大司成李邦彥等謂：「今內經、道德經既已選博士訓說」云云，則長編本末作「太學、辟雍各差通內經、莊子、列子二人爲博士」，其內經下當脫去「道德經」。

尋諸州亦援例設置。長編本末卷一二七云：

重和元年，閏九月，乙亥，給事中趙野奏：乞諸州添置道學博士，擇本州官兼充。從之。（頁六）

則道學在當時，名雖徧天下，實即浮於政治上層。夫如是，何可望儒？蓋儒學思想，自漢以來，即爲中層之幹柱，一有機緣，當能反撲。況當時之道學，實乃道教乎？故不旋踵，不攻而自破矣。同書云：

重和元年，十月，庚子，御筆：道徒止許道士及無妻人入學充，道士服本服，餘服轉帶幅巾，其襴褋（鞹）指揮勿行。（仝上，頁六——七）

此謂「道徒止許道士及無妻人入學充」，不惟在校學生，無以轉換道徒；即一般士子，亦斷習道之念。則當時崇尚道教之氣燄，可望平服矣。「道士服本服，餘服轉帶幅巾。」「幅巾古賤者之服也，漢末始爲士人之服。」（事物紀原卷三，頁一〇一）此又去其襴襆（即襴鞹），則道士不惟失去往日之尊嚴，較之儒士益相形見拙矣。

「且其勢如危石轉峻阪，不墮於地不止。」同書云

宣和二年，正月，甲子，御筆：儒道合而爲一，其道學自合廢。（仝上，頁九）

原注云：「實錄只書甲子罷道學，本紀因之。止如此書亦可。道學遽罷必有故，當考。蔡絛道家者流篇亦不載。」今考諸書，均如注說。獨畢鑑本此，而易其詞云：「罷道學，以儒道合而爲一，不必別置道學也。」（卷九三）夷考其因，則不若是其易矣。蓋儒、釋、道三家興訟，自來已然，宋則於今爲烈。上云抑釋以揚道，與本節所言，皆其注脚也。而於罷道學之後，即「復德士爲僧」，（宋史卷二二本紀同年九月乙巳）尤爲顯然。故道學遽罷，實爲儒釋兩家之情勢所逼焉。

注一：詳見宋大詔令集卷一二四明堂篇，頁四二七——八。

注二：此辭取宋史卷二一本紀政和七年五月己丑條，及宋史紀事本末卷五一道教之崇。續宋編年通鑑本備要，作上皇地祇徽號。（分見備要卷二八及拾補卷三六頁七注引。又拾補注引本紀作五月己未，與本紀不符，且是月戊子朔，無己未，知其誤。）詳見宋大詔令集卷一三七政和六年十月十五日后土尊號手詔，及地祇尊號內加后土二字御筆。

注三：原著作同日，今據長編本末卷一二七改。然本末原文有錯誤，（見頁七）故不取。

注四：案原本脫朔字，據十朝綱要及四史朔閏考增。（拾補卷三二，頁一）

注五：續鑑見長編拾補卷三三，頁一注引；備要見卷二八，頁一三。

注六：見前述賜封道號，此就本朝而言。

注七：頁八六五——八六八。又「辨禮」、「瑰瑋」，原作「辨體」、「瑰偉」；「道階以年勞遷授」，其「階」上原無「道」字，今據長編本末更正。（見卷一二七——頁七）又「侍宸」，原作「侍晨」，各本史書亦多作「侍晨」，惟明刻本備要作「侍宸」。（見卷二八，頁一三）續宋編年通鑑本備要，亦作「侍宸」。（見拾補卷三三，頁一注引）考眞誥：「侍帝宸有八人，如世之侍中，王子喬、郭世幹皆爲之。」是明刻備要所言是，故改正如文。

註八：陳、王、畢三鑑分見卷一二，卷二三，卷九三同條。薛鑑見長編拾補卷三八，頁七注引。

注九：卷頁同注七備要及續宋編年通鑑。

註一〇：同註九。又拾補引備要作六等，（卷三八，頁八注）明鈔本備要以「迪功郎」作「迫功郎」（同注七卷頁），均誤。

注一一：詳觀宋史卷一六九職官志可知。

註一二：卷頁同注七。第其以「待制」作「旨制」，證之拾補卷三、頁一及卷三八、頁八引文以及此說，知其誤，特予更正。至謂如文臣帶貼職，與夫「待制」、「修撰」、「直閣」諸名，請參閱宋史卷一六二諸閣學士、諸殿修撰、直閣。

注一三：明鈔本作道徽院，「功過」作「功道」，「入品」作「人品」，「命官」下並脫一「法」字。此據拾補卷三八，頁八注引文，第其於「校經」下亦脫一「同」字。

註一四：備要見卷二八；續編年通鑑見拾補卷三五，頁三注引。

註一五：唐書卷四四：「玄宗開元二十九年，始置崇玄學，習老子、莊子、文子、列子，亦曰道擧。」劉馮事始：「唐明皇別置道學，隷崇賢館，課試如明經，謂之道擧。」

注一六：拙著北宋科擧制度研究上，二、三兩節，（新亞學報第六卷第一期）及同篇下，一、二兩節，（仝上，第二期）有詳細分析，可參閱。

注一七：八行科乃此時科擧取士之一項重要科目，見右述同篇下第四章第三節。

註一八：仝右，第二節。

注一九：「襴鞹」原作「襴𩋾」，第𩋾無其字，兹據長編本末改。（見卷一二七）

注二〇：明鈔本以「襆」作「樸」，兹據長編本末注引文更正。

注二一：長編本末卷一三七。案「祗候」原誤「被候」，今據十朝綱要改正。（拾補卷三八，頁三注引）

注二二：拾補案語，（卷三七，頁一五注）畢鑑原文見卷九三同條。

注二三：長編本末卷一二七，頁六，重和元年閏九月丙子條。並見宋史一五七選擧志。

注二四：原作品，今據長編本末改。（卷一二七重和元年八月庚午條）

下篇　崇尙道教之影響

八　作萬歲山

崇尙道教之措施既明，進請言其影響。就其影響言，誠如前述，本文不能一一詳及，僅就其特殊者言之，如作萬歲山，及因作萬歲山而設置之「花石綱」與「應奉司」是也。

按作萬歲山，實起於道士言「堪輿之說」有驗。關于此點，前已明云；玆再重申其意，以探討當時作萬歲山之眞相。九朝備要卷二八及其原注云：

政和七年，冬，十二月，作萬歲山：上之初即位也，皇嗣未廣，道士劉混康……建言：「京城東北隅（註一），地協堪輿，倘形勢加以少高，當有多男之祥。」始命爲數仞岡阜，已而後宮占熊不絕，上甚喜。於是崇信道教，土木之工興矣。一時佞倖因而逢迎，遂竭國力而經營之。至是，命戶部侍郎孟揆，築土增高，以象餘杭之鳳凰山，號萬歲山。後因神降有艮嶽排空之語，因名艮嶽，宣和四年始告成，御製記文凡數千言。六年有金芝產於萬壽峰，改名壽嶽。門號陽華。……運四方花竹奇石，積累二十餘年，山林高深，千巖萬壑，麋鹿成羣，樓觀臺殿，不可勝紀。

此說部分摭自揮麈後錄，已於本文首節說明。抑「其書取日歷、實錄及李燾續通鑑長編，刪繁撮要，勒成一帙並採司馬光、徐度、趙汝愚等十數家之書，博考互訂，……特據事直書，不加褒貶耳。」（提要卷四七，頁九八）續宋編年通鑑依傍此書。（見長編拾補卷三六，頁一六引文）厥後張淏作艮嶽記，及李濂汴京遺蹟志卷四艮嶽壽山條，亦均依傍此說。則此說當屬事實。然則徽宗作萬歲山，實因其崇尚道教而然。此謂「一時佞倖因而逢迎，遂竭國力而經營之。」又謂「運四方花竹奇石，積累二十餘年。」則其影響，必深且鉅。爰不憚煩，特隨其事實發展，而分節考詳如次，藉以明其整個情況。

（一）觀備要此云，作萬歲山之籌備工作，葢始於徽宗即位不久。至是，方命戶部侍郎孟揆，就禁城東北隅之原有岡阜築土增高，以象餘杭之鳳凰山，號萬歲山。而蔡絛宮室苑囿篇則謂：「又于寶籙宮，命工部侍郎孟揆鳩土功，梁師成主作役，築土山以象餘杭之鳳凰山，雄于諸苑。」又曰：「始名鳳凰山」。故長編本末引其說，而以其注于政和五年九月甲辰條下，其原條本文則言「修萬歲山合用山石」事（見卷一二八）。而山石之進貢，則又遠始崇寧中。（見下述）故備要謂其始籌備，繼動工，其說是矣。第艮嶽記則謂其始於政和間，華陽宮記又謂其始於政和初。**（註二）**而宋史以正式命官督造爲度，則同備要之說，而於本紀云：「政和七年冬十二月庚午，命戶部侍郎孟揆作萬歲山。」（卷二一）其地理志亦云：「政和七年，始于上清寶籙宮之東作萬歲山。」（卷八五）則上引蔡絛云始名鳳凰山；方輿紀要本其說，作「初名鳳凰山」；**（註三）**及長編拾補誤據備要之說曰：「故初名鳳凰山」，（卷四四，頁一註）均誤。惟備要此云孟揆爲戶部侍郎，就作萬歲山言，其事固屬製造，實不若蔡絛謂爲工部侍郎爲當。抑絛謂「梁師成主作役」，證以下引御製艮嶽記，及事畧朱勔傳所謂「閹人董其役」，（卷一〇六）亦甚相符。

（二）備要此云：「後因神降有艮嶽排空之語，因名艮嶽。」蓋本蔡條所謂「後神霄降其詩，有艮嶽排空霄，因改名艮嶽」之說。然當時命睿思殿應制曹組所爲賦則云：「國家壽山，子孫福地，名曰艮嶽。」（揮麈後錄卷二，頁二八〇，二九五）又云：「艮嶽爲多男之地」。（仝上，頁二九七）其說雖與備要此云改名艮嶽之說不符，顧與其所謂「多男之祥」之本旨則一。曹組賦又云：「夫艮者八卦之列位，岳者衆山之惣名。」（仝上）此誠別一說，第又與御製艮嶽記所謂「山在國之艮，故名之曰艮嶽，」差近之。朱勝非亦云：「以其在艮方也，號艮嶽。」（註四）而畢鑑則又以其合條云，所謂「其詩有艮岳排空霄之句，因改名艮嶽，以山在國之艮位也。」（卷九三）此艮嶽之大要分析。

至艮嶽之告成，及御製艮嶽記之說，據揮麈後錄卷二云：

御製爲記云：京師天下之本。昔之王者，申畫畿疆，相方視址，考山川之所會，占陰陽之所和，據天下之上游，以會同六合，臨觀八極。……我藝祖撥亂造邦，削平五季，……因舊貫之居，不以襲嶮爲屛，且使後世子孫世世修德，爲萬世不拔之基，垂二百年于茲，……蓋所恃者德，而非嶮也。然文王之囿，方七十里，其作靈臺，則庶民子來，其作靈沼，則於仞魚躍。高上金闕，則玉京之山，神霄大帝，亦下遊廣愛、而海上有蓬萊三島，則帝王所都，仙聖所宅，非形勝不居也。……於是太尉梁師成董其事，……分官列職，曰雍、曰琮、曰琳，各任其事，遂以圖材付之。按圖度地，庀徒僝工，累土積石，……設洞庭湖口絲谿、仇池之深淵，與泗濱林慮靈壁芙蓉之諸山，取瓌奇特異瑤琨之石。即姑蘇武林明越之壤，荆楚江湘南粤之野，移枇杷橙柚橘柑榔栝荔枝之木，金蛾玉羞虎耳鳳尾素馨渠那茉莉含笑之草。不以土地之殊，風氣之異，悉生成長養於雕欄曲檻。而穿石出罅，岡連阜屬，東西相望，前後相續。左山而右水，後谿而旁隴，連綿彌滿，呑山懷谷。其東則高峰峙立，其下則植梅以萬數。綠萼承趺，芬芳馥郁。結構山根，號蕚綠華堂。又旁有承嵐崑雲之亭，有屋內外方圓、如半月，是名書館。又有八仙館，屋圓如規。又有紫石之巖，祈眞之嶝，攬秀之軒，龍吟之堂，清林秀出。其南則壽山嵯峨，兩峰竝峙，列嶂如屏。瀑布下入鴈池，池水清泚漣漪。鳧鴈浮泳水面，棲息石間，不可勝計。其上亭曰噰噰，北直絳霄樓，峰巒崛起，千疊萬複，不知其幾十里，而方廣兼數十里。其西則參朮杞菊黃精芎藭，被山彌塢，中號藥寮。又禾麻菽麥黍豆秔秫，築室若農家，故名西莊。上有亭曰巢雲，高出峰岫。下視羣嶺，若在掌上。自南徂北，行岡脊兩石間，綿亘數里，與東山相望。水出石口，噴薄飛注如獸面，名之曰白龍沜、濯龍峽、蟠秀練光、跨雲亭、羅漢巖。又西，半山間，樓曰倚翠，青松蔽密，布於前後，號萬松嶺。上下設兩關，出關下平地，有大方沼，中有兩洲，東爲蘆渚，亭曰浮陽，西爲梅渚，亭曰雲浪。沼水西流爲鳳池，東出爲研池。中分二館，東曰流碧，西曰環山。館有閣，曰巢鳳。堂曰三秀，以奉九華玉眞安妃聖像。東池後，結棟山下，曰揮雲廳。復由嶝道盤行縈曲，捫石而上，既而山絕路隔，繼之以木棧，倚石排空，周環曲折，有蜀道之難，躋攀至介亭，此最高。於諸山前列巨石，凡三丈許，號排衙，巧怪巉巖，藤蘿蔓衍，若龍若鳳，不可殫窮。麓雲半山居右，極目蕭森居左。北俯景龍江，長波遠岸，彌十餘里。其上流注山間，西行潺湲，爲漱玉軒。又行石間，爲煉丹亭、凝眞觀、圜山亭。下視水際，見高陽酒肆，清斯閣。北岸萬竹，蒼翠蓊鬱，仰不見天，有勝筠庵、躡雲臺、蕭閒館、飛岑亭，無雜花異木，四面皆竹也。又支流爲山莊，爲回溪，自山蹊石罅，搴條下平陸，中立而四顧，則巖峽洞穴，亭閣樓觀，喬木茂草，或高或下，或遠或近，一出一入，一榮一彫，四面周匝，徘徊而仰顧，若在重山大壑，深谷幽巖之底，不知京邑空曠坦蕩而平夷也，又不知郛郭寰會紛華而塡委也，眞天造地設，神謀化力，非人所能爲者，此舉其梗概焉。及夫時序之景物，朝昏之變態也，……而所樂之趣無窮。……山在國之艮，故名之曰艮嶽。則是山與泰、華、嵩、衡等同固，作配無極。壬寅歲正月朔日記。」又命睿思殿應制李質、曹組各爲賦以進，質云：「宣和四年，歲在壬寅，夏五月朔，艮嶽告成。……」（註五）

此與備要所謂「艮嶽，宣和四年始告成，御製記文凡數千言」之說相合。就御製記言，此謂壬寅歲正月朔日記，與長編本末所謂「宣和四年正月辛酉朔，御製艮嶽記，」（卷一二八）同。靖康元年閏十一月，蜀僧祖秀周覽累日，所作華陽宮記，亦數千言，（見東都事畧卷一〇六朱勔傳）可與此說互相印證。華陽宮，一本作陽華宮。（註六）宋史地理志：「嶽之正門，名曰陽華，故亦號陽華宮。」（註七）張淏作艮嶽記，即畧摭此二記之說。李濂汴京遺蹟志「艮嶽壽山」篇，則本張氏，而並亦參考地理志及蔡絛所云。（註八）惜諸家均未涉及應制李質、曹組所爲賦，及二臣共作艮嶽百詠詩。其詩與賦亦備載於揮麈後錄同卷，較之御製記更能極發揮之能事，要其意大抵雷同。茲再選錄御製記及諸家詩賦有關崇尚道教之說，以說明徽宗作萬歲山，實受崇尚道教之影響。御製記云：「朕萬機之餘，徐步一到，玩心愜志，與神合契，遂忘塵俗之繽紛，而飄然有凌雲之志。」又云：「朕履萬乘之尊，居九重之奧，而有山間林下之逸，澡溉肺腑，發明耳目，恍然如見玉京廣愛之舊。」曹組賦云：「今阜成兆民，而道濟天下。夫惟不爲動心，侔於造化。則茲嶽之興，固其所也。」又云：

「五岳之設也，天臨宇宙。五岳之望也，列於百神。茲嶽之崇也，作配望壽。彼以滋庶物之蕃昌，此以壯天支之擢秀。是知眞人膺運，非特役巨靈，而驅五丁；是生民以來，蓋未之有。」又如二臣共作艮嶽百詠詩，其敘艮嶽云：「勢連坤軸近乾崗，地首東維鎮八方，江不風波山不險，子孫千億壽無疆。」又敘椒崖云：「團枝紅實見秋成，曾按方書合五行，不遣漢宮塗屋壁，此間呑餌得長生。」其時翰林學士王安中亦賦詩云：「此地去天眞尺五，九霄岐路不容尋。」諸如此類，不勝枚舉，即此以觀，足以爲證矣。

就宣和四年艮嶽告成說，李質爲賦云：「茲嶽凡經營於六載之間。」（揮麈後錄卷二，頁二九四）艮嶽記亦云：「凡六載而始成」。則上推六載，適政和七年始作萬歲山之時也。是則不惟事畧所謂「重和元年秋七月，壽山艮嶽成，」（卷一〇）大誤；即諸家續通鑑並以其事繫于宣和四年末，而謂：「萬歲山成，更名曰艮嶽；」或謂：「萬歲山成，御製艮嶽記以紀其勝，」亦非當。（註九）又此謂：「其南則壽山嵯峨，兩峰竝峙，列嶂如屏。」華陽宮記云：「冠於壽山者，曰南屏小峰。」（同註一）觀二臣共作艮嶽百詠詩，其於壽山條亦云：「太上御名大崇高秀氣連，清風不老月長圓，春遊玉座時相對，花發鶯啼億萬年。」（後錄卷二，頁三一八）似另有一山，謂之壽山也。竊以其於山之高要處，別立一碑，以爲標誌，實即萬歲山之別稱。上述所謂「國家壽山，子孫福地，更名艮嶽」之說，即其明證。祖秀作華陽宮記，張淏作艮嶽記，東都事畧本紀（卷一〇）及朱勔傳，（卷一〇六）均一一以「壽山艮嶽」並稱。而李濂作汴京遺蹟志，則更以「艮嶽壽山」立目云。（見卷四）

（三）備要此云：「六年，有金芝產於萬歲峰，改名壽嶽，」與長編本末所載詔旨，約畧相同。長編本末卷一二八云：

宣和六年，九月，庚寅，手詔：「以金芝產于艮嶽萬壽峯，宜改名壽嶽。」

宋史本紀同。（見卷二一）其地理志亦云：「宣和六年，詔以金芝產于艮嶽之萬壽峯，又改名壽嶽。」（卷八五，頁八）顧蔡絛謂：「及南山成，又易名爲壽嶽。」（註一〇）楊氏編年又謂：「六年七月，金芝產于南山萬壽宮，改艮嶽爲壽嶽。」（同註四）考蔡絛又云：「其（萬歲山）最高一峯九十尺，山周十餘里，自西介亭召蕘重複東西二嶺，直行南山。」（同註四）地理志亦云：「萬歲山，山周十餘里，其最高一峯九十步，上有介亭，分東西二嶺，直接南山。」（同上地理志）李質爲賦更明云：「聳萬壽之南山」（後錄卷二，頁二八七）。是南山高於萬歲山，而萬歲山亦稱萬壽山。然則此謂艮嶽萬壽峯，固就萬壽山之山峯而言，旣與南山不相涉，則詔云是矣。

至謂「運四方花竹奇石，積累二十餘年，」即史稱「花石綱」與「應奉司」也，其影響特大，則另節說明。

註一：按「京城東北隅」，原作「京城西北隅」，今據揮麈後錄、（見卷二，頁二六八）華陽宮記、（東都事畧卷一〇六朱勔傳）艮嶽記諸書更正。和維愚見紀忘嘗爲此考詳，（見汴京遺蹟志卷四）可參閱。

註二：仝右事畧，並見艮嶽記。

註三：詳見卷四七，頁七鳳凰山；並見卷九〇，頁四鳳凰山條。

註四：引自長編本末卷一二八原注。

註五：頁二六七——二八〇，其中有若干刊誤之字或俗字，並參考艮嶽記與汴京遺蹟志（卷四）二書所載之御製艮嶽記更正。

註六：汴京遺蹟志卷四，頁五及長編拾補卷四四，頁二注引。

註七：卷八五，頁八。門號陽華，前引備要嘗明言之。鐵圍山叢談卷六亦謂：「艮嶽正門曰陽華」。（頁二〇）

註八：見卷四。因其說與今存長編本末所引蔡修說（見卷一二八）及編年備要（見卷二八）與地理志（見卷八五）所說相同，地理志蓋本諸宋舊史，宋舊史與備要蓋亦本蔡絛之說。

註九：詞取陳鑑及畢鑑，分見卷一二及卷九四。王鑑本陳鑑，見卷二四；薛鑑見拾補卷四四，頁一注引

註一〇：長編本末卷一二八原注，並見宋史卷八五地理志。

九　設花石綱

關于花石綱之設，其始也，可自以下諸說得之。蔡絛云：

上在藩潛時，獨喜讀書、學畫、工筆札，所好者古器山石，異於諸王。……及即位，謙恭雅尚。崇寧中，始命官訪古圖籍，……命伯氏俾朱勔密取江浙花石，其初得小黃楊木三株，以黃帕覆之而進也。上大喜，異然。其後歲不過一二貢，貢不過五七物。大觀末，朱勔始歸隸童貫，而所進已盈舟而載。伯氏亦自命使臣，採以獻焉，俱未甚也。政和初，魯公被召，上戲伯氏，須土宜進，遂得橄欖一小株，雜諸草木進之，當時以爲珍。其後又有使臣王永從、士人俞䎘應奉，皆隸伯氏，每花石至動數十舟，號成

綱矣。盛章守姑蘇，及歸，作開封府尹，亦主進奉，然勔之綱爲最。延福宮、艮嶽諸山皆仰之。（長本編末卷一二八原註）

東都事畧卷一〇六朱勔傳云：

朱勔平江人也，父沖，……始蔡京居錢塘，過吳，欲建經藏於梵室，聞沖有幹決，呼諉之，才兩月而成，京陰器其能。及召還，沖謁道左，丐以勔從行。是時徽宗頗垂意華石，於是薦之，命以官，令語其父，密取浙中珍異以進。其初才致黃楊三四本，徽宗已嘉之。後歲稍增加，然不過二三貢，貢不過五七品。童貫握兵，京以勔託，使階邊功以升。貫見之喜，始廣供備以媚上，舟艫相繼，號曰華石綱。凡延福宮、艮嶽諸山皆仰之。

宋史卷四七〇朱勔傳云：

始蔡京居錢塘，過蘇，欲建僧寺閣，會費鉅萬，僧言必欲集此緣，非朱冲不可。京以屬郡守，郡守呼冲見京。京語故，冲願獨任，居數日，請京諸寺度地，至則大木數千章積庭下，京大驚，陰器其能。明年，召還，挾勔與俱，以其父子姓名屬童貫，竄置軍籍中，皆得官。徽宗頗垂意花石，京諷勔，語其父，密取浙中珍異以進。初致黃楊三本，帝嘉之。後歲歲增加，然歲率不過再三貢，貢物裁五七品。至政和中，始極盛，舳艫相御于淮汴，號花石綱，置應奉局于蘇。……延福宮、艮嶽成，奇卉異植，充牣其中。

此外如能改齋漫錄卷一、獨醒雜志卷十及青溪寇軌亦均載朱勔進花石媚上事，其說與此引事畧、宋史本傳約畧相同。是花石綱之起，一則由於徽宗自好，二則由於羣小逢迎，而羣小之中，則以朱勔爲最，先少數而後多數，自秘密以至公開。要之，正式號稱花石綱，蓋係政和中事。而宋史紀事本末記花石綱之役則謂：「徽宗崇寧元年，春，三月，命宦者童貫置局於蘇杭，造作器用。……四年，十一月，以朱勔領蘇杭應奉局及花石綱於蘇州。……大觀四年，閏八月，以張閣知杭州，兼領花石綱。」（卷五〇）攷備要卷二六崇寧元年春三月條：「命內侍童貫如杭州監製器，製造御前生活。」（註一）宋史卷四六八童貫傳云：「徽宗立，置明金局于杭，貫以供奉官主之。」其四年十一月條，葢本陳鑑。第陳鑑釋明該條之原文，亦實取自此引宋史朱勔傳，（見卷一一）又應爲政和中事。大觀四年閏八月條，宋史本紀具載月之辛酉日。（見卷二〇）續宋編年通鑑亦云：「閏月，以張閣知杭州，兼領花石綱。先是有朱勔者，因蔡京以進。」（註二）陳鑑云「閣受杭州之命，思所以固寵，乃因辭日，乞領花石綱事，應奉益繁矣。」（見卷一一）是運花石設綱，又在政和以前。姑不論花石綱設於政和前，抑政和中，要如此謂：「延福宮、艮嶽諸山皆仰之」，則係事實。

艮嶽者，前已釋明，即萬歲山後改之名也。攷之奏詔，修萬歲山，亦實當時中心任務也。長編本末卷一二八云：

政和五年，八月，甲辰，提舉翰林書藝局、御前製造所奏：「契勘修萬歲山合用山石，萬數浩大，已奉旨專委管勾計置裝發出卸，其搬到山石，日近不惟數少，兼自正月九日至十七日，計九日，並無拘到山石，亦無舟船運到闕，阻節造作，蓋緣裝發稽緩，及管押使臣等，在路催督津運留滯，未有約束。」詔：「令措置條畫，約束兵稍等，畫一聞奏。」

則萬歲山之造作，除設花石綱負責押運花石，及爲供應花石而置之應奉局以外，又專委管勾計置發卸，並設御前製造所總其成。此謂發卸稽延，押運滯留，阻節造作，乃詔畫一聞奏，是在上者愛好之切也。在上者旣如是愛好之，在下者當如是逢迎之。惟逢迎過分，遂生騷擾。史稱：

「朱勔取浙中珍異以進，號曰華石綱，置應奉局於平江，監司徐鑄、王安道、王仲閎等濟其惡，空竭縣官經常以爲應奉，類以億巨萬計，而所貢之物，豪奪漁取，毛髮不償。」（事畧卷一〇六朱勔傳）「江南數十郡深山幽谷，搜剔殆徧。或有奇石在江湖不測之淵，百計出之，必得乃止。程限慘刻，無間寒暑。士庶之家，一石一木稍堪玩者，即領健卒直入其家，用黃帊覆之，指爲御物；又不即取，因使護視，微不謹，則重譴隨之；及啓行，必發屋徹牆以出。由是人有一物小異，共指爲不祥，惟恐芟夷之不速。民預是役者，多鬻田宅子女，以供其須，思亂者益衆。（註三）

其騷擾如此，非徒畫一措置所能奏效，必須簡化措置人員始克有功，於是命由監司兼領其事。長編本末卷一二八云：

政和七年，五月，丁未，詔應監司兼領措置，並計置起發花石，並罷管勾。宿州見置花石，除已起發外，見在未般數，令孫默專一管勾起發。（頁一六）

原註云：「孫默，政和八年，四月，丙子，爲淮南運判。」「運判」高於「管勾」，（註四）則孫默起發花石有功也。抑似此種逢迎，非淮南一路爲然，他處率亦如此。同卷原註云：

政和四年以後，東南監司郡守，二廣市舶，率有應奉，多主伯氏。至六七年間，則又有不待旨（者）。

但進物至，計會諸閹人，閹人亦爭取以獻焉，天下乃大騷然矣。大率太湖、靈壁、慈谿、武康諸石，二浙花竹、雜木、海錯，福建異花、荔子、龍眼、橄欖，海南椰實，湖湘木竹，江南諸果，登、萊、淄、沂海錯、文石，二廣、四川異花、奇果，貢大者越海渡江，毀橋梁，鑿城郭，而至（置）植之，皆生成，異味珍苞，率以健步捷足，雖萬里，用四、三月即達，色相未變也。（註五）

長此逢迎，不徒騷擾，矧亦浮濫。如欲芟夷其弊，惟有實行中央統一指揮，於是而有「提舉人船所」之設。蔡條云：

政和七年，魯公亦嘗具奏：「陛下無聲色犬馬之奉，所尚者山林竹石，乃人之棄物。但有司奉行過當，因至騷擾，願節其浮濫而懲戒之。」乃作提舉人船所，命巨閹鄧文誥領焉。時魯公有曩備東封船艘，得二千餘艘，廣濟兵士有四指揮，因又增置作牽駕人，遂盡與之。（長編本末卷一二八，頁一七原註）

此蔡元長之「淫辭」也。實則如此采運山林竹石，比之聲色犬馬之好，殆有甚焉。今又以閹人董其事，小人得志，更不可一世矣；自然利用職權，申請畫一。惟此謂政和七年作提舉人船所，攷之備要，則作是年七月置提舉御前人船所，其原註又云：作提舉淮浙御前人船所。（見卷二八）此蓋詳簡之不同，而備要之說最切。長編本末卷一二八云：

政和七年，七月，乙未，提舉淮南兩浙路御前人船所，條具合行事件，仍乞比附直達綱條令，及遵用見管押花石、並御前物色、前後所得指揮，並從之。（頁一六）

按「直達綱」，即崇寧三年蔡京執政時，廢棄唐以來之轉般法，而由東南六路直運汴京，（註六）乃國家之運糧大法，今御用花石綱，竟與之比附，可見其勢力之大。

當時除由提舉御前人船所統一指揮花石綱運以外，其應奉人亦由御前指定。蔡絛云：

令每歲會所用花石，從御前降下，使係應奉人，始如數得貢。自餘監司、郡守等，不許妄進。（長編本末卷一二八，頁一七原註）

此謂「應奉人」，係指「朱勔、伯氏、（蔡攸）王永從、俞𦩍、陸漸、應安道六人也。（同上）茲六人者，有「聽旨」進貢之特權，「他悉罷之」。（同上）又詔：

不許用糧綱，若坐船及役百姓，仍戒伐人家墳冢，毀室廬，或加黃封帕蒙人園圃花木，凡十餘事。（同上）

花石綱之擾，「由是稍戢」。（同上）「其後不二歲，天下爭進獻復如故。」（同上）

不惟天下爭進獻，即彼六人亦自爭之。長編本末卷一二八云：

重和元年，五月，癸卯，御筆：「太湖及長塘湖石，令朱勔取發，餘人不許爭占；如違，以違御筆論。（頁一八）。

于是朱勔專攬大權，「而又增提舉人船所進奉花石，」（同上，頁一七原註）爲非作歹，更肆無忌憚矣。史稱：「勔聲焰熏灼，褢人穢夫，候門奴事，自置秘閣至殿學士，如欲可得，不附者旋踵罷去，時謂東南小朝廷。」（宋史卷四七〇本傳）花石綱之擾，亦因是而益甚。所謂「綱運所過，州縣莫敢誰何，殆至劫掠，遂爲大患。」（同上本末原註）其時太學生鄧肅，嘗爲此上詩諷諫。九朝備要卷二八云：

宣和元年，十一月，屏太學生鄧肅事云：「時朱勔以花石綱媚上，東南騷動，肅進十詩諷諫，末句云：『但願君王安百姓，圃中何日不春風。』上即宣取。時皇太子在側。上曰：『此忠臣也』。蔡京奏曰：『今不殺肅，恐浮言亂天下。』上不答。即詔放歸田里，蓋保全之也。」

又揮麈後錄卷二云：

是時，獨有太學生鄧肅，上十詩，備述花石之擾，其末句云：「但願君王安萬姓，圃中何日不東風。」詔屏逐之。……肅字志宏，南劍人，有文集號栟櫚遺文三十卷，詩印集中。（頁三二八）

又宋史卷二二徽宗本紀云：

時朱勔以花石綱媚上，東南騷動，太學生鄧肅進詩諷諫，詔放歸田里。

又宋史卷三七五鄧肅本傳云：

時東南貢花石綱，肅作詩十一章，言守令搜求擾民，用事者見之，屏出學。

其他筆記及諸家續通鑑所言，大率類此。（註七）可見花石綱之擾，雖係朱勔首謀；然上自中央君臣，下自地方守卒，實亦不能辭其咎。惜乎彼等冥頑不靈，終致大禍。此種大禍，誠如上引史稱，除影響當時一般國計民生以外；其最惡劣者，厥爲影響漕運與引起方臘之亂。

關于花石綱引起方臘之亂之惡劣，據續宋編年資治通鑑云：

宣和二年，十月，丁酉，方臘反。睦州青溪縣有洞，曰幫源，廣四十里，羣不逞，往往囊橐其間。臘家有漆園，時造作局多科須，而兩浙苦花石綱之擾，臘以妖術誘之，數日之間，嘯衆至數萬人，遂以誅朱勔爲名，縱火大掠，兩浙都監蔡遵顏坦擊賊敗死，遂陷睦州，殺官兵千人，於是壽昌、分水、桐廬等縣，皆爲賊所據，僭號改元永樂。初臘之亂，王黼方鋪張太平，惡聞有外寇至，且峻責浙西提刑張苑，勿張皇生事，賊遂不可制，至連陷數州。上大恐，始遣譚稹討之。稹逗留不進，至三年正月，賊入杭，乃改譚稹爲兩浙制置使，以童貫爲江浙淮南宣撫，討方臘。時北征事起，陝西勁兵多聚輦下，盡發以往，上微行送之，握貫手曰：「東南事盡付汝，有不得已者，竟以御筆行之。」四月，童貫與王稟、劉鎮兩路軍馬約會於睦歙閒，包幫源洞，表裡夾攻。至是，鎮與楊可世、馬公直率勁騎奪賊門嶺，平旦，入洞，賊二十餘萬抗拒，轉戰至晚，大敗，火其屋萬間，稟斬賊五千餘級，鎮亦如之，擒方臘並其親屬、僞相、侯王共三十九人，奏捷於朝。臘破六州、五十二縣，殺平民二百餘萬。王師自出至凱旋，凡四百五十日。臘，至八月始伏誅。（註八）

又方勺青溪寇軌云：

宣和二年，十月，睦州青溪縣堨村居人方臘，託左道以惑衆，……縣境梓桐、幫源諸洞，皆落山谷幽險處，民物繁夥，有漆、楮、松、杉之饒，商賈輻輳。臘有漆園，造作局屢酷取之，臘怨而未敢發，會花石綱之擾，遂因民不忍，陰取貧乏游手之徒，賑卹結納之。衆心既歸，乃椎牛釃酒，召惡劣之尤者百餘人，會飲酒數行，……臘涕泣曰：「今賦役繁重，官吏侵漁，農桑不足以供應，吾儕所賴爲命者，漆、楮、竹、木耳，又悉科取無錙銖遺，……諸君以爲何如？」皆憤憤曰：「惟命」。臘曰：「三十年代，元老舊臣貶死殆盡，當軸者齷齪邪佞之徒，但知以聲色土木淫蠱上心耳，朝廷大政事一切弗卹也，在外監司牧守，亦皆貪鄙成風，不以地方爲意，東南之民苦於剝削久矣，近歲花石之擾，尤所弗堪，諸君若能仗義而起，四方必聞風響應。……不然，徒死於貪吏耳，諸君其籌之！」皆曰：「善」。遂部署其衆千餘人，以誅朱勔爲名，見官吏公使皆殺之，民方苦於侵漁，果所在響應，數日有衆十萬，遂連陷郡縣數十，衆殆百萬，四方大震。時朝廷方約女眞夾攻契丹，取燕雲地，兵食皆已調息待命，適聞臘起，遂以童貫爲江淮荊浙宣撫使，移師南下，……貫至蘇州，始承詔罷造作局、及御前綱運、幷木石采色等場。前至秀州，累敗賊鋒，追至幫源洞，賊尙二十餘萬，與官軍力戰而敗。……搏其穴，格殺數十人，擒臘以出，遂併取臘妻子、符印、及方肥等，其黨皆潰。前後所戕人命數百萬，江南由是凋瘵，不復昔日之十一矣！

又宋史卷四六八童貫傳附方臘事云：

方臘者，睦州青溪人也，世居縣堨村，託左道以惑衆，……縣境梓桐、幫源諸峒，皆落山谷幽險處，民物繁夥，有漆楮杉材之饒，富商巨賈多往來。時吳中困於朱勔花石之擾，比屋致怨，臘因民不忍，陰聚貧乏游手之徒，宣和二年十月起爲亂，……焚室廬，掠金帛子女，誘脅良民爲兵，人安於太平，不識兵革，聞金鼓聲，即斂手聽命，不旬日，聚衆至數萬。……凡得官吏，必斷臠支體，探其肺腸，或熬以膏油，叢鏑亂射，備盡楚毒，以償怨心。……臘之起，破六州、五十二縣，戕平民二百萬，所掠婦女，自賊峒逃出，倮而縊於林中者，由湯巖榴嶺八十五里間九村山谷相望。

右列續編年通鑑所言，當依傍九朝備要。（見卷二九）宋史童貫傳所云，多爲諸家續通鑑所本。方氏青溪寇軌記載特詳，長編拾補亦多取其說。（同注八拾補）欲知其詳細經過，可參考各書原文，及長編本末卷一四一「討方賊」篇。然就花石綱引起方臘之亂之惡劣而言，此說足以爲證。所當說明者，此於花石綱以外，尚有所謂造作局。具體言之，如以造作局爲方臘興亂之原因，則花石綱乃其導火線也。或曰：造作局爲其遠因，花石綱爲其近因。顧名思義，造作局爲花石綱採製花石，花石綱爲造作局運輸花石，二者如影之隨形，響之應聲，其爲害一也。所以言花石綱引起方臘之亂之惡劣，勢不能不涉及造作局之科擾情形。此其一。又綜合右列諸說，臘之亂平，幾全憑軍事力量。然自另一說觀之，頗爲不然。兩浙名賢錄云：「毛友……守鎭江，時方臘已殘睦歙，監司猶不以實聞，友具奏。時宰相主應奉，諸使者皆朱勔客，怒其張皇，友遂監觀。其謝表曰：『兩郡生靈已罹非命，兩道使者猶謂無他。』陳瓘以書譽於親舊曰：『蔽遮江淮，阻遏賊勢，斯人有助也。』」其微意不難概見。抑其說與此謂初臘之亂，王黼方鋪張太平，匿不以聞云云，如出一轍。顯見王黼、朱勔等自欺以欺天下，而勔本緣蔡京進，京又前任宰相也。（註九）故陳過庭言：「致寇者蔡京，養寇者王黼，竄二人則寇自平。又論朱勔父子，本刑餘之人，交結權近，竊取名器，賄賂狼籍，罪惡顯著，宜正典刑，以謝天下。」（註一〇）「時論韙之」。（同註一〇備要、通鑑）當時蔡絛之說，尤具體而微。其所著史補云：「睦賊方十三，攻陷六州、三十九縣，童貫因命其屬董耘作手詔，稱爲御筆，四散牓文，幾若罪己，然且曰：『自今花石更不取』，人情大悅，方寇亦用是無辭，後遂擒破。」（長編本末卷一二八花石綱原註）事略卷一一一張確傳亦云：「宣和中，召至京師，屬方臘起青溪，勢張甚，確上言：『此皆王民也，但庸人擾之耳。陛下下哀痛之詔，省不急之務，敢有以華石淫巧供上者，死，務在撫綏，則浹旬之間，必可殄滅矣。』宰相王黼怒，出爲通判杭州，攝睦州，確以方畧授緒將，賊由是遂敗。」（註一一）陳桱續通鑑卷十二亦云：「宣和三年，正月，童貫至蘇州，承詔罷蘇杭造作局、及御前綱運、幷木石彩色等場。」原註又云：「初帝以東南之事付童貫，且曰：『如有急，即以御筆行之。』貫至吳，見民困花石之擾，衆言賊不急平，坐此耳。貫即命其僚董耘作手詔罪己，罷進奉諸局場。而帝亦黜朱勔父子弟姪之在職者，吳民大悅。」準是以觀，知臘之亂得以迅速敉平，實導於花石綱及進奉諸局場之罷。吾故曰：解鈴繫鈴，其關鍵仍憑政治本身；軍事不過殺其鋒，摧其勢，而破之耳。是則花石綱之擾，不惟引起方臘之亂的惡劣，且影響一般人民心理甚深。此其二。此外，所當考者，即右引諸書——青溪寇軌云：「貫至蘇州，始承詔罷造作局、及御前綱運、幷木石采色等場。」陳鑑取其說，而繫于是年正月，而爲後起諸家續通鑑所本。但原註又云：「罷進奉諸局場」。而宋史童貫傳亦謂：「罷應奉局」。考宋史本紀是月辛酉條云：「罷蘇杭造作局及御前綱運」，乙丑條云：「罷木石采色等場務」。第考長編本末御筆原文，御前綱運不與焉。其卷一二八云：

> 宣和三年，正月，辛酉，御筆：「自來收買計置花竹窠石，造作供奉物色，委州縣監司幹直，皆係御前預行支降錢物，令依私價和買。累降指揮，嚴立法禁，不得少有抑配。意謂奉行之人，遵承約束，皆知事上恤民之義。比者始聞臟私之吏，借以爲名，率多並緣爲姦，馴致騷擾，達於聞聽。可限指揮到，應有見收買花石，造作供奉之物，置局及專丞指揮計置去處，一切廢罷。仍限十日結絕官吏、錢物、作匠，並撥歸元處。已計置造作收買到見在之物，所在樁管具奏。若爾後尚敢以貢奉爲名，因緣科擾，以違御筆論。（頁一八——一九）

十朝綱要亦云：「是日，御筆：罷收買花石造作供奉之物，凡置局去處，罷蘇杭造作局。」（拾補卷四三，頁二注引）其說雖與此引御筆原文畧有不同，然足證是日所罷，實未列入花石綱。故九朝備要卷二九云：「先是二州置局造作器用，曲盡其巧，牙、角、犀、玉、金、銀、竹、籐，裝畫糊抹，雕刻織繡，諸色匠人，日役數千，而財物所需，盡科於民，民力困重，上嘗罷之，諂諛人猶責其工程進奉不絕，未幾復置。至是以方臘亂浙西，詔悉罷之。」所以如此，蓋如御筆所云：「已計置造作收買到見在之物」，尚待綱運，未便遽罷。而上述貫至蘇州所罷，並及御前綱運，蓋本其臨行所奉徽宗口諭，而權宜之耳。故蔡絛史補云：「三年之秋，貫平方臘而歸云云，及睹罷花石之詔，上大不悅甚云云。」（長編本末卷一二八花石綱原注）後人修宋史而不之察，遂以童貫于東南罷御前綱運幷御筆罷造作局云之；不悉中央罷御前綱運令，直至二月丁卯方頒行。此與花石綱影響漕運有關，當於下述。按正月丁酉朔，辛酉係二十五日，二月丙寅朔，丁卯係二日，相距只一週間。第東南所罷，不知係正月何日，或於本週以前，亦未可料。即就提早一週言，於上述當時東南之緊急情況視之，其影響亦大。

關於花石綱影響漕運之惡劣，本校全漢昇先生所著唐宋帝國與運河，已先言之矣。茲謹就全先生之說，畧加考證和補充。全先生說：

> 關於花石綱對於漕運影響的惡劣，龔明之中吳紀聞卷六云：「（朱）勔既進花石，遂撥新裝運船，充御前綱以載之，而以餘舊者載糧運直達京師。……糧運由此不繼，禁衛至於乏食，朝廷亦不之問也。」又方勺青溪寇軌云：「迨徽廟繼統，蔡京父子……又引吳人朱勔進花石媚上。上心既侈，歲加增焉。舳艫

相銜於淮汴，號花石綱，至截諸道糧餉綱，旁羅商舟，揭所貢暴其上。又李光莊簡集卷九論胡直孺第二劄子云：「況直孺佞邪，天下所聞，與應安道、盧宗原相繼為轉運使，及發運使，欺罔朝廷，如循一軌。將上供物料及糧綱船盡充花石之供，號為應奉，州縣帑藏，為之一空。」又宋史卷三五六張根傳云：「改淮南轉運使。……尋以花石綱拘占漕舟，……因力陳其弊，益忤權倖。」又同書卷四四七陳遘傳云：「未幾，升為（發運）使。朝廷方督綱餉，運渠壅澁。遘使決呂城、陳公兩塘達於渠。漕路甫通，而朱勔花石綱塞道，官舟不能行。」其後，到了宣和七年（一一二五——六），鑒於國防需要的迫切，政府纔下令廢罷花石綱，以便漕運。（所著第八章，頁一一九）

按全先生總引五條，首二條已明云朱勔進花石媚上。第三條所謂應安道者，據上云與朱勔同為「應奉人」，則所云當係宣和三年二月以前事。第四條據長編本末云，事發於重和元年四月乙卯，其原文曰：「會御前人船所，拘占直達綱船，以應花石之用，根以上供期迫，奏迄還之，重忤權倖意。」（卷一二八）最後一條，觀陳氏本傳，知其亦為宣和二年以前事。後學所以於此強調年限，因其間尚有可得而言者。宋史卷三五六賈偉節傳云：

賈偉節……為江淮發運副使，蔡京壞東南轉般法為直達綱，偉節率先奉承，歲以上供物徑造都下。籍催諸道逋負，造巨船二千四百艘，非供奉物而輒運載者，請論以違制。花石海錯之急切，自此而興。

此與上引蔡條所謂「時魯公有曩備東封船二千餘艘」相符，所謂「曩備」，按原文謂政和七年以前也。則政和七年前之花石綱，已然影響漕運制度。又宋史卷三七七向子諲傳云：

宣和初，復官，除江淮發運司主管文字。淮南仍歲旱，漕不通，有欲濬河與江淮平者，內侍主其議，無敢可否，發運司檄子諲行，子諲言：「自江至淮數百里，河高江淮數丈，而欲濬之使平，決不可。曩有司三日一啓閘，復作澳儲水，故水不乏。比年行直達之法，加以應奉往來，啓閉無節，堰閘率不存。今復故制，嚴禁約，則無患。」使者用其言，漕復通，進秩一等。

又九朝備要卷二九及其原註云：

宣和三年，二月，（註一二）罷御前綱運，禁船載花石入京。初，江淮發運司於眞、揚、楚、泗各有轉般倉，綱運兵士各有地分，不相交越，每舟虛二分容私商，以利舟人。又載鹽回運，兵士稍便之。後因內侍何忻以宿州靈璧縣山石進御前，又朱勔以江浙奇花果木起綱，發運司新裝舟船撥充御前綱，以載花石，其餘弊舊者，以載綱運直達京師，而轉般倉廢矣。綱多重載，不容私商，又鹽法變改，無回運，舟兵苦之，多逃亡而爲盜，糧運不繼。至是罷花石綱，使之般運糧道。

此說與全先生上引首條有關，而續宋編年通鑑則本此說，所言同。蔡條言花石綱，而謂「後魯公奏罷」，（拾補卷三六，頁一一引）蓋指此也。綜合前條觀察，可見花石綱，對于當時漕運之制度，影響尤大。則全先生謂：「到了宣和七年，鑒於國防需要的迫切，政府纔下令廢罷花石綱，以便漕運，」當係第二次之事矣。惟此謂是年二月罷花石綱，十朝綱要於是月二日丁卯條亦云：「禁臣庶於淮南兩浙路般致花石入京」。（拾補卷四三，頁七註引）則上述評宋史本紀所謂「正月辛酉罷御前綱運」之誤，是矣。

註一：原著作章貫，茲據續宋編年通鑑改爲童貫。（原文具見長編）拾補卷二九，頁五注）

註二：引自拾補卷二九，頁二〇注。原注又云：「案乾道臨安志卷三：『大觀四年，九月，壬申，以翰林學士張閣爲龍圖閣學士知杭州，』與此異月。」

註三：此詞取方勺青溪寇軌；並見容齋續筆卷一五，紫閣山村詩；事畧卷一〇六及宋史卷四七〇朱勔傳；能改齋漫錄卷一；及長編本末卷一二九原注引蔡絛之說。

註四：觀宋孫逢吉職官分紀卷四七可知。

註五：頁一六——一七。又原注作「雖萬里，用四、三日即達。」今據長編拾補卷三六，頁一一引文改正。

註六：詳見全漢昇先生所著唐宋帝國與運河第八章。

註七：筆記如宋史筆斷論花石綱之害。（汴京遺蹟志卷四）陳鑑見卷一二，畢鑑見卷九三同條。

註八：引自長編拾補卷四二同條，頁一——二注，惟「青溪」原作「青谿」，「殺平民二百餘萬」原作「殺平民一百餘萬」，茲本九朝備要改。（見卷二九）又備要作宣和二年冬十一月方臘反，今考長編本末作十月丁酉，（見卷一四一）其他諸書亦均作十月，故不取。

註九：讀宋史卷四七〇及四七二朱勔、蔡京各本傳可知。

註一〇：東都事畧卷一〇八陳氏本傳。宋史卷三五三本傳損益其說。並見九朝備要卷二九及續宋編年通鑑。（拾補卷四二，頁十一注引）

註一一：宋史卷四六四張確本傳損益於此。

註一二：原作六月，但繫於正月、二月之間，今觀續宋編年通鑑作二月罷花石綱，（見拾補卷四三，頁七引）知其刊誤。

十　置應奉司

然而在上者，對于罷花石綱之措施，並非樂意。長編本末卷一二八言花石綱畧云：

宣和三年之秋，貫平方臘歸，見應奉司取花石復如故，又對上歎曰：「東南人家飯鍋子未穩在，復作此也！」上爲怒。故貫雖以功遷太師，遂復致仕，而董耘即得罪矣。

此可以代表徽宗心理。又宋史卷三五二余深傳云：

宣和元年爲太宰，進拜少保，封豐國公，再封衞國，加少傅，時福建以取花果擾民，深爲言之，徽宗不悅，遂請罷，出爲鎭江軍節度使，知福州。

此又徽宗不樂意罷花石綱之一證明也。而王黼則乘機阿順徽宗，代余深而起。續宋編年通鑑云：

（宣和二年），十一月，余深諫上以取閩中花果之擾，王黼曰：「此太平末事，不足罷。」言者謂深使曹輔言事。深求退，出知福州，而以王黼爲太宰。（引自拾補卷四二，頁八）

曹輔所言事，即徽宗「輕車小輦」之逸聞，（註一）與其花石之好，同樣非當。「而臣僚阿順莫敢言」，輔上疏言之，亦予王黼以可乘之機。王黼此種心理，於宋史其他列傳亦可考見。其卷三五七梅執禮傳云：

執禮……遷禮部侍郎，素與王黼善，黼嘗置酒其第，夸示園池妓妾之盛，有驕色。執禮曰：「公爲宰相，當與天下同憂樂。今方臘流毒吳地，瘡痍未息，是豈歌舞宴樂時乎？」退又戒之以詩，黼愧怒。會孟饗原廟後，至以顯謨閣待制知蘄州，又奪職。

同卷程振傳亦云：

方臘起，振謂王黼宜乘此時建革天下弊事，以上當天意，下順人心。黼不懌，曰：「上且疑黼挾寇，奈何？」振知黼忌其言，趨而出。

范希文於仁宗時，倡「先天下而憂，後天下而樂，」遂「以天下爲己任」，錢師謂「是一種時代精神」。（史綱第六編，第三十二章，三九七）此則反其道而行，當是一種時代末落。而王黼於此一末落之中，其自身淫逸如此，何能建革天下？故此後凡提議罷花石之事者，均被其運用職權，加以陷害。九朝備要卷二九云：

宣和三年，五月，竄陳過庭、張汝霖。初過庭爲中丞日，乞罷冗官之以御前喚爲名者，京西轉運使張汝霖請罷進化果，王黼劾之，以爲懷姦興謗，過庭自知蘄州貶黃州，汝霖貶均州。

十朝綱要亦云：

王黼言：「新知蘄州陳過庭，爲御史中丞日，輒上言乞應係御前委使之人，一切盡行廢黜；朝散大夫張汝霖，爲京西漕日，公違格令，更不歲進花果，無享上之心。」甲寅，詔過庭、汝霖並散官安置，過庭黃州，汝霖歸州。（拾補卷四三，頁一六注引）

宋史卷二二徽宗本紀亦云：

宣和三年，夏，五月，癸亥，詔三省覺察臺諫罔上背公者，取旨譴責；陳過庭、張汝霖，以乞罷御前使喚及歲進花果，爲王黼所劾，並貶竄。

續宋編年通鑑本備要，所言同。（同見上拾補註引）宋史筆斷論花石綱之害，亦謂陳張二氏貶于黃州、均州。（原文見下引）姑不論其所貶何州，要其因請罷進奉花石，及關于御前之事，而被陷害，則係事實。

可不然乎？不一月，而應奉司應運而興。宋會要職官四畧云：

宣和三年，閏五月，十一日，太宰王黼奏：臣累具章論奏，士大夫損抑應奉，意在動搖政事；妄爲譏謗，失臣子之恭。昨者，贓吏並緣應奉爲姦，或因私相賂遺，或託名御前，致人得藉口。今若不行措置，則素懷爽侮者，將盡廢貢奉。欲望聖慈特置應奉一司，差管文字使臣二人，手分二人，書寫四人，臣專行總領，及乞差官總領於內，幷差承受官，庶絕觀望，以杜姦謀。區區之意，仰其明察。奉御筆依奏，總領官差梁師成，承受差黃珣、王鑑。十四日御筆：王黼總領應奉司。（二四五〇）

九朝備要作「閏五月，置應奉司。」（卷二九）十朝綱要、宋史本紀並以其繫于閏月甲戌。（綱要見拾補卷四三，頁一八注引；本紀見卷二二）是月甲子朔，（陳表）與此謂十一日，同。則續宋編年通鑑原係五月，當脫去「閏月」二字。（同上拾補）顧本紀作「復應奉司」。按事畧朱勔傳：「朱勔提舉惠民河公事，專置應奉局於平江。」（卷一〇六）是本紀之「復」字，蓋即本其說而增植。所以往後諸家續通鑑，均作「復應奉局」。今證之此說，實應稱「置應奉司」。至應奉司所以能於此時應運而興，讀此奏所具緣由，與上引諸文一致，顯見王黼計謀得售。觀諸下說，尤見其營私。九朝備要卷二九云：

初，方臘之亂，黼承上意，罷蘇杭造作局及諸所局，而內侍復以言動黼，黼悔悟，且懼失權勢，乃乞創應奉司于私第，而自領之。」

東都事畧卷一〇六王黼傳亦云：

黼既得國，秉念無以中上意，牢其寵，乃奏置應奉司，遂自領之，而以梁師成副焉。

此又爲置應奉司之一證。然王黼佞幸如此，與朱勔以花石媚上如出一轍。就其事權言，亦少府之職，非宰相之責也。東部事畧卷一〇九李熙靖傳有云：

王黼爲相，立應奉司，……他執政皆勿得與，熙靖數爲言：「應奉之職，非宰相事也。」……黼怒，積四年不遷。

方事燕雲亦云：

……熙靖與言曰：「應奉之職，非宰相所當預。」……黼積不樂。同列五人，皆躐禁從，獨滯留四年。都水丞失職，移過於熙靖，貶其兩秩。（拾補卷四三，頁一八引）

王黼如此抑遏忠臣，可見其本心實在弄權勢，牢榮寵。而徽宗本人亦因其所好，遂極樂從。其樂從心理，可於上述童貫致仕、董耘得罪事先見之。陳桱續通鑑卷一二亦云：

方臘既平，黼言於帝曰：「臘之起由茶鹽法也，而童貫入姦言，歸過陛下，帝怒，遂復置應奉局，朱勔復得志矣。

童貫固亦小人，嘗以供奉官主明金局于杭，（見前述）惟當時以方臘之亂，起於花石之擾，誠直言而非姦言也，其詳已於前述，茲不贅。然徽宗不之察，一怒而爲小人所乘，爲害匪淺。曲洧舊聞卷八云：

王黼作宰日，蔡京入對便殿，上從容及裁減用度事，京言：「天下奉一人，恐不宜如此。」梁師成密以告

黼，翌日，遂置應奉司，令黼專提舉，其擾，又甚於花石。（學津頁四）

觀此說，知王氏之爲人，不如蔡氏遠矣。可見上述罷花石綱，蔡絛謂從魯公奏文，罷造作諸所局，備要謂爲黼承上意，自有其道理。今置應奉司，其擾又甚於花石，蔡絛言之尤明。絛云：

然未久王黼當國，乃置應奉司，而自領之，仍不以是何官司錢物，皆許支用。宰相旣自領，遂竭天下財賦。四方監司郡守，凡尺寸之地，入口之味，莫不貢獻。中外以爲言，然黼持以自若，只令朱勔等七人管買物色。（拾補卷三六，頁一一注引）

其爲害如此，豈祇擾乎？而朱勔管買物色之爲害，蓋尤過之，玆舉例如次。長編本末卷一二八原注引朱勝非閒居錄畧云：

最後朱勔于太湖取巨石，高廣數丈，載以大舟，挽以千夫，鑿河斷橋，毀堰折閘，數月方至京師，賜號「昭功慶成神運石」。是年初，得燕地故也。勔緣此授節度使。

宋史卷四七〇朱勔傳云：

……嘗得太湖石，高四丈，載以巨艦，役夫數千人，所經州縣，有折水門、橋梁，鑿城垣以過者，旣至，賜名「神運昭功石」。

周輝清波雜志卷八云：

艮嶽一石，高四十丈，名「神運昭功」。宣和五年，朱勔自平江府造巨艦，載太湖大石一塊至京，以千人舁進，勔被賞建節，石封盤固侯。（四部叢刊本頁六）

方勺泊宅編卷三云：

宣和五年，平江府朱勔造巨艦，載太湖石一塊至京，以千人舁進，是日，役夫各賜銀椀，并官其四僕，皆承節郎，及金帶，勔遂爲威遠軍節度使，而封石爲槃固侯。（讀畫齋叢書本，頁四）

長編拾補卷四四注云：

宣和五年，六月，朱勔進太湖巨石，高六仞，廣百圍，時新得燕山，因賜石名神運昭功敷慶萬壽峰，置之艮嶽，勔亦加節度。

綱運一石，即如此勞民傷財，毀壞公家建築，其他可想而知。茲附帶考證者 ，即右列諸書對于此事發生之時間，巨石之賜號與封侯，及朱勔加官諸說，多有不同。考長編本末原注引閒居錄又云：「宣和五年，六月，十三日甲午，朱勔自承宣使爲節度使。」右引拾補注作五年六月。宋史地理志損益閒居錄之說，亦作五年（見卷八五），與右引周志、方編同。是此事發生於宣和五年，實無疑義。然諸家續通鑑則以其繫諸上年末萬歲山同條，觀其文固本閒居錄。此吾人所當注意者一。又右引拾補注：「朱勔進太湖巨石，高六仞，廣百圍，時新得燕山，因賜石名『神運昭功敷慶萬壽峰』。」考蜀僧祖秀宣和石譜：「神運昭功，敷慶萬壽，右二峰甲品，獨神運廣百圍，高六仞，錫爵盤固侯，居艮嶽道中，束石爲小亭以庇之，高五十尺。」（註二）故蔡絛叢談卷六云：「艮岳有太湖石，曰『神運昭功』，高四十六尺，立其中，爲亭以覆之。」（頁二〇）其於宮室苑囿篇亦云：「有石大者，高四十尺，名『神運昭功石』。」（同右引本末原注）續宋編年通鑑本備要，亦云：「大石曰『神運昭功』者，立其中。」（註三）則右引周志與宋史朱傳作「神運昭功」石，方編謂「封石爲盤固侯」，是矣。至右引閒居錄作賜號「昭功慶成神運石」，爲宋史地理志所依傍，第志又作「昭功敷慶神運石」，而爲宋史紀事本末及李濂汴京遺蹟志所本。（註四）及右引周志所謂「石封盤固侯」，均誤。此吾人所當注意者二。又右引閒居錄、拾補均謂朱勔進太湖巨石，適新得燕山，而被賞建節。周志之說，疑似二書。方編則明謂勔因進石授節，並官其家人。張邦基墨莊漫錄同方編，亦云：「宣和間，朱勔以應奉勞進節度使，子汝賢慶陽軍承宣使，汝功靜江軍承宣使，汝文閤門宣贊舍人，弟勣閤門宣贊舍人，汝翼朝奉大夫、直龍圖閣，汝舟明州觀察使，汝楫華州觀察使，汝明榮州刺史，孫絺繹、約絢、繹綬並閤門宣贊舍人，綽紳並閤門祇侯，一時軒裳之盛，古未有也。」（引自拾補卷四七，頁七注）故拾補云：「收燕之役，勔實不與，蓋名則旌燕山功，實則賞進石勞也。」（同上）則九朝備要、續宋編年通鑑、十朝綱要及事畧與宋史朱勔傳以及宏簡錄諸書畧謂：朱勔加節度，一門盡爲顯官，騶從亦至金紫，以其於燕山之役，馳傳有功云云，（註五）而本紀不書，頗值商搉。此吾人所當注意者三。

此外，如方勺泊宅編又云：

鹽官縣安國寺雙檜有唐宣宗時悟空大師手植，今百餘年矣，其大者蜿蜒，盤礡如龍鳳飛舞之狀，小者與常檜不甚異，宣和乙巳春，朱勔遣使臣李鐲取以供進，大者載由海道，遇風濤，舟檜俱沒，小者只自漕路入，既獻上，鐲轉二官，知縣鮑慎好亦賜緋。

觀此，知當時進奉，一如往昔。所謂「其尤重者，漕河勿能運，則取道於海，每遇風濤，則人船皆沒，枉死無算。」（註六）此謂「舟檜俱沒」，則其押運人員之傷亡，不待言也。其自漕路入者，影響尤大。東都事畧卷一〇八唐恪傳畧云：

……徽宗嘉納之，遷戶部尙書。宰相王黼領應奉司上供，綱卒盡爲所奪，漕運不至者殆數月。恪見徽宗言曰：「國家定都於梁，非有山河形勢以臨天下也，直仰汴渠之運，以養百萬之師，而綱運自去秋絕不至，將有匱乏之憂。以天下之力奉一人，臣子不敢憚 。今珍異之物、充牣大臣之家，而奉上者曾未十一。是傾天下之財，爲國斂怨，臣不知所以爲國矣。」因極言黼惡，且自請罷，遂出知滁州。

九朝備要依據此云，而以其繫于宣和二年春二月，並云：「上以論黼，黼取下卸司運數以進，且請治恪面謾之罪。恪復言：『黼所進卸運數，蓋幷應奉司綱在其中，屬戶部者十之一二耳。』詔恪罷知滁州。」（卷二九）續宋編年通鑑本其說，所言同。（見拾補卷四一，頁二）宋會要同年二月二十日詔亦云：「戶部尙書唐恪，姦回失職，奏報虛誕，可與小郡，」（職官六九之五）與備要及此云均合。然宋史本傳則謂：「恪，宣和五年，爲吏部尙書，徙戶部。」（卷三五二）若乃二年二月上言，則與上述宣和三年閏五月置應奉司不符。故就應奉司言，此說應在三年閏五月後。且所說情形，並非虛構。宋史紀事本末卷五十花石綱之役畧云：

宣和三年，閏五月，復置應奉司，王黼專總領，梁師成總領於內，遂復諸應奉局，奪發運漕輓之卒爲用，戶部不敢詰，自是四方珍異之物，充歸二人之家，而入尙方者纔十一。（並見王宗沐續通鑑卷二四）

此種情形，縱非指唐恪掌戶部時代，亦當是唐恪以後現象。宋會要職官六九亦云：

宣和五年，十月，八日，詔：「諸路漕臣呂淙、徐閎中、陳汝錫、李侗並落職，俞晭、向子諲各降兩官，范仲、柴蓼、李孝昌各降一官，蔡傑、蔡蒙休、胡端平、鄭待問各降一官衝替，以上供未到額斛數多，有誤中都歲計，發運司官坐視，並不措置故也。（頁一三）

畢鑑以其繫之十一月，而謂「諸路漕臣坐上供錢物不足，貶秩者二十二人。」（卷九五）所以如此，蓋即因應奉司奪上供綱所致。此謂「發運司官坐視，並不措置，」竊則意其心有餘，而力不逮也。長此以往，諸軍衣糧不時，而冗食者坐享富貴。士氣消沉，國防危殆，政治腐化，國計枯竭，以迄於亡。時人雖已察覺，奈何病入膏肓，終難根治。觀諸下文，可首見一般。陳桱續通鑑卷十二云：

宣和六年，十一月，罷應奉司。自蔡京以豐亨豫大之說勸帝，窮極奢靡，久而帑藏空竭，言利之臣，殆析秋毫。宣和以來，王黼專主應奉，掊剋橫賦，以羨為功，所入雖多，國用日匱。至是宇文粹中上言：「祖宗之時，國計所仰，皆有實數，量入為出，沛然有餘。近年諸局務、應奉司，妄耗百出，若非痛行裁減，慮智者無以善後。」于是詔蔡攸就尚書省置講議財利司，除茶法已有定制，餘並講究條上。攸請內侍職掌，事干宮禁，應裁省者，委童貫取旨。由是不急之務，無名之費，悉議裁省。帝亦自罷諸路應奉官吏，省六尚歲貢。

王鑑本此說，所言同。（註七）宋史本紀亦於是月載：「乙酉，罷應奉司；丙戌，令尚書省置講議局。」（卷二二）故薛鑑本此說，則以其繫之乙酉。（見拾補卷四八，頁一五注引）畢鑑本此說，則於「詔蔡攸就尚書省置講議財利司」之上，冠以丙戌日，而不言「罷應奉司」。（見卷九五）考宋會要是月十三日御筆：「應奉司，總領梁師成，陳乞罷總領幷總領下使臣人吏等，可並依所乞施行。」（職官四之三三）是月甲戌朔，（陳表）乙酉十二日，丙戌十三日，則畢鑑不言罷應奉司，是矣。至謂丙戌置講議財利司，或置講議局，徵諸會要無此目，但立有講議司篇，且始自崇寧元年七月十一日蔡京宰政時。（見職官五之一二——一八）然篇中亦未載及此事，特明年（宣和七年）五月二十一日有詔：「凡有司侵漁蠹耗之事，理宜裁抑，可應不急之務，無名之費，令講議司條具以聞，當親加裁定」云云。（職官五之一六）及至欽宗靖康元年四月十二日置詳議司，十八日左司諫陳公輔上疏反對，歷訴蔡京、白時中、李邦彥等置講議司非是，（職官五之一九）亦未言及此事。是講議財利司，或講議局，是否設置，頗成問題；若乃斷其設於丙戌日，當更成問題。是則講議應奉司，或即講議司也。故罷應奉司，實係明年事。宋會要職官四云：

宣和七年，十二月，十九日，手詔：「朕祇紹丕圖，撫臨萬寓，顧德弗類，永爲宗社，付託之重，靡遑康寧，維予兆民，是爲邦本。比年以來，寬大之詔數下，裁省之令屢行，然姦吏玩法，而衆聽未孚，有司便文，而實惠不至。蓋緣任用非人，過聽妄議，興作事端，蠹耗邦財，假享上之名，濟營私之欲，漁奪百姓，無所不至。使朕軫念元元，若保赤子之意，何以取信於萬方？夙夜痛悼，思有以附循慰安之。應茶鹽立額，結絕應奉司、江浙諸路置局、及花石綱等，諸路非泛上供，抛降物色，延福宮、西城租課，內外修造，諸路採斫木植製造局所並罷。更有似此有害于百姓者，三省樞密院條具以聞。夫民罔常懷，懷于有仁，朕於吾民每懼仁愛之弗至。一夫不獲，時予之辜。播告之修，咸聽朕旨。（頁三五）

此並應奉司而罷者，即針對上述所謂「冗食者坐享富貴，政治腐化，國計枯竭」問題之解救。又宋史卷一七五食貨志云：

宣和七年，詔結絕應奉司、江淮諸局所，及罷花石綱，令諸路漕臣速拘舟船，裝發綱運備邊。此並應奉司而罷者，即針對上述所謂「諸軍衣糧不時，士氣消沉，國防危殆」問題之解救。然而，此時大敵當前，解救何及？故宋史筆斷論花石綱之害云：「徽宗取敗之道，固始於蔡京豐亨豫大之對；然致天下之騷動，強敵之憑陵，而身不能守其宗社者，皆由朱勔花石綱之運，有以促亡之耳。……向使徽宗早信鄧肅之言，誅蔡京，戮朱勔，竄童貫，族王黼，絕愉目之奇玩，救勞苦之生民，則尼雅哈斡哩雅布雖勇猛過人，亦豈敢越邊塞而蹈我中國哉？惜乎徽宗悔悟已晚，噬臍無及。故雖有改轍之心，而莫能為謀矣，悲哉！」（汴京遺蹟志卷四）宋史紀事本末論正亦云：「宋徽宗之亡也，宮新延福，山成萬歲，花石應奉，雲擾東南，而青城之禍，蒙塵晉郡，甚哉！為人君者，樂不可極也。」（卷五〇）斯言是矣。

註一：詳見宋史卷三五二曹氏本傳。

註二：說郛卷一六，頁二四。第原著作者作蜀僧祖考，「東石」作「東石」，今依陽華宮記改正。（原文見東都事畧卷一〇六朱勔傳）

註三：編年引自拾補三六，頁一六。備要見卷二八。

註四：本末見卷五〇，花石綱之役。遺蹟志見卷四，艮岳壽山。

註五：編年本備要，同云：「宣和五年，六月，加朱勔節度，以燕山之役，勔馳驛傳命有勞故也。」（前者引自拾補卷四七，頁七注；後者見卷二九）「綱要係六月甲午，云朱勔以燕山之役，馳傳有勞，為寧遠軍節度使、醴泉觀使。」

（仝上拾補）宏簡錄曰：「燕山告功，朱勔自隨州觀察使、慶遠軍承宣使進甯遠軍節度使、醴泉觀使，一門盡爲顯官，騶從亦至金紫。」（仝上）事畧、宋史朱勔本傳損益其說，宋史傳並云：「天下爲之扼腕」。（前者見卷一〇六，後者見卷四七〇）

註六：亦方氏之說，見所著青溪寇軌。（拾補卷四三，頁七注引）

註七：見卷二五，惟「攸請內侍職掌」作「攸請內所掌」，「省六尙歲貢」作「減六尙歲貢物」。

後語

綜觀上述，徽宗一朝，爲迷信方術，或利用方術，而崇尙道教，措施諸多失當，影響國基，以迄于亡。前車覆，後車戒，丁茲國際紛更，倘有以國是諮問於道教方術者，宜深思焉！

明儒與道教

柳存仁

明代三百年的思想歷史中，曾受很深的道教的影響，大約是無人否認的事實。然而，我們假如要認眞地去根究一下，明代思想道教所佔的地位究竟怎樣？傳統的儒家，向來衞道的觀念是很濃厚的，他們怎麽肯讓宋、明以還早已失去了高深的哲學理想和正當的學術地位的道教侵蝕了他們的優越地位？難道說，他們不會反擊或和它正面抗衡麽？道教難道眞地有那麽大的力量？何以今天各種重要的課本和參考書中（不論它是用甚麽文字寫的），很少提到這一方面的發展情形？

我很老實地囘答說：在明代思想史中，道教的影響力的確很大，大到也許比我們大家耳熟能詳的許多新儒家像王陽明、王龍溪、湛甘泉、羅近溪這些人每一個人所能夠個別的給予當時的影響要大得多。然而，它所以還不會十分顯著地爲學者們普遍地注意，也並非毫無緣故。我希望讀者們留意我所說的「顯著地」和「普遍地」這兩層限制。近三十年來，研究道教的事物的學者們，雖則比例上說比研究中國哲學其他範圍的人們要少，要是說不曾有人留意到這些現象，也是不對的；不過的確不曾普遍地注意。再進一步說，比較上可以做爲公認的結論的意思，必須在若干精密地專題研究獲得了靠得住的判斷之後，而非在其前。一般地說，到目前爲止，研究道家思想的人既比較地稀少，那傾全力於著重宋至明代這六七百年的道教歷史的人，更沒有幾個，所以這一方面的意見，在今日還只能說是萌芽。如果我這篇文字中有甚麽像是有些用處的意見，那也不見得是我個人的能力，而是因爲迄今爲止還不曾有很多的人在這方面努力。

從思想的連續性說，由宋代至明代間道教理論的發展是不可能分割的。我現在主要地只談明代，在背景方面我們仍舊不能不畧知道過去。實際上說，從晚唐到南宋約有五百年，這五百年間道教至少經歷了幾層重大的發展和變遷：（一）不論它是否經常地受到帝王們過分迷信的崇奉，它已經在民間有了不變的，根深蒂固的地位。那第一本比較成熟的勸善書太上感應篇（註一），有李昌齡的注（其實書可能就是李作的），述及不遲於乾道四年（一一六八）的時事。（註二）（二）同朝廷有關的道教活動偏向於祈禱和繁文縟節方面。這一類的活動五代時旣做大官又做道士的杜光庭已開其端，而兩宋的若干與宮廷有關的道士們更接踵其後。（註三）大批的道教的典禮儀文的著作，在這時期不斷地出現，卷帙浩繁。這些著作雖於思想無關，却可說爲明代若干朝帝王迷信禱祈的風尚鋪了道路。「靑詞」雖是明代著名的產物，實濫觴於唐、宋。（註四）（三）在此時期，道教並沒有很著名的思想家，至少沒有老、莊或魏晉時期王弼，郭象那樣的哲學家，甚至於像隋時儒家的王通那樣的人也找不到。然而在此同一時期，道教的思想却又衍化而成了一套新的理論，儘管此種理論的雛型，在早期的道士（如葛洪）的著作中早有痕迹，但像那麽有系統地建立成爲一套有理論，有實踐的說法，却要到兩宋時期，才得出現。此即所謂金丹或內丹的修鍊。（四）這一般所謂修鍊內丹的道士們，在思想上，他們集中於利用幾部書，作寄託其體系的根據。一部是易經：他們對易經的看法，與其說傾向於哲學事理的分析，無寧說是著重於陰陽，緯書，及五行的術數觀念。周濂溪，邵康節他們所受的道教影響也是這一類性質的居多。另外還有兩部書，一部是唐代李筌僞撰，託爲黃帝作的陰符經，（註五）一部是相傳爲後漢末魏伯陽撰的周易參同契，而以五代時四川的道士彭曉作的參同契註爲此時此學的圭臬。（註六）這種內丹的修鍊，不僅僅是靜坐式的「氣」的運行，它並且常和漢代以來的注重男女性生活的「房中」（它注意性技術及藥物）混爲一談，而發展爲一種變相的性技術，其理論即所謂「採陰補陽」。表面上，幾乎所有的論金丹的書籍無不排斥這個，我們往往可以從其排斥文字中，見到這個時期所謂「採補」的荒謬行爲；然而，有一部分所謂金丹書籍其實就是採補書籍的僞裝。這都是此時期以前所無之事。這種風氣，到明代還要擴大。（五）最後一層我要指出的是，這一時期的道教傳授系統之含混不清。本來，道教因有長生不老的思想，其教中的若干人物，其存歿的實況即非常可疑。然而基本地說，我們總當還他以歷史眞面目。（不管道士們怎樣胡謅，我們總得說老子大約不會比戰國時期遲，而元始天尊，雖是道教虛構的人物，姓樂名靜，其記錄亦可見於隋書經籍志。）（註七）這個時期道教的歷史通常析爲南北二宗。但此一時期的人物，尤其是所謂「南宗」的系統，學者們實在當說茫然。關於「北宗」全眞教的研究，金，元以來的紀錄較全，較多，近年陳援菴先生（垣）的成就，更在能利用他個人收集的碑誌拓本。（註八）關於「南宗」諸人，道藏中皆有他們的著作，其中較晚的如白玉蟾（十三世紀初），除道藏本子外，明刻的他的集子也還在人間，我們應該可以作一番勾稽考證的工夫。（註九）如果不從比較繁重的研究入手，像迄今爲止的情形那樣，單止依靠明初王禕青巖叢錄，（註十）或淸初劉獻廷廣陽雜記（註十一）短短的記載，那恐怕非惟不完，實更難免錯誤。馮芝生先生（友蘭）的中國哲學史中避開這時期的材料不談，全書中轉引了一句陳楠（南宗五祖之一）翠虛篇的話，也全不注來歷，（註十二），好像這五百年間道教沒有甚麽活動，也沒有甚麽思想似的，這決不是眞相。

從政治的分野說，明代的歷史始於洪武元年（一三六八）。但是從道教思想上說，明代的道教活動，自然還是承襲着南宋迄元末的線索，尤其跟元代的道教活動脫離不了干係。在明代的若干人的文集詩集中，我們常常可以看到講元代道士的事情。譬如，王陽明的六世祖王綱，在元末奉母避難逃到五洩山時曾和一位著名的道士趙緣督住在一起，後來據說王綱便從趙緣督那兒學到用蓍草占卜的方法。這件事情不僅見於王綱的傳記中，並且還屢見於陽明的其他先人們的家傳。（註十三）這位趙緣督，就是趙友欽，他和道教的密切關係可以從有至元元年（一三三五）序的上陽子金丹大要卷十六之後的「列仙誌」找到清楚的線索。（註十四）上陽子名陳致虛，他是天曆二年（一三二九）趙友欽在衡陽收的徒弟；其傳授次第也在同卷中可尋。趙和陳都是全眞派的道士。這些姓名都不是虛構的，上陽子在王陽明自己的一篇文章中還可見到，（註十五）而趙友欽，又是一部著名的曆法書籍革象新書的編纂者，其書雖已散佚，在四庫全書總目中還可以找到紀錄。（註十六）四庫提要所記的籍貫，和王綱傳說的頗有出入，但却和道藏中上陽子所記符合。整部的的明代道教思想史」假如我們有一天能夠有這樣的著作的話，應該是從這些零亂而紛繁的材料中董理出來的。現在我們仍「有病未能」，却至少不能夠不認眞地了解明代的道教思想背後所承襲着的宋、元傳統。這個傳統並沒有很多的官書或正式的紀錄可憑，但道藏和散在民間的大批紀錄（並不一定全是粗俗不堪的）却應該仍舊是第一手的材料。只有把這些材料細密地分析掌握，我們才能夠如數家珍地說明明代道教思想的淵源。

通常的哲學史或明代思想史沒有鄭重地提到明代道教的事，自然也有可以理解的原因。這可能是因爲，一，除非我們故意捧出一兩位特殊的人物，明代三百年道教人物中找不出一個堪稱獨往獨來的思想家。沒有思想家，在思想史中怎能佔一席地？其次，這個時期(其實，金、元以來皆然)道教的書籍或則陳陳相因，沒有獨創的見解，而其文字性質尤其駁雜，抽絲剝繭，也不大看得見所謂「思想」。其三，尤其麻煩的，還有兩層：一層是有許多著作無名，或雖署名，亦無多參考資料足資考證作者的來歷身世；至於僞託前人，也是通病。（註十七）另一層是，如我上文所說的，金丹的修鍊漸變而成爲僅有口耳相傳的法門，其落筆寫在紙上的，多用隱詞，術語，非內行自己人且非經口授不易參悟。此即所謂口訣。它們的原意本不須教外人知道。有若干其實講的是極不雅馴的東西，混在其他著述裡面，別人祇見其平淡，絕不見其特別。譬如老子書中有「玄牝」，本來只有哲學上的含義。（註十八）此時的道教著作中承襲宋元的著作用這同一名詞代表修鍊內丹時候身體中的一竅，（註十九）雖襲老子書中之詞，實與老子無關。又譬如參同契，前文已云五代以來早已用它來做修鍊的講義，由宋至明，注疏很多，而明代道家實已當它做男女雙修的經典。（註二十）中央研究院王明先生在民國三十七年（一九四八）著文雖理解它的陰陽五行的背景，仍以爲它基本地是一部鍊外丹（冶金術）的書籍。（註二十一）其實，參同契裡面雖有少數用冶金術做比喻的話，它的實際性質，卻不容易說。我這裡可以負責說的是：所有宋、元以後的註解，當他講冶金的人實在很少。（註二十二）我們如果用舊說來看這些著作，便難理解它們的底蘊，因而也找不出這一個時期的思想所以異乎其他時期之處。

然而我們做爲是思想史的研究，終於仍不能令這個時期的道教思想，依舊是一紙空白。因爲它的實際並不是一張空白。這三百年中道教雖不曾有過一個匯融貫通像南宋的朱熹，像明代正德、嘉靖間的王陽明那樣偉大的思想界的人物來籠罩全局，做這一個時代的冠冕人物，然而在整個中國思想史中，道教的勢力之大，道教空氣瀰漫籠罩於上下各階層、各方面，却沒有比這三百年更濃厚更盛的了。這情形還並不止於大家所知道的，像憲宗、世宗那麽佞奉道教，因而影響到他們的臣民。其實，從成祖起，歷朝多有這種風氣，不過有輕有重，（註二十三）有的君主又信道士，又信喇嘛番僧；有的篤信道士。道士的伎倆很多，關係很雜。他們勾通太監，營私舞弊，把持營建巍峨的寺觀及歷次齋醮的巨大利潤，固是一端。他們自己也常常被任命爲大官：如李孜省，邵元節，陶仲文，莫不援結權貴，聯絡同鄉，從中央伸引他們的勢力到地方，聲勢浩大；（註二十四）甚至嚴嵩陰謀推翻他的上司夏言，不能不和道士陶仲文商議，（註二十五）而這同一位顯赫得灼手可熱的嚴嵩，據說，爲了扶乩的道士藍道行在乩盤上畧施小術，竟然斷送了世宗的多年的寵信和宰相前途，這是道士們在政治上的作威作福。（註二十六）然而，假如不是因爲這些道教的活動，又直接間接地影響到明代士大夫階層的人們的思想，使得明代的儒教思想中，比宋代尤甚的深染上一層道教的顏色，這程度的濃厚不僅不易洗脫，實際上習焉不察也沒有人企圖怎樣認眞地爲它洗脫，我們仍然可以不去管明代道教的事情。（註二十七）並且，假如不是因爲道教的思想已經在許多地方和儒教的思想膠纏不清，而這種思想從高深一層說它打入了明代大多數儒家們的內心，從低陋而通俗方面說，它又通過了勸戒性質的單篇小册子，功過格，寶卷，長短篇小說和明代整個的社會發生了不可解的血緣的關係，我們仍然可以不去管道教的事情。（註二十八）甚至，我們更退一步說：便算道教的活動在明代有了這樣大的出入，假如它本身的著作實在過分蕪雜，荒謬，混亂，毫無可以教人入手整理爬疏剔梳之處，我們也仍然無從理它。不幸這些假設的回答都是個「否」字，橫在我們面前的課題雖然困難重重，我們仍必須正視這些現實。

研究明代的思想，假如我們所關切的，不僅是簡便的，已經整理成了一個表面上的系統的教本或參考讀物（例如馮芝生先生三十年前的舊著，或日本學者秋月胤繼的元明時代の儒家），（註二十九）或我們的注意力不僅在一二位頂兒尖兒的首腦；或即使是講一位思想的領袖權威，如果我們肯於剝析他的儒教的外貌而敢去逼視他的思想的歷程和構成他的最後的判斷的線索，或用小心謹慎的態度去審察，去析辨他們完成其思想和心得時所用的方法，尤其是，嘗試去理解他們視爲主要是修身工夫的「靜坐」，這一切的每一項，或這些事項的總和，會使我們很容易地發現他們實有很濃厚的道教成分和佛教禪宗的氣息在內。假如我們把名列黃梨洲的明儒學案之內全部的學者就這個水準來衡量一下，我們當可獲得兩個不易否認或推翻的論斷。第一，就算是在最早期的學者中，例如吳康齋（與弼）的三個學生，也只有胡敬齋（居仁）一個是曾經正面排斥道教，排斥「調息」，和反對「視鼻端白」的。（註三十）其餘兩位，一個陳白沙，曾經自稱他的修持在形迹上與禪無異，（註三十一）而婁一齋（諒）居然說從靜坐而能夠前知。有一次他從江西進京都考試，到杭州便折回。人問他，他說，我今年一定不會取，而且今年考場有危險。那一年據說試塲眞地有火，燒死了若干考生。（註三十二）這是甚麽儒教的學問！這裡面不能沒有道教的色彩了。至於明代中葉的大師，王陽明自己五十幾歲的生涯中，自稱有三十年在道教書籍和修持方法中混。他在弘治十八年（一五〇五）認識了陳白沙的學生湛甘泉，開始有些轉變，到正德十六年（一五二一）才正式提出他的關於「良知」的思想體系。（註三十三）然在他的傳習錄中，不惟道教的語彙所在都有，其中儘有若干條，沒有道教的知識的人，是不容易知道他講甚麽的。試看下面一段他與一位學生間的問答：

問：仙家元氣元神元精。

先生曰：只是一件。流行爲氣，凝聚爲精，妙用爲神。（註三十四）

傳習錄卷中，陸澄（他也許就是發上面問題的那位學生）又問他『元神元氣元精，必各有寄藏發生之處。又有眞陰之精，眞陽之氣云云』；這些我們都能夠保證不但程、朱少談，便是陸象山也不會齒及，而是不折不扣的道教『行話』。陽明宜乎要大加申斥才對。然而他却囘答說：

夫良知一也。以其妙用而言謂之神，以其流行而言謂之氣，以其凝聚而言謂之精；安可以形象方所求哉？眞陰之精即眞陽之氣之母，眞陽之氣即眞陰之精之父。陰根陽，陽根陰，亦非有二也。苟悟良知之說明，則凡若此類皆可以不言而喻。不然，則如來書所云三關、七返、九還之屬尚有無窮可疑者也。（註三十五）

我用這兩條做例，並沒有意思輕看陽明對於儒教的貢獻，也不是說，陽明思想中最肯定的結論無一不是道教的，或異端的，因而沒有眞正的資格在孔廟中配享或受到今日中外學者們的尊敬。我只是用這些陽明自己的話說明我們不可輕蔑忽視他們這一套學問中所有的道教的因素罷了。因爲如果我們理解這一層，且接受這一點做前提，那麽，我們對於理解陽明自己，或他的傳人，不論其爲浙中，泰州或江西諸派的，都要容易許多。爲甚麽王龍溪在「會語」（講會的紀錄）中滿口道家的術語？（註三十六）爲甚麽羅念菴（洪先）和羅近溪（汝芳）一會兒接近僧，一會兒接近道，在行爲上做出種種詭異的舉動（例如近溪每見士大夫輒言『三十三天』，另一方面又從胡淸虛習燒鍊和采補，而仍能稱泰州學派的理學大師），（註三十七）而在當時或恬不爲怪，或竟只有極少數人指出他們的矛盾呢？我們如果明白道教影響在他們思想所佔的成分遠比普通哲學史中所記載的爲深厚，則此種矛盾不解自解，而明代中葉的，特別是「王學」一派的理學，也可以思過半。

我們的下一個論斷是，我們所以特別針對「王學」這一派人立論，並不是在明代三百年中缺乏單獨的，個別的例證足供我們提出來明代仍有一部分傳統的儒家學者，他們兢兢自守，謹愼翼翼，惟恐程、朱之學走了樣兒。（雖則程、朱他們皆不能無染於道教的薰習是另一方面的事實。）不！不是的！個別地，隔離地說，比上面我舉過的胡敬齋還要厭惡釋、道的人還有，而且他們也並非絕不知名。例如曹月川（端），便是最著名的一個痛恨一切不合於聖賢之道的淫祀的人。他的學生家有喪事，他不許教和尙來誦經，以爲佛教的觀點是「超度」，也就是以父母爲積惡有罪的小人，非孝子之心所宜。科舉中人此時無不拜文昌。他的來源本是晉時一員戰歿的武將，名張亞子。後來被道教利用，和南斗中的一星，聯成一片，掌理的職務是司考試。唐、宋以來已拜他，到明代更是視爲當然了。（註三十八）曹端却絕對不拜。他的同僚說：「他是主斯文的神，似乎不能不拜？」曹端盛氣說：「他主斯文，孔子更主何事？」（註三十九）如此峻厲，在三百年中不過一二人。像曹端這樣的，還有一個何柏齋（塘）。但他已不似曹那麽堅決。（註四〇）黃泰泉（佐）在他給崔垣野，給鄭抑齋的信中，曾深斥當時士林的人「陽儒陰釋」，他力闢當時儒學的人所受各種佛經影響，以及周敦頤，朱熹他們接受陰符經，參同契之不當，也算得壁壘分明。（註四十一）但是我的論斷是，這些人或遠在陽明之前，至少比陽明稍早，而皆在『王學』的第二代學者，也就是『王學』鼎盛時期前面許多。他們的主張，在明代整個的思潮中並不曾起甚麽有力的作用。在明代思想中能夠起重大作用放一異彩的是受道教及禪家影響的，大批的提倡「王學」的人，而不是在他們以前反對儒教受釋、道影響的人。胡敬齋反對陳白沙及婁一齋。婁諒早死，又因爲女兒嫁給宸濠，宸濠造反時抄了家，他的著作全部散失，無可討論；（註四十二）但陳白沙的學問的影響總比胡敬齋大得多。曹端剛正凌厲，排斥二氏異端，但是他眞正的影響絕不及受異端影響的人所發出的力量的豪末。我們研究明代思想當務其大者，我們寧可重視受過道教影響的陽明及他的一羣，而暫時放棄那些排斥異端的人其理由實在此，而我們研究王門諸人或其他思想家的思想中又先強調其所已深受而不能擺脫的道教薰陶，其理由亦在此。因爲，道教影響實在是明代思想中的一股特色。且與宋學比較來說：其受過道教影響則同，其所受道教影響的深度及闊度，則遠非宋代儒教所能望其項背。

因爲影響這個名詞在歷史上是累積而非一時的，是流行，普遍而非停滯在一地的。有時候它是細水長流，有時候它如「水之就下，沛然孰能禦之！」然而其最厲害的一端仍在不知不覺之間的滲透。滲透的作用無聲無臭，然而，及其至也，即如水乳之交融，如膠漆之不可分離。此種影響的最初起因，便是所謂三教的交融：儒教是本地的，正統的，從前漢以來受到皇帝及士大夫長期支持的思想體系和實施，此「教」字的意義基本地尚不是宗教而是教化，而是倫常觀念和家庭組織。但儒教中由古代傳下來的一部分宗教行爲，例如拜祖宗和對天地，山川的禱祀，在佛教沒有傳入中國之前，也相當地能夠滿足中國人的對於「未可知的神祕」的探究或好奇。然而外來的佛教終於來了，打着清淨無爲的旗幟而實際上是一種低級的，從下層民衆，從偏鄙的地區滋生的道教，經過了從後漢到南北朝之末這所百年也漸漸地成了定型。無疑地，這其間有多次的正統的與異端的思想的衝突，有本地的和外國的信仰的衝突，也有高級的和鄙陋的，雅俗之辨。其中最卑俚，最無內容，最淺薄貧弱的是道教。我們可以說在張陵（或張道陵）在四川初創五斗米道的時候，他所能夠影響的，只是大部分的愚夫愚婦，和靠宗教活動吃一口飯的人。我們也可以說，就算在北魏寇謙之的時候，靠了政治的護法，道教獲得了前所未有的優渥地位，它在思想上仍舊貧乏不堪，無足重視。（註四十三）以後下至唐、宋，道教雖然屢次獲得君主的支持和迷信的人的崇尙，在思想方面，假如不是因爲它從南北朝以來積年所已有的形形色色的多種活動，它也仍不能獨張一軍。這種形形色的活動，客觀地說，即趨向於三教的歸一。從道教的立塲來說，它非與其他的二教交融無以自存。單只對駡，吵嘴是沒有用處的。

就思想方面說，佛教，即使是小乘的，也遠比天師道或寇謙之時代的道教高明。它自有體系，「經」、「論」、「律」具在分明。其哲學之高者固可與儒教籠罩之下的上流士大夫交接，對低級的膜拜士女，亦有地獄，輪迴，報應這些東西，足給他們以慰安。道教的特別本領在於自己沒有的東西便從別人那兒一把抓。它從古代思想中借重了老、莊、列，覺得這還不足，又一古腦兒裝進了神仙方士的法寶，纖緯五行的勾當，連漢代的術數，醫藥，房中，也和它脫離不了干係。這是從土生的，本地的東西中吸取。佛經是外來的東西，吸取不是一時所能辦的事，要想速成，只有厚着面皮抄襲。抄襲而來的東西往往能夠與其所抄襲的東西逼似，這是無疑的。陶弘景是齊、梁時著名的道士，他的一部眞誥，是道教中著名的著作。別的不說，單看眞誥卷六中所記載的太上眞人所說的，關於彈琴可以喻道的一段高妙的理論，便是從佛教的增一阿含經卷十三一段全部抄襲的，不惟故事，議論相同，即文字亦復逼似，只是換個人名罷了。（註四十四）這種地方，非專門研究的人，就原文互相比對，不易發現，便發現了，也還須做一番細密的考證工夫，才能定讞。但是我下邊所舉的例子，却可使任何讀者一望而知。西洋學者們多知道中國神話中之所謂鸞鳳，並不是從火焰的灰燼中重生出來的phoenix，我們的麒麟，其實也不與unicorn同義，至多可以說是無可奈何的借譯罷了。與此相類者，中國古代傳說中早已有龍，這龍目前我們姑且叫做dragon，但龍王或dragon-king的觀念却是佛經的。中國人至今仍於舊曆七月十五日守着盂蘭盆(Ullambana)會的風俗，這一天夜間許多人在街上焚化紙錢冥衣，超度地獄中出來的餓鬼。這完全是佛教的信仰。今日道藏中所收的關於龍王的道經，關於盂蘭盆會的道經全是道士們襲自佛經的自不待言了。（註四十五）話雖如此，經歷了由南北朝到明初這近乎一千年的時間，道士的本領已經逐漸地不止使道教和傳統的儒教思想能夠混融共處，他們實在已經很巧妙地日積月累地把不計其數的佛教的東西變成佛道兩家的公產。不管相信或不相信，全體的中國人都知道死後可能有一個閻羅王要和你見面。早在七世紀初的中國人都已經不大能夠分辨閻羅是印度的Yama的華名了。但把地底下的世界徹底地華化，且把這些外來的信仰和土生的東西像水門汀那麽凝固的結合成一塊，非有道士們的特別努力不爲功。（註四十六）不用南北朝的北周和唐代的君主提倡融合三教的公開論講，道教的活動早已經就民衆信仰的基礎上做了架橋梁和搭線的工夫。固然，士大夫階層和高級知識分子的頭腦是可以不受低級信仰的影響的，這是理或有之，然而亦僅指形式上的涇渭分明罷了。但如北宋的儒家們，所受的佛、道影響固在。至於薰習，耳濡目染，那便如水，火，空氣，這種日常的接觸想避免其實也無從避。王陽明的爸爸王華極不喜歡道教。但陽明在十一歲（成化十八年，一四八二）時在北京長安街所遇見的道士對他說的一番勸勉和誘導的話，他竟一生都不能忘懷。（註四十七）。自然，我們也可以說王陽明不是一個常人或常兒。在智慧上說陽明是一個早熟的孩子是我們可以承認的。不過，這一件偶發事件的最重要之點並不是這事件本身，而是產生此項事件的思想方面的，和社會方面的環境，能夠令它在一個孩子腦海中注入的酵素起作用。這可不是偶然的。

南宋到元朝間，「三教聖人」這一個名詞很盛行，連元曲的台詞中都曾使用。（註四十八）三教歸一的觀念之普遍也就可想而知了。在明代以前的道教中人，像南宋的夏宗禹，蕭應叟（觀復），元代的李道純（他是白玉蟾的再傳弟子），衞琪等人在他們自己的著作或爲道經作注疏，莫不提倡三教歸一的說法，（註四十九）而夏宗禹更著三教歸一圖說，把它刻在所著陰符經講義的正文之前。（註五十）這種觀念，到了明代，加上明太祖的贊助，更成爲最時髦最無可非議的論調了。在洪武二十五年（一三九二）混然子（王玠，字道淵）著還眞集，便塡了一闋沁園春，闡明「三教一理」，（註五十一）而他的朋友，第四十三代天師張宇初注度人經，也常用三教經典的見解互相比較和發揮。（註五十二）這種思潮影響於實際政治的，可以從明太祖用僧人做大官，和元末有些文士本已經做了道士，又還俗在明初重作倡導儒教的學官這些事情上看得出來。（註五十三）明太祖的馬皇后在洪武十五年（一三八二）死了，除了傳統的祀典之外，太祖命令在靈谷寺爲她做三天佛事，可是，仍得在道教的中心南京朝天宮另唸三天道經。（註五十四）他的第四個兒子朱棣——後來簒了位的明成祖，一面迷信道教的靈符和從扶乩得來的仙方，在北京興建道教的靈濟宮，在湖北武當山花巨資重修眞武的宮殿，（註五十五）一面却派人去遠迎西藏的喇嘛哈立麻入京。（註五十六）這種三教混融的局面，造端於南北朝的後期，漸盛於宋、元，到了明代，雖然表面上思想界還是儒家的天下，實際上朝野早已不成文似地承認，這是三分鼎峙的均勢了。遠在元成宗大德八年（一三〇四）林轅在他的谷神篇中繪了一幅坐着的人像，用頭來代表道，兩足代表儒、釋，以爲三教的思想可以用此圖的象徵「以一貫之」。（註五十七）這對傳統的儒教說，未免僭越一點。但是在明代，以老子、釋迦牟尼、孔子三位繪成一幅的三教圖，却是眞地家知戶喩了。假如過去翟理斯教授(Prof. Herbert A. Giles）多留意一下這種三教並尊的情形，他一定不會在看到一幅這樣的木刻之後，在他的大著 Adversaria Sinica 中說它是「中間繪有一個基督的像，一位景教的教士跪伏其前，舉起一隻手向他祝福，另一位教士站立在後面」。（consisting of a figure of Christ, a Nestorian priest kneeling at his feet with one hand upraised in benediction, and another priest standing behind.)（註五十八）

明代三教並尊或三教交融的空氣這樣的濃烈，在表面上不用說，還是以儒教做它的中心的。管志道是耿定向的學生，也可以說是遠紹王陽明之學的人。在他的從先維俗議中，他曾自以爲聰明的指出明太祖所以主張三教並峙，其實隱然有主賓之別，是想用並尊的手段去吸收二教，使他們和儒教不知不覺地融化爲一。（註五十九）。其實，管志道是錯誤了。三教交融的局面下，有力量潛移默化的是道教，佛教的禪宗也能起相當的滲透作用，而儒家們僅能捧着傳統的祀神典禮，科舉考試的應試講章，以及一般士大夫們發揮聖賢的理論的講會……這些表面的幌子以爲便算是維持聖道於不墮，這眞地太天眞了。我們姑單且就這三方面來說罷：傳統的祭祀歷代都有鄭重的祠典，這似乎是與道、釋都無關的。其實，可憐得很，從五代到北宋間，這些祀典中所用的樂章，樂詞，早已爲道教所侵入。（註六十）在朱元璋稱帝之前的至正二十四年（一三六四），他已經派道士冷謙主持太常司，樂生用小道童，（註六十一）而從這時期起明代三百年所有的兩個國家音樂機構，無一時不爲道教的音樂和坊間的鄙俗雜樂所控制。郊天是古代皇帝的大典。孝宗在弘治五年（一四九二）郊天，陪祀的人先期去了，沒有地方住，迫得和道士們借榻，擠在一塊。這些齋宮便是道士們的盤踞之地，（註六十二）從岱史的記載我們知道在宣宗以前，政府派去祭泰山的人，多有道士陪去襄祭。（註六十三）如果這些傳統的大祀典尚且如此荒唐，那麼其他膜拜的道教諸神，如前文所說爲曹端所排斥的，會混入國家祀典之中更不用說了。次說科舉。科舉是國家汲引新進人才的唯一途徑，八股文應制的定型，是不可廢墮的。這些文章，從宋代以來既已標榜了「代聖人立言」的大題目，作者的口吻，似乎不甚容易墮入釋、道的窠臼。這種情形，在明代最初的二百年，似還沒有甚麽動搖。但最後的一百年，連科舉的題目和行文的旨趣也開始轉變了。顧亭林在他的日知錄中，便曾指出在這轉變時期，科舉文章已有用莊子義者。（註六十四）這當然與四書五經，大相逕庭，其實，我們如此追索，也不過要求實證，在尋其迹罷了。若從精神上言之，明朝一代儒臣，連堂堂的理學家在內，莫有不受道敎薰陶的。青詞之撰寫即是最好的證據。原來明代從天順二年（一四五八）以後非中了進士的人不能做翰林院修撰，其後限制更嚴，大學士，禮部尚書，禮部侍郎和吏部侍郎必定在翰林院中選人，（註六十五）這些由翰林院出身的大臣（也就是從科舉出身的第一等人才）又必定兼負有替皇帝撰寫青詞的義務。照我讀明史所作的統計，其因不喜歡撰寫青詞而抗議或觸怒皇帝的，不到十個人，（註六十六）其因撰青詞而獲寵的，却能夠平地青雷，扶搖直上。陳白沙的高第湛甘泉是大理學家，我們也沒有證據能說他是個阿諛卑鄙的小人，然而，皇帝敎他撰青詞他還是照撰的。如果讀者試檢明史夏言、嚴嵩、徐階諸人的傳記彙看一下，便會驚訝這三位宰相間的權力的興衰交替，只是一部青詞的撰述人的爭寵史罷了！我們只要想夏言的得罪世宗，甚至暮年在退休回籍半途中被拖回來下監，正法，其罪狀之一是曾經有某一次拒絕戴道教的香葉冠。所謂傳統的儒教還有多大的臉面也就可想而知了。（註六十七）至於士大夫們的講會，似乎主要論的該是聖賢孔、孟那一套，然而也常常變質。例如徐階，他和「王學」一派的著名人物像聶豹、程明德、歐陽德等，常於公餘之暇在京師講學，有時候聽衆至千人，盛況據說是數百年所未有的。但講會的地方却在靈濟宮，便是上文所說明成祖永樂年間所建的道觀。（註六十八）我們也許說，借個地方開會，算得甚麽？諸位當知這是早期的學者們不肯做的事情，而這些先生們的思想背景，亦不止於借地方開會。這情形也可以思過半矣。我們讀歷史的學生，豈可厚誣古人？可是這一點假如不點破，我們研究新儒學怕難得其底蘊。因爲這種情形之存在，固不止於明代中葉提倡道教最盛的嘉靖時期，實遠在其前。在精神上受到道教的烏烟瘴氣的影響的，亦不止新儒學諸人，而新儒學的每一流派，却無一不受它的膏潤。受了道教這樣濃厚的薰染而仍舊稱爲明代的新儒學，這一點恰好說明明代新儒學的特質。

晚明時候的高攀龍，這位東林學派的大師，曾經冷眼旁觀，指出王陽明曾受道教極深的影響，但是他却不甘在釋、道二家中混，必欲在儒家中自創一支。就高攀龍的觀察，他以爲陽明「破綻百出」。（註六十九）我們今日的學者的探索，先不必去檢討陽明之學有甚麽破綻，漏洞，却不妨看一看陽明究竟受了幾許道教影響。陽明之曾醉心於道教，在它的經典中討生活達三十年，這是陽明自己不諱言的。假如我們舉一個駭人聽聞的例，那該是這段陽明早年的故事：他在新婚合巹之夜，不在南昌他的丈人爲他準備的洞房中陪伴新娘，却一個人失了蹤跑到鐵柱宮的老道士那兒去請教養生之道，促膝達旦，一夜都不回家。（註七〇）這樣的人，古今中外大概都不多罷。然而我却以爲這一個生活上的實例，仍不及上文我所舉的傳習錄中受道教薰陶的文字那麽重要，因爲在那段文字中，陽明居然把他在學問中極重要的貢獻：對於良知的解釋，摻雜了道教色彩的說明文字。假如陽明本身都這麽樣子輕易地混淆儒、道，那麽他的學生像王龍溪，朱得之，私淑他的像羅念菴這些人的參融道教，不拘形迹，更有甚麽出奇？

自然，王陽明是明代最著名的理學大師，不是道教開宗立派的人。他與道教在思想和人事上誠然不無往還，但亦仍當有說明他的學問所以異於道教之處。從研究思想史的立場來說，單祇在文字中夾雜了幾個他派慣用的名詞值得什麽大驚小怪？這話誠然。然而，我以爲夾雜名詞也有幾種夾雜的情形。我認爲最足以表示雙方在思想上有一貫之處的關係應該是，不僅一方襲用了另一方的辭彙，並且這些相同的辭彙是指的同樣的事物，更進一層，不惟用詞相同，相同的辭彙所指的事物亦同，而且大家皆用相同的理論來解釋或說明這些事物的道理或相互之間的關係。這其間的情形就不會是偶然。

在陽明的全書中，有些文字誠然是闢斥道教的謬妄的。我們得早些研究。這些文字自然晚年寫的多於早年。我想，泛泛地說，雖以三十年的薰陶，陽明有兩方面是不曾服從道教或相信道教的。這已經比許多人爲不可及了！首先，他不信神仙飛昇之說。飛昇之說在中國之早，尤早於太平經或張道陵。這一點，且爲道教的宗教部分的精神之所寄。因爲許多人熱心於道教，無他，正是因爲爲它的飛昇或最低限度長生不老的說法所引誘。不用說歷代帝王，便是王陽明的好朋友中，便有一位文學家徐禎卿，他之信仰道教，是沉迷於這些東西的。他知道陽明也是道教的信徒，在正德五年（一五一〇）曾跟陽明，湛甘泉三人把這些問題共同討論。此時陽明已經受了些陳白沙（死已十年）、湛甘泉的影響，開始有獨立的傾向了。他不向禎卿力闢飛昇之無，只是婉轉地說「存心盡性，順乎命而已矣」。**（註七十一）**其實，在這以前兩年，陽明謫居貴州時候，曾寫信「答人問神仙」，信中已經力言飛昇之妄。（註七十二）其次，我相信陽明所絕對不相信的，是道教的采補之說。因爲他曾浸沉於道教的經典，他當然不會不讀過張伯端（卒於宋神宗元豐五年，一〇八二）的悟眞篇，這位道教南宗早期的大師的作品。這一部著作，雖說是研究內丹的精蘊，但南宋以來多家的注疏，多已經把它牽入雙修采補的範圍之內，儘管注疏文中明明反對「房中」，其實骨子裡另有一套奧妙。這是王陽明所不能贊成的。他在正德九年（一五一四）在南京作詩答友人，大罵悟眞篇，尤其大罵悟眞篇的注疏，可能是這個緣故。然而在陽明其他的文字中偶引及悟眞篇，或用悟眞篇原義的話，却還是有的。這只好說「又當別論」。（註七十三）

陽明著作中用悟眞篇義的話，在他於嘉靖五年（一五二六）答聶豹的一封信中，很恰巧地，也正是湛甘泉語錄中所引過的話。悟眞篇卷四原文云：「鼎中若無眞種子，如將水火煑空鐺。」（註七十四）如果單只是引用文字做比喻，像我在上文所說過的，是不足奇的。但這裡的情形却不如是簡單。因爲，這裡所說的，是所謂修持的方法。我們都知道，禪宗的修持方法是「禪定」，道教的修持方法是用類似深呼吸的方法鍊氣，靠了氣在全身的運行和集中，使人的精神凝聚而不散漫，等到這種凝聚到了極高度的時候，身心的平衡可以使人獲得一種前所未嘗經歷的境地。這是修鍊內丹的人最基本的工夫。這種地方，「道」與「禪」或者各有它們的淵源，然因多少世紀以來的接觸和接近，中間當然不無影響。這在道教和禪宗的人，亦不否認。例如，張伯端悟眞篇的拾遺部分，即有讀雪竇禪師的集子的「七古」詩，此詩眞僞未可辨，但他還作了不少的禪頌，未必全僞。（註七十五）南宗諸祖的薛紫賢，有人說就是禪師出身。（註七十六）禪、道的交涉，非本文所能涉及，然而，這兩家的學問，各有修持的方法，是不用多說的；它們的方法和所追求的「境」之接近，亦無庸諱言。

但是標榜爲聖賢之學的孔門，有無一脈相傳的修持方法，却是哲學史上一個容易忽畧的問題。我們如果僅讀論語，禮記諸書，我們便會知道儒家或也很注意道德的修養，人事的磨鍊，但如果像王龍溪所說的那樣的調息工夫，以爲孔門叫做「燕息」，却實在是一種附會。（註七十七）此種附會自然不始於王龍溪，而由於龍溪的老師陽明。其實單以儒家也需要有修持方法這一點言之，自亦不始於陽明，而可遠紹自宋儒。宋儒由周濂溪提倡主「靜」之後，程明道（顥）即說「定」，即教人靜坐，先要養得個本源。（註七十八）其後明道的弟弟伊川（頤）又修正「主靜」爲「主敬」，（註七十九）這都不過是爲儒家的修持方法開一法門而已。因爲儒家本來沒有像禪、道那樣的修持工夫，是爲不備；現在吸收了外教的「法門」，步驟，而仍冠以儒家經典中斷章取義特別挑出來的字眼，寧是得已？譬如大戴禮記武王踐阼篇提出了敬貫百行之旨，（註八十）程顥便說「敬勝百邪」，（註八十一）都是爲靜坐强調儒家門面的話。

朱熹和陸象山都知道靜坐的重要，是不待言的。其中朱熹不僅作調息箴，（註八十二）且嘗爲陰符經、參同契作註釋，考辨，似乎至少在修持方法上，更傾向於道教。（註八十三）這一點王陽明在答徐成之（二）書信中，也說爲了這個緣故，「論者遂疑其『朱熹』玩物。」（註八十四）然而陽明自已，却是浸沈於道教更深更久的人。陽明的修持方法，自然也是道教的，這從他自稱爲了養生的緣故習道的話可知：（註八十五）因爲道教的方面雖多，但養生之道，也只有個修鍊靜坐。王門弟子中兼收習道教、學神仙的人。雖然陽明常勸學生不必學仙、佛，可注意的是爲養生而習道教工夫的人（像陸澄，王嘉秀、蕭惠），他是並不禁止的。在錢緒山（德洪）和羅念菴合編的王陽明的年譜中，不乏陽明主動地去訪問道士的紀錄，也曾提到他在紹興的山洞中靜坐久了，能夠前知的話，我們不用複述。（註八十六）我所願意指出的是，不論我們用甚麼語言描寫這類的行爲，這些事實，用我們上面引過的像胡敬齋那些學者的眼光看來的話，並非正統的儒家的行徑。

然而，不論是陽明，或是修持方法近禪宗的陳白沙，湛甘泉，他們都只肯承認是吸收「二氏」入我樊籠，而不會甘心認輸說是爲異教所吸收的人。因此，在向人解釋其修養工夫的時候，他們便不免有難言之隱。他們實在比程、朱更加積極的接受了傳統的聖賢經典之外的影響。此影響甚至於不完全是思想方面的，而是修持和實踐方面的工夫。在形式上，他們必定也像他們的大前輩那樣，總要在儒教的思想體系中覓出一個可以附會用來解釋其動向的人或見解，而後可以安心。這一個人如果是程、朱他們已經多少利用過的，自更方便；這一個人如果是向來擁護的「道統」中間的人，自更理想。程頤在陳白沙、王陽明他們之前四百年已經用過下列的話解釋其「敬」字的含義：

「敬」只是涵養一事。「必有事焉」，須當「集義」。只知用「敬」，不知「集義」，却是都無事也。（註八十七）

此條中「無事」一詞自是「有事」之對。但是，「有事」，「集義」這些詞，却是從孟子書中來的。這一段孟子原文很要緊，因爲它的實在含義不容易有最肯定的，無可通融的解釋，又比較地有純粹哲學的味道，遂易爲後來儒門諸家所乘。原文說：

「敢問何謂浩然之氣？」

曰：「難言也。其爲氣也，至大至剛，以直養而無害，則塞於天地之間。其爲氣也，配義與道，無是餒也。

是集義所生者，非義襲而取之也。行有不慊於心，則餒矣。我故曰：『告子未嘗知義』，以其外之也。

「必有事焉而勿正，心勿忘，勿助長也。……」（註八十八）

能夠利用它來解釋自己的觀點的人豈必宋儒？陳白沙、王陽明蓋亦優爲之矣。白沙敎人靜坐，屢有」勿助勿忘」的話，雖然白沙自己屢被人說他是禪，他也曾自我解嘲地列舉過他的學問之看似近禪之處，而不自諱。湛甘泉是王陽所以接近陳白沙之學的橋梁。正德六年（一五一一）湛奉派去安南，陽明撰文送他，文中也說人家都說湛的學問近禪。（註八十九）這其實正是白沙之學一脈相傳之處。陽明本來有自己的道敎修持的底子，却苦於不能在理論上把它和儒家的宗旨結合起來。有了陳、湛的榜樣，他的膽子便又可以擴大一步了。他做的基本地是道敎的工夫，也參酌了禪宗的理解，這造成了他的「王門」一派的修持的基本步驟。正德元年（一五〇六）他被貶謫去貴州，湛甘泉作詩贈他，詩中還引了「勿助勿忘」的話。（註九十）這足夠說明陽明在提倡所謂「良知」的主張之前，其見解是與湛甘泉，以及湛的師承陳白沙，極其投合的。

陽明的獲得「良知」之旨是在他的謫居時期。雖然他的公開傳授比此爲晚。在此之前，他早已經能用道敎的方法證到一種悟境，這在他的年譜中繫於弘治十五年（一五〇二）。但是這種悟境在道敎的修持工夫中僅是一種初步的成就，再進一步是要在丹田「結聖胎」。這個術語，陽明自小已經習聞，並且已追求了許多年。但他的信仰可能在接觸湛甘泉之後開始動搖了，他在貴州山中的開悟所想的問題既非道敎的，必當反自儒門中求之。「良知」的口號即在謫居靜坐的這一個階段悟出：所謂悟出，其開悟時候的靈機一動，仍舊是道敎修持的結果。但開悟所用的材料不同了。此時他所用的材料，據他自己說，都是記憶中所有的聖賢經傳的材料，因此，我們可以明瞭此時他之所「悟」，可能包括二義：（一）是道教（雜摻了禪宗）之所謂悟境是身心交融的一種高度的寧靜，此時就個人說是無憂無慮，如喜，怒，哀，樂之未發；或用後來王門的術語說，就是本體之無善無惡；（二）只是普通人之所謂明白，明瞭，等於做數學的人得到答案，及普通思考的人之最後獲得合乎邏輯的安排。用「良知」之說做中心，而聖賢經傳都可以朝它集中而一一獲得合理的解決，是我們這兒所說的第（二）義，然其靈機之來則屬於第（一）義，此由陽明自己後來追述對於那個「境」之來之狂喜而可知：

我在南都以前，尚有些子鄉愿的意思在。我今信得這良知眞是眞非，信手行去，更不著些覆藏，我今纔做得箇狂者的胸次；使天下之人都說我行不揜言也罷！（註九十一）

此亦可由後來王門較著名的弟子像王龍溪，聶雙江（豹），及私淑弟子像羅念菴之說明他們所理解的所謂「靜坐」乃指的是一種爲時較長，持之有恆的靜坐，（註九十二）而非全如王陽明所說的，靜坐僅是勸人「以此補小學收放心一段工夫」而可知。（註九十三）因爲一提「小學」，人們立刻會想到灑掃應對之節這些事情。然王龍溪於此類事則曰「閉關靜坐」，羅念菴要靜坐十日而後恍惚得境，聶雙江在獄中「閒久靜極，忽見此中眞體」；（註九十四）皆把靜坐當做鄭重的事，非小學的操作可比。這種開悟的境界本來也可以說是由於禪。陽明屢屢告訴人他的靜坐非禪，但苦於無法否認他自己所熟悉的道教的路子，則陽明眞正開悟其良知一境的心理經驗是屬於那一方面的，也就可想而知了。前文我說過陽明曾大罵過道教的悟眞篇，然他在正德十六年（一五二一）給陸澄的信中仍部分地承認悟眞篇的後序不爲無見。（註九十五）他這個學生陸澄本是道教的信徒。陽明如此告訴他，或者可以說只是一種循循誘導的方便法門也說不定。但黃綰也是陽明的一位大弟子。黃綰自晚年撰明道編，思想大爲激動，曾對陽明「以悟眞篇後序爲得聖人之旨」之說表示懷疑。（註九十六）則陽明的說法之不能完全擺脫道教，或且有在流傳的文字紀錄之外的口傳。

如上所說，王陽明在悟得「良知」之前，他的見解先是對道教信仰的追求，其後，受了陳白沙學說的影響而漸變。他在謫居貴州時答人問神仙，曾說他追求道教多年，結果是齒牙動搖，頭髮灰白。道教的長生是幻滅了。（註九十七）但道教的修持工夫仍有益於悟境之獲得，這是他始終不曾否認的。不過，和陳白沙、湛甘泉一樣，對此他僅願意用儒門的習語出之。那在陳、湛他們便是所謂「無助無忘」。此說在正德初尚獲得陽明的認可，不然，那年湛甘泉贈別王的詩也不會提及了。但陽明晚年，更要獨樹一幟，連這話也想推翻了。嘉靖五年（一五二六）他在紹興答聶豹的信，仍引用孟子，可是他說他以爲學者們的修持只要明白「必有事焉」就成了。他的理論是：如果這種修持是繼續的，則無事於「勿忘」；如果修持的人不汲汲於求結果，亦無事於「勿助」。（註九十八）這在修辭的觀點說，是可通的，但骨子裡他恐怕是想撇清陳、湛的話頭，而別立門牆。無疑地這會引起後來的學者像東林學派的顧憲成等人的不滿了。顧在小心齋劄記中指摘他，說「白沙曷嘗丟却『有事』只言『勿忘勿助』？」（註九十九）一語可謂一句道破。但是顧憲成還忘記了陽明之所謂『良知』，雖是用孟子書中的話，其實亦爲白沙的慣言。有一次白沙教他的弟子林光寫信給另一位弟子賀欽「令他靜坐，尋見端緒；却說上良知良能一節，使之自信」，（註一百）靜坐與良知兩事連在一起說，可知白沙早已從靜坐悟出良知。不過不像陽明那麼張皇，那麼強調罷了。但我於此並不願苛責陽明，因爲我們並沒有更直接的證據指出陽明這點非襲自白沙不可。這仍可以算是大家都在闡發孟子的話。但是陽明和白沙的弟子湛甘泉各自描寫修持的境界，而或節引道教悟眞篇的「鼎中若無眞種子，如將水火煑空鐺」的文句，或引申其文義，此事便不尋常了。這一點，就陽明說，是他受道教薰陶的另一顯露；就湛甘泉說，又可見當時傳統的儒家，幾乎沒有一個人不知道禪、道的。就三教範圍內，吃一望二，已是司空見慣。湛甘泉有個門人聽了「無助無忘」的話，乘機問他，這意思是不是指的「文武火」？（既不太猛，也不太弱。）（註一〇一）敢情，從宋代以來道教所習用的，認爲非受教的人萬萬不可傳的「火候」（指修鍊時「氣」的運行的快慢疾徐），在明代中葉已經成了公開秘密了。

在這樣的情勢之下，王陽明實在不能不承認三教在某一個意義上說，只是一家：

或問三教異同。

陽明老師曰：道大無外。若曰各道其道，是小其道矣。心學純明之時天下同風，惟求自盡，就如此廳事，元是統成一間。其後子孫分居，便有中有旁；又傳漸設藩籬，猶能往來相助，再久來漸有相較相爭，甚而至於相敵。其初只是一家，去其藩籬，仍舊是一家。三教之分亦只似此。其初各以姿質相近處學成片段，再傳至四五，則失其本之同，而從之者亦各以姿質近者而往，是以遂不相通。名利所在，至於相爭相敵，亦其勢然也。故曰：「仁者見之謂之仁，知者見之謂之知。」纔有所見，便有所偏。

這段話是陽明對他的學生朱得之說的。朱得之的語錄曾爲明儒學案所引，但學案引的，實出自朱得之作的宵練匣，這書四庫入子部雜家類存目，其文字又爲古今圖書集成神異典卷二九九靜功部所引，實爲一部道教講修鍊的書。（註一〇二）王門及門的各位，在陽明生前，已經如此駁雜，也難怪他的第二代，第三代的學生們愈來愈狂肆。大家爭着用道教的材料裝點儒家的門面，相沿成習。再加上和禪宗的「呵佛罵祖」的言論，行徑混在一起，愈來愈不像話了。這不但使後來晚明的東林學派諸君起了絕大反感，便是像我在前文已提到的陽明及門的黃綰（他最初先是陽明的朋友）晚年也耐不得他的焦慮，要起而爲之糾正了。

撇開王學後來所產生的惡劣影響不談，若從正面來說，道教的思想經過了儒家的學者的利用，儒道交流的趨勢之下，對實際社會也產生過幾點有意義的改進。陽明立說的本旨嘗力說釋、道與儒教之間本來沒有甚麼不同，其唯一不同之處是他以爲釋、道是出世的，因而是自私的。雖然佛教並不是完全出世的，而道教尙可能有它的利他的，社會性的活動，這句話不能不說是陽明的深刻的觀察。假如陽明在中年以後，仍舊像他的朋友徐禎卿那樣執迷於飛昇，修鍊那些事情——這些事情王門的若干從遊的人或後輩仍或多或少的不能全免——那麽，王陽明也不會在他短短的五十多年的生活的後期竟有那麽輝赫的事功，而他個人的學說亦無從因他的事功的成就而獲得更多的人的支持信服。然而，正因爲陽明對於道教有了相當的浸染，影響所及，道教的本質却也因爲有了儒家的學者的參加而起了若干程度的澄淨化的作用。這裡面有兩個人，是值得我們注意的。一個是崛起於福建的林兆恩（一五一七——一五九八），他的祖父曾在陽明的部下做官，（註一〇三）因此，據說兆恩幼時曾見過陽明；兆恩又嘗向羅念菴問道；其最後的發展便是獨創了一種以儒教爲依歸而羽翼釋、道，企圖漸漸消泯各種對立的宗門的所謂三教歸一的實際組織。兆恩聚徒立說，自稱「三教先生」，以他爲中心的「三教堂」在東南各地遍設，在當時及他死後一百五十年左右是有廣大的影響的。（註一〇四）一個是袁黃（了凡），他的時代較遲，但他的父親曾私淑陽明，他自己又是王龍溪的學生。他的貢獻，是利用道教徒十二世紀末已經流行的功過格和他自己撰的若干勸善的小冊子把儒道交融之後的共同思想，普遍而深廣地滲透到社會中下層去，而尤其能夠利用佛教的因果報應和道教的積善銷惡的理念，使他的主張得以深入民間。他的「四訓」中，有一部分的話，假如我們用王陽明的文字來和它對看，便知道不僅是精神上的暗合。（註一〇五）他又曾爲坊間編撰了若干迎合科舉考試的員生的需要的書。這些書籍，表面上看來是淺薄無足觀的。但是骨子裡，他的編纂的用意是暗中提倡王陽明一派的新學，用來對抗傳統的，自明初以來久已爲考試的人奉爲圭臬的程、朱的注疏。明史記載當時有人曾上疏請朝廷銷毀袁黃的四書刪正（註一〇六）看似一件小題大作的事。其實不然。這部書僅存的孤本現仍藏日本內閣文庫，我個人曾加寓目。書中有些地方他用眉批說明「從先師聞陽明先生之教」，有的地方說朱子不讀書，其態度是很堅決，很顯明的。（註一〇七）林兆恩和袁黃這兩人都是明儒學案所不收，而他們和明儒學案中的若干位，又實在不無交涉的人。黃宗羲不數他們，或者以爲他們的道教意味太濃。那麽，嘉靖間儒生出身的陸西星親自做了幾十年的眞實道士，以及壓根兒就是道士的伍守陽，當然黃宗羲絕不會齒及了。（註一〇八）但是黃宗羲其實又何嘗不知道，他的學案中的大多數的儒門，是撇不清他們和道教的干係的。這究竟是儒家的人跑到道教的圈子裡去了呢？還是道教的人，硬向儒教的樊籬鑽呢？不論他們之間誰是主，誰是客，假定我們不把道教這一關勘破它，我想，研究明代的思想是實在有些美中不足的。我姑且引一節黃宗羲自己的話大家看看罷。他說：

識者謂五星聚奎，濂、洛、關、閩出焉；五星聚室，陽明子之說昌；五星聚張，子劉子（按，指劉宗周）之道通。豈非天哉！豈非天哉！（註一〇九）

讀者們請想一想，他這種想法，說的是那一門子的話呢？

（附記）作者於本年夏間在假伊林諾大學（University of Illinois, Champaign,Illinois）舉行之明代思想講會中，曾讀『道教修鍊與明代思想』拙文，將收入哥侖比亞大學出版之明代思想論文集中。該文稍詳於道教修鍊之方法而畧於歷史背景及道教所以在明代如是氾濫之故。竊以爲歷史背景不明，則思想史中有許多事情不易說明，因再加補充用中文重寫一遍，以實『學報』。民國丙午七月七日，於澳洲坎培拉。

注解

註一：太上感應篇收道藏太淸部，義上834—退下839，題李昌齡傳。此書有英譯本，見 James Legge, ***The Texts of Taoism***, Pt.2（原收在 ***The Sacred Book of the East*** Vol.LX), pp.235-46, Dover,1962; 鈴木大拙(Teitero Suzuki) and Paul Carus, ***Treatise of the Exalted One on Response and Retributed***, Chicago, Open Court, 1906.

註二：李注之中有三處述及紹興間事(頁14/7a 紹興乙丑，17/6a 紹興初及26/3a 紹興間)，然頁30/4a及於乾道戊子(1168)，或可推知其成書時代。詳見拙稿道藏目錄詳注補。

註三：在杜光庭之前，如陸修靜，固亦嘗有與禱祈有關之著述，爲世人所知。然以禱祈爲與國運有關之事，人臣行之能爲國家消災祈太平，杜如非最早之積極分子，亦必爲使此事發揚光大之一人；十二發願見太上黃籙齋儀（道藏太玄部，賓下271，8/7a—8b）。

註四：唐時道士用禱詞初皆書於木製祝版，天寶四年（745）始用紙，初名淸詞，大約係專指三淸之祀。北宋眞宗時更以靑紙書之，靑詞之名遂成定型。此說見呂元素道門定制，收道藏正乙部，丙中974，6/8b。早期靑詞之定式，可看蔣叔與編无上黃籙大齋立成儀，收道藏洞玄部，在上280，11/11a。蔣死於嘉定十年（1217），實未及見此書之編成。

註五：說見四庫全書總目，146/2867—8；藝文影印本。

註六：周易參同契分章通眞義，道藏太玄部，容上623；參閱624。

註七：隋書35/1113—4；開明書店二十五史本（及其他以開明本爲根據之翻印本頁碼並同。）

註八：陳垣南宋河北新道教考，輔仁大學1941年版，中華書局1962年版。

註九：道藏洞眞部，柰下菜上128—9修眞十書內有白玉蟾之玉隆集、武夷集二書；道藏洞神部，斯上592收白著金華冲碧丹經祕旨；正乙部，弁上1016收海瓊白眞人語錄（謝顯道等編），海瓊問道集；1017收海瓊傳道集。然修眞十書內之指玄篇（道藏122）竟有海瓊致張紫陽書（6/1a—7a），紫陽（張伯端）爲道教南宋之祖，歿於元豐五年（1082），豈海瓊所能追，蓋皆道教之所謂降筆（扶乩）也。紫陽歿世之年分，據戴起宗悟眞篇疏（道藏洞眞部，歲下62，5/11b）。

註十：續說郛（順治四年刻）本，6a—8a。

註十一：叢書集成初編本，3/115；參閱頁119。

註十二：馮先生引兪琰周易參同契發揮中所引翠虛篇語，見馮著中國哲學史，第二編第十章，頁818。D. Bodde譯馮著，未著翠虛篇之名，蓋由道教歷史不彰，向來研習是書者希也。見D. Bodde(transl.),*A History of Chinese Philosophy* Vol.II, p.432, Princeton University Press,1960.

註十三：張壹民撰王性常先生傳，見王陽明先生全集，37/1a，世德紀；掃葉山房本。參閱同書，遯石先生（王與準）傳，37/2a及槐里先生傳，同卷4a。

註十四：道藏太玄部，夫上738，「仙派」，頁2b。

註十五：陽明於龍場謫居時作「答人問神仙」（正德三年1508），前引全集，21/4a。

註十六：見四庫總目，前引本106/2052，宋濂爲本書撰序。趙書文字一部分爲王褘援入所編之革象新書，有北平圖書館藏明本，並收美國國會圖書館顯微影片 FR609，革象新書亦收入續金華叢書，二十一（民國十三年1924刻本）；參閱 A. Wylie, ***Notes on Chinese Literature***, pp.107-8; 2nd Ed., Paragon,1964.

註十七：例如，古本參同契爲蘇州道士杜一誠於正德十二年（1517）竄易舊本所成，見余季豫先生（嘉錫）四庫提要辨證，19/1208—1212，科學出版社本；王明周易參同契考證，收中央研究院歷史語言研究所集刊第十九本，頁325—66，民國三十七年（1948）出版。

註十八：見第六章。諸子集成，第三冊，中華書局1959年版，或任何其他本子。

註十九：幻眞先生注胎息經（道藏洞眞部，成上59），云玄牝即下丹田，並力言世人以玄牝爲口鼻之非，下丹田乃臍下三寸之處。眞龍虎九仙經（道藏洞眞部，珠上112），4a，葉公、羅公皆以玄牝門爲鼻。（仁按，二者其實並無衝突，幻眞先生雖反對以玄牝爲口鼻，然亦言『口鼻爲玄牝出入之門』。然此種解說皆無與於老子之原義，可不待言。）

註二十：陸西星（長庚，1520—c.1601）蓋即其一，其著述如收入方壺外史中之周易參同契測疏（隆慶三年1569作），蓋即以此種思想解釋參同契者也。方壺外史有1959年臺北重印本。中央圖書館收陸氏原稿『三藏眞詮』殘本，愚嘗從房兆楹先生假閱其顯微影片，其中亦多此類雙修之說。

註二一：見註十七。

註二二：兪琰周易參同契發揮（有至元二十一年1284序），道藏太玄部，止上625；周易參同契釋疑，道藏627；陳顯微（約南宋端平時，1234）周易參同契解，道藏628。

註二三：楊啓樵明代諸帝之崇尙方術及其影響，新亞學術年刊第四期，1962年出版，pp.73—147，尤以pp.83—130爲重要。

註二四：明史李孜省傳307/769—70；羅璟傳（附柯潛傳）152/357；萬安傳168/393；李俊傳180/421；馬文升傳182/428；閔珪傳、耿裕傳183/431。邵元節、陶仲文見明史佞幸傳307/771，參看高金傳（附楊最傳）209/502；劉天和傳200/479；歐陽德傳283/700及世宗諸子傳120/298，開明書店二十五史本。

註二五：明史夏言傳196/467。

註二六：明史鄒應龍傳210/508；明儒學案泰州學案梁汝元（何心隱）傳，萬有文庫本第六冊，頁64；于道行穀山筆麈，4/8b—9a，北平圖書館藏本，美國國會圖書館顯微影片FR 1002。

註二七：明儒反對釋道薰習者固仍有之，參看下文所述胡敬齋（居仁）、曹月川（端）。

註二八：研究早期功過格之著作，可看吉岡義豐之『初期の功過格について』一文，收東京大學創立二十周年記念論集，III，頁107—86，1962年出版。

註二九：1928年，甲子社版。

註三十：見居業錄，叢書集成本7/81—2；又引見明儒學案崇仁學案二，第一冊，頁16。

註三一：復趙提學僉憲，收白沙子2/20a，四部叢刊三編本。

註三二：明儒學案崇仁學案二，第一冊，頁23。

註三三：湛甘泉（若水）撰陽明先生墓誌銘，王陽明先生全集37/16b；別湛甘泉（正德六年1511作）7/4b；答人問神仙21/4a—b及錢緒山（德洪）羅念菴（洪先）合撰之陽明年譜，收全集卷三十三，繫本年下。

註三四：傳習錄上，陽明全集1/15b；參閱陳榮捷先生Wing-tsit Chan(transl.), *Instructions for Practical Living and*

Other Neo-Confucian Writings, Conversations recorded by Lu Ch'eng, Pt.I, Item 57,p.44, Columbia University Press, New York,1964. 以下各注，譯文不具引，俱可見於陳先生此書。參看王龍溪語錄，南遊會紀7/4a—b，廣文書局影印本，1960年版。

註三五：同上，中，2/18a—b。

註三六：例如王龍溪語錄所收東遊會語4/6a；留都會紀4/17a—b；答楚侗耿子問4/17b—19a；致知議辨6/10a；南遊會紀7/2a及5b—6a；新安斗山書院會語 7/12a；天根月窟說8/9a等等。

註三七：明儒學案江右學案三，羅洪先傳，前引，第四冊，頁3；泰州學案三，羅汝芳傳，前引，第七冊，頁3。

註三八：周洪謨弘治元年（1488）上疏，明史禮志四，50/116；參看玉淸无極總眞文昌大洞仙經，道藏洞眞部，冬上 51，2/7b—9b；淸河內傳，道藏洞眞部，騰上73，13b—18a；梓潼帝君化書，道藏74，4/35a。梓潼爲文昌之別稱。文昌本係南斗星名，參看元始天尊說梓潼帝君本願經，道藏 27 及南斗延壽星儀，道藏 81。據洞眞太極北帝紫微神呪妙經，文昌非主司祿，而爲一極有力可以擊碎人腦之神，見道藏洞眞部，辰下29。此經之時代似較早，其質而不文，固一徵也。

註三九：明儒學案，皆儒學案上（二），曹端傳，前引，第九冊，頁2。

註四十：見陰陽管見辨，明儒學案諸儒學案中（三），第九冊，頁 92 引。陰陽管見收學海類篇第三十一冊，涵芬樓 1920年版；百陵學山第三冊，涵芬樓版。

註四一：明儒學案諸儒學案中（五），前引，第十冊，頁12引黃泰泉集。

註四二：同註三十二。

註四三：陳寅恪先生崔浩與寇謙之，嶺南學報第十一卷第一期，1950年出版；J.R.Ware, "The *Wei-shu* and the *Sui-shu* on Taoism", ***Journal of the American Oriental Society***, Vol.53, No.3,1933; Leon Hurvitz(transl.), ***Treatise on Buddhism and Taoism***(*Wei Shu* CXIV), 日本京都人文科學研究所 1956 年版；H. Maspero, ***Mélanges posthumes sur les religious et 1' histoire de la Chine***, II, Le Taoïsme, pp.43-57,Paris,1950; 楊聯陞先生老君音誦誡經校釋，中央研究院集刊第二十八本，1956年版。

註四四：道藏637，6/9b—10a；大正新修大藏經No.125，13/612。

註四五：太上元始天尊說大雨龍王經，道藏洞眞部，辰下29；參看道藏180及172—3。太乙救苦天尊說拔度血湖寶懺，收道藏洞玄部，被下296。太乙救苦天尊實即地藏王菩薩在道教中之counterpart，其竄勦承襲之迹，可覆尋也。

註四六：早期本土信仰中之地底世界，見於道經如上淸衆經諸眞聖祕，道藏洞玄部，有下 199,8/10a者，與已受佛教薰染之太乙救苦天尊說消愆滅罪經，道藏洞玄部，在下182相較，益見前者之質樸。如諸眞聖祕內之酆都鬼帝祕錄，酆都共六宮，夏、周古帝王俱爲鬼官，漢高、公孫策、晉宣王之屬爲賓友，是也。至元代，迄今民間流傳之玉曆至寶鈔勸世文所代表之地下世界威儀與官階層次，亦大概就緖，參看靈寶領教濟度金書（道藏214，41/16b）可知。關於玉歷至寶鈔，可看T.G.Selby, "Yan Kwo; Yuk Lik or The Purgatories of Popular Buddhism", ***China Review***, Vol.1,No.5,1873.文中所用Yan Kwo（因果）與Yuk Lik（玉歷）之拼法蓋用粵音。

註四七：見年譜，陽明全集，前引，32/2a。

註四八：例如，陳季卿誤上竹葉舟，第一折，收元曲選，第三冊，頁1044，中華書局1961年版；參看拙著 Liu Ts'un-yan,

註四九：蕭應叟(觀復)著作，可看度人經內義(寶慶二年1226完成)，道藏洞眞部，暑下44，4/24a；李道純著作，可看中和集，道藏洞眞部，光上118，3/1a；4/11b；光下119，6/21b—26b。李爲白玉蟾再傳弟子，見柯道冲玄教大公案序，道藏734，1b。

Buddhist and Taoist Influences on Chinese Novels, Vol.I, p.191, Otto Harrassowitz, 1962.

註五十：道藏洞眞部，藏下54(有寶慶二年及三年1226—7兩序)，4/4b—6b。

註五一：道藏太玄部，夫下739，卷下，35a。

註五二：元始无量度人上品妙經通義，道藏洞眞部，來中 41，1/15a。張宇初於其所著道門十規(道藏正乙部，楹上988，12a)極斥降筆之妄，然其注度人經常引乩語，例如4/28a—b，是蓋風氣及積習使然，不能自圓其說矣。

註五三：參閱明史張孟兼傳 285/705所敍吳印事，王行傳285/706附呂敏事蹟。又明史李仕魯傳及李傳附陳汝輝 139/336；明史樂志一，61/135。

註五四：明史禮志十三，59/131。

註五五：洪恩靈濟眞君事實，道藏洞玄部，壹下；明史禮志三，49/113；禮志四，50/116；明史胡濙傳169/394。

註五六：明史成祖本紀6/19；明史西域傳三331/850；明史鄭和傳附侯顯304/755。Hugh Richardson, "Halima" ***Draft Ming Biographies***, No. 6, Columbia University, 1966.

註五七：道藏洞眞部，光下119，卷下，2b。

註五八："Art Thou The Christ", ***Adversaria Sinica***, p.40, Kelly & Walsh, 1905.

註五九：5/44a—45b。此書有萬曆丙申(1596)刻本，現藏日本內閣文庫。

註六十：眞宗玉京集，道藏洞眞部，官上163；金籙齋三洞讚詠儀，道藏161；靈寶領教濟度金書，道藏洞玄部，伐上211，10/16a—22a；道門通教必用集(呂太古編，約嘉泰元年1201)，道藏正乙部，帳上984，7b—8a；玉音法事，道藏洞玄部，養上333，卷中1a—4b；卷下16b；36a。

註六一：明史樂志一，61/135。

註六二：明史禮志一，47/110。

註六三：續道藏，八下1093，7/13b—14a；15b及16a。此書萬曆十五年(1587)查志隆編。

註六四：日知錄「舉業」條，18/15b—18a；「破題用莊子」條，18a—19b；遂初堂版。日知錄集釋，18/19a—22b；光緒三年(1877)版。

註六五：明史選舉志三，70/156。

註六六：明史李賢傳176/409；鄒景和傳見明史公主傳121/301；羅洪先傳附程文德283/701；明儒學案浙中學案四，第三冊，頁34。參閱明史章懋傳179/418。

註六七：明史夏言傳196/467；嚴嵩傳308/773—5；徐階傳213/515。

註六八：參看註五十五。又明儒學案江右學案二，第三冊，頁74；南中學案三，第五冊，頁91。

註六九：見三時記，高子遺書三，收乾坤正氣集260/20b—21a，光緒七年(1881)版。

註七十：見年譜，弘治元年(1488)。又羅念菴致錢緒先第四書，陽明全集36/8a。

註七一：徐昌國墓誌，陽明全集，25/3b—4a。

註七二：見註十五。

註七三：書悟眞篇答張太常(一)，陽明全集，20/14a。

注七四：傳習錄中，答聶文蔚(二)，陽明全集，2/34b；明儒學案甘泉學案一，引甘泉語錄答孚先問，第七册，頁92。孟子告子之學，王龍溪語錄，8/11b—12a。

注七五：讀雪竇禪師祖英集，紫陽眞人悟眞篇拾遺，道藏洞眞部，律下64，3b/4a；修眞十書，道藏洞眞部，柰上127，30/1a—12a。李杰以爲拾遺所收各詩皆出翁葆光手，翁亦悟眞篇註者之一，見李氏道藏目錄詳注，1/13a，道光二十五年(1845)版。

注七六：關於道教南宗傳授之次第，可看諸師眞語，道藏洞眞部，鳥上161，14a—b。

注七七：如王龍溪調息法所云，即主此說。見明儒學案浙中學案二，第三册，頁18；三山麗澤錄，王龍溪語錄，1/10a。

注七八：見周之太極圖說，宋元學案，12/1a—b；程之答橫渠先生定性書，明道文集，3/1a—b；四部備要本。參看 Wm Theodore de Bary, ***Sources of Chinese Tradition***, p.514,Columbia University Press,1960; Wing-tsit Chan ***A Source Book in Chinese Philosophy***, pp.525-6, Princeton University Press, 1963; 又伊川語錄，二程先生全書，18/25b—28a，康熙二十六年(1687)版。

注七九：伊川語錄，二程先生全書，15/19a；18/10b—11a；27b；參看張伯行近思錄集解，4/156；商務印書館1937年版。

注八十：6/1a，四部叢刊本。

注八一：二程先生全書，11/3a。

注八二：晦菴先生朱文公文集，85/6b，四部叢刊本。

注八三：道藏58及624；又參看朱子語類，125/12a—b，臺北1962年影印(據咸淳六年1270刻本)本；四庫總目，146/2884，周易參同契鼎器歌明鏡圖鮑仲琪序（作於嘉定元年1208），道藏太玄部，容下624，7a；俞琰易外別傳跋（至元二十一年1284撰），道藏太玄部，若下629。又跋閭丘生陰符經說，晦菴先生朱文公文集，82/19b。

注八四：答徐成之(二)，陽明全集，21/6a。

注八五：與陸元靜，陽明全集，5/7a。

注八六：尤可注意者，弘治元年(1488)，弘治十四、十五年(1501—2)，正德二年(1507)。

注八七：二程先生全書，18/33b。

注八八：孟子公孫丑上，第二章。Legge, ***The Chinese Classics***, Bk. II, Pt. 1, Ch.2, pp.189-90.

注八九：陽明全集，7/4b。

注九十：陽明全集，37/17a。

注九一：傳習錄下，陽明全集，3/22b。

注九二：見三山麗澤錄，王龍溪語錄，1/8a—b；九龍紀誨，3/2a—b；天柱山房會語，5/12a—b。與尹道輿，羅念菴文集，2/7，光緒十二年(1886)本；答亢子益問學，雙江聶先生文集，8/31b—32a，北平圖書館藏雲丘書院嘉靖四十三年(1564)刻本，美國國會圖書館顯微影片FR921。

注九三：與辰中諸生，陽明全集，4/1a。

注九四：參看注九二，明儒學案江右學案二，第三冊，頁85。

注九五：與陸元靜，陽明全集，5/7a。

注九六：明道編，1/11a—12a，北平圖書館藏嘉靖二十九年(1550)刻本，美國國會圖書館顯微影片FR296。

注九七：陽明全集，21/4a—b，參看注十五。

注九八：傳習錄中，答聶文蔚(二)，陽明全集，21/34a—b。

注九九：顧端文公遺書，18/5b—6a，光緒三年(1877)刻本。

注一百：與林緝熙書，收林光南川冰蘗全集卷末。

注一〇一：參看注七十四。

注一〇二：明儒學案南中學案一，第五冊，頁64；參閱陽明全集，年譜嘉靖二年(1523)；三山麗澤錄，王龍溪語錄，1/12a。宵練匣全文僅一卷，收百陵學山，第八冊；此處所引一段，見頁3a—b。

注一〇三：林富(1474—1539)見地方緊急用人疏，陽明全集，14/11b。

注一〇四：參閱杜聯喆女士作林兆恩傳(Lien-che Tu Fang, 'Lin Chao-en', ***Draft Ming Biographies***, No. 6, Columbia University, 1966)間野潛龍(Senryu Mano)林兆恩とその著作について明代史論叢(淸水泰次博士追悼記念)，頁421—56, 大安版。

注一〇五：英文拙稿 "Yüan Huang and His Four Admonitions"，待刊。

注一〇六：明史陳幼學傳281/694。

注一〇七：有關論語、大學諸條皆可覆按；四書刪正一書與袁了凡一派如何援王學入科第仕途，宜作專題研究也。

注一〇八：見伍守陽天仙正理及語錄，道藏輯要，畢集一至五。

注一〇九：明儒學案蕺山學案，第十二冊，頁36。

章實齋對清代學者的譏評

羅炳綿

敘目

章實齋生平眼高一世，心高氣傲，幾乎看不起所有和他同時代的學者。無論在修地方志，爲人修撰史籍，或撰文，或論學，皆自以爲是。對清代學者肆意譏評。袁枚、戴震、汪中、洪亮吉、孫星衍、方苞等深受時人讚譽的學者，他都曾加以箴砭。他對這些學者的詬詈，雖近於狂妄和有過火的地方，但確實可以看到乾嘉之際學風的流弊之一班。我們試再翻閱挨過他責罵的學者的文集，爲文以反駁他的實在絕無僅有——只有洪北江的集子畧有辨駁而已。因此，實齋在乾嘉時代是相當寂寞而鬱鬱不得志的。後人有把他的姓寫作「張」的（如耆獻類徵），沈元泰所撰「章學誠傳」也說他「晚景貧病交加，極文人之不幸。」（見碑傳集補）是相當耐人尋味和使人感慨的事。

本文偏重於「譏評」二字，主要論述實齋近乎夷然不屑的幾個學者——如對袁戴汪洪孫等的譏評。其他如邵庭寀、邵晉涵、吳蘭庭、朱筠等，是他的師友，他對他們都頗敬佩，則不在範圍之內。

茲僅將實齋譏評過的清代學者臚列如左：

壹　滿腹妝樓艷異編的袁隨園

一、袁子才的詩文及其人品

壹　滿腹粧樓艷異編的袁隨園

一　袁子才的詩文及其人品

在實齋心目中，袁枚是名教罪人，是一個敗人倫而傷風化的罪無可恕者。當然，袁枚招致當時及後人責備的原因很多，此中是是非非，很難有定論。不過袁氏爲人確有可議之處。袁枚自己也知道當時有不少的人對他不滿，他說：

> 余少時氣盛跳盪，爲吾鄉名宿所排。唯柴秀才名致遠、號南耕者，一見傾心。（隨園詩話卷十二）

> 人常言，其（袁枚）才高，可惜太狂。余道：非也。……曾贈德厚菴云：「不數袁羊與范汪，更從何處放眞長。驥雖力好終須德，人果才高斷不狂。」又有人言：某（袁枚）天分高，可惜不讀書。某精明，可惜太狂。余道：非也。……（同上補遺卷四）

時人批評他自負和狂妄，他却只承認才高和精明，否認狂妄與不讀書。事實上，他常有過分輕俊佻薄的言行，如云：

> 余少時自負能古文，而苦無題目；娶篷室多不愜意。故集中有句云：「論文頗似昇平將，娶妾常如下第人。」（同上補遺卷七）

本來論詩而竟談及自己娶妾的事，這豈是詩話的體例所當有的？無怪章實齋對他諸多不滿　。章氏「題隨園詩話」對他盡譏諷責罵之能事：

太府清風化列城，隨園到處有逢迎。但聞州縣經行處，陰訟無須法律評。江湖輕薄號斯文，前輩風規悞見聞。詩佛詩仙渾標榜，誰當霹靂淨妖氛。誣枉風騷悞後生，猖狂相率賦閒情。春風化樹多蜂蝶，都是隨園蠱變成。詩伯招搖女社聯，爭誇題品勝臚傳。不知秉鑑持衡者，滿腹妝樓艷異編。……公卿將相衆名臣，盡契隨園恐未眞。詩話推敲半無妄，大人自合愼歡嗔。堂堂相國仰諸城，好惡風裁流品淸。何以稱文又稱正，隨園詩話獨無名。（文史通義內篇五）

指斥袁子才逢迎、輕薄、標榜、猖狂、好色。只見於文史通義的攻擊袁枚的文字已有論文辨僞、婦學、婦學篇書後、詩話、書坊刻詩話後、題隨園詩話等篇；此外，在與友人通書信或讀書札記時，也常會對袁氏斥責，如「與吳胥石簡」（亦見文史通義），及丙辰劄記等處均有詆訶袁氏的地方。

文史通義內篇五婦學篇，對袁枚並未有明顯的指責，只是畧論婦學的源流，說婦學的項目有德、容、言、功四項，其初婦學僅行於卿士大夫，非齊民婦女皆知學；並認爲木蘭詞、孔雀東南飛，以及國風男女之辭，並是騷客詩人所擬。末段才有譏刺袁氏之意：指出坊妓之類畧有才學的傾城名妓，因屢接名流，始多酬答詩章，而禮法名門的閨閣，則不當有門外唱酬。如下列的一段話：

嗟乎！古之婦學，必由禮以通詩；今之婦學，轉因詩而敗禮。禮防缺，而人心風俗不可復言矣。夫固由無行之文人，倡邪說以陷之。彼眞知婦學者，其視無行文人，若糞土然，何至爲所惑哉！

就是指斥袁隨園的。至於「婦學篇書後」就罵得更顯明更厲害了：

若夫婦學之廢，人謂家政不甚修耳。豈知千載而後，乃有不學之徒，𢛁爲風趣之說，遂使閨閣不安義分，慕賤士之趨名，其禍烈於洪水猛獸，名義君子，能無世道憂哉！

詆袁簡齋以邪說蠱惑閨閣，敗壞名教，罪大惡極。

這是攻擊袁氏的招收女弟子而發。對於「隨園詩話」的不合著書體例，不當過分論述閨閣詩，文史通義對此又有「詩話」篇加以抨擊。「詩話」首先畧論詩話的歷史沿革，指出唐人詩話，初本論詩，後來才畧及他事；唯書旨雖不一其端，而期於詩教有益則一。前人詩話之弊，不過失是非好惡之公；今人詩話之弊，乃至爲世道人心之告。因此指摘隨園詩話「論貌」而不論詩之不當。並說：

古今婦女之詩，比於男子詩篇，不過千百中之十一。詩話偶有所舉，比於論男子詩，亦不過千百中之十一。蓋論詩多寡，必因詩篇之多寡以爲區分，理勢之必然者也。今乃累軸連篇，所稱閨閣，幾與男子相埒。甚至比連母女姑婦，綴合娣姒姊妹，殆於家稱王謝，戶盡崔盧，豈壼內文風，自古以來，於今爲烈耶？……且其敘述閨流，強半皆稱容貌，非誇國色，即詡天人，非贊聯珠，即標合璧。遂使觀其書者，忘其評詩之話，更成品豔之編，自有詩話以來所未見也。

我們試翻閱一下隨園詩話，也確實如章氏所說。故他罵隨園「斯人之所謂名，乃名教之罪人也。斯人之所謂名，亦有識者所深恥也。」「斯乃人倫之蟊賊，名教之所必誅。」高舉「名教」二字來責備袁氏之外，並指他空疏不學：

彼不自揣，妄談學問文章（原注：古文辭頗有才氣，而文理全然不通），而其言不類……彼空疏不

學，而厭漢儒，以為糟粕，豈知其言之為糞土耶？（詩話篇）

這就未免過分偏激，袁子才本無門戶之見，對漢儒宋儒無所謂厭惡或偏愛，我們在他的文集裏是可以找到證明的。詩話篇又說：

考據者，學問之所有事耳。學問不一家，考據亦不一家也。鄙陋之夫，不知學問之有流別，見人學問，眩於目而莫能指識，則概名之曰考據家。夫考據豈有家哉？……學問成家，則發揮而為文辭，證實而為考據。比如人身，學問其神智也，文辭其肌膚也，考據其骸骨也。三者備而後謂之著述。著述可隨學問而各自名家，別無所謂考據學與著述家也。鄙俗之夫……以私心妄議為著述家終勝於考據家……此為何許語耶？

這是指摘隨園所立「考據學」等詞之不通。隨園詩話卷十三「考據家不可與論詩」，確有「考據家」之類的名詞。可見文史通義對袁枚的駁斥，亦非毫無根據。實齋最後下了一個結論：

（隨園）詩話論詩，全失宗旨。

並在「書坊刻詩話後」指他為「傾邪小人」「其人不學無識，視學問如讐仇」等話，也是太偏激而且不是討論學問應有的態度了。

實齋對隨園深惡痛絕，肆意詆譏，幾乎因此對其他師友間的感情也有所影響。試看他的「論文辨僞」，開首便說：

大人君子，將以身繫天下之望，好惡不可不慎也。得一君子，而天下未即蒙其利；失一小人，而流毒

足以禍世矣。……朱竹君（筠）石君（珪）兩先生，一代文人之望，然善善不能惡惡，則不免有累。（文史通義外篇一）

題目明明是「論文辨僞」，爲甚麽一開始竟扯到朱氏兄弟不能眞正好惡的問題上來呢？原來朱筠（竹君）是實齋的座師，對實齋很不錯，實齋對他極愛戴，除這裏所述之外，從未有片字隻言畧表不滿。朱珪（石君）是朱筠的弟弟，實齋和他的交情也很不錯。在章氏心目中，自己的好惡應該就是朱氏兄弟的好惡；然而，如今自己深惡痛絕的袁簡齋，朱氏兄弟不特對他未能「惡」而且「好」，這就難免使實齋發牢騷了。試看他怎樣咒駡袁氏：

夫江湖清客，以俳優伎倆，逢迎貴顯，於義原無大傷。如某甲者，混厠清流，妄言文學，傅會經傳，以聖賢爲導慾宣淫之具，蠱惑少年，敗壞風俗人心，眞名教中之蟊賊，非僅清客之謂也……竹君先生天性坦易，平日固多汰許之病。石君先生似近方嚴，然亦嘗與此人書問往來。余疑問之。則云：狎客耳，何遽不容。噫！賢者如此。况他人乎？（同上）

文中雖並未明指袁枚，但「某甲」「此人」以及所敘一切情事，暗指袁枚，是毫無疑問的。因爲「論文辨僞」又載有這樣的一件事實：

石庵相公官江寧時，欲法誅之。可謂知所務矣。而竹君先生爲解脫之。遂令術逢顯要，登高而呼，號召無知士女，凡可以敗人倫而傷風化者，無所不爲。

這明明是指劉墉不滿袁枚認爲袁氏有佚蕩之嫌而欲誅他的事。劉墉字崇如，號石庵，又有皛齊、靑原、香巖、日觀峰道人等號。乾隆進士，由編修累官體仁閣大學士，加太子太保。善書。名滿天下。政治文章皆爲書名所掩。卒謚文淸，有石庵詩集（參淸史列傳卷廿六及歷代人物年里碑傳綜表）。這事，王昶湖海詩傳卷七袁枚條曾有記載：

今石庵相公在江寧時，聞其蕩逸。將訪而按之。子才投以二詩。公閱畢即請相見，頓釋前嫌。其詩得力如此。然謝世未久，頗有違言。吳君嵩梁謂：其詩，人多指摘。今予汰淫哇，刪蕪雜，去纖佻，淸新雋佚，自無慚於大雅矣。

石庵欲相逐的事，袁枚在隨園詩話補遺卷六有一段記載，對此事似欲加以辨護，說：

乾隆已丑，今亞相劉崇如先生（即劉墉石庵）出守江寧，風聲甚峻，人望而畏之。相傳有見逐之信，隰里都來送行。余故有世誼，聞此言，偏不走謁，相安逾年。公托廣文劉某要余代撰江南恩科謝表，備申宛欵。方知前說都無風影也。旋遷湖南觀察。余送行有一聯云：「月無芒角是先避，樹有包容鳥亦知。」不存稿，久已忘矣。今年公充會試總裁，猶向內監試王葑亭誦此二句。王寄信來云，故感而志之。

此外，小倉山房詩集卷二十一有「誤傳予避人歸杭州者賦詩曉之」（七律），卷廿二有「送劉石庵觀察之江右」（五古）畧云：「客秋當此時，蜚語羣相嗾。道公逐李斯，不許少逗留。果然逢俉言，風影皆訛謬。南國有表章，羣儒已製就。公獨掉頭言，必須某結構。」然而隨園詩話之類的記事每多不盡不實，不可盡信（參錢鍾書談藝錄）此處所記有否渲染潤飾等事，亦很難說。反過來說，實齋痛詆隨園不遺餘力。他在丙辰札記除了有「無恥妄人」一條外，如引譚友夏言山人一條，引方孟式、朱楚生論閨秀各一條，皆爲袁枚而發。因此，我們對實齋之說當然也不能完全接納的。

袁氏有小倉山房尺牘，實齋亦加以譏詆：

偶於坊間見某甲尺牘，因取閱之。則其書中如評論女色、爲人相妄、關說陰訟、爲妓求情……種種不堪汙目，不堪對人之事，津津如道佳勝……。內有與人一書，言杭州見朱侍郎石君，蒙其推許，謂古文有十弊，惟某甲能掃而空之。……某曰：此外尚有三弊，侍郎（朱珪）驚問。則曰：徵書數典，瑣屑零星，誤以注疏爲古文，一也；馳騁雜亂，自夸氣力，甘作麤才，二也。尚有一弊，某不敢言。侍郎再三詢之。乃云：寫說文篆隸，教人難識，字古而文不古，又一弊也。侍郎知有所指，不覺大笑。……其云：寫篆隸字教人難識，字古而文不古，此則明譏竹君（朱筠）先生。蓋先生中年，好以篆法行於楷書，自是一時癖性，原不可訓。然亦未嘗有害名義，存而不論可矣。某甲……論文而譏其作字，是品酒而譏及瓶罍，辨珠而訾其筐櫝矣。……此尤小人谿刻不情之明徵也。且是時竹君先生（朱筠）下世，石君先生（朱珪）君子人也，焉有對君子而以谿刻不情之說，妄譏其死兄，而且誣其弟之隨和者乎？（論文辨僞）

袁枚說朱珪（即文中所稱的朱侍郎石君）曾讚賞他「古文十弊能掃而空之」，是否事實，我們可不必細論，但隨園尺牘卷三「覆家實堂」及卷六（隨園三十六種冊十八、十九）與朱石君侍郎一函確有這話。從而可見，實齋隨時在找機會挑撥離間朱石君（珪）和袁隨園之間的感情的。後來朱石君寫信要袁枚把隨園集中的華言風語大加刪削，袁氏不表讚同（參小倉山房尺牘卷九答朱石君尙書，及附來書），實齋的挑撥似乎起了點作用。

總的來說，「論文辨僞」一文的主要作用有三點：

一、聲討袁枚，指他妄言文學，附會經傳，以聖言爲導慾宣淫的工具，爲名教中的蟊賊。

二、斥小倉山房尺牘內容多爲不堪對人的有傷風化之事。

三、辨朱侍郎（石君）並未讚賞袁氏的文章，並駁袁氏誤解李穆堂古文十弊之說。

這也是實齋指斥袁隨園文章之僞的主要點，實齋認爲袁氏僞在「生平最喜緣飾附會，藉人揚己，集中大半空中樓閣，烏有子虛，歷有明證，又不特此簡爲然也。」

朱石君多接近袁枚，章氏因此對他頗有怪責之意。章氏的友人吳蘭庭（胥石），因替「國朝二十四家古文」一書作序，而此廿四家中有袁枚在內，因此他對吳胥石竟也有怪責之意。他評擊「二十四家古文」說：

> 去年於吳閶見吳敬齋所撰刻之國朝二十四家古文，北上揚州，水程三日，往復觀之。噫！古文固不易言，自來評選之家，類多不解古文原委，豈敢輕加責備，但知亭林而不知梨州，知愚山堯峰湛園竹垞而不知西河念魯。且方望溪選至二十，而李穆堂寥寥七篇，已駭人矣。乃至陳繼儒李漁之所不忍爲不屑爲不敢爲之袁枚，亦入二十四人之數，豈但老子韓非同傳，亦且糞壤申椒共一室矣。嗚呼！衡文至此，曾不若三家村塾古文觀止、古文析義，庸惡陋劣，猶未得罪名教……而吾兄落落之度，竟不辭而爲之作序。春秋責備賢者，甚怪汰哉叔氏之専以禮許人也。（文史通義外篇三與吳胥石簡）

此下，實齋畧舉袁氏「與程蕺園論文」及「與友人論文」二文的「謬誤」（此二文見小倉山房文集卷十九、三十）——一、指袁枚空疏不學，疾學問如讐仇；二、責袁氏過分提倡性靈說，但惡天下有僞君子，因而倡言於衆，相率爲眞小人。因此說：「其（袁枚）所刻種種淫詞邪說，狎侮聖言，至附會經傳，以爲導慾宣淫之具，得罪名教，皆此書爲之根源。此等文字，方當請於當事搜訪禁絕之，猶恐或有遺留，爲世道人心之害。」後來，胡適之說：「袁枚的爲人，自然有許多不滿人意之處。但此人在那個時代，勇於疑古，敢道人之所不敢道的議論，自是一個富有革命性的男子。他論詩專主性情風趣。立論並不錯，但不能中衞道先生們的意旨，故時遭他們的攻擊。……實齋之攻袁氏，實皆不甚中肯。」（章實齋年譜嘉慶二年條）雖然，近人吳天任撰「胡著姚訂章實齋年譜商榷」不讚成胡先生的說法，但筆者以爲胡先生之說是相當客觀的。

不過，當時人對袁隨園加以駁斥的着實不少。現據錢鍾書先生談藝錄（頁二三二至三二一）畧舉數說如下：

一、趙甌北：有向巴拙堂控詞。

二、譚復堂：斥袁氏爲文妖，甚至以兆東南大亂斥之。

三、兪曲園：兪氏一生步趨隨園，但他的春在堂隨筆卷十論隨園紀遊冊亦甚不以子才之狎褻爲然。

四、淩次仲：校禮堂詩集有絕句四首。畧云：「自怯空疏論轉嚴，儒林文苑豈能兼。不聞盧駱王楊輩，朴學曾將賈孔嫌。」這類的詩，似即針對袁枚而發。

五、查梅史：篔谷詩集頗多指斥隨園的文字，至有明斥隨園爲風雅罪人者。

六、黃謙牧：夢陔堂詩集，亦頗多指摘隨園。

七、劉廣智：曾撰「詩話」一卷，詆袁簡齋（據楚庭耆舊遺詩後集卷八茶村詩話）。

八、戚鶴泉：景文堂詩集有袪惑五古一首，說：「臨汝有才子，二十聲騰騫。非吏亦非隱，車馬塡其門。

園亭恣游宴，姬侍供盤飧。名教有樂地，渠欲一力翻。人品不足齒，詩文亦何論。况觀所論著，無一究根源。腦脂遮俗眼，盡如古井眢。欲舉其人書，拉雜盡燒燔。淫邪義當闢，楊墨非有寃。」臨汝，是袁隨園郡望；如戚鶴泉者，亦可算是勇於衞道，嚴於嫉惡的人了。

九、王述庵：春融堂集、湖海詩傳，對袁氏都有不滿及譏詆之語。

十、王笠舫：綠雪堂遺文，譏袁氏爲文不盡不實。說他「粧點山林，逢迎冠蓋。其爲人也，兼諂與諂。則其爲書也，不盡不實，復奚足怪。」

雖然攻詆袁枚的人這麽多，但他的長處我們是不應遮掩的。章實齋對戴東原、汪容甫斥駡之外尚有推許，而對袁隨園則始終存在一種深惡痛絕的態度，這是甚麽原因呢？

二　攻擊袁枚的原因及袁氏的反響

「論文辨僞」裏有一段話很可以解釋一下實齋爲什麽攻擊袁隨園的原因：

昔者竹君先生視學安徽，幕中有妄人，出某甲門下者，戞戞自許，同列無不鄙之。其人出某甲爲乃父所撰墓誌，矜示於人。余時未識某甲（指袁枚）行徑，一見其文，遽生厭惡，指摘其文紕繆。其人怫然。竹君先生解之。陰謂余曰：流俗習弊已久，豈可以吾輩法度繩之。

實齋所指的「妄人」，我們不必細考是誰。但據原文可見他曾請袁枚（某甲）爲他父親寫墓誌，並拿這篇墓誌在友人之前炫耀，不料碰上了少所許可的章實齋，毫無顧忌的對此文加以指摘。章袁二氏的結怨似乎就是這樣開始的。

實齋寫「論文辨僞」是在嘉慶三年六十一歲的時候。嘉慶元年他五十九歲時寫過一篇「古文十弊」（參賓四師實齋文字編年要目），對當時人寫古文的弊端諸多指摘。例如：

三曰：文欲如其事，未聞事欲如其文也。嘗見名士爲人撰誌……乃倣韓昌黎之誌柳州也……未叙喪費出於貴人，及內親竭勞其事，詢之其家，則貴人贈賻稍厚，非能任喪費也；而內親則僅一臨穴而已，亦並未任其事也……。詰其何爲失實至此，則曰：「倣韓誌柳墓……。」是之謂削趾適屨……。

四曰：仁智爲聖，夫子不敢自居；瑚璉名器，子貢安能自定！……有江湖遊士，以詩著名，實亦未足副也；然有名實遠出其人下者，爲人作詩集序，述人請序之言曰：「君與某甲齊名，某甲既已弁言，君烏得無題品？」……自詡齊名，藉人炫己……是之謂私署頭銜……。

指摘誰人很難確考，但看文意，似頗有指摘袁枚之意。大抵在實齋心目中，號名家詩的，他的詩也不一定好，而如果「一涉於文，則市井科諢，纖佻儇俗，諸惡坌集」（文史通義與胡維君論文）則皆無是處了！實齋很強調「文必通人始能，而詩則雖非士流，皆可影附」（同上），他對袁氏的文章指摘，並不是偶然的。

然而，對於實齋的指摘，袁枚在文字上始終不加以辨駁。這原因也不難理解。孫星衍很爲隨園讚賞，在討論到考據的作用和價值（詳見後），袁枚回信竟有這樣的話：「前月接手書，爲考據二字，反覆辨詮，適（劉）霞裳在坐，讀之笑曰：不過要騙老人答書，以添兩家集中文字耳。僕亦莞然。」（小倉山房尺牘）可見隨園也是很自高身價的。

不過，在行動上，隨園對實齋很有可能加以間接的打擊。文史通義外篇三與胡雒君：

前撰「婦學」之篇請正，而賜正頗畧，恐尊意有所嫌而不盡其辭，故言此以解尊疑，如何如何？又區區之前，頗優於史，未嘗不受師友之益，而歷聘志局，頻遭目不識丁之流橫加彈射，亦必補錄其言，反覆辨正，此則雖爲文史通義有所藉以發明，而屢遭坎坷，不能忘情。

這裏雖沒有確鑿的證據，而頗有蛛絲馬跡可尋。胡虔（雒君）是頗愼重的人。「婦學」是攻擊隨園的文字中之措辭不算過火者。胡氏諒必不願牽入漩渦，故「賜正頗畧」。重要的一點是，在談及「婦學」之後，說到實齋歷聘志局而屢遭排斥。他在乾隆五十七至五十九年替畢沅修湖北通志，受到陳熷的指摘，反駁時指出駁斥自己的絕不止陳熷一人（詳見後），那麽攻擊實齋的幕後人是頗耐人尋味的。總之，袁枚相交滿天下，也頗負時譽，要間接予實齋以打擊，是輕而易舉的事。（又，實齋在嘉慶初年爲謝啓昆修史籍考受到杯葛，亦很可能係由於袁枚所慫恿——參拙作「史籍考修纂的探討」第二章第二節——新亞學報六卷一期。）

附帶說明一下：實齋攻袁的文字，較早的似乎是始於嘉慶元年丙辰。賓四師近三百年學術史第九章實齋文字編年要目嘉慶三年（實齋年六十）條下云：

是年……有立言有本，述學駁文，論文辨僞……諸篇。又通義有詩話，書坊刻詩話，婦學三篇，皆爲攻擊袁子才而發。詩話題注雜訂，三史同姓名錄序亦稱雜訂，乃是年作，疑詩話篇亦成是年。其他尚有……與吳胥石簡……均稱雜訂，疑均是年作品。又案：論學十規在丙辰（嘉慶元年），第十規即斥袁，已謂別有專篇聲討，則攻袁諸篇有成於丙辰前者。書坊刻詩話題注黜陋，又有方志辨體亦稱黜陋，乃丁巳

（嘉慶二）年作，疑書坊刻詩話亦或在丁巳也。婦學題注載藝海珠塵，不詳何年。（綿案嘉慶五年，實齋有「橫通」篇，亦有攻擊袁枚的地方。）

但二氏結怨却似甚早，前引「論文辨僞」中一段述朱筠（竹君）幕中一「妄人」出某甲（袁枚）爲乃父所撰墓誌，而實齋指摘其紕繆事，係在朱筠尚存之際，而朱筠卒於乾隆四十六年（參章實齋撰朱筠墓誌銘、別傳（章氏遺書卷十六，十八）及孫星衍所撰行狀，王昶所撰墓表等），可見袁章二氏交惡似頗早呢。

附：袁章二氏論學態度

實齋對簡齋恨之刺骨，二氏之論自然有大不相同處。以論學態度來說，我們試看實齋與吳胥石簡（通義外篇三）實齋指斥簡齋的一段話：

> （袁枚）與友人論文，則深戒文章須有關係，甚至言欲著不朽之書，必召崔浩之災。欲冒難成之功，必爲安石新法之厲。此其不可理解，直是驢鳴狗嗥。推源其意，　不過嫌人矯揉造作爲僞體耳。然不反其本，而但惡天下有僞君子，因而昌言於衆，相率爲眞小人。是其所刻種種淫詞邪說，狎侮聖言，至附會經傳，以爲導慾宣淫之具，得罪名教，皆此書爲之根源。

可見袁氏論學不喜人矯揉造作而但求性情之眞，故以才情爲本。章氏則求符合名教，故多言學問，如說：「毋論詩文，皆須學問。空言性情，畢竟小家。」（通義內篇五詩話）這是袁章兩人論學態度根本相異處。

因此，實齋屢罵簡齋爲「名教罪人」，並且指摘簡齋的攻擊考據實由於空疏不學之故。「與吳胥石簡」又說：

如與程蕺園論文（見小倉山房文集卷三十），以古文爲形上之道，考據爲形下之器。古文似水，非翻空不能見長；考據似火，非附麗於物，不能有所表見……。此直是瘋狂人作夢囈語，不但不識文理，並不識字畫矣。古人本學問而發爲文章，其志將以明道，安有所謂考據與古文之分哉？學問文章，皆是形下之器，其所以爲之者道也。……其謬不待辨也。大抵彼本空疏不學，見文之典實不可憑空造者，疾如讐仇，不能名之，勉強目爲考據，因而妄誹詆之。

其實，實齋對當時的考據風氣也是諸多不滿。他在這裏主要是反對袁枚「以古文爲形上之道　，考據爲形下之器」的說法而已，故實齋以「學問文章，皆是形下之器，其所以爲之者道也」去駁斥袁氏。可見二氏對論文態度也有不同的地方。

然而，二氏論學，相同的比相異者還多。賓四師近三百年學術史第九章，曾舉出主要的兩點：

一、六經皆史論——袁氏以爲古有史而無經，經之名係後起，和章氏說近似。稍異者：章氏求經世，故以爲不能徒好古，而須知當代；袁氏站在文學的立場立論，認爲六經亦即古聖人的文章，故文章應與時俱新。

二、簡齋「著作與考據」之說近於實齋「學問與功力之辨」——簡齋以爲：「著作」是主創造，憑虛而靈，恥言盜襲，是勞心者的成果；「考據」是主因襲，核實而滯，專事依傍，是勞力的成果。因此「著作」勝於「考據」。這和實齋「學問與功力」之辨也近似。（以上二說參賓四師原書第九章及附袁簡齋條）而二氏論學相似的地方，可以一言以蔽之，那就是：同能對當時經學潮流施以銳利的攻擊。

其次，近人錢鍾書先生在「談藝錄」一書裏列舉簡齋與實齋相契之說頗爲詳盡。其說大致有下列幾點：

一、論漢賦意見相似——隨園詩話卷一謂：古無類書志書字彙，故三都兩京賦，言木則若干，言鳥則若干，必待搜輯羣書，廣釆風土然後成文。洛陽所以紙貴，自是家置一本，當類書郡志讀耳。故成之亦須十年五年。使左思生於今日，必不作此種賦云云。章實齋文史通義「書坊刻詩話後」痛駁之，至斥子才爲一丁不識、一字不通之妄人。然文史通義文理篇謂：古鈎元提要之書，果何物哉！蓋不過尋章摘句，爲撰文之資助耳。如左思十年而賦三都，門庭藩溷，皆著紙筆，得即書之。今觀其賦，並無奇思妙想，動心駭魄。所謂得即書者，亦必標書誌義，先掇古人菁英，而後足以供驅遣爾。與隨園之說，又復大同。（見談藝錄頁二六零。）

二、論性靈、識力、學問，及著作與考據之別——隨園以性靈識力爲主，學問爲輔。（隨園）詩話卷六、補遺卷三，復重言申明著作與考據之別，一約一博。文集「與程蕺園書」亦闡此意。而實齋遺書原道下篇云：訓詁名物，將以求古聖之迹也，而侈記誦者，如貨殖之市矣。撰述文詞，欲以闡古聖之心也。而溺光釆者，如玩好之弄矣。博約上中下三篇畧謂：博聞多識，可以待問，未可以爲學。問是功力，學本性情。又引王氏致良知之說。說林謂：絕學孤詣，性靈獨至。又謂：考據之體，而妄援著作之義。又謂：文詞猶三軍，志識其將帥；文詞猶品物，志識其工師；文詞猶金石，志識其鑪錘；文詞猶財貨，志識其良賈。答問謂：獨斷高出於比次。立志有本篇謂：汪容甫有聰明而無識力，散於萬殊，而未能定於一貫。與周永清論文書謂：功力可假，性靈必不可假。爲梁少傳撰杜書山時文序謂：理出於識，學以練識。答沈楓墀論學謂：考訂、詞章、義理，即才學識，亦即記性、作性、悟性。諸如此類，與隨園議論不謀而合。（談藝錄頁三一四）。

三、經史之論——小倉山房文集史學例議序云：古有史而無經。尚書春秋，今之經，昔之史也；詩、易者，先王所存之言；禮、樂者，先王所存之法。其策皆史官掌之（參閱隨園隨筆卷二十四有史無經條，所引劉道原語，見道原通鑑外紀自序）。則文史通義六經皆史之說也（同上）。

四、言公——小倉山房文集釋名云：名非聖人意也。書詩之作，歌詠紀載，蓋以傳聖人之名，而非以自爲其名也。故堯典、禹貢、關雎、葛覃，皆不著作者姓名。作論語者，率無姓氏。則文史通義言公之旨也（同上）。

五、反對自矜所託，僞作師出名門有名無實者，及二氏立喻之相似——隨園詩話卷三云：詩稱家數，猶官稱衙門。衙門自以總督爲大，典史爲小。然以總督衙門之擔水夫，比典史衙門之典史，則典史雖小，尙屬朝廷命官，擔水夫衙門雖尊，與他無涉。今之學杜韓不成，而矜矜然自以爲大家者，不過總督衙門之擔水夫耳。小倉山房尺牘卷五與羅甥云：摹韓學杜，自負大家，則又如趙文華跨在太師門下，舉以傲人，而不知他人之門面，不足以爲自己之牌坊也。而文史通義內篇四說林云：王公之僕圉，未必貴於士大夫之親介也。而是僕圉者，出入朱門甲第，詡然負異，而驕士大夫曰：吾門大，學問不求自得。而矜所託以爲高，王公僕圉之類也。立喻一何相似（同上）。

上舉賓四師及錢鍾書先生論袁章二氏論學相同的地方，大體已盡於此。但還有一點是他們沒有注意到的：袁章兩人論文觀點畧有不同，前已述及；而袁章論文也有很相同的一點——同是反對著作文字而繁徵博引者。小倉山房尺牘卷六「與韓紹眞」有云：

古文之道，不貴書多。所讀之書不古，則所作之文亦不古。唐宋以來，唯韓柳能爲古文。然昌黎自言非三代兩漢之書不敢觀。懼其雜也，迎而拒之。柳子「與韋中立書」所引書目，班班可考。其得力處全在鎔鑄變化，純以神行。若欲自炫所學，廣搜百氏，旁摭佛老及說部書儳入，便傷嚴潔。

他如小倉山房文集卷十九答友人論文第二書也有反對作古文而廣徵博引之論，這和實齋「與孫淵如觀察論學十規」指摘孫氏的話沒有多大分別：

竊見執事序論諸篇，繁稱博引，有類經生對策，市廛揭招，若非恐人不知其腹笥便富。而於所指是非，轉不明豁。淺人觀之，則徒增迷眩，而無所解；深人觀之，則曰：吾取二三策，而餘皆可置勿論，毋乃爲紙墨惜歟？……經傳之外，旁證子緯百家，亡逸古書，博采他書所引，極爲考古之樂。近則誇多鬥靡，相習成風，賴識者能擇要耳。欲望高明稍加刪節，必云不能割愛，則裁爲小注，附於下方，姑使文風不爲蕪累，抑其次也。

實齋的這番話，假如不是由於針對當時的考據文學而發；便是因爲他自己讀書不多，記誦簡陋。不過他和簡齋一樣反對著作文字繁徵博引，却是顯而易見的。

貳　實齋對戴東原的譏責和評價

一　對戴東原的譏責

實齋在乾隆三十一年（二十九歲）春夏之交，已曾和戴東原接觸過。那時他的學問尚未成熟，對東原的印象還不太壞。是年，他有「與族孫汝楠論學書」，說：

往僕以讀書當得大意，又年少氣銳，專務涉獵，四部九流，泛覽不見涯涘。好立議論，高而不切；攻排訓詁，馳騖空虛。蓋未嘗不憪然自喜，以爲得之。獨怪休寧戴東原，振臂而呼曰：今之學者，無論學問文章，先坐不曾識字。僕駭其說，就而問之。則曰：予弗能究先天後天，河洛精蘊，即不敢讀元亨利貞；弗能知星躔歲差，天象地表，即不敢讀欽若敬授……僨重媿其言……可爲慚惕，可爲寒心！（章氏遺書卷二十二，文集七——商務本册三，頁三一四）

東原深爲當時學者交相稱譽，實齋亦頗爲其名望所震懾。不過實齋此時和同時代的學者論學亦多不相契，他說：「歸正朱先生（筠）外，朋輩徵逐，不特甘苦無可告語，且未有不視爲怪物，詫爲異類者。意氣寂寞，追憶曩遊，不覺涙下！」（同上引）可見他對上引戴氏的一段話，絕不是深信不疑的。後來他給信邵晋涵說：

丙戌（乾隆卅一年）春夏之交，僕因鄭誠齋太史之言，往見戴氏休寧館舍，詢其所學，戴爲粗言崖略，僕即疑鄭太史言不足以盡戴君。時在朱先生門，得見一時通人，雖大擴生平聞見，而求能深識古人大體，進窺天地之純，惟戴氏可與幾此。而當時中朝薦紳負重望者，大興朱氏，嘉定錢氏，實爲一時巨擘。其推重戴氏，亦但云訓詁名物，六書九數，用功深細而已，及見「原善」諸篇，則羣惜其用精神耗於無用之地，僕於當時力爭朱先生前，以謂此說似買櫝而還珠，而人言微輕，不足以動諸公之聽 。（答邵二雲書，文史通義補遺續——北京古籍出版社本）

這說明實齋在乾隆三十一年時，也並不以當時的負重望者以訓詁名物推重戴氏爲然了。他讚賞的是言義理的原善篇，此外則概多譏彈。例如譏詆東原在古文上的造詣：

戴東原之於訓詁，能識古人大體……詳審精密，南宋儒林諸公，擷長較短，未易優劣。元明數百年來無其人也。然戴氏識精……著述足以成家，而屬辭比事之文，則才非所擅，蓋史才經學之判也久矣。曲阜孔氏刻戴氏文集……多闌入狀誌傳記，文字本非所長，又矜心作意，欲出流俗，以鬱塞爲簡淨，以雜湊爲烹鍊，以俚喭爲樸老，以蛇足爲頰毫。白璧本自無瑕，何爲無疾而自灸哉！……比事屬辭，春秋教也。必具紀傳史才，乃可言古文辭……戴君之於史事，言之茫然，豈可爲古文辭乎？（章氏遺書外編卷一信摭）

這不特指東原不知古文辭，而且於史事也茫然無所知。他在「書朱陸篇後」又譏東原不知古文而高談濶論古文之道的荒謬（文史通義內篇二）：

其於史學義例，古文法度，實無所解；而久遊江湖，恥其有所不知，往往強爲解事……有請學古文辭者，則曰：「古文可以無學而能。余（戴東原）生平不解爲古文辭，後忽欲爲之，而不知其道，乃取古人之文反覆思之，忘寢食者數日。一夕忽有所悟。翌日，取所欲爲文者，振筆而書，不假思索而成，其文即遠出左國史漢之上。」雖諸馮（指馮廷丞等）敬信有素，聞此亦頗疑之……。

實齋說：這樣的理論，多麽詼怪，多麽妄誕而聳人聽聞啊！不過，實齋罵人有時似過分渲染，據段玉裁戴東原年譜，東原曾下過苦功學古文；那末，也許東原生前也曾和實齋爭論過古文辭的事，實齋不滿，才痛詆之也說不定呢。

此外，他又譏東原不知著書體例：

戴震於所著書，標題自署戴氏。蓋見詩禮注疏，於康成稱鄭氏也。不知鄭氏，乃唐人作正義而追題，非康成所自署。古人書不標名，傳之其徒，相與守之，不待標著姓氏，而始知爲某出也。戴君自命太過，而未悉古人體要，不知古書無是例也。又近人著書，自署題名曰某著某注可也，往往摹古而署爲某學，其意乃見何休公羊傳本標題，不知此亦後人追題，猶云某家之學爾。成家之學，唯後人分宗別派，可以某家某學稱之，本人不應據以自名。且所見尚多未足成家學者，亦題爲某人學，不亟歟！（章氏遺書外編卷四知非日札）

實齋熟悉著書體例，此處不特罵東原，連同時代所有犯此毛病的不少學者，也罵盡了。

前面說過實齋譏東原在古文辭的造詣時連帶說他在史事上一無所知，這因他們曾爭論過史事，而實齋以爲東原的理論和觀點毫不足取的緣故。乾隆三十八年癸巳在杭州時，東原和吳處士穎芳在言談間痛詆鄭樵通志，實齋因此大爲不滿（答客問上）。實齋以爲：馬班以後，專門之史學衰，後來的學者誤承流別，不再能瞭解古人著書之旨，此後的辭章家記誦家在史學上都循流忘源，不知大體；能眞知大體、眞知古人著書之旨的就是鄭樵。鄭樵的爲學態度和處境，和實齋頗相似，而且又是他生平佩服的學者之一，因此他非得駁斥一下東原不可：

> （鄭樵）慨然有見於古人著述之源，而知作者之旨，不徒以詞采爲文，考據爲學也……而獨取三千年來遺文故册，運以別識心裁，蓋承通史家風，而自爲經緯，成一家言者也。學者少見多怪……徒摘其援據之疏畧，翦裁之未定者，紛紛攻擊……。鄭氏所據在鴻綱，而末學吹求則在小節……鄭君區區一身，僻處寒陋，獨犯馬班以來所不敢爲者而爲之……末學膚受本無定識，從而抑揚其間，妄相擬議……豈不誣哉。
>
> （申鄭）

攻擊鄭樵的人「徒摘其援據之疏畧翦裁之未定者，紛紛攻擊」，「鄭氏所振在鴻綱，而末學吹求則在小節」，以這樣的態度去攻擊鄭樵並不難，以這樣的態度去攻擊實齋就更容易了。我們現在已不能考定東原在那時有沒有在口頭上以如此的態度去譏刺實齋，但實齋「援據之疏畧」的地方確實不少，只翻翻余季豫先生的「書章實齋遺書後」（見余嘉錫論學雜著下册）便可見一斑。至於「鄭君區區一身，僻處寒陋，獨犯馬班以來所不敢爲者而爲之」的著作態度，和實齋有何分別？因此實齋絕不能容許東原去譏刺鄭樵的。其次，東原當時在學術上的地位遠較實齋爲高，東原的言論很足以左右當時學者的見解，這更非駁斥不可；而實齋也頗自信，自謂對於「習俗浮議，頗有摧陷廓清之功。」所謂「習俗浮議」，就是指東原痛詆通志和一般學者受東原影響的言論。

實齋一生的時間幾乎主要花在爲人修地方志之上，清代學者也多數以替人修地方志糊口的。戴東原自然也不會例外。他們在史學上的見解不同，在修志上的見解也曾發生過爭辨，而且也是在乾隆三十八年。章氏遺書卷十四方志畧例一「記與戴東原論修志」說：

乾隆三十八年癸巳夏，與戴東原相遇於寧波道署，馮君弼（廷丞）方官寧紹台兵備道也。戴君經術淹貫，名久著於公卿間，而不解史學。聞余言史事，輒盛氣淩之。

此下記他們爭論的過程，大抵東原重沿革，以爲方志當統合古今，乃爲完書；實齋重文獻，以爲方志當詳近而畧遠。其次，東原把「名僧」歸之「古蹟」一門，因名僧必居古寺故；實齋指斥其非，以爲「古蹟」非志所重，不當自爲專門，故以爲名僧仍應入「人物」門。

這樣看來，似乎乾隆三十一年時，實齋對戴東原的印象還不壞，對東原「今之學者，毋論學問文章，先坐不會識字」的見解有點驚駭——這很難說是佩服還是覺得其言之詼怪。但到了乾隆三十八年在杭州寧波道署爭論對鄭樵通志的見解和對修志上的主張以後，二人的友情便更加急轉直下了！

實齋在給朋友的信中常對東原詆詈，和他友情很不錯的邵晉涵對此表不滿，實齋於是致書申辨：

來書於戴東原自稱原善之書欲希兩廡牲牢等語，往復力辨，決其必無是言 。足下不忘死友，意甚可感！然謂僕爲浮言所惑，則不然也。戴君於足下相得甚深，而知戴之深，足下似不如僕之早。……唯僕知戴最深，故勘戴隱情亦最微中，其學問心術，實有瑕瑜不容掩者。已別具專篇討論 ，篋藏其稿，不敢示人，恐驚曹好曹惡之耳目也。至於「兩廡牲牢」等語，本無足爲戴輕重……足下疑其言之卑鄙，不似戴平日語，此說似矣。抑知戴氏之言，因人因地因時，各有變化，權欺術御，何必言之由中。以僕親聞，更有甚於此者，皆可一笑置之，固不必執以爲有，亦不必辨以爲無也。夫子之教，必使言行相顧，宋儒：綱常倫教：莫不躬行實踐，以期於聖賢也。……戴之踐履遠遜宋人，乃其所以求異於釋老耶？是則闢釋老者，固便於言是行非者也。此則戴之癥結，若「兩廡牲牢」，人固知其以口給也……。吾輩辨論學術，當有關於世道……戴氏騰之於口，則醜詈程朱，詆侮董韓，自許孟子後之一人，可謂無忌憚矣。然而其身既死，書存而口已滅，君子存人之美，取其書而略其口說可也；不知誦戴遺書而得其解者，尚未有人，聽戴口說而益其疾者，方興未已，故不得不辨也。……有謂「異日戴氏學昌，斥朱子如拉朽」者矣。…漢儒言「仲尼沒而微言絕，七十子喪而大義乖」，蓋言經典存文，不如口耳之授受也。今之尊戴而過者，亦以其法求戴遺言，不知其筆金玉而言多糞土，學者宜知所抉擇也。……僕之攻戴，欲言別瑕而擇其瑜，甚有苦心，非好爲掎摭也。或謂戴氏生平未嘗許可於僕，僕以此報怨者，此則置之不足辨也。……足下嘗許僕爲君家念魯身後桓譚，僕則不敢讓也，今求僕之桓譚，舍足下其誰與！……而顧嘿嘿引嫌，不敢一置可否，豈不惜哉！（答邵二雲書，北京古籍出版社本文史通義補遺續。並參賓四師近三百年學術史頁二三三）

據實齋的話，原來東原是一個心術很不好的人，言行不顧，言是行非，行不踐言；東原的言論往往因人因地因時而異（可見戴氏在早年則推崇宋學，後期則反宋學罵朱子，實齋似已知之）。他痛斥東原，是由於東原言行不一致，心術太壞，足以影響世道人心。另一方面，他也不否認東原在學術上有一定的成就，因此說「僕之攻戴，欲人別瑕而擇其瑜。」其次，據此函亦可看到：當時圍攻實齋者很不少，所以邵二雲雖是他的好友，也不敢或不願袒護他爲他說幾句話，甚至怪實齋攻擊東原係聽信浮言云云，此實齋所以有怨言之故也。

他致書史餘村的時候，也曾述及因抨擊戴東原幾乎與邵二雲鬧翻，以及譏戴學識未通方，心術不正，申明抨擊東原係爲「世道人心，名教大義」的緣故等事。他說：

僕與邵先生書，有論戴東原語……邵先生正辭厲色，爲戴辨誣，其意不忘死友，眞古人之用心，惜其猶未達也。近三四十年，學者風氣，淺者勤學而闇於識，深者成家而不通方，皆深痼之病，不可救藥也。……僕爲戴先生言：「戴氏學識雖未通方，而成家實出諸人之上，所可惜者，心術不正，學者要須愼別擇爾。」邵先生深以僕爲知言。……而來書辨戴，猶恐僕惑浮言…僕答書頗申委曲，僕無私心勝氣，世道人心所係，名教大義所關，蓋有不得已於中者，非好辨也。僕…生平從無二言歧說，心之所見，口之所言，筆之所書，千變萬化，無不出於一律。……言有萬殊，理無二致。自謂學問之中，即此亦可辨人心術；而竊怪今之議學問者，往往不求心術……戴氏好闢宋學，其說亦豈無因！……戴氏力闢宋人，而自度踐履萬不能及，乃併詆其躬行實踐，以爲釋老所同，是宋儒流弊，尚恐有僞君子，而戴亦反（案：此句疑有脫誤），直甘爲眞小人矣。（與史餘村，同上；並參賓四師近三百年學術史頁三三四）

東原的言行是否一致，心術是否不正等問題，確是値得使人懷疑的事。王靜安先生曾指斥東原校水經注全采全祖望趙一淸之說，責備他學於江愼修而對江竟呼爲「婺源老儒江愼修」，這些問題的是是非非自不能輕下結論（參戴東原全集——安徽叢書第六期——許承堯序，梁任公著「戴東原」，魏源趙校水經注跋——見周壽昌益堂日札，楊守敬水經注疏要刪序，王國維觀堂集林聚珍本戴校水經注跋，及吳天任章實齋年譜商榷等文。），但空穴來風，未必無因。東原早年頗好宋學，後期才詆宋儒。實齋說他「好闢宋學，其說亦豈無因」，也頗耐人尋味。賓四師說：「東原在四庫館，盜竊趙東潛校水經注，僞謂自永樂大典輯出，以避榮寵，其心術可知。時紀曉嵐主館事，紀固好詆宋者，東原疏證，儻亦有牛鼎之意乎。」又說：（實齋屢斥東原心術，今永樂大典本水經注行世，東原攘竊趙書一案坐實，大可爲實齋說添有力之佐證矣。」（近三百年學術史頁三二二，三三四）然則他之闢宋學並不全是個人在學術觀點上的轉變，而可能有投機取巧的成分存在了！固然，學術上的造詣和私人事蹟應分別而論，但正如實齋所說：「竊怪今之議學問者，往往不求心術，不知將以何者爲學問，而所爲學與問者又將何所用也！」（與史餘村）那麽，對於東原這方面的事，又怎能諱而不論呢？

二　實齋深知戴學

戴東原深爲乾嘉學者所推重，不失爲成一家言的偉大學者。但當時人讚賞東原的，僅在其訓詁名物六書九數。及實齋出，則獨持異議：

在朱先生（筠）門，得見一時通人，雖大擴生平聞見，而求能深識古人大體，進窺天地之純，惟戴氏可與幾此。而當時中朝薦紳負重望者，大興朱氏（筠），嘉定錢氏（大昕），實爲一時巨擘，其推重戴氏，亦但云訓詁名物，六書九數，用功深細而已。及見「原善」諸篇，則羣惜其用精神耗於無用之地，僕於當時力爭朱先生前，以謂此買櫝而還珠，而人微言輕，不足以動諸公之聽。（答邵二雲書——文史通義補遺續）

以爲東原最大成就厥在「原善」等篇言義理的著作——而這些著作，當時人却多不賞識，「皆視以爲光怪陸離，而莫能名其爲何等學；譽者既非其眞，毀者亦失其實，強作解事而中斷之者，亦未有以定其是也。」（與史餘村）因此實齋很自負，以爲只有他自己才深知戴學，即使曾爲東原辨護與東原交情深厚的邵二雲，亦未眞知東原之學。

實齋又寫有「朱陸」篇，指出戴學出於朱熹而攻朱熹，實飲水而忘其源。說：

今人有薄朱氏之學者，即朱氏之數傳而後起者也。其與朱氏爲難，學百倍於陸王之末流，思更深於朱門之從學，充其所極，朱子不免先賢之畏後生矣，然究其承學，實自朱子數傳之後起也，其人亦不自知也。而世之號爲通人達士者，亦幾幾乎褰裳以從矣。……無如其人慧過於識，而氣蕩乎志，反爲朱子詬病焉，則亦忘其所自矣。（文史通義內篇二朱陸）

實齋又指出，東原對朱熹，其初未曾肆意排斥；其後始公然排詆，且漸漸形成苟不斥朱即不得爲通人的壞風氣（參賓四師近三百年學術史第八章）。實齋又說：

其人於朱子，蓋已飲水而忘源，及筆之於書，僅有微辭隱見耳，未敢居然斥之也，此其所以不見惡於眞知者也。而不必深知者，習聞口舌之閒，肆然排詆，而無忌憚，以謂是人而有是言，則朱子眞不可以不斥也。故趨其風者，未有不以攻朱爲能事也。非有惡於朱也，懼其不類是人，即不得爲通人也。（同上）

文中的「其人」「是人」等字樣，都是指戴東原。據朱陸篇原文，似乎寫於東原未卒之前。東原下世後十餘年，約在乾隆五十四年之間（東原卒於四十二年），實齋又撰「朱陸篇書後」一文，一方面指摘他「心術未醇，頗爲近日學者之患」，另一方面又讚賞他的學問「深見古人大體，不愧一代鉅儒」，並細加分析他所作「

原善」諸篇的好處：

戴著論性原善諸篇，於天人理氣，實有發前人所未發者，時人則謂空說義理，可以無作，是固不知戴學者矣。戴見時人之識如此，遂離其奇說曰：「余於訓詁聲韻天象地理四者，如肩輿之隸也。余所明道，則乘輿之大人也。當世號爲通人，僅堪與余輿隸通寒溫耳」。言雖不爲無因，畢竟有傷雅道，然猶激於世無眞知己者，因不免於已甚耳，尚未害於義也。其自尊所業，以謂學者不究於此，無由聞道。不知訓詁文物，亦一端耳。古人學於文辭，求於義理，不由其說，如韓歐程張諸儒，竟不許以聞道，則亦過矣。（名史通義內篇二書朱陸篇後）

指出在東原不甘爲轎夫，而欲以考據——訓詁聲韻天象地理四者——求義理，是確切之論；和段玉裁之說：「六書九數等事，如轎夫然，所以舁轎中人也。以六書九數等事盡我（東原），是猶誤認轎夫爲轎中人也。」（戴東原集序）不謀而合。乾隆三十一年實齋聽了東原的一句話：「今之學者，毋論學問文章，先坐不曾識字。」（見前引與族孫汝楠論學書）而大感驚駭，後來細加分析，才覺得這句話未免過份偏激。因此實齋不同意東原「學者不究於此（指訓詁聲韻等四事），無由聞道」的主張。關於此點，可再參閱他的「又與正甫論文」的說法：

近日言學問者，戴東原氏實爲之最，以其實有見於古人大體，非徒矜考訂而求博雅也。然戴氏之言又有過者。戴氏言曰：誦堯典，至乃命羲和，不知恒星七政，則不卒業；誦周南召南，不知古音則失讀……戴氏通訓詁，長於制數，又得古人之所以然，故因考索而成學問，其言是也。然以此概人，謂必如其所舉，始許誦經，則是數端皆出專門絕業，古今寥寥不數人耳。猶復此糾彼訟，未能一定，將遂古今無誦五經之人，豈不誣乎？（章氏遺書卷廿九，外集二）

可見他對戴東原「今之學者，毋論學問文章，皆坐不曾識字」這句話的印象很深，初則感覺驚駭，後來越想就越不表讚同，而成爲攻擊東原的對象之一。然而，東原最可取的地方在有見於古人大體而非徒矜考訂，故能言學問，這是當時一般論考據的學者萬難企及的地方。這點却是實齋一再稱許他的。

論實齋者，頗有誤會他偏愛宋學，而不容許糾正宋儒，誤會他之罵戴震亦係由此之故；其實他並非不許人糾宋儒之謬，他只是反對趨風氣者的盲從附和對程朱亂加排詆罷了。請看他的話：

> 戴東原訓詁解經，得古人之大體，衆所推尊。其原善諸篇，雖先夫子（朱筠）亦所不取，其實精微醇邃，實有古人未發之旨，鄙不以爲非也（原注：姚姬傳並不取原善，過矣。）戴君之誤，誤在詆宋儒之躬行實踐，而置己身於功過之外。至於校正宋儒之訛誤可也，並一切抹殺，橫肆詆訶，至今休歙之間，少年英俊，不罵程朱不得謂之通人，則眞罪過！……然戴實有所得力處，故原善諸篇，亦不容沒。（又與朱少白，章氏遺書補遺）

宋儒躬行實踐有什麼不好？宋儒之訛誤何嘗不可糾正？可見實齋批評東原，很多地方都是相當中肯的。

其次，實齋很讚賞戴氏爲學不默守的態度。

戴東原集卷十一有「鄭學齋記」一文。鄭學齋是王昶的校書室名。乾隆廿四年己卯，王氏請東原爲他的鄭學齋寫一篇「記」，這篇文章充分表現了東原爲學不默守，不專守一師的開明態度：

王蘭泉舍人爲余言：始爲諸生時，有校書之室曰鄭學齋，而屬余記之。今之學者　，說經能駸駸進於漢，進於鄭康成氏，海內蓋數人爲先倡，舍人其一也。有言者曰：宋儒興而漢注亡。余甚不謂然。方漢置五經博士……鄭氏卓然爲儒宗。……及唐，承江左義疏……故廢鄭學，乃後名鄭學，以相別異。而鄭之三禮詩箋僅存，後儒淺陋不足知其貫串羣經以立言，又苦義疏繁蕪，於是競相鑿空。朱子嘗：謂王介甫新經出，士棄注疏不讀，卒有禮文之變，相視茫如。夫自制義以來，用宋儒之說，猶之奉新經而廢注疏也。（東原集卷十一鄭學齋記）

這裏雖有糾正宋儒訛誤的地方，但却是持平之論，更非一切抹剎。因此實齋絕未加以譏刺，且表讚賞。東原又說：

然曲士拘儒一聞曰鄭學，必驚顧而狂駭。或說之曰：是專守一師，以精其業也。或曰：是好古以自名其學也。皆偏曲之論，不足語學！學者大患在自失其心，心全天德制百行　。不見天地之心者，不得已之心。……由六書九數制度名物能通乎其詞，然後以心相遇，是故求之茫茫空馳以逃難岐爲異端者，振其槁而更之，然後知古人治經有法，此之謂鄭學。（同上）

這樣的爲學態度，是實齋一向所主張的。乾嘉學者推崇鄭玄達於極端，頗有「寧道周孔誤，勿言馬鄭非」的風氣，東原却能一反此種時尚，所以實齋有「鄭學齋記書後」一文大讚東原的這番理論：

戴東原云：鄭學微而始以鄭氏名學，其說洵然。…戴君說經，不盡主鄭氏說。而其「與任幼植書」則戒以輕畔康成。人皆疑之。不知其皆是也。大約學者於古未能深究其所以然，必當默守師說；及其學之既成，會通於羣經與諸儒治經之言……於是得古人大體，而進窺天地之純，故學爲鄭，而不敢盡由於鄭，乃世之學者喜言默守，默守固專家之習業，然以默守爲至詣，則害於道矣。（文史通義外篇二）

實齋以爲：眞正能好古，能以鄭康成爲師的，必須有東原的這種態度才可，只可惜當時不少學者都僅知默守而不曉變通。默守會引致怎樣的弊端呢？實齋說：

黠者既名鄭學，即不勞施爲，常安坐而得十之八七也。夫安坐而得十之七八，不如自求心得者十之一二矣。而猶自矜其七八，故曰德之賊也。惟默守者流，非愚則黠。（同上）

默守將僅能沿襲而不能有所發明，必爲前人的成就所局限。這也近於實齋所提出的「學問與功力」的分別，默守者必是無見於古人大體，只能算是功力，而非學問（參賓四師近三百年學術史第九章；及章氏遺書卷廿九，又與正甫論文）。故實齋說，與其默守而得十之七八，不如「自求心得者十之一二」。但是，如果學問距離成熟階段還遠，對於古學未能深究其所以然之時，就必當暫時默守師說。因此實齋以爲東原這一說法容易引起「淺見寡聞」者的誤解，故特爲之辨析：

任氏（幼植）銳思好學，非荒經蔑古者也。然未能深有得於古人，而遽疑鄭學，此戴君之所以深懼也，故又以爲戒耳。然墨守之愚及墨守之黠，與乎愚心自是而不爲默守者，各執似是之非以詰戴君，戴君將反無辭以解。故曰：非好學深思，心知其意，難爲淺見寡聞者道也。（同上）

文中的「任氏」即任幼植，名大椿（章氏遺書卷十八有別傳）。東原在乾隆廿五年又有「與任孝廉幼植書」（東原集卷九），亦甚爲實齋所欣賞，說：「其與任幼植書，則戒以輕畔康成。人皆疑之。不知其皆是也。」

由章氏推崇東原的「原善」等篇文字及其爲學態度兩點來看，實齋確是較乾嘉學者們更深知戴學的。對實齋的「鄭學齋記書後」一文，賓四師批評得最好：

實齋此文，發明戴氏治學精神極深切。戴派學者固知通經貴在明道，而所以通經者又不尚默守，故於訓詁名物度數，咸能貫串羣經以求一是，又不敢師心蔑古，空談勦說，故雖東原強恕推情之教者，猶必以研古治禮爲歸。綜此諸端觀之，可以悟戴學流衍所以終滙於訓詁名物制數之所以然也。（近三百年學術史，頁三七一）

實齋的一再推重東原「原善」等言義理的文字，大概就是欲彌補「戴學流衍終滙於名物制數」的緣故，實齋說：「僕之攻戴，欲人別瑕而擇其瑜，甚有苦心，非好爲掎摭也。」（與邵二雲書）似乎並非盡爲自己辨護而確是出於眞誠的一句話。

叁　白眼逢人百不識的汪容甫

一　對汪氏的譏評

汪容甫出身於貧寒之家，少爲書傭，在艱苦的環境下研究經史百家，卒卓然有所成。他的爲人，頗有幾根傲骨頭，而心高氣傲，當時學者稱道他「凌轢時輩」，其實他何嘗不自以爲如此。約在乾隆三十六及四十年時，洪北江有「送江都汪中歸里」及「送汪秀才中歸里」二詩：

汪生手携萬言策，賣書橋下曾相值。公然出語爭錙銖，白眼逢人百不識。（附結軒詩卷二，參呂培等編洪北江年譜）

不敢居鄉里，來遊戀友朋。狂名偏自慰，絕業許相矜。我病心無竅，君愁眼有稜。明朝風雲路，應亦厭飛騰。（同上卷七，參北江年譜）

又，更生齋文集卷四「書三友人遺事」說：

汪中：肄業安定書院，每一山長至，輒挾經史疑難數事請質，或不能對，即大笑出。沈編修志祖、蔣編修士銓、皆爲所窘。沈君本年老，後數日即卒，人遂以爲（汪）中致之，共目之曰狂生。……中爲文及詩，格度皆謹飾過甚。余怪問之。中曰：一世皆欲殺中，倘筆墨更不謹，則墮諸人術內矣。

可見汪中確是「狂」得可以。後來，汪中的兒子喜孫對洪北江的話雖畧有辨駁（見孤兒編卷三，江都汪氏叢書冊十），但參之其他人對汪氏的記載（如王昶春融堂集墓碣，孫星衍五松園文稿汪中傳等）汪中常因狂妄而開罪他人是無可諱言的事實。

其次，看汪喜孫容甫年譜乾隆四十五年（卅七歲）、四十九年、五十二年、五十四年等處，可見汪中和孫淵如接觸甚密，交情甚好，而孫氏却是實齋所不喜歡的。至於汪中和實齋持論不合，則汪喜孫也是承認的：

翁閣學方綱，好金石文字，先君持論不合。同時袁知縣枚、章進士學誠、張舍人塤，並以詩文名，先君辨論無所讓。阮督部元序述學，以爲先君孤秀獨出。是其證也。（容甫年譜五十二年條）

汪章二氏持論不合，爭執得很劇烈。洪北江有「歲暮懷人詩」（卷施閣詩卷十五）其中一首述及實齋和容甫的事：

鼻窒居然耳復聾，頭銜應署老龍鍾。未妨障麓留錢癖，竟欲持刀抵舌鋒（原注：君與汪明經中議論不合，幾至揮刃。）獨識每欽王仲任，多容頗詈郭林宗。安昌門下三年住，一事何嘗肯曲從（原注：君性剛鯁，居梁文定相公寓邸三年，最爲相公所嚴憚。）

二人都素來自負而狂，無怪議論不合幾乎揮刃相向了！然而他們爭論的是甚麼呢？卷施閣集卷八「有入都者偶佔五篇寄友」，第三篇章進士學誠云：

自我居京華，令我懶作文。我前喜放筆，大致固不淳。君（實齋）時陳六藝，爲我斧與斤，不善輒削除，善者爲我存。儀眞有汪中，此事亦絕倫，藐視六合間，高論無一人。前者數百言，並致洪與孫（指孫星衍），勗其肆才力，無徒嗜梁陳。我時感生言，一一以質君。君托左耳聾，高語亦不聞（原注：君與汪論最不合。）君於文體嚴，汪於文體眞，筆力或不如，識趣固各臻。別君居三載，作文無百幅，以此厚怨君，君聞當瞪目。

原來他們爭論的是古文辭。實齋論文，無論在體裁、法度或義例方面都極嚴謹苛刻，洪北江說「自我居京華，令我懶作文」云云，就是表示聽了實齋的議論後不敢輕於下筆的緣故。汪中的文章，如「廣陵對」「哀鹽船文」等在乾嘉之際是膾炙人口的，在「文名」方面，章也遠不如汪。汪中也是少所許可的人，他對實齋的文章似曾譏彈過，因此而引起實齋的反擊。章氏遺書卷廿九外集二「又答朱少白」：

先生家傳，不久定當屬草。聞墓誌頗爲外人譏彈，有從先生遊者，其才甚美，學問雖未成家，記誦則甚奢富，亦能爲古文辭，尤長辭命。僕向以爲畏友，近見之於湖湘間，與之談欸，一妄人耳。文既遜於往日，言大而不知慚，切而按之，枵然空落而無所有。此人非不用功者也，有才無識，不善用其所長，激以名心，鑿以私智，久遊江湖，客氣多而志不遜也。向欲使撰先生事狀，今似可不必矣。夫以彼之甚才而美，又加十許年之功力，不但無進而反有遜者，傲與慢也…此人才華，傾倒一世士矣。能窺其微，而知其不足畏者，前有邵先生，近日有沈楓墀耳。僕必灼見其謬而始知，甚媿見晚二君也。此言並質二君，勿他宣也。

朱少白是朱筠的兒子，名錫庚。信裏說「聞墓誌頗爲外人譏彈」，所謂「外人」以及下文的「淮揚間人」都是指汪中（參本港某報副刊藝林版柴德賡所撰「章實齋與汪容甫」一文，一九六三年四月七日、十四日及廿一日）。朱筠卒於乾隆四十六年，而實齋說「以彼之甚才而美，又加十許年之功力…」可見這信似乎寫於乾隆五十六七年之間。柴德賡說：「書中說『見之於湖湘間』，時間當在乾隆五十三年到武昌以後」，應當是不錯的。

實齋這封信引邵晉涵、沈楓墀二人作證以見汪中之謬，是不盡不實的，但實齋對容甫顯然極不滿，故要求朱少白不要請他作朱筠行狀。

我們試分析一下章汪二人的結怨究竟始於何時？章汪二人的共事關係有三次：一、乾隆卅六年朱筠任安徽學政之時；二、朱筠卸任後，容甫被推荐給馮廷丞，而實齋與馮係舊交，故章汪又曾一度同在馮幕中，但二人相見及論學的機會似甚少；三、乾隆五十二年實齋因周震榮的介紹至畢沅幕中，爲畢修史籍考、續資治通鑑及湖北通志等書，五十四年，容甫亦投靠畢沅，爲畢撰漢上琴台之銘、黃鶴樓銘等頗負盛譽的文章。

總觀兩人三次共事關係，第一二次接觸的機會似甚少，說不上有甚麼交情或恩怨。第三次在畢沅幕中，二人就似乎因種種情事而成讐隙了！上面引述過的罵汪氏的「又答朱少白」約寫於乾隆五十六年之間；此外訶詆容甫的文章如「立言有本」「述學駁文」都寫於嘉慶三年實齋六十一歲而容甫已下世的時候 。可見二人的結怨，主要是在乾隆五十四年共事於畢沅幕中時開始的。

然而。柴德賡「章實齋與汪容甫」一文，却似乎認爲二人的結怨在乾隆五十二年以前已開始，因爲汪喜孫撰容甫年譜在這一年之下已有章學誠與汪容甫持論不合的記載，並說：「先君一飯不忘，常疾當世文人之負恩者，作『責平原君客文』，惜畢尙書坐上之客未之見也。」柴氏因此說：

> 我對這句話早已蓄疑，不知他指的是誰。「責平原君客文」未見，當是指平原君客投奔信陵君事。平原君是誰？客又是誰呢？但這個客是畢尙書坐上之客，這倒可以注意。汪中卒於乾隆五十九年，這時畢沅還在，當然不會指畢氏客負畢。估計此事當是指朱筠馮廷丞門下客。朱馮舊客此時在畢沅幕中的，汪本人之外，只有實齋。喜孫得之於家庭口語，自有所指。

如果說實齋從朱筠門下改投馮廷丞，又從馮處改投畢沅該痛加指責的話，汪中自己也是如此，又如何能以此責人？柴氏此說誤。至於容甫年譜乾隆五十二年之下有記實齋與容甫持論不合一事 ， 那或是因記載翁方綱、袁枚、張塤諸人與容甫皆有歧見而連帶述及而已。

江都汪氏叢書册六廣陵通典後附汪中年表，乾隆五十四年（四十六歲）云：

> 先君於是年，爲畢督部策問湖廣地理沿革，研貫地志，致爲精核。（並參容甫年譜）

可見汪中生前似亦頗以擅於地志自負，看他花了不少力氣撰寫廣陵通典 ， 確足證汪容甫對地志實有濃厚的興趣，然則他對實齋的湖北通志是否放在眼內又是不待言的了。

因此，筆者推測章汪二人的結怨主要是始於乾隆五十四年以後。

實齋最熟悉著書體例，他攻擊汪中也從這方面下手。如譏述學一書分內外之不當，云：

> 汪氏之書，不過說部雜考之流，亦田氏之中駟，何以爲內篇哉（原注：古人著書，凡內篇必立其言要旨，外雜諸篇，取與內篇之旨相爲經緯，一書只如一篇，無泛分內外之例。）觀其外篇，則序記雜文，泛應辭章（代畢制府黃鶴樓記等亦泛入。）斯乃與述學標題如風馬牛，列爲外篇，以擬諸子，可爲貌同而心異矣。雖然，此正注之所長；使不分心於著述，固可進於專家之業也。內其所外，而外其所內，識力諳於內，而名心騖於外也。惜哉！（文史通義外篇一立言有本）

這是一針見血之論。「述學」外篇序記雜文泛應辭章之類（如漢上琴臺之銘、黃鶴樓記等），確與「述學」毫不相涉；古人著書分內外篇必有密切關係，故古人書雖分內外篇但却只如一篇，就是這個道理。即如實齋的文史校讐二通義，有內外篇之分，而其外篇的言論都是與內篇相爲經緯的。實齋自述其二通義之旨：「文史爭義例，校讐辨源流」（與孫淵如論學十規）。試看文史通義外篇的第一篇「立言有本」，雖然大罵汪中，但却都是爭辨著書義例的。

然而，汪中原本計劃著作的「述學」是閎遠的。他說：「中之志乃在述學一書，文藝又其末也」（述學別錄與端臨書）。其後「述學」一書並未完成，今傳的述學內外篇，不過是散文集子罷了。他爲什麽把這文集名爲述學呢？

> （述學）屬稿未成。久之，以平日論撰之文次序述學內外篇，刊行於世。喜孫（容甫之子）竊謂：文

集之名始見阮孝緒七錄。先是，周秦諸子並以文之純疵，篇分內外，當時不自爲序目，以俟後儒論定。先君著書體例精嚴，故不與今世文集相符。（汪喜孫孤兒編卷二，江都汪氏遺書冊十）

他的兒子申辨的話難免有偏坦之嫌，但汪中把自己的文集名爲述學是有用心，這點却顯而易見。劉端臨說：

君搜輯三代兩漢學制，以及文字訓詁度數名物有關於學者，分別部居爲述學一書，屬稿未成，更以平日讀書所得，及所論撰之文，分述學內外篇。（劉端臨遺書卷八容甫君傳）

最可見得他把文集命爲「述學」的原故。只是汪中爲文過於謹嚴（他的兒子汪喜孫和他却截然不同），眞正有關述學本旨的文字不多，後來就不自覺的把頗負時譽而與述學本旨無關的文字如漢上琴臺之銘等也收在述學一書中，因而引起實齋的譏刺而已。

實齋又認爲「述學」內容駁雜，即辭章亦不足取，這都是因汪中無「著書之旨」和「不知宗本」的緣故。而其中最重要的一點就是提出了「宗本」問題。現在先分析一下甚麼是「宗本」？實齋說：

汪氏晚年，自定述學內外之篇。余聞之而未見，然逆知其必無當也。蓋其平日談經論史，燦然可觀，甚有出於名才宿學之所不及，而求其「宗本」，茫然未有所歸。故曰：「聰明有餘，識不足也。散萬殊者爲聰明，初學之童，出語驚其長老，聰明也。等而上之，至於學充文富，而宗本尚未之聞……。今有文章如入萬花之谷，學問如窺五都之市，可以媿奄陋而箴鄙僿矣。問其何以爲言，不能答也……舍學識而空言宗本，是窶子據空室而指其門闥以爲家也。博學能文，而不知宗本，是莞庫爲人守藏，多財而不得主其財也。（立言有本）

實齋是這樣提出宗本問題的，可見一個學者知「宗本」與否，關係其成就是多麽鉅大！柴德賡「章實齋與汪容甫」一文分析上引的一段話並解釋「宗本」的含義云：

這段話最主要的是指出「宗本」問題。章氏遺書中對同時學者評論很多，唯有對汪容甫提出一個宗本問題，實齋別的文章也不見提過甚麽是「宗本」。文史通義言公篇提過文與道的關係：「文虛器也，道實指也，文欲其公，猶弓矢欲其良也。……文可以明道，亦可以叛道，非關文之工不工也。」從這個意義上說，宗本應指的是道。易教篇上說：「若夫六經，皆先王得位行道經緯世宙之迹……。」這說明六經的尊嚴，不容絲毫有所侵犯，從這個意義上說，道又不能離開六經，其實並沒有超出儒家正統思想。

柴氏的話不能說他錯，但只說對了一小半。無疑地，實齋對容甫「述學」中的「女子許嫁而婿死從死及守志議」等文字的「離經叛道」的批判，是堅守着「文可以明道亦可以叛道」的態度——亦即堅守着「儒家正統思想」作標準，去指摘汪中的。其實，實齋在這裏所指的「宗本」不過是「著書之旨」而已！

今觀汪氏之書矣，所爲內篇者，首解參辰之義。天文耶？時令耶？說文耶？（原注：據說文解之。）次明三九之說。文心耶？算術耶？考古耶？（言三與九之字義不可泥。）其言有得有失，其考有是有非。大約雜舉經傳小學，辨別名詁義訓，初無類例，亦無次序。苟使全書果有立言之宗，恐其孤立而鮮助也，雜引經傳以證其義，博採旁搜以暢其旨，則此紛然叢出者，亦當列於雜篇，不但不可爲內，亦並不可謂之外也。而況本無著書之旨乎？

（立言有本）

在實齋心目中：就是因容甫沒有「著書之旨」，亦即沒有「宗本」，所以述學一書內容駁雜不足取。實齋這篇文章題目名「立言有本」，其意似指著作必須有一定宗旨才可，如述學則是立言無本，缺乏中心思想的書。

實齋認爲容甫是不知宗本的，因此也否定了汪氏在辭章上的成就：

江都汪容甫，工辭章而優於辭命，苟善成之，則淵淵非無所自……無如其人聰明有餘而識力不足（聰明要於至當乃佳，凡有餘之聰明，必有所不足也。）不善盡其天質之良，而強言學問，恒得其似而不得其足。當世翕然稱之，則疾之矣。蓋得其是者，貴自得而難於投衆好之緣，得其似者，掠光影而易於拈聲氣之附也。（同上）

不知宗本的人必是識力不足，這樣去「強言學問」，就只能似是而非，不能有大成就。容甫的文章是有相當成就了，但因他不善成之，所以他的成就也是有限的。

實齋又有「述學駁文（文史通義外篇一），內分四篇，專駁斥述學一書中的四篇文字。第一，駁「釋媒氏文」；第二，駁「女子許嫁而婿死從死及守志議」（二文均見述學內篇一）。都是站在儒家的正統立場，用「義不可通」，「不顧其理之安」或「其理不合」等衞道家口吻的字眼以駁斥汪中，甚少博引繁證。他罵汪容甫的態度，和罵袁隨園完全一樣：

伯夷叔齊未嘗仕商，而不食周粟，孔子仁之。四皓未嘗仕秦，而不爲漢出，君子高之。未昏守志，雖非中道，意亦近是而已。何深責也！又引歸太僕曰：「…女未嫁而爲夫死，且不改適。是六禮不備，婿不親迎，比之於奔。」歸氏之言，刻而無理。汪氏歎其婉而篤，則吾不得而知也……未昏守貞，於義自不合，於中庸賢知之過，則有之矣。汪甫容謂過猶不及，是將與淫濫失節一流等例之矣。充其所論，伯夷與盜跖無分也。（文史通義外篇一述學駁文）

他駡袁隨園爲名教罪人，在這裏則一再申辨「未昏守志，雖非中道，意亦近是」「未昏守貞，於義自不合，於中庸賢知之過則有之」以及「有傷名義」等話，爭的都是名教。實齋平日修方志，對於旌表節婦　，必親自訪問，力加表彰。態度較袁爲汪保守，故對他們的議論深惡痛絕！

第三，駁汪中「釋三九」一文（見述學內篇一）　，則以爲：三爲數之加，九爲數之極，故三九之數不可泥。這是顯而易知的。故譏汪中「廣引文法不可執者，以見類例；則如才人作賦，好爲敷張，其實不煩如此費也。」後來又給汪中下了一個蓋棺定論（時汪已辭世）：

　　大抵汪氏之文，聰明有餘，眞識不足，觸隅皆悟，大體茫然。（述學駁文）

第四，駁汪中的墨子序及墨子後序（述學內篇卷三）。實齋以上三點的駁斥都畧嫌存有成見或不太切中閎旨，唯有這點才夠得上是學術問題的辨駁。

汪中的墨子論，和乾嘉時代的正統思想是不相容的。他開通的思想遠大的眼光較之那時保守的「衞道者」進步得多了。他認爲墨子的學說足以救世，墨子是救世的仁人，絕不可以假仁假義以目之，更不可以洪水猛獸以誣之。汪中說：

　　墨之節葬、非樂，所以救衰世之弊；……若夫兼愛特墨之一端，然其所謂兼者，欲國家愼其封守，而無虐其鄰之人民畜產也……彼且以兼愛教天下之爲人者，使以孝其親，而謂之「無父」，斯已過矣！后之君子，日習孟子之說，而未睹墨子之本書，衆口交攻，抑又甚焉。世莫不以其誣孔子爲墨子辠。雖然，自儒者言之，孔子之尊，固生民以來所未有矣；自墨者言之，則孔子魯之大夫也，而墨子宋之大夫也，其位相埒，其年又相近，其操術不同，其立言務以求勝，此在諸子百家，莫不如是。是故墨上之誣孔子，猶老子之絀儒學也，歸於不相爲謀而已矣。（述學卷三墨子序）

汪中對墨子很有研究，看他的序文，似乎有墨子注釋，墨子微等書的著作，且似已成稿，惜不傳而已。他以爲墨子提出不同的意見與儒家辨駁，是諸子百家操術不同，各立言以求勝，是天公地道的事。換句話說：孔子的話不是完全不可駁斥的，孟子罵墨子「無父」是誣陷墨子的過激之論，後世人云亦云，則更屬耳食。他又說：「其（墨子）在九流之中，惟儒足與之相抗，自餘諸子，皆非其比。」這一番理論，不免引起了章實齋的不滿，而駁斥他：

至謂孔墨初不甚異，墨子誣孔，孟子誣墨，等於諸子之相非，則亦可謂好誕之至矣。孔子未修春秋以前，並無諸子著書之事；如其有之，則夫子必從而討論，不容絕不置於口也。其人有生孔子前者，如管子上溯太公之類，皆是後人撰輯，非其本人之所自爲。墨子生去孔子未遠，其書未必出其手著，其經言古奧難讀，或其所傳古遺之書，至入戰國之事，則其徒相與附益，汪皆不能掔別……漢志道家有伊尹太公，墨家有尹佚等六家之書，皆在墨子以前……蓋道家有伊尹太公之言，後人誤爲即太公伊尹之書，墨家有稱尹佚之言，後人誤爲即尹佚之書，藝文叙次先後，多有可議，余於校讐通義嘗辨之矣，而汪中叙六家爲墨氏淵源，不其傎乎？（述學駁文）

但也說不出更好的理由，而只能發揮一下孔子以前並無私家著述的一番議論。其實汪中也沒有涉及過孔子之前有否私家著述的事，實齋似乎近於強辭奪理。

應附帶提及一下：當時反對汪中的墨子論者，絕不止實齋個人，如翁方綱罵容甫說：「敢言孟子之言『兼愛無父』爲誣墨子，此則又名教之罪人。」（復初堂文集卷十五書墨子）至此，我們大致可明白，實齋痛詆袁隨園、汪容甫二人而毫無半句讚美的話，實是因在他心目中，袁汪都是名教罪人，都是「儒家的叛徒」之故！

二　容甫的爲學態度

容甫的爲學態度，其實很有可取之處。他自述爲學之道：

中少日問學，實私淑諸顧寧人處士，故嘗推六經之旨以合於世用，及爲考古之學，唯實些求是，不尙墨守。所爲文恒患意不稱物，文不逮意，不專一體……中向者于周秦古籍，多所校正，于墨子已有成書……僅錄序目奉上……。（述學卷六別錄，與巡撫畢侍郎書）

他無論爲學爲文，都不專主一家，不尙墨守。實齋最不喜墨守一家之言，對戴東原不墨守鄭康成之說大嘉讚賞（見鄭學齋記書後），而這一長處汪中何嘗沒有？但爲甚麽實齋又不讚賞呢？原來，不墨守固是爲學的良好態度，而容甫不墨守的結果寫成了「墨子誣孔，孟子誣墨，等於諸子之相非」的墨子論，大大地侵犯了儒家的尊嚴，無異是名教罪人，那末又怎值得讚賞？無疑地，這是實齋的偏見！

容甫又自述爲學之道，說：

中嘗有志於用世，而恥爲無用之學，故於古今制度沿革，民生利病之事，皆博問而切究之，以待一日之遇。下至百工小道，學一術以自託。……何必勞心力，飾虛詞以求悅世人哉！此吾蘇然常有獨學之憂，

而願與足下勉焉者也。（容甫年譜乾隆卅七年壬辰廿九歲條下，又述學卷六與朱武曹書）

這種學古之道，必期於有用，而且不惜違衆人的愛好，甘冒犯衆怒（如其墨子論）的爲學精神，是何等值得敬佩，但實齋未嘗讚一詞，並挑剔述學其他各文之可議者（而且他譏刺的也決非對）而攻擊之，這就未免太過。再說，實齋「原道」一文，以爲道在人倫日用之中，而主爲學要通今（參賓四師近三百年學術史章九），和容甫「有志於用世」的態度也頗近似呢。

此外如徐有壬（生嘉慶五年，卒咸豐十年）述學故書跋（汪氏學行記卷四及述學附鈔）所說：

江都汪先生以淹雅之才，具宏通之識，嘗取古人學術之散見他籍者，網羅編次，爲述學一書。先之以虞夏殷周及周人兼虞夏殷之制，又繼之以周衰列國之失禮者存禮者，又繼之以孔門言行七十子後學者。又爲之通論，以明古之學在官府，以及史之司圖籍，明天道，數典釋經，世官世業，爲之援據經傳，博徵子史，以明是說之信而有徵。

指出容甫述學的中心思想在「明古之學在官府」，並說明三代之學出於官，官世其業等古代學制之眞相，這都是和實齋的官師學業合一和六經皆史等論調近似。但實齋却詆述學爲一無是處，斥述學一書「學充文富，而宗本尚未之聞」（立言有本），指摘述學內容駁雜零碎而毫無著書宗旨；並譏刺容甫爲學不夠專純：

史乘而有稗官小說，專門著述而有語錄說部，辭章泛應而有猥濫文集，皆末流之弊也。其中豈無可取，然如披沙檢金，貴於精審，否則沿流忘源，汩其性而不可入德矣。蓋其人本無所得，而矜才好名之習，足以悞心術也。（立言有本）

這樣不擇手段的埋沒汪容甫的長處，實齋也未免太欠公平了！

肆　洪稚存和孫淵如

一　實齋與洪孫的交情

實齋和洪北江孫淵如接觸較頻繁的時間似乎開始得並不早。胡姚合撰章氏年譜（頁三十六）乾隆四十二年雖錄有洪氏卷施閣集卷八寄贈實齋的一首詩（詩云：「自我居京華，令我懶作文…」已見前引），但此詩實作於乾隆五十三年之際，柴德賡及吳天任（實齋年譜商榷）已辨其誤。

實齋和洪孫交遊較密在乾隆五十三年三人同爲畢秋帆修纂史籍考以後（參拙著「史籍考修纂的探討」，新亞學報六卷一期及七卷一期）。乾隆五十三年，實齋至歸德主講文正書院，三月一日，有「與洪穉存博士書」（章氏遺書卷廿二，文集七）寫途中及書院情況甚詳，並論及修史籍考檢尋資料的問題等事。同年二月及五月，又有「與孫淵如書」及「報孫淵如書」（章氏遺書卷廿九外集二，及卷九文史通義外篇三）亦論及史籍考和史學上的各問題，全看不出他們的交情已趨惡化！

嘉慶元年，實齋的「丙辰劄記」（遺書外編卷三），就開始對洪孫二人斥罵了：

近日才人風氣，好逞繁博，而不甚求文理之安，故於辨難之文、摭故拾典，如經生之對策，意在襮炫所有。而諦審其義，與其所辨之旨，往往不甚比切，或至反相背馳，覽之殆不覺失笑也。有與余爭論地志統部，當主布政使司者。余謂舊制固然，乾隆地志，當以巡撫地院爲統　。此事余別有專篇討論，不更贅矣。其人不服，專撰一書攻余。凡所徵引，多與本旨無涉，亦詳於余所辨正之篇矣。然余所辨，取足表明義例即止，其原書徵引之繁，人一望而皆可知其無當者……。

這裏沒有明顯指出和他爭辨地志統部的是誰，但一望而知是指洪亮吉。文中說「專撰一書攻余」「其原書徵引之繁」，其實洪北江並未專撰「一書」以攻實齋，洪氏的「乾隆府廳州縣圖志」也決不是以反駁實齋爲主。從這裏最可見得實齋和他人爭辨的文字每有過甚其詞和故作誇張之語以取勝的地方。

現在試細考一下他們爭辨的前因後果。實齋「方志畧」例一有「地志統部」一文（章氏遺書卷十四）：

陽湖洪編修亮吉，嘗撰輯乾隆府廳州縣圖志，其分部乃因一統志例，以「布政使司」分隸府廳州縣，余於十年前訪洪君於其家，謂此書於今制當稱「部院」，不當泥布政使司舊文。因歷言今制分部，與初制異者，以明例義，洪君意未然也。近見其所刻卷施閣文集內有「與章進士書」，繁稱博引，痛駁分部之說，余終不敢謂然。

可見地志統部的爭辨只是舊事重提，這事早在十年前他們已爭論過，那時只是口頭上的爭論，似爭論得並不劇烈；現在則踏入筆戰階段，且轉趨劇烈。嘉慶二年三月，實齋有「與朱少白書」云：

弟辨地理統部之事，爲古文辭起見，不盡爲辨書也。洪孫諸公，洵一時之奇才；其於古文辭，乃冰炭不相入；而二人皆不自知香臭。弟於是謂知人難，自知尤不易也。詩與八股時文，弟非不能一二篇差強人意者也，且其源流派別，弟之所辨，較詩名家時文名家轉覺有過之而無不及矣。然生平從不敢與人言詩言文者，爲此中甘苦未深，漆雕氏所謂於斯未能信耳。故平日持論關文史者，不言則已，言出於口，便如天造地設之不可搖動。……以洪君之聰明知識，欲彈駁弟之文史，正如邵先生所云：此等拳頭，只消談笑而受，不必回拳而彼已跌倒者也（原注：彼駁邵之爾雅，方長篇大章，刻入文集，以爲得意，而邵之議論已如此）。（見章氏遺書補遺，並參實齋年譜嘉慶二年，頁一二五）

他們爭辨地志統部的是是非非，且姑置勿論。我們注意的是：這一爭辨，係爲古文辭而起。故實齋在爭辨中常詆譏洪孫二人「不求文理之安」「繁徵博引」「摭故拾典，如經生之對策，意在褸炫所有」。其次，據上引，洪孫二氏似曾譏刺實齋不擅於作詩及八股時文；實齋氣他不過，引洪亮吉駁邵晉涵爾雅正義的文字以挑撥，因邵既是實齋的好友，又是朱少白的老師之故。

實齋自謂地志統部之辨在十年前，而上引的「又答朱少白」書係嘉慶二年所寫，可見他和洪孫在乾隆五十三年之際同爲畢秋帆修史籍考，討論文史已常鬧意見了。

章氏遺書補遺另一篇「又答朱少白」又說：

與孫洪辨駁之文，不必遽示外人。近日名士爭心甚熾，鄙深畏此等文字結成仇讐。所關非細，吾輩所謂不朽，原非取辨於生前也。

原來，他們在地志統部和古文辭的爭辨，各持己見，各走極端，已勢成水火了。乾隆五十三年之際，洪北江有詩贈實齋，便微帶諷刺之意：

自我居京華，令我懶作文。我前喜放筆，大致固不淳。君時陳六藝，爲我斧與斤，不善輒削除，善者爲我存。……前者數百言，並致洪與孫，勗其肆才力，無從嗜粱陳。我時感生言，一一以質君，君托左耳聾，高語亦不聞。……別君居三載，作文無百幅，以此厚怨君，君聞當瞪目。（卷施閣集八，有入都者偶占五篇寄友，第三篇章進士學誠）

這也足以證明實齋和洪孫二氏，早期論學意見已相左。

二　對洪孫的批評及其反響

洪北江和孫淵如都是以詞章名於世而進治樸學的（參清儒學案一零五，北江學案），二氏都很自負。北江尤自負其地理之學，他有「釋大別山」「釋漢水」「與邵編修（晉涵）辯爾雅斥山書」等文（卷施閣文甲集卷七）糾駁邵氏所撰「爾雅正義」裏面不少的謬誤。他曾對邵晉涵說：

> 僕近爲乾隆府廳州縣志，義於古人之外，時有一得，然卷帙旣廣，訛舛實多……亦欲足下引繩披根，是正缺失。（卷施閣文甲集卷七，又與邵編修辯爾雅斥山書）

在指駁邵氏之謬之餘，又有雖似謙虛其實自誇的話。惲敬撰北江遺事述說，「先生長身火色，性超邁，論當世大事，則目直視，面皆發赤，以氣加人，人不能堪。」（清儒學案北江學案引）脾氣之惡劣如此，和實齋相爭論時的情形，可想而知了。

至於孫淵如的爲人，脾氣也很不好；他好漢學，尤佞鄭康成之說。和孫氏同時的管世銘（緘若）曾譏刺他說：

同里孫觀察星衍，本以詩鳴，駸駸入古人之室矣……忽去而說經，有不尊奉鄭氏者，騂面戟手而與之爭。余未嘗與辨，而心不以爲然……。（韞山堂集，參賓四師近三百年學術史頁五零六——七）

而實齋對洪孫的辭章和地理統部之說等竟加以指摘，洪孫二人交情又很好（看北江詩文集及孫淵如全集彼此間唱和的詩詞和書問可見），二氏遂並起向實齋攻擊。

不過他們對實齋的攻擊較少見之於文字。北江詩文集有好幾首詩說及實齋，都有諷刺鄙視的意思。除前引外，如「歲暮懷人詩」其中一首「章進士學誠」云：

鼻窒居然耳復聾，頭銜應署老龍鍾，未防障麓留錢癖，竟欲持刀抵舌鋒（原注：君與汪明經中議論不合，幾至揮刃）。獨識每欽王仲任，多容頗詈郭林宗，安昌門下三年住，一事何嘗肯曲從（原注：君性剛鯁，居梁文定相公寓邸三年，最爲相公所嚴憚）。（卷施閣詩卷十五）

譏刺實齋辯論失敗時詐聽不到，以至發脾氣幾乎動武。此外如卷施閣文甲集卷八「與章進士學誠書」，辨論「布政司」的稱謂適當與否之時，說「君（實齋）詳於史例者也，用敢畧陳一二」，頗有譏諷他於史部地理則非所長之意。

孫淵如問字堂集較重要的文字是論性理的「原性篇」，當時不少人對孫氏此文頗爲讚賞，如王朝梧：

集中有原性篇，昔人謂孟子不讀易，故不知性有陰陽。先生綜性情陰陽，而折衷諸子。此開宗第一首大文，似不肯自居於考訂之學者。此疑孟、詰孟、刺孟諸篇，可不作也。（問字堂集贈言）

對原性篇甚爲推重，原性篇之作確實也似是淵如不肯僅居於考訂的表示。但實齋却有「書原性篇後」對這篇文章加以攻擊：

孫君原性之篇，繁稱博引，意欲獨分經緯而按文，實似治絲而棼之矣。余不敢強所不知，亦不欲以火救火，姑就其文論之。如孫君以陰陽五行言性，則一陰一陽之謂道，繼之者善，成之者性。明著其文，何藉引伸農經？……孟子良知良能，自與四端擴充互發，今乃謂其有性無教。王君朝梧又附和之，漫引昔人譏孟子不讀易不知性有陰陽。殊不知口之於味章，性命兼疏，陰陽均徹，諸家未見有能出其範圍，豈可誣詆先賢……。今日性理連環，全藉踐履實用，以為全椎之解，博徵廣譬，愈益支離，雖夫子生於今日，空言亦不能取信於人也。戴東原力詆宋儒，未敢上議孟子，今則孟子又不免矣……。（文史通義外篇二）

實齋以為人事之外，別無所謂義理，故對原性篇的繁稱博引，博徵廣譬，加以反對，認為這樣只有愈益支離而已。其次駁孫氏既詆宋儒，竟又上議孟子，而王朝梧又傅和之，以為這種態度最為不當。

另一篇攻擊孫淵如而且算得上長篇鉅製的是「與孫淵如觀察論學十規」。這篇文章劉翰怡刻本章氏遺書目有而文缺（見文史通義目錄）。民國廿六年賓四師據北京大學收購的章氏遺書鈔本補錄於近三百年學術史第九章之後（近年北京古籍出版社鉛印本文史通義「補遺續」亦有附錄）。論學十規作於嘉慶元年丙辰（時實齋五十九歲，孫淵如四十四歲），亦可見二氏相詆訶而成仇讐之時限也。

論學十規主要批評「問字堂集」文字之不當，全文近五千字，所論十事大致如左：

一、駁「校定神農本草序」（參問字堂集卷三）之不當。

二、駁「墨子後序」（同右）。

三、駁「晏子春秋序」（同右）。

四、駁「孫子畧解序」（同右）。並論及淵如不信「春秋之世無著書」之說，實齋則力主此說。這是孫章二氏論學的絕不相同處。實齋說：「執事（指孫）不信春秋之世無著書事，而據史記列傳，闔閭稱孫武十三篇，遂謂有當時手著，不知春秋內外傳，記吳楚交兵甚詳，並無孫武其人，即縱橫短長之言，亦鮮稱述之者，故葉水心氏疑其子虛烏有。……至其書，實可爲精能，校讐之司當列撰人闕疑……。」實齋此說，殆即古無私家著述之論耳。

五、駁「文子序」（參問字堂集卷四）。

六、孫氏力闢歲差之說，章頗不以爲然（參問字堂集太陰考、日纏考等文）。

七、譏問字堂集各文繁徵博引，有類經生對策，說：「古人疏證論辨之文，取其明白峻潔，俾讀者洞若觀火，是非豁然，足矣。……竊見執事序論諸篇，繁稱博引，有類經生對策，市廛揭招，若惟恐人不知其腹笥便富。而於所指是非，轉不明豁……經傳之外，旁證子緯百家，亡逸古書，博采他書所引，極爲考古之樂。近則誇多鬥靡，相習成風，賴識者能擇要耳。」這亦即實齋所謂「爲辨古文辭而發」，洪孫皆以辭章鳴於時，而實齋詆訶之如此，則對洪孫之辭章實亦未嘗許可也。其次，實齋對洪孫這樣批評，也是爲了不滿當時考據文字之過分繁冗而發。但吾人當知，有時爲考據文字，爲確立其論據而空洞計，多所引徵，實也是必須的。

八、自承「文史爭義例，校讐辨源流」，與孫氏所爲考核證之文，途轍雖異，作用頗同——同好駁正彈劾前人之說——唯孫氏好橫肆詬罵，態度不好（其實章氏自己也難免此病）。

九、譏問字堂集博雜而無一定宗旨：「問字堂集……兼該甚廣，未知尊旨所在。內而身心性命，外而天文地理名物象數，諸子百家三教九流，無不包羅，可謂博矣。……然一蠡之測，覺海波似少歸宿，敢望示我以尾閭也！」這和譏刺汪中不知宗本如出一轍。

十、請刪去問字堂集中「與某人書」一文（參問字堂集卷四答袁簡齋前輩書）。理由是「彼（即「某人」——案指袁枚）以纖佻傾仄之才，一部優伶劇中才子佳人俗惡見解，淫辭邪說，宕惑士女，肆侮聖言，以六經爲導慾宣淫之具，敗壞風俗人心，名教中之罪人……幸即刊削其文，以歸雅潔」。

總括來看，實齋批評淵如，每有態度過分偏激之處。賓四師對此評論得最爲恰當，今姑錄之以結束本章。

此鈔本（指北大章氏遺書鈔本）將題文十規二字貼去，又將文中十曰下評簡齋一節鈎抹，殆亦嫌其語過而欲刪削存之耳。……然則論學而輕肆逾量之詆訶，誠何爲者。此文實齋先生以規孫，旋復自犯，白璧之瑕，不能爲之掩也。（近三百年學術史，頁四五二）

伍　對清代其他學者的攻刺

邵念魯之外，實齋對清代學者，不特少所許可，簡直都是夷然不屑。他曾隨朱筠學文，但對朱筠惜戴東原「原善」諸篇徒耗精神於無用之地絕不表同意，又不讚成朱筠對袁隨園有敗「名教」的言行毫不加以排斥。其次，對他很有提攜之恩並在經濟上常予以幫助的周震榮（永清縣令），實齋和他論文、論課蒙法等問題時，竟也常加詆詈（參拙著「史籍考修纂的探討」第一章），最見得實齋脾氣之壞和率直處。

實齋抨擊袁枚、戴震、汪中、洪亮吉和孫星衍等人，主要由於不滿乾嘉之際的學術風氣——如輕肆懷疑並違背儒家的正統思想、對程朱等宋代大理學家妄加詆詈、徒知考據而不知著述宗本與義例或繁徵博引爲冗長的辭章以自炫學問之博大等不足爲法的壞風氣——而發的，袁戴汪洪孫是攻擊的幾個大目標；其他實齋很不滿並隨時在文字上加以攻刺的也很不少。下面介紹的幾個就是較顯著的例子。

一　馮景、龔元玠附毛西河、王漁洋

實齋論學，貴闢風氣而不貴趨風氣。「考據」不過是治學方法之一端，絕不足以包括學問的全體。他曾說：「今之學者…不問天資之所近，不求心性之所安，惟逐風氣所趨，而徇當世之所尙」（答沈楓墀論學），最見得當時風氣之弊端，因此對當時浪得虛名而實際只是投時尙之好的趨風氣者都譏刺無遺。例如助閻若璩攻僞古文尙書的馮景（順治九年生，康熙五十四年卒。1652——1715），他就很看不起。

我們先瞭解一下馮景的生平及其學問成就之一班：

馮景，字山公，浙江錢塘人，國子監生。性嗜讀書，善屬文。康熙十七年游京師……是年詔舉博學鴻儒科，公卿列其名，將上，固辭不就。……二十三年，館侍郎全鼐家……三十一年，商丘宋犖撫吳，聞景賢，以禮聘就幕府，情好甚篤……五十四年卒，年六十有四。景爲人嚴正，處師友間唯以責善爲事……景於學無所不窺，而說經之文尤邃……嚴若璩精於考竅，景駁其四書釋地中十事：若璩爲古文尙書疏證，攻僞古文尙書之失，景助之成「淮南子鴻保」二卷。其自序云：儒者之學，莫大乎正經而黜僞古文，淆亂莫之或正。閻子倡之，馮子和之，故曰鴻保；閻子晉產也，馮子吳產也，而作合於淮南子。以卒其業，故亦號淮南子。景著述頗富，有散失，有幸草十二卷，樊中集十卷，解春集十四卷。今存解春集，蓋取易林解我胸春之意云。（清史列傳卷六十八，杭世駿道古堂集卷卅二亦有傳）

馮山公生前已頗有聲名，但在實齋心目中，也必以爲他的著作不知宗本，而且不足以成一家言的。實齋最不喜歡的就是他助閻若璩攻僞古文尚書的「淮南子鴻保」一文，文史通義外篇卷一有「淮南子鴻保辨」專駁馮氏之說。現在先看看實齋駁斥他的原因：

淮南子鴻保，錢塘馮山公諱景所著解春集中篇名也。先生人品文名，高視兩浙……然鴻保之篇，助閻徵君攻僞古文尚書，中無所得而全務矜張誇詡，類於趨風好名者之所爲，不可爲訓……恐後生小子未能學先生之高致，而唯以此類習於浮誇，其害非淺，今取其關文史者，辨而正之。期於余通義有所發明，不得不然，非好辨也。（文史通義外篇一淮南子鴻保辨）

「趨風好名，不可爲訓」就是對馮氏之作非痛加駁斥不可的原因。

實齋指馮景「淮南子鴻保」全務矜張誇詡而習於浮誇，列舉了十餘項事實以駁斥他。指出「淮南子鴻保」這一題目就犯了矜張誇詡故作眩惑的毛病：

古人著書，標題命篇，隨事爲名，初無深意，六經諸子，莫不然也。自纖緯矯誣，釋老爭幟，於是始有鈎命援神，三洞三藏，無數鉅名偉號，相與眩惑……儒者著書，平正通達，是非得失，爭於實而不爭於名，何須故作大言，駭流俗哉！即如淮南子鴻保五字，矜張誇詡，全非儒者氣象，且於理亦不合也。據

云：與閻氏合於淮南，則當云淮南二子。直稱爲淮南子，敢問子爲誰？（同上）

實齋說，馮氏這題目是有意眩惑讀者；並且，馮氏這一題目標名，甚有自誇之意 ，但名不符實，內容絕不足取：

鴻保之名，蓋自擬於大禹障川，周公兼荑驅獸，孔孟以下，能繼此者鮮矣。如此標名，讀者方將拭目以觀。孔孟重生，六經再出，爲千古開聾聵矣。及披閱其文，不過因閻氏古文尚書疏證中，有商訂數條，未及全書百分之一；且即此數條，理多未慊。其稍可者，亦於閻書無其損益 ，存錄別簡，以誌旁觀之一得，尚嫌瑣也。大書鴻保，而自詡與閻共功，且盛稱爲儒者莫大之學，一似古文之目，自古無人能覺，惟閻氏獨發其覆，而閻又全賴山公與之倡和，否則閻亦不能獨力致也。嗚呼！宋元以來，先儒成說具在，閻氏疏證，與山公編書亦具在，識者參互觀之，山公之於僞古文書，其辨證之功，當居何等？山公於閻氏之書，其襄助之功，當居何等？必有知之者矣。（同上）

馮山公卒於康熙五十四年，那時實齋尚未出生。二人可謂風馬牛不相及，全無恩怨可言。而實齋對他指摘不留餘地，最見得這全是不滿當時風氣所趨之故。實齋之攻袁枚、戴震以至汪中等人，少不免夾雜私人恩怨，不過學術主張和彼此觀點之不同，恐怕還是更主要的原因。

此下，實齋齋對馮氏的駁斥，依次是：閻若璩之說已甚充足，馮氏則務欲有以加之，至繁冗不通；其中論據有前人（包括閻氏）未及深思或錯誤，而馮氏仍沿其誤者頗不少；馮氏因惡古文之僞，持論每有過分偏激之處；譏馮氏不知「史法」及「義例」；閻氏及馮氏皆粗疏，不知「經」與「傳」之分（主要指駁他們措辭不當）；馮氏用字造句，也常有毛病，如「史記之周書」一語便是；馮氏之文筆語句有近於宋代理學家之飄渺玄虛者（以上三項都是譏刺馮氏古文辭的造詣）；馮山公不知著述源流 ，故未能知「古人有依附之筆、旁托之言、僞撰之書、雜撰之文」；最後詬詈馮氏之作無異係奮挺以搏已斃之虎，而下一相當精警的結論，說：

君子之學，貴闢風氣而不貴趨風氣也。蓋既曰風氣，無論所主是非 ，皆已演成流習，而諧衆以爲低昂，不復有性情之自得矣。古文尙書之僞，自宋迄今六百餘年，先儒歷有指駁，已如水落石出。至閻氏而專門攻辨，不遺餘力，攻古文者至此可以無遺憾矣。譬如已斃之虎，雖奮挺搏之，不足爲勇；況搏之不以其道，前人所已盡之說，而務欲有以加之，則不免轉授人以罅隙……今觀山公諸篇，非深文太過，則言之不關欵要，高自矜詡，義襲取名，而於經學初無所入，意當時趨風氣者，大率如是……君子之學，但當相弊而救其偏……然則洪保諸書（綿案：實齋之意，包括毛西河之尙書古文冤辭），不但附贅懸疣，直是趨風氣而反爲風氣之罪人矣！嗚呼，趨風氣者，豈特洪保而已哉！（同上）

實齋說「意當時趨風氣者大率如是」「趨風氣者豈特洪保而已哉」等話，都間接說明攻擊洪保之作並非只是針對馮山公一人。

實齋又說：「山公文雖成家，學似未富，其於閻氏之書，不能有所損益審矣 ，而閻屢稱之，特喜其附和耳。不知彼欲藉以爲名，則肆論之際，更不計閻爲何許人矣。」指閻若璩屢稱馮氏，和喜其附和，其實是誤解。馮山公和閻氏議論相異，曾駁閻氏四書釋地十事，閻氏對馮山公其實頗致譏誚，謂：

可惜所憑據在逸周書穆天子傳，又可惜在家語孔叢子僞本竹書紀年，尤可惜別在魯詩世學世本毛詩古

義耳。眞謬種流傳，不可救藥，吾末如之何也已矣！（潛邱劄記卷五與劉超宗書）

又說：

洪保主人亦云信古文非眞，所論斷者他語耳，正恐信亦不透。（同上）（又參賓四師近三百年學術史第六章，頁二五三，二五四）

但實齋說：

古文之案，本可置不問矣。必欲加功，莫如取閻氏書，刊其蕪雜，剔其不中肯綮，與過甚之言，抑亦可以爲其次矣。蓋閻氏之書……大醇之中不無小疵，附和之徒……反爲全書玷缺，而資黨古文者以口實也。（淮南子洪保辨）

却甚有識見。宋鑒（字元衡，山西安邑人，乾隆十三年進士，見清史列傳卷六十八閻若璩附傳）就曾因閻氏古文尚書疏證文辭曼衍而不爾雅，而加以删削重輯爲「尚書考辨」一書。

龔元玠，字鳴玉，江西南昌人。清史列傳卷六十八說他「博通羣籍，歷碌貫串」成一家言，在乾隆之際，確實頗負時譽，實齋却認爲他只是浪得虛名而已。章氏遺書外編卷二乙卯劄記說：

南昌龔進士元玠，於乾隆元年舉鴻詞，於十六年舉經學、皆不第。甲戌（乾隆十九年）進士，以知縣終，著述甚多。辭章既庸劣，而經學亦村陋、不知何以屢邀薦剡也。其解經唯憑臆解，無義例。最可笑者，謂孔子晚年設教杏壇，乃爲司成教學之官。以使漆雕開仕章使字斷之，非有論才薦士之職，不能使人仕也……因夫子有薦仕之職，弟子肄業未滿三年，皆欲夫子薦舉，故發此論。眞如醉翁寐語，不堪一噱：

……。又云春秋乃魯國史，天子必命夫子先修魯史，其事既畢，安知不再令修周史乎？此等議論，眞堪絕倒。如孔子時天下政教猶必稟命天子，則春秋可以不作矣。……此等毫無把握議論，自謂獨得之秘，眞鄙學荒俚之惡習也。大抵束書不觀，全憑臆想，宋人理障，多由於此，龔氏則尤僻陋者耳！

龔氏有「十三經客難」「黃淮安瀾先資編」「畏齋文集」等書（參清史列傳）故實齋說他著述甚多，但實齋認爲他的著述都難免宋人憑空臆說陋習，故其議論皆僻陋可笑。可見實齋論著述也務徵實，講證據，不過反對繁徵博引故示人以淵博的浮誇態度而已。

一般人大抵容易爲長編巨製著作豐富的俗世觀念所蒙蔽，實齋衡量人却只以其著作的質量爲標準，著作的分量他是不重視的。他批評龔元玠抱着這樣的態度，批評毛西河和王漁洋也是這樣。章氏遺書外編卷四知非日札：

著述多則必不精，精則不能多。前明如新都楊氏（楊愼），鬱儀朱氏（朱謀㙔），近代如西河毛氏，漁洋王氏，著述動盈以箱篋，安在其有功於學術哉！但用功纂錄劄記，以爲有備之無患，斯則王伯厚輩，本以備應制之用，而轉有資量於後學。然則玉海詩考紺珠漢制諸編，謂之用功有益可耳，安可遽命爲著作哉！

可見他對毛西河王漁洋也並無好評。他曾說：「昔者每怪毛西河氏無端撰尙書古文寃詞，恃其才雄學富，言之成理，究不足以爲公是也。亦何樂乎爲之？」（文史通義淮南子洪保辨）在實齋看來，像這樣的著作甚多而於學術毫無裨益的學者，多一個還不如少一個的好。

二　方苞、汪琬

乾嘉時代譏刺方望溪的，已頗有其人。章實齋便是其中之一。四庫總目提要說方氏「於經學較深，集中說經之文最多」（別集類廿六望溪集），實齋却詆詈方氏云：

方靈皋以古文尚書平易，爲秦漢間儒者得其書，苦其奧澁，而稍以顯易之辭更之………眞不通之論也。（章氏遺書外編五閱書隨札）

四庫總目提要頗稱道方氏的辭章和古文義法。實齋亦喜論古文義例，但對方亦毫不稱許，他說：

或問：近世方苞删改唐宋八家，亦有補歟？夫方氏不通文人，所得本不甚深，況又加以私心勝氣，非徒無補於文，而反開後生小子無忌憚之漸也。小慧私智，一知半解，未必不可攻古人之閒，拾前人之遺；此論於學術，則可附於不賢識小之例。存其說以備後人之采擇可也。若論於文辭，則無關大義，可置而不論：輕議古人，是庸妄之尤……方氏删改大家，有必不得已者乎？有是非得失，顯然什百相懸者乎？……在方氏亦不敢自謂然也。然則私心勝氣，求勝古人，此方氏之所以終不至古人也。……方氏不知古人之意，而惟徇於文辭，且所得於文辭者，本不甚深，其私智小慧，又適足窺見古人之當然，而不知其有所不盡然，宜其奮筆改竄之易易也。（文史通義答問）

指摘方氏妄改古人文章是私智小慧，不能從大處着眼。實齋此論，和袁枚早年對方苞的批評頗近似（章袁外，汪中亦罵方苞。見漢學師承記汪中傳。）。隨園詩話卷一云：

方望溪刪改八家文，屈悔翁改杜詩；人以爲妄。余以爲八家少陵復生，必有低首俯心而遵其改者，必有反覆辨論而不遵其改者。要之，扶摘於字句間，雖六經必有可議處 ； 固無勞二公之舍其田而芸人之田也。

但稍後，袁枚的見解便有改變，以爲杭堇浦錢辛楣深鄙而痛詆望溪之文，「與僕少時見解相同，中年以後則不敢復爲此論」；並認爲望溪是古文正宗，其才力雖薄，而頗得古文義意。袁氏對方苞最後的批評是「不可毀亦不可尊。毀之者，其文與詩必粗；尊之者其文與詩必弱。」（小倉山房尺牘卷十答孫俌之，又卷六與韓紹眞）簡直把杭世駿錢大昕和實齋等人也罵盡了！

汪琬（天啓四年——康熙廿九年，1624—1690），字苕文號鈍翁，晚居堯峰 ，因以自號。清初，汪琬與魏禧、侯方域同負盛譽。四庫總目提要說：「（魏）禧才雜縱橫，未歸於純粹；（侯）方域體兼華藻，稍涉於浮夸。（汪）琬學術既深，軌轍復正，其言大抵原本六經，與二家迥別，其氣體浩瀚，疏通暢達，頗近南宋諸家蹊徑……。」（別集類廿六堯峰文鈔，並參清史列傳卷七十本傳。）對汪氏可謂推崇備至。但在實齋筆下，却無片言隻字算得上是褒獎之辭。例如譏汪堯峰不知古文公式，說：

汪鈍翁撰睢州湯烈婦旌門頌序……汪氏不知文用古法，而公式必遵時制，秦漢奏報之式不可以改今文也，篇首著「監察御史臣粹然言」 ；此又讀「表忠觀碑」「臣抃言三字太熟，而不知蘇氏已非法也（綿案：實齋指蘇東坡此奏議恐非宋時之體，余季豫先生已辨其非，參余嘉錫論學雜著「書章實齋遺書後」唯此下評汪堯峰文不合當代公式，尚頗足參考）。近代章奏，篇首敘銜，無不稱姓，亦公式也；「粹然」何姓，汪氏豈可因摩古而删之！且近代章奏，銜名之下必書「謹奏」，無稱「言」者；一語僅四字而兩違公式，不知何以爲古文辭也。……汪氏於一定不易之公式，則故改爲秦漢古欵，已是貌同而心異；至於正俗通行之稱謂，則又偏舍正而循俗，何顚倒之甚耶！結句又云：「臣謹昧死以聞」，亦非今制。汪氏平日以古文辭高自矜詡，而庸陋如此，何耶！汪之序文，於「臣粹然言」句下直起云：「睢州諸生湯某妻趙氏，値明末李自成之亂」云云，是亦未善。當云「故明睢州諸生湯某妻趙氏，値李自成之亂」，於辭爲順。蓋突起似現在之人，下句補出「値明末李自成」，文氣亦近滯也。（文史通義古文公式）

指汪氏最顯淺的古文格式竟也錯誤，痛責他「一語僅四字而兩違公式」。此外又詆汪鈍翁「以古文自命，動輒呵責他人，其實有才無識，好爲無謂之避忌，反自矜爲有識，大抵如此。」（砭俗）故很懷疑時人所予汪氏在文辭上的評價。

又評汪鈍翁以時文法度來論古文，乃係卑不足道之論。文史通義補遺「與邵二雲論文」謂：

昔汪鈍翁謂不習制義，不能作古文辭。今稍知學者，皆知笑之。……汪氏所見，未得古人深處，且其說亦有所本。王秋澗（案，元人，名惲）玉堂嘉話（嘉原誤作佳。參四庫總目雜家二），嘗引鹿菴先生言曰：「作文當從制科中來，不然，汗漫披猖，出入不由戶也。」其說主義理，至汪氏則直論文法，爲見卑耳。……夫學校必宋先聖，先聖之言，具於六藝，作文當從制科中來，猶云立折衷於六藝也。……孔子曰：「郁郁乎文哉！吾從周。」又曰：「吾學周禮，今用之。」……春秋之時，固無制科，然由夫子之言觀之，則其所爲删述六經，皆尊時制，不異後世之由制科也。

「作文當從制科中來」，這「制科」是廣義的，泛指當代的政事制度，並非專主通今，主求道於人倫日用之中（參原道及賓四師近三百年學術史頁三八二至四），故他以爲在義理上說「作文當從制科中來」是頗高的古文理論；若僅如汪堯峰般以之直論文法，取時文法度以論古文，這樣見解就太卑下了！

實齋在乙卯劄記（乾隆六十年，章氏遺書外編卷二）又曾批評全謝山文集對於東南文獻及明末清初事記載堪稱詳盡了，不過却嫌文辭冗蔓，而且「語亦不甚選擇，又不免於複沓，不解文章互相詳畧之法……狃於八家選集之古文義例」，並說汪鈍翁和全謝山「同一惑矣」。此下有幾句話頗值得注意：

乃嗤念魯先生爲迂陋，不知其文筆未足抗衡思復堂也。（乙卯劄記）

邵廷宷（念魯）（順治五年——康熙五十年，1648—1711）有思復堂文集，是實齋最佩服的學者。四庫總目提要說汪琬「性狷急，動見人過，交遊罕善其終者；又好詆訶，見文章必摘其瑕纇。故恒不滿人，亦恒不滿於人。」（別集廿六堯峰文鈔）似乎因他譏刺過邵念魯，而其議論又與實齋屢不合，故實齋屢次向他攻擊。

三　陸隴其、陳熷

對於修撰地方志，實齋有他自己的一套見解；他幾乎看不起所有和他同時代的修地方志者。他和戴東原爭辨地志當重文獻抑沿革的問題，又和洪亮吉孫星衍爭論地志統部。都充分表現實齋在修撰地方志上有他一套頗值得後人參考的理論。

實齋在「方志畧」一書中批評過七種地方志書：一、康海（明）武功志，二、韓邦靖（明）朝邑志，三、范成大（宋）吳郡志，四、王鏊（明）姑蘇志（以上參四庫總目提要地理一），五、陳士元（明）灤志，六、陸隴其（清）靈壽縣志，七、夏之符（生明季而終於康熙年間）姑孰備考。這七種方志都是舊派中認爲較有義法而爲人所盛稱的，但實齋都認爲不合志書體例而加以評擊；實齋的用意似乎在糾正時人的盲目附和，並警惕修志者必須注意「義例」。

我們現在試看看他對清陸隴其靈壽縣志的譏評：

書有以人重者，重其人而畧其書可也。文有意善而辭不逮者，重其意而畧其辭可也。平湖陸氏隴其，理學名儒，何可輕議。然不甚深於史學，所撰靈壽縣志，立意甚善，然不甚解於文理；則重陸之爲人而取作志之本意可也。重其人因重其書，以謂志家之所矜式，則耳食矣。余按靈壽縣志十卷……所分卷數亦無義例也。其書大率簡畧，而田賦獨詳，可謂知所重矣。叙例皆云土瘠民貧，居官者不可紛更聚斂，土著者不可侈靡爭競，尤爲仁人愷悌之言。全書大率以是爲作書之旨……。篇末以……與縣人傅維雲往復論修志凡例終編……其論修志例，則迂錯而無當矣。余懼世人徇名而忘其實也，不得不辨析於後……。（方志畧書靈壽縣志後，章氏遺書卷十四）

此下，實齋畧舉陸隴其修志例的迂錯無當者，例如一、指摘篇首地理不應附以紀事，二、建置篇不應刪去坊表，三、謂陸氏以理學家抱着「闢邪崇正」的觀念，刪去「寺觀」一項不記載，「亦迂而無當也」；此外，又指陸志人物之首列后妃，於體例亦殊不夠謹嚴，逐一指出其不當之處。

然而，實齋在修撰方志上的意見，乾嘉時反對他的已大不乏人。除上舉戴洪孫三氏之外，乾隆五十七至九年間他爲畢沅編湖北通志，就曾引起了一個叫做「陳熷」者，專寫一篇長文「湖北通志駁議」來指摘實齋的謬誤。實齋和陳熷的此次辨駁，絕不止關係他們二人的事，內情似並不簡單，茲試畧作考述。

實齋編撰湖北通志，本來很得畢沅信任。他自己對湖北通志也非常得意，因這時他的史學造詣更臻成熟。他說：「往者聘撰湖北通志，因恃督府（畢沅）深知，遂用別識心裁，勒爲三家之學……其於撰述義例，精而當矣。」（文史通義傳記篇）乾隆五十九年三月，畢沅離鄂入覲，囑實齋於湖北巡撫惠齡，以人事的轉變，實齋遂遭謗議。他自述此事的緣起云：

秀水陳熷進士，於余之將行，求余薦司校刋之役。校刋者，校字句之舛訛也。余爲宛轉薦於當事，當事方疑余有私……。彼一旦承委，即侈心大熾，不以校刋爲事，竟將全志指斥，以爲一字不堪取用，公然請獨任重修。……其指駁之說，竟無一字可通，別有辨例一卷，此不復綴。（章氏遺書卷廿六湖北通志檢存稿歐魏列傳跋）

自此，事情越鬧越大。陳熷只是一個微不足道的校對者，何以能把事情鬧得這樣大呢？實齋又說：

余撰湖北通志……後爲小人所讒，乘督府（畢沅）入覲之隙，諸當道憑先入之言委人磨勘，而向依督府爲生計者，祇窺數十全之利，一時騰躍而起，無不關蒙弓而反射，名士習氣然也。（方志畧方志辨體）

可見內情並不簡單，「諸當道委人磨勘」，主要是指湖北巡撫惠齡。湖北通志檢存稿劉湘煃傳跋：

余草志稿……會制府（畢沅）入覲，囑余於撫軍（惠齡），聞撫軍數自命於斯文也 。余初見即呈此稿，隱存專門難索解人之義耳，而不謂視如糞土也。

惠齡不喜歡實齋的文字，其他在朝要員也有認爲他「不識相」而妄作評論者。例如湖北通志中有「平夏逆傳」敍述平定夏包子（名逢龍）盜賊之亂時，有「武昌府通判桐城張芭，不爲賊汚，改裝逸去，請援收復，亦有功績，故於篇中爲立小傳……張之後人，有爲黃陂知縣者……突遣其奴子持帖赴館，書云：『檢別駕公入志忠臣傳稿（原注：自定爲忠臣名目、亦奇想天開），即鈔付來人。』余訝其不倫，亦取帖報云：『別駕與葉宣諸公死難者不同，於例不得爲忠臣傳……』黃陂即大有煩言，甚可笑也。」（丙辰劄記）張芭的後人，對實齋的湖北通志當然也不滿。

所以，實齋說「諸當道委人磨勘」云云，最足以證明當時最不滿湖北通志的是在朝的惠齡等人，陳熷不過是受驅使作爲攻擊實齋的傀儡而已。

陳熷有「湖北通志駁議」指斥實齋的書之謬誤，畢沅囑實齋答復，因有「湖北通志辨例」一卷（見章氏遺書卷廿七湖北通志檢存稿附錄），在駁斥「駁議」對族望表的指摘後有這樣的話：

今按此篇駁議，與前後所簽，似另出一手。他處所簽，雜多謬誤，尙能自說其意，此篇指駁獨多，除一味吆喝之外，不特原書文義未曾明白，即其自出指駁之意，亦多鶻突費解……。

在駁斥「駁議」對「文徵甲集諸史列傳」的指摘後，又云：

甲集上編，通體皆采史傳，自王公將相，以至方技列女，皆史傳也。其體例毫無分別，標題亦皆一例，觀者一望可知。今議者云：列傳後載列女。一似列女並不在傳內者，是看書不知例也。大約分看此門之人，文理尤爲荒昧，故所議較他處更鶻突費解。（同上）

更證明陳熷的攻擊實齋，有着主要的幕後人。

陳熷對湖北通志的指摘及實齋的反駁，這裏無須作煩瑣的敘述（參湖北通志辨例、丙辰劄記、方志畧方志辨體、文史通義傳記篇、修湖北通志駁陳熷議及又上朱大司馬〔以上二文見遺書補遺〕等文）。實齋說：「攻摘本無所非，而人情不容一人獨是，故擊人者人恒擊之，」（論學十規）確是不易之論。實齋好詆訶同時代學者，有時固然嫌他狂妄；但他的議論每能精細入微，偉論閎議而又能切中時弊，他的這點長處又是不應埋沒的。

結論

實齋所持的主張和理論，多針對乾嘉學術風氣，他的文史校讐二通義，多爲箴砭時人而發，這是較易見的事實。他在學術上較重要的主張有兩點：

一、夏商以前，經即史也。

二、周秦之際，子即集也。

前者即文史通義第一篇「易教」中所論的六經皆史說。乾嘉之際的經學家，大都難免門戶之見而嫌墨守。六經皆史說固然不必是實齋的創見（參錢鍾書談藝錄附說廿二，頁三一五），而他在乾嘉時力主此說，論學則讚美不默守一家之說者（如「鄭學齋記書後」讚戴東原），而指斥有門戶之見者，對於漢學宋學，則唯求其是（如「書原性篇後」指摘孫淵如不應過分詆譭宋儒）。

其次，他以爲周秦之際諸子即文集（參文史通義內篇六文集）。故論文則專辨義例，看其是否專門傳家之業（亦即論其知「宗本」與否），他說：

> 周秦諸子之學……未嘗欲以文名；苟足以顯其業而可以傳授於其徒，則其說亦遂止於是，而未嘗有參差龐雜之文也。……治學分而諸子出，公私之交也；言行殊而文集興，誠僞之判也……。」（文史通義文集）

周秦諸子的文字，都是專門傳家之業，是「私」而非「公」（六經則是「公」），諸子皆「未嘗欲以文名」，故見其「誠」。後世如袁枚、汪琬、汪中等則反是，彼等務以文名於世，故見其「僞」。

實齋譏詆清代學者，大抵都不超出上述兩點範圍。他對清代學者的詬詈，可說是不留餘地的。我們試看看他的「古文十弊」：

> 茲見近日作者所有言論，與其撰著，頗有不安於心。因取最淺近者，條爲十通。思與同志諸君，相爲講明。（文史通義內篇二）

其中所條十事，可以肯定必皆確有其人，當事者讀之必都能知之。例如第四弊「私署頭銜」云：「又有江湖游士，以詩著名，實亦未足相副也」，這就顯明是指袁枚了。實齋詆詈清代學者不留餘地，大抵如此。粤雅堂本文史通義伍崇曜跋說：

> 如婦學詩話數條，似專爲痛詆袁簡齋太史而作……又如記戴東原論修志一條，地志統部一條，於戴東原洪稚存兩先生，均夷然不屑，適徵其所養之未純……。然其上下數千年，縱橫九萬里，洵足推倒一時豪

傑，開拓萬古心胸，匪兼才識學三長者不能作。其亦我朝之劉子玄乎？

對於實齋，這算是較爲公正的評價了。

（一九六五年八月廿二日，完成初稿）

高鶚補作紅樓夢後四十回的商榷

潘重規

最近看到中華書局一九六五年六月出版的「文史」第四輯，有吳世昌君「從高鶚生平論其作品思想」一文。其中很重要的一點，是根據高鶚的月小山房遺稿一首小詩，斷定紅樓夢後四十回是出於高氏補作。這首詩在遺稿七絕第二葉上「庚戌三月寓齋枕上聞風雨聲」第二葉下「送張竹雨歸皖江」之後的第三葉上，原題及詩辭如後：

重訂紅樓夢小說既竣題

老去風情減昔年，萬花叢裡日高眠。昨宵偶抱嫦娥月，悟得光明自在禪。

送張竹雪歸皖江詩，據第四葉又送張竹雪詩注語，知作於乾隆五十六年辛亥（一七九一），重訂紅樓夢詩在辛亥送張歸皖江詩後的第三首，知當爲次年壬子（一七九二）程乙本刪改畢後所作。吳君考定高鶚在五十歲中舉，壬子年爲紅樓夢程乙本作序言時已五十四歲。因此吳君根據這首詩，得出他的結論，他說：

由此可推知下列三點：

①在高鶚「風情未減」以前之「昔年」，他對於這部小說所下的工作，決不止於修訂，而實爲續作後四十回。只有在風情已減之後，才只能作些「重訂」的工夫。

②既云「昔年」，可知不是去年或前年。續書之作乃在風情未減之昔年，亦即遠在在中舉（一七八八）之

前。減去風情，意味着一個人從中年進入老境。這樣的轉變可不是三，四年內之事。

③續作既非成於去年或前年，則程偉元於乾隆辛亥（一七九一）在程甲本的序中所謂鼓擔收購，請友人（指高鶚）襄助修輯之說，即不可信。因爲如果僅爲修輯成稿，則不消一二年間即可完功。這樣高詩就不應該稱「昔年」。一個人若在上年修輯一書，次年又「重訂」一番，，重訂完了賦詩紀其事，不能指這修輯工作乃在「昔年」風情未減時所爲，以致迴顧今日「重訂」時，人已老去。大概一個人自「昔」至「今」，減却風情，爲時須七、八年或十年。

以上三點，可以解釋歷來無法解決的關於百二十回紅樓夢的一些疑題。其一，乾隆間周春的閱紅樓夢隨筆所說，他在乾隆庚戌（一七九〇）即在南京買到百二十回本紅樓夢。這是未有程偉元活字本以前的鈔本。其二，所謂甲辰（一七八四）夢覺主人序本中的前八十回正文文字，有的已同程甲本，而和脂評石頭記不同。其三，吳曉鈴先生藏乾隆殘抄本的舒元煒序中，已說到八十回是「二於三分」，又說數尚缺夫秦關。這三點都指明在未有程刻本已前已有百二十回紅樓夢。因此，就有人以爲，既然後四十回早已存在，，可能不是高鶚所作。但這想法其實不合邏輯。爲什麽未有程刻本以前，別人可以續作後四十回，惟獨高鶚不能續作？有此想法者，其實受了胡適的影響。胡適武斷地認爲高鶚續作後四十回是在他中舉（一七八八）以後，即在程乙本付刻（一七九二）以前不久。這些只是揣想，毫無事實根據。今由分析高氏「重訂紅樓夢小說既竣題」一詩，知其續作後四十回乃在風情未減之「昔年」，即在一七八八年中舉以前，則在一七九〇年周春在浙買到百二十回本紅樓夢鈔本，便毫不足怪。高鶚既早已補作後四十回，則凡前八十回中的文字有與其補作部分矛盾者，自必加以删改。故夢覺主人序本的底本若據高氏改本過錄，當然與同爲高氏改本的程甲本相同。而舒元煒僅僅聽說此書有一百二十回尤爲平常。這些理由，只能證明高鶚補作遠在程刻本之前，只能證明胡適妄說之誤，却絲毫不能證明後四十回不是高鶚續作的。更由乾隆鈔本紅樓夢稿的後四十回原鈔文字較爲簡單，後來又另據他本添改得和程甲本差不多這一事實，可證原鈔未改部分乃據高氏初稿本，後添部分則爲高氏增訂本。可見高氏續作也像曹雪芹一樣時時增删，歷有年所，並不是像有些人以爲一氣呵成的。

以上所引，是吳君對此一問題最重要的證據和結論。我們平心觀察，根據高鶚這首小詩，所能獲得關於紅樓夢的資料，僅僅在它的題目。因爲在「老去風情減昔年，萬花叢裡日高眠，昨宵偶抱嫦娥月，悟得光明自在禪」一二十八個字當中，看不出任何重訂紅樓夢小說的事跡；只有在「重訂紅樓夢小說既竣題」一個題目之下，可以體會高鶚做完這樁工作後的一番感悟。高鶚是否續作紅樓夢後四十回，固然不能從這四句詩看出來，也不能從題目看出來。因爲題目是說「重訂紅樓夢小說」，「紅樓夢小說」應該是包括全部小說，不可能說成後四十回。重訂是第二次校訂或修訂的意思，只能說「重訂」之前，已有第一次的校訂或修訂，不可能說成「他對於這部小說所下的工作，決不止於修訂，而實爲續作後四十回。」

要明白確定此一詩題的意義，必須拿高鶚自己的話來解答。乾隆辛亥年程甲本高鶚叙說：

予聞紅樓夢膾炙人口者幾廿餘年，然無全璧，無定本，向曾從友人借觀，竊以染指嘗鼎爲憾。今年春，友人程子小泉過予，以其所購全書見示。且曰：此僕數年銖積寸累之苦心，將付剞劂，公同好，子閒且憊矣，盍分任之。……遂襄其役，工既竣，幷識端末，以告閱者。

程小泉序云：

紅樓夢小說本名石頭記，作者相傳不一，究未知出自何人，惟書內記雪芹曹先生刪改數過。好事者每傳鈔一部，置廟市中，昂其值數十金，可謂不脛而走者矣。然原目一百廿卷，今所傳祇八十卷，殊非全本。即間稱有全部者，及檢閱，仍祇八十卷，讀者頗以爲憾。不佞以是書既有百二十卷之目，豈無全璧？爰爲竭力搜羅，自藏書家甚至故紙堆中，無不留心。數年以來，僅積有廿餘卷。一日，偶於鼓擔上得十餘卷，遂重價購之。欣然繙閱，見其前後起伏，尙屬接筍，然漶漫迨不可收拾。乃同友人細加釐剔，截長補短，抄成全部，復爲鐫板，以公同好。紅樓夢全書始至是告成矣。

這兩篇程甲本的序文所說的，便是高鶚第一次訂紅樓夢的事實。到了壬子程乙本問世時，卷首有署名小泉蘭墅的引言：

一、是書前八十回，藏書家抄錄傳閱幾三十年矣。今得後四十回，合成完璧，緣友人借抄爭覩甚夥，抄錄固難，刊板亦需時日，姑集活字刷印。因急欲公諸同好，故初印時，不及細校，間有紕繆。今復聚集各原本，詳加校閱，改訂無訛，惟識者諒之。

一、書中前八十回抄本各家互異，今廣集核勘，準情酌理，補遺訂訛。其間或有增損數字處，意在便於披閱，非敢爭勝前人也。

一、是書沿傳既久，坊間繕本，及諸家藏秘稿，繁簡岐出，前後錯見。即如六十七回，此有彼無，題同文異，燕石莫辨，茲惟擇其情理較協者取爲定本。

一、書中後四十回，係就歷年所得，集腋成裘，更無他本可考。惟按其前後關照者畧爲修輯，使其有應接而無矛盾。至其原文，未敢臆改。俟再得善本，更爲釐定，且不欲盡掩其本來面目也。

一、是書詞意新雅，久爲名公鉅卿賞鑒，但創始刷印，卷帙較多，工力浩繁，故未加評點。其中用筆吞吐，虛實掩映之妙，識得當自得之。

這幾條引言所說的，便是高鶚重訂紅樓夢的經過。第一條說明初印時，來不及細校，所以初訂是很粗疏的。再印時是「詳加校閱，改訂無訛，」所以重訂是較精細的。第二三條說明前八十回各家抄本，坊間繕本歧異甚多，他們補遺訂訛，擇善而從，成爲定本。第四條說明後四十回係就歷年所得，更無他本可考，畧爲修輯，不敢臆改原文，希望再得善本，更爲釐定。第五條說明限於工力，書中本有名公鉅卿評點，因爲工程浩大，沒有付印。這幾條說明，我們從近數十年來發現的幾個脂評本，證明他們所說的都符合事實。由此可知高鶚並未創作紅樓夢後四十回，詩題的重訂紅樓夢和引言所說的都是同一回事實。吳君說：

續作既非成於去年或前年，則程偉元本乾隆辛亥在程甲本的序中所謂鼓擔收購，請友人（指高鶚）襄助修輯之說，即不可信。

吳君又說：

高鶚在他的序中附和程氏，說他以其全書見示，這不是幫他圓謊嗎？

吳君不信高鶚紅樓夢序言的話，對於高鶚詩稿却奉爲金科鐵證。高鶚在序言中明明白白說他不曾補作後四十回，只是加以修訂；吳君却偏要說高鶚重訂的是他早年作的自己的稿子。此文的附記說：

近見文學遺產第五〇七期（一九六五年五月二日）關於高鶚的月小山房遺稿一文，考出高鶚卒年，認為他死於嘉慶二十年（一八一五）的可能性最大。其所據材料與本文大致相同，其結論雖較簡畧，也和鄙說相符。文中又引高鶚重訂紅樓夢既竣題七言絕句，以為題名「重訂」，而不說「補作」，似乎就是前面所說整理的意思，則顯係誤解。既曰重訂，即將先作之稿再次改訂之意，但不能因此即證明他以前未作此稿。任何人「重訂」自己的稿子，別人如何能憑他重訂二字，取消他原來的著作權呢？如果這位作者明年「重訂」一下「關于高鶚的月小山房遺稿」一文，我們能否定他今年此文的著作權嗎？至於高鶚詩中自己說他老去風情減昔年」，正說明他之補作後四十回乃在「風情未減」之「昔年」，則已詳上文。

我沒有看到文學遺產「關於高鶚的月小山房遺稿」一文的全文，不過我認為它的觀點是正確的，而吳君的主張則找不到一絲一毫的憑據。吳君說：「分析高氏重訂紅樓夢小說既竣題一詩，知其續作後四十回乃在風情未減之昔年，即在一七八八年中舉以前。」這個說法，眞不知「從何說起」。我們分析這首詩，只能得到高鶚重訂全部紅樓夢小說後的感想。高鶚說，現在已經五十多歲了，老去的風情，比起往年，已經大大的減退了！風情減退的現象如何呢？即是在萬花叢裡，疏懶閒眠，無復飛觴醉花的逸興，偎紅倚綠的艷情了。如果要具體說明他風情未減的生活，恐怕倒是他五十歲以前表現在硯香詞裡的南歌子、聲聲慢、滿庭芳、念奴嬌許多沾花惹草的冶游之詞，充分流露出他早年的行徑。至於「昨宵偶抱嫦娥月，悟得光明自在禪」兩句詩，不過是高鶚抒寫他讀紅樓夢後，有一段因空見色，由色生情，傳情入色，自色悟空的妙悟禪機罷了。我們可以說，從這一首詩裡，根本沒有涉及到高鶚作紅樓夢後四十回的事實。既然詩中沒有作後四十回的事實，更談不上風情未減，便是寫作紅樓夢的時期，風情既減，便是校訂紅樓夢的時期。況且普通人年少風情，往往沈酣在徵歌選色當中；而老去頹唐，却往往感慨欷歔，拈筆寫作。至於斤斤計較「昔年」是七年八年而不是三年四年，那眞是多餘的事了。不過，吳氏憑空揑住高氏一首小詩中的「昔年」二字，他是有其隱衷的，他是要認定高鶚續作紅樓夢後四十回，但乾隆五十六、七年程甲程乙本問世以前，在乾隆五十五年已經有人買到百二十回的紅樓夢抄本，如周春閱紅樓夢筆記所說；在乾隆五十四年，又有人說：「惜乎紅樓夢之觀止于八十回也，漫云用十而得五，業已有二於三分。」（己酉鈔本舒元煒序）這些都是程高刻書以前已有百二十回紅樓夢的鐵證。因此，吳君必須把高鶚作書的時間提前，纔能把這個死結解開，說這些百二十回本，即是高鶚的續作。所以吳君便把這首小詩「昔年」二字緊緊抓住，却忘記如此說詩，於文於理都是說不通的。況且吳君不信高鶚刋紅樓夢序引的自白，硬說他是扯謊；但做詩說重訂紅樓夢的，還是此一高鶚。即使硬指證高鶚說謊，他也應該說謊到底，如何又引他的話來做證！誠如吳君所言：「任何人重訂自己的稿子，別人如何能憑他重訂二字，取消他原來的著作權呢？」但是任何人「重訂」別人的稿子，又如何能憑他「重訂」二字，硬取消別人的著作權而加之於「重訂」者之身呢？我們說高鶚是重訂別人的稿子，乃是根據高鶚自己的表白。吳君硬說高鶚是重訂自己的稿子，這是根據誰人的說法呢？

談到這裡，吳君必然要舉出張問陶贈高鶚詩的註文來作證明了。吳君此文說：

也有人認爲後四十回的續作者可能不是高鶚，他也許眞如程偉元序中所謂只是幫着老程作些整理稿子的工作而已。這一說的主要根據，是對於張問陶贈高詩中自註的不同解釋。張氏說：「傳奇紅樓夢八十回以後，俱蘭墅所補。」他們認爲張氏所謂「補」是「修補」之意。我在上引圖書館季刊中論紅樓夢稿一文中曾指出高氏在紅樓夢中修補得最多的是前八十回，且程高二人在他們的弁言中也直認不諱，而張問陶却特別指出高氏所補者乃八十回以後，可知張氏所謂補，決非修補之意。我又列舉自唐代小說「補江總白猿傳」以至元明清以來各種小說如西遊補、紅樓夢補等許多證例，凡言補者都指補作，亦即續作，從無解爲修補者。我又舉清代倪鴻論張氏注中所補二字，意即所續，而魯迅先生在中國小說史畧中亦稱後四十回爲高氏續書，則他亦不認爲此「補」字作「修補」解。最後我說：我們沒有理由證明張問陶是撒謊，也就不必忙於剝奪高鶚後四十回紅樓夢的著作權。

最後，還須說明一下關於「補」字的解釋。近來有人把它解作「修補」或「補訂」而非補作，其實這並不是什麽新說。早在一九三五年，青年界七卷五號載宋孔顯的「紅樓夢一百二十回均曹雪芹作」一文中，即主張此說。一九五八年林語堂在某刊物所發表的「平心論高鶚」一文，即抄襲宋說，而加以推衍。次年，又有人在新加坡出版「紅樓夢新解」一書，對於後四十回的作者問題又抄襲前人之說，認爲高氏之補乃「修補」而非補作（頁六四）。近來主張這一「補」字是「修補」的議論雖多，但我却未見有誰提出任何新論據或新意義。這些輾轉抄襲，陳陳相因的舊說，對於嚴肅的學術研究不會有何好處。

吳君提到林語堂先生和我「對於後四十回的作者問題又抄襲前人之說」，這一點我須畧加解釋。我在新加坡出版紅樓夢新解雖是一九五九年，但所寫文章却早發表於一九五一年。我發表我的意見時，確不曾看見宋孔顯的文章，直到現在，我還僅僅在一粟編的紅樓夢書錄附報刊類中看見有「紅樓夢一百二十回均曹雪芹作」一目，注云：宋孔顯撰。載一九三五年五月青年界（上海北新書局版）第七卷第五期。」眞是孤陋得很，我至今還未看到它的內容。好在我的論點完全和它相反，似乎談不上什麼抄襲。不過，吳君在他的英文本紅樓夢探源出版以後，他又用中文寫了「我怎樣寫紅樓夢探源」一篇長文，脫稿的年月是一九六一年十二月三日夜。發表在新加坡南洋商報一九六二年元旦特刊。在那以前，他雖在牛津大學早已看到我的紅樓夢新解，但迄那時爲止，他似乎也沒有見到宋孔顯的文章。他在元旦特刊的文章有一節說：

林語堂在某刊物發表「平心論高鶚」一文，痛罵周汝昌，連爲周書寫跋文的其兄周緝堂，以及他們已死的父母，都不饒過。但對於周君那個錯誤的結論——脂硯即湘雲」，林博士深信不疑。這種論學的方法與態度，也算別開生面。

吳君當時並不攻擊林語堂先生和我抄襲前人之說，可見吳君當時還不曾看見宋孔顯的文章。而且「脂硯即湘雲」的錯誤，我在紅樓夢新解中有「脂評紅樓夢新探」一篇，篇內又分數章，其中「脂硯齋是誰」一大章指出主張脂硯是賈寶玉或史湘雲的錯誤，相當詳盡。並且推測脂硯是曹雪芹的叔父。吳君「我怎樣寫紅樓夢探源」一文中，也有「脂硯齋是誰」一節，說明他寫紅樓夢探源時對這一個問題的處理，其結論也認爲是曹雪芹的叔輩，「脂硯即湘雲」是錯誤的。我並不敢揣測吳君對我的說法有何因襲，不過我的說法發表在前，吳君在紅樓夢探源完稿之前，已得寓目，這也是事實。吳君去年發表的「從高鶚生平論其作品思想」一文後，還加上一個附記說：

近見文學遺產第五〇七期（一九六五年五月二日），關於高鶚的月小山房遺稿一文，考出高鶚卒年，認爲「他死於嘉慶二十年（一八一五）的可能性最大。」其所據材料與本文大致相同，其結論雖較簡略，也和鄙說相符。

這一附記，表現的治學態度，似乎比寫「我怎樣寫紅樓夢探源」的時候，要來得謹嚴。至於吳君說：「近來主張這一補字是修補的議論雖多，但我却未見有誰提出任何新論據或新意義。這些輾轉抄襲，陳陳相因的舊說，對於嚴肅的學說研究不會有何好處。」我的意見和吳君微有不同，我認爲學說不論新舊，最重要的應當「求是」。馬是馬，鹿是鹿，這是舊說；趙高指鹿爲馬，這是新說。到底新說對？還是舊說對？「老去風情減昔年」只是老去風情不如昔年，這是舊說；風情未減就補作紅樓夢，風情旣減便只能重訂紅樓夢，這是新說。新說倒是新說，只怕不是嚴肅的學說。

抄襲的問題說明以後，我們回過來研究張船山送高詩自注的「補」字的意義。研究這「補」字的意義，必須先要知道張船山送高鶚的詩，不過是泛泛的應酬話，並非什麼謹嚴的記事。「補」字的意義，可以是補修，也可以是補作。「煉石補天」可以用補；「截長補短」可以用補；「勇晴雯病補雀毛裘」也可以用補。補字在贈高詩注中的意義，還是要看高鶚對紅樓夢所做的工作而定。高鶚對紅樓夢所做的工作，還是要看高、程紅樓夢序引所言而定。在沒有能夠發現積極的證據，足以壓倒成說而又使大家覺得心安理得可以取而代之以前，我們似乎仍當客觀些來研究高、程紅樓夢的序引。高、程序引說：「截長補短」，「畧爲修輯」，則此贈高鶚注的「補」字，自然是修補的意思。其他援引雖多，也不能改變本身的事實。最後，要談到近年發現的「乾隆抄本百廿回紅樓夢稿」，這抄的後四十回，顯然是根據一個鈔本謄清，然後加以增修。此一鈔本應該是程小泉所收集的後四十回抄本的謄清本。這四十回修改增加的文字特別多，但幾乎全部和程乙本文字相同，可見此一抄本是程乙本付刻前的鈔本。否則在程乙本流布之後，縱使有人獲得此抄本的正文，也沒有對照程乙本將缺少字補入之必要。因爲他如果不滿意抄本的正文太簡畧，他買一部刻本來閱讀便夠了，何必費時費力來校補填充！況且夾行密寫，附頁粘貼，根本就不便閱讀。如果他認爲簡畧的舊抄本有價值，那他斷不肯把舊抄本塗抹得狼藉不堪。惟一合理的解釋是程高得到一個稿本，因爲原稿是歷年收羅積累而來，其間又頗有漫漶之處，所以必須抄成清本。但是後四十回的篇幅，其中有些比前八十回簡短，在刊刻流布之前，爲了使全書篇幅均勻，不得不加以擴充。由于這現實的限制，故除了一兩個字的删改之外，便只有增加而無删減。這種現象，正是引言中所說：「書中後四十回係就歷年所得，集腋成裘，更無他本可考，惟按其前後關照者，畧爲修輯，使其有應接而無矛盾，至其原文，未敢臆改」的緣故。因此高鶚當年在加工整理的過程中謹守的原則，就是一方面要增修原稿本的文句，另一方面又要儘量不丟棄原稿本中的字句。原稿本字句都是需要保留的，在這個條件下修改文章，便只有就原有文字來形容敷演。書中增添得少的就寫在行間；增添得多到行間不能容納的就另紙謄寫，附粘在該頁書上。——這可能就是百二十回抄本後四十回的大概情形。吳君此文說：

> 現知他中舉之年（一七八八）約爲五十歲，其寫作後四十回，原鈔部份比較簡單，後來又加以添改，當即據後四十回補作稿本爲底本，先鈔的底本較簡，後來又據添改本，補入後改之文。

依吳君說「原鈔部分比較簡單，後來又加以添改，」這和這個原抄本加上添改的本子有什麽不同？又何須另找一原抄本，據添改本補入改後之文。他爲什麼不連結初稿改稿抄成一個清本，難道他怕人找不出修改的痕迹嗎？

現在我且抄錄後四十囘的兩段文字，來看看他修改的實况。凡塗抹去的字句，我在旁加圈；凡增添的字句，我加上括號；並且一律加上標點：

第八十五囘：襲人正要說話，只見賈芸（那一個）也（慢慢的）蹭過來了。（細看時，就是賈芸，溜溜湫湫往這裡來了。）襲人連忙向鋤藥道：「你告訴說，知道了，囘來給二爺瞧罷！」那賈芸元要過來和襲人說話，（無非親近之意，又不敢造次。）忽見襲人說出這話，自己也不好再往前走，（只好站住這裡，襲人已掉背臉往囘裡去了。賈芸）只得怏怏而囘，同鋤藥出去了。晚問寶玉囘房，襲人（便囘）道：「今日廊下小芸二爺來了。」寶玉道：「來做什麼？」襲人道：「他還有個帖兒呢！」便在書槅子上拿了下來。寶玉接來（過）看時，上寫着「叔父大人安稟」。寶玉道：「這孩子怎麼又不認我做父親了！」襲人道：「怎麼樣？寶玉道：「他前年送我白海棠時，稱我做父親。今日這帖子封皮上寫着叔父，可不是又不認了！」襲人道：「他也不害臊！你也不害臊！（他那麼大了，倒認你這麼大兒的作父親，可不是他不害臊？你）正經連個……。」說到這裡，臉一紅，微微的一笑。寶玉也覺得了，便道：「這到難講。（俗話說，和尚無兒，孝子多着呢！只是我看他（還）伶俐，（得人心兒，）才這麼着。他不願意，我還不希罕呢！」說着，拆那帖兒，看了一囘，大不耐煩。（襲人也笑道：「那小芸二爺也有些鬼頭鬼腦的。什麼時候又要看人，什麼時候又躲躲藏藏的，可知也是心術不正的貨。」寶玉只顧拆開看那字兒，也不理會襲人這些話。襲人見他看那字兒，皺一回眉，又笑一笑兒，又搖搖頭兒，後來光景，竟不大耐煩起來。襲人等他看完了，）襲人問道：「（是）什麽事情？」寶玉也不答言，把那帖子撕做幾段。襲人見這般光景，也不便再問，（便問「吃了飯還看書不看書？）寶玉道：「可笑芸兒這孩子，竟這樣（的）混賬！」（襲人見他所答非所問，便微微的笑着說道：「到底是什麽事？」寶玉道：「問他做什麽！」（便道「偺們吃飯罷！」一時端上飯來，（吃了飯歇着罷！心裡鬧的怪煩的。）說着叫小丫頭子點了一點火兒來挪那撕的帖兒燒了。一時，擺上飯來，寶玉只是怔怔的坐着，襲人連哄帶慪催着，）吃了一口兒便擱下了，仍是悶悶的歪在床上。一時間，潛然掉下淚來。此時襲人麝月多摸不着頭腦。麝月道：好好兒的，這又（是）為什麽，（都是什麽芸兒雨兒的，不知什麽事，弄了這個浪帖子來，惹得這個傻了的是的，哭一會子，笑一會子。）要天長日久鬧起這悶葫蘆來，可叫人怎麽受呢！說着，竟哭（傷）起（心）來。襲人（旁邊）由不得要笑，便（勸）道：「好妹妹！你（也）別慪人了，他一個人就彀受了，你又這麽着！他那帖子上的事，難道與你相干？」麝月道：「你混說起來了。）知道他帖兒上寫的是什麽混賬話，你混往人身上扯。要那麽說，他帖兒上、只怕倒與你相干呢！」）襲人還未答言，忽見寶玉爬起來抖抖衣裳，說：「（偺們）睡（覺）罷！（別鬧了！明日我還起早念書呢！」說着便躺下，）于是二人便打發睡了。一宿無話。次日，寶玉起來梳洗了，便往家塾裡去。（走出院門，忽然想起，叫焙茗略等，急忙轉身回來叫「麝月姐姐呢？」麝月答應着出來問道：「怎麽又回來了？」寶玉道：「今日芸兒要來了，告訴他別在這裡鬧！再鬧，我就回老太太和老爺去了。」麝月答應了，寶玉纔轉身去了。）剛往外走，只見賈芸慌慌張張往裡來，看見寶玉，連忙請安，說：「叔叔大喜了！」那寶玉（估量着是昨日那件事，便說）道：「你也太冒失了，不管（人心裡）有事沒有，只管來攪。」賈芸陪笑道：「叔叔不信，只管瞧去，人多來了，在(偺們)大門口呢！」寶玉越發急了，說「這是那裡的話！」正說着，只聽外面一片聲的嚷（起來。賈芸道：「叔叔聽，這不是？」）寶玉心裡越發狐疑起來。只聽一人嚷道：「你們這些人好沒規矩，這是什麽地方，（你們）在這裡混嚷。」那人道：「誰教老爺陞了官（呢），怎麽不叫我們（來）吵喜呢！（別人家盼着吵還不能呢！」寶玉聽了，）寶玉才知道是賈政陞了郎中了。

第九十七回：黛玉向來病着，自賈母起，直到姊妹們的下人常來問候。今見賈府中上下人等多不過來，連一個問的人都沒有。睜開眼，只有紫鵑一人，自料萬無生理，因扎掙着向紫鵑道：「妹妹，你是我最知心的，雖是老太太派你伏侍我。這幾年，我拿你就當（作我的）親妹妹一般。」紫鵑聽了，一陣心酸，（早哭得說不出話來。遲了半日，）黛玉又（一面喘，一面說）道：「我躺着不受用，）你扶我起來靠着坐坐纔好。」紫鵑道：「姑娘身上不大好，起來又要抖摟着了。」黛玉聽了，閉上眼，不言語了。一時，又要起來。紫鵑沒法，只得同雪雁把他扶起，兩邊用軟枕靠住，自己却倚在旁邊。黛玉那裡坐得住，下身自覺硌得疼，很命的掌着。叫過雪雁來道：「我的詩本子。」說着，又喘。雪雁料是要他前日所理的詩稿，因找來送到黛玉跟前。黛玉（點點頭兒，）又(擡眼)看那箱子，雪雁不解，只是發怔。黛玉氣的兩眼直瞪，又咳嗽起來，又吐了一口血。雪雁連忙回身取了水來，黛玉嗽了，吐在盂內。紫鵑用絹子給他拭了嘴。黛玉便拿那絹子指着箱子，又喘成一處，說不上來，閉了眼。紫鵑道：「姑娘歪歪兒罷！」黛玉又搖搖頭兒。紫鵑料是要絹子，便叫雪雁開箱拿出一塊(白綾絹子)來，黛玉瞧了，撂在一邊，使勁說道：「有字的！」紫鵑這才明白過來,要那塊題詩的舊帕。只得叫雪雁拿出來遞給黛玉。紫鵑勸道：「姑娘歇歇兒罷，何苦又勞神，等好了再瞧罷！」只見黛玉接到手裡，也不瞧，掙扎着伸出那隻手來，狠命的撕那絹子，却是只有打顫的分兒，那裡撕得動。紫鵑早已知他是恨寶玉，却也不敢說破，只說：「姑娘何苦自已又生氣。」黛玉微微的點頭，便掖在袖裡，說叫：「點燈！」雪雁答應，連忙點上燈來。黛玉瞧瞧，又閉上眼坐着，喘了一會子，又道：「籠上火盆！」紫鵑打諒他冷，因說道：「姑娘躺下，多蓋一件罷，那炭氣只怕耽不住。」黛玉又搖頭兒，雪雁只得籠上，擱在地下火盆架上。黛玉點頭，意思叫挪到炕上來。雪雁只得端上來，出去拿那張火盆炕桌。那黛玉却又把身子欠起。紫鵑只得(兩隻手來)扶着(他)，黛玉(這纔)方將(方纔的)絹子拿在手中，瞅着那火，(點點頭兒，)往上一撂。紫鵑唬了一跳，欲要搶時，兩手却不敢動。雪雁又出去拿桌子，此時那絹子已經燒着了。紫鵑道：「姑娘！這是怎麽說！」黛玉只做不聞。(回手)又把那詩稿拿起來瞧了瞧，又撂下了。紫鵑怕他也要燒，連忙將身倚住黛玉，騰出手來拿時，黛玉早又拾起，撂在火上。此時紫鵑却彀不着。雪雁正拿進桌子來，看見黛玉一撂，不知何物，趕忙搶時，(那紙沾火就着，如何能彀少待，)早已(烘烘)着了。雪雁(也顧不得燒手，)就從火裡抓起來，撂在地下亂踏(踹)，却已燒得所餘無幾了。那黛玉把眼一閉，往後一仰，幾乎不曾把紫鵑壓倒。

我們看了後四十回的修補狀況，保存原稿字句的努力，幾乎達到百分之百的程度。這種現象，正符合程高引言的聲明。後人詆毀程、高扯謊，旣拿不出眞憑實據，而程、高所說的事實，例如他們說前八十回抄本，各家互異，現在發現了的甲戌、己卯、庚辰、戚蓼生各種脂評抄本，無論是回目、字句都確實有很多不同。現今看到的高鶚手定一百廿回抄本，原是帶脂評的底本，因爲印刷困難，删去評語，也和他們例言第五條說的相符。甚至他們特別舉出第六十七回此有彼無，題同文異。果然庚辰本無六十七回，而己卯、戚蓼生本則有。己卯本回目作「見土儀顰卿思故里，聞秘事鳳姐訊家童，」而戚蓼生本則作「餽土物顰卿思故里，訊家童鳳姐蓄陰謀。」如此明確的事例，絕非可以隨便拉來扯謊的。考證紅樓夢的人未發現各種舊抄本新材料以前，儘可以咬定程、高作僞，對他們說話一概置之不理。程、高長眠地下，也無力起來答辯。現在紅學家們發掘出來許多新材料，一樁一樁都替程高作證——證明程、高的說話全是事實。我們還能不顧事實，不講公道，硬要誣蔑他們扯謊嗎？吳君既無人證，又無物證，單憑高鶚「老去風情減昔年」一句七言詩，便算做高鶚早年續作後四十回紅樓夢的證據，這比「莫須有」三字判決一樁冤獄，還要來得更「冤」。因爲「莫須有」還是說「有可能」，吳君舉的詩句，連「有可能」的影子都沒有。吳君根據他自己毫無憑證的斷案，用來作推翻一切事實的理由，這是非常不合邏輯的。我因爲吳君提出「嚴肅的學術研究」的口號，所以列舉手邊僅能見到的材料，畧貢芻蕘之見，以就正於海內外的博學君子。

一九六六年六月六日脫稿於九龍

林譯小說研究（下）

曾錦漳

四　林紓的譯述方法

在前章已經說過，林紓無意創造一種新的翻譯文體。他不但沒有遷就原文而使譯文出現歐化語法，像民國以來許多主張直譯的譯者一樣；反而要遷就他的讀者，務求他們看得懂，讀得慣　，覺得譯文平易而無詰屈聱牙。因此他的翻譯是意譯而非直譯。雖然是意譯，却並不是隨隨便便的亂譯，而是相當認眞的。魏易在他的黑奴籲天錄序裏，談及和林紓合譯該書的情形說：「日就先生討論，易口述，先生筆譯。」他們在譯述之先，是經過一番「討論」的；其餘各書的譯述，想來亦當如是。另一位和林紓合作過的毛文鍾也說：「林老自己雖然不懂外文，他的所謂譯實際上是採用小學生做作文那樣的『聽寫』方式　，但他的態度是相當認眞的，　稍有懷疑，就要叫口譯者從頭再講，有時候甚至要講上好幾遍，他才認爲滿意。」（註一）這樣的翻譯態度，不能說不認眞。他雖然不懂西文，未能像嚴復一樣，提出了「信」、「達」、「雅」之類的翻譯原則，但是他有他的譯述方法，我們把他的譯本和原本對照之後，就可以歸納出來。下面畧述我們歸納出來的他所採用的幾種方法。

（一）意譯的增飾

翻譯時但求表現原作者的意思，務使譯文暢達爾雅，這是意譯；反之，若要求逐字逐句的翻譯，不單要保存原來的意思，有時還要拘守原來的語法，這是直譯。（註二）林紓不能直接閱讀原文，衹有意譯一途。他的意譯有時對於原文的意思及原作的精神都相當貼切，有時則和原意畧有距離甚至於稍有歪曲。上章所引拊掌錄的幾段文字，是比較貼切的譯例。現在再從海外軒渠錄中舉一條譯例：

天下最巨、最有力利里北達皇帝，操天下之全權，能使宇宙樂，能使宇宙怖，悉予一人主之；朕版圖可五千伯拉斯脫（週圍可十二咪），至於地球之極處；朕爲王中之王，在人種中踞無上上地；朕足所履，即踐宇宙之中樞，引首即近太陽；偶一點頭，凡地球上之帝王　，均股弁莫能止；朕和藹若春，靜逸若夏，結實如秋，嚴厲如冬。以朕之高大　，與爾人山立約——此人山邇來始至朕之宇下——立約凡若干條，均嚴肅之誓盟，人山願恪守之，有渝此盟，明神殛之。（註三）

原文（註四）是：

Golbasto Momarem Evlame Gurdilo Shefin Mully Ully Gua, most mighty Emperor of Lilliput, delight and terror of the universe, whose dominions extend five thousand blustrugs （about twelve milesin circumference） to the extremities of the globe; monarch of all monarchs, taller than the sons of men; whose feet press down to the center, and whose head strikes against the sun; at whose nod the princes of the earth shake their knees; pleasant as the spring, comfortable as the summer, fruitful as autumn, dreadful as the winter. His most sublime majesty proposes to the man-mountain, lately arrived at our celestial dominions, the following articles, which by a solemn oath, he shall be obliged to perform. (pp. 28-29)

這是利里北達國（小人國）皇帝與葛利佛所訂條約的序文。林譯直從「最有力利里北達皇帝」開始，把開端的一串古怪的稱謂刪去。「天下最巨」及「操天下之全權」二語是增加的，爲原文所無。"delight and terror of the universe" 是「爲宇宙之內（的人）所喜悅和畏懼（的人物）」的意思；張健譯作「舉世擁戴、畏懼的君王」（註五），既忠實而又通順；林紓譯作「能使宇宙樂，能使宇宙怖」，就和原文有些微出入了。接着「悉予一人主之」一語，又是增飾之辭。"taller than the sons of men"，張健譯作「身高超過一切人類」是對的，林譯「在人種中佔無上上地」，與原意稍有出入。林譯最末數語，仿中國立約盟誓的習慣，是中國化的譯文。

林紓意譯的程度如何，從上面這段例文的分析，可以知道一個大概。由此可見，我們若要逐字逐句地要求林譯忠實於原文，那是一定會失望的；但從全段文字看，原文的意思都完整地表達出來了。就拿這個譯例來說，利里北達人行文的風格與文體，也藉林紓的譯文重現出來，使中國讀者得以窺見一斑。下面再引二例，畧見林紓意譯的一般情況。

撒克遜刼後英雄畧第十六章寫黑騎士林中迷途，拍開了隱士的門，要求借宿一宵，他問：

I would pray to know three things of your holiness; first, where I am to put my horse?--secondly, what I can have for supper?-thirdly, where I am to take up my coach for the night? (p. 189)

林紓譯作：

今日奉擾，宜求道人二事：其一，爲吾戰馬可得芻否？其二，則食及息耳。（頁一〇三）

譯文是否貼切，我們且不管它。但原文明明是求拴馬之地、求食、求宿三件事，林譯却把食、宿合爲一事，因而"to know three things of your holiness" 譯作「宜求道人二事」。

魯濱孫飄流記寫魯濱孫沉船登上荒島，第二天回到擱在離岸不遠的船上搬取各物，但是沒有小舟載登岸上，正在百思不得其計，忽然想起船上一些木材，可用以造成木筏，載運東西。他想起的木料如下：

We had several spare yards, and two or three large spars of wood, and a spare top-mast or two in the ship, (p.52)

林紓譯作：

船中有橫木四五枝，更有木杌數段，且有備桅兩枝。……（頁三七）

這些木料的數量，林紓並沒有按照原文準確地譯出；正和上述黑騎士借宿的譯例一樣。這是林紓意譯的一面。

林紓的意譯是有相當的變通的，其中有增飾的一法。上引海外軒渠錄的譯例中，他就增加了幾句。這種增加的語句，有時是爲了行文的方便，有時是爲了加強語氣，也有時爲了使文意顯露。這種增飾的詞句，在林紓的譯文中，是十分常見的。例如茶花女中，亞猛聽了馬克暗示要用出賣肉體賺來的錢，同他去鄉間消夏的話之後，他便有這樣的反應：

Je ne pus m'empêcher de rougir à ce mot de bénéfices; je me rappelai Manon Lescaut mangeant avec Des Grieux l'argent de M. de B……(p.126).

林紓譯作：

余聞言怒形於色。因憶漫郎與德習愷爾訌他人腰纏，爲男女行樂之地，醜行貽在人口，余豈屑之。（頁四九）

原文不過是說：「一聽到『利益』兩個字我禁不住臉紅起來；我想起了曼農・勒斯戈同格利歐兩個人享用B先生的金錢的故事。」（夏康農譯，頁一〇九）林譯「醜行」以下兩句是添上去的，原文本來沒有。添上這兩句之後，意思比較顯露，文意也比較完整。

撒克遜刼後英雄畧寫比武場中約翰王正與一個敵視他的帶弓箭的撒克遜人對答的時候：

"And Wat Tyrrel's mark, at a hundred yards," said a voice from behind, but by whom uttered could not be discerned.

This allusion to the fate of william Rufus, his grandfather, at once incensed and alarmed Prince John. (Ivanhoe, pp.115—116)

林紓譯作：

此時人叢中復有人語曰：「滑太拉之矢及一百碼之遠，吾亦能之。」約翰回首顧之，不見其人，乃大驚；以約翰先世滑太拉曾揭竿起，今其人爲是言，意爲叛黨。（頁四九）

林紓誤把滑太拉 Wat Tyrrel 當作約翰的祖父 William Rufus，這是誤譯。「曾揭竿起」以下，則是林紓增加進去的。因爲 William 中流矢而死，有人疑是滑太拉發的箭，所以約翰聽說「滑太拉之矢及一百碼之遠，吾亦能之」，覺其語意雙關，有叛逆之意，所以大驚。但這涵意是當時一般讀者所不懂的，所以林紓增加數語，解釋清楚。

又如黑奴籲天錄第十三章的開端，增加下面幾句：

著書者曰：吾於以上十二章，均叙悲慘斷腸之事，令人寡歡。今吾須少易壁壘，令觀者一新其耳目乎？

（卷二，頁一）

這是原書所沒有的，林紓增加這幾句，不過是把讀者的視線從湯姆的際遇，轉移到意里賽所處的新環境。

以上是林譯中增飾的例子。由於中西文字語法等的不同，儘管是直譯，有時也要增加幾個字才能使譯文妥貼。但像林紓增加這樣多的字句，是直譯者所不容許的；也祇有像林紓這樣變通的意譯，才允許譯文中有這樣多增飾的文字。

（二）意譯的刪削與撮譯

林紓譯述小說，主要是轉達小說的情節，有時還能保留幾分原作的精神，但是，他認爲無關宏旨的枝枝葉葉，他是往往不惜加以刪削的。這也是意譯的一法。

林譯小說中有許多是整段刪去的。例如茶花女一書，大抵因爲作者小仲馬是私生子，飽嘗過人家的嘲笑和白眼，所以常常禁不住要替馬克這種被唾棄的女子辯護，議論滔滔，不自覺地破壞了故事的氣氛（註六）。碰上這些地方，林紓都大刀濶斧地刪去，反而增加情節的緊湊。最顯明的例子是：原書第三章後半，作者寫他高價買得上有亞猛題字的小說漫郎攝實戈後的感想，把故事的發展丢過一邊，却在大發議論，後來竟直接拿出基督教的道理來宣講，連直譯的夏康農也忍不住刪去三大段；林紓把這後半章差不多都刪掉了 。又如黑奴籲天錄，也有許多刪節，林譯該書的例言說：「是書言教門事孔多，悉經魏（易）君節去其原文稍煩瑣者，本以取便觀者，幸勿以割裂爲責。」這書是林魏二人經過討論然後翻譯的，雖然例言說是「魏君節去」，其實是兩人商量後同意這樣做的。就以這書的第四章爲例，原文大概有四千多字，林紓譯成中文，僅得四百餘言。在這裏，我們若要拿譯文來和原文逐句對照，那是不可能的；譬如原書用了好幾段文字寫湯姆得少主人敎他英文及彼此相處融洽的情況，林譯如下：「湯姆常受學於主人之子名喬治者，所以稍能讀書。喬治亦甚暱之，不以常奴齒。」（卷一，頁九）這衹不過是一句提綱，其餘具體的細節描寫都删去了。

這些都是大段删節的例，此外閒文的删削，更是隨處都有，但以不影響故事情節爲條件。例如茶花女描寫馬克愛茶花一段，原文是：

Pendant vingt-cinq jours du mois, les camélias étaient blancs, et pendant cinq ils étaient rouges; on n'a jamais su la raison de cette variété de couleurs, que je signale san pourvoir l'expliquer, et que les habitués des théâtres où elle allait le plus frequemment et ses amis avaient remarquée comme moi. (p. 28)

夏康農從法文直譯如下：

一個月裡頭有二十五天他拿的茶花是白的，還有五天是紅的，從來誰也不知道這顏色的變換有甚麼理由，常到她愛去的戲院裏看戲的人們同她的朋友，大家都同我一樣注意到這件事，我此刻不過提起提起，並不能有甚麼解釋。（茶花女，頁九）

林紓把「理由」之下幾句都删去了，因爲這幾句在他看來都沒有什麼作用。他的譯文是：

一月之中，拈白者廿五日，紅者五日，不知其何所取。（茶花女遺事，頁四）

林紓譯迭更司的著作是最小心的，他說：「迭更司先生臨文如善弈之著子，閒閒一置，殆千旋萬繞，一至舊著之地，則此著實先敵人，蓋於未胚胎之前已伏線矣。惟其伏線之微，故雖一小物、一小事，譯者亦無敢棄擲而刪節之，防後來之筆旋繞到此，無復叫應。」（註七）雖然說「一小物、一小事，譯者亦無敢棄擲而刪節之」，少少的刪削還是有的，而且例子也不少，這裏不再舉例。

總之，林紓中所刪節的文字，有的是認為有害於故事的進行的，有的是認為沒有什麽作用的。但是，有一個不可忽視的因素，那是由於古文簡約，抒情狀物，難達刻劃入微之境。

刪節之外，林紓還應用撮譯的方法。有時原文太過繁冗，要用古文全譯出來，那是吃力不討好的，索性刪去吧，又怕失去原意，這時林紓就用撮譯的方法。例如賊史第三十三章的第一節，原文是：

Spring flew swiftly by, and summer came. If the village had been beautiful at first it was now in the full glow and luxuriance of its richness· The great trees, which had looked shrunken and bare in the earlier montns, had now burst into strong life and health; and stretching forth their green arms over the thirsty ground, converted open and naked spots into choice nooks, where was a deep and pleasant shake from which to look upon the wide prospect, steeped in sunshine, which lay stretched beyond. The earth had donned her mantle of brightest green; and shed her richest perfumes abroad. It was the prime and vigour of the year; all things were glad and flourishing. (01iver Twist, p.204)

這一節文字（**註八**）要用古文貼切地加以翻譯是比較困難的，林紓於是擇要地譯述如下：

春花既闌，夏令遂屆。初來時，村間新綠，尚未排衙。今則荒青老翠，彌望無極。前此枝葉尚覺扶疏，今則繁陰交織，不辨間隙。（卷下，頁二六）

他雖然不能完整地把原文譯出，到底達到了原作向讀者交代季候轉移的目的。又如塊肉餘生述第一章描寫來接生的醫生（**註九**），原文是：

He was the meekest of his sex, the mildest of little men. He sidled in and out ot a room, to take up less space. He walked as softly as the Ghost in Hamlet, and more slowly. He carried his head on one side, partly in modest depreciation of himself, partly in modest propitiation of everybody else. It is nothing to say that he hadn't a word to throw at a dog. He couldn't have thrown a word at a mad dog. He might have offered him one gently, or half a one, or a fragment of one; for he spoke as slowly as he walked; but he wouldn't have been rude to him, and he couldn't have been quick with him, for any earthly consideration. (David Copperfield, pp. 9-10)

這裡誇張地刻劃了醫生的温和性格，而文字十分囉唆；林紓把它撮譯如下：

醫生平婉不忤人，亦不叱狗，（**註一〇**）

又如茶花女小說中，小仲馬用了幾段文字描寫馬克的形體相貌（原作頁二六——二七），終不能成功地使讀者得到深刻的印象。這裏的描寫，夏康農譯成白話文，費了四百多字（見頁八——九），林紓則選取要點，撮譯成六十字：

馬克長身玉立，御長裙，僊僊然描劃不能肖。雖欲故狀其醜，亦莫知爲辭。修眉媚眼，臉猶朝霞，髮黑如漆覆額，而仰盤於頂上，結爲巨髻。耳上飾二鑽，光明射目。（頁四）

原文的描寫，在我們現代的讀者看來，覺得是不討好的，林紓扼要地加以撮譯，使讀者不覺枯燥；而且林紓的用筆，近似中國古典小說人物描寫的傳統，讀者更覺得容易接受。

撮譯和删節是同一類的譯法，不過删節是把整段或整句的文字删除，毫無保留，撮譯却是删去蕪雜的部分，還保留主要部分，有時連一部分的文句也保留下來。

（三）　名詞的翻譯

凡是嘗試過翻譯工作的人，都承認翻譯名詞是一件十分困難的事。「一名之立，旬月踟躕。」（註一一）嚴復這話，充分顯示出其中甘苦。名詞的翻譯所以這樣難，是因爲中西名物不同；往往一個很平常的名詞，要尋求一個適當的譯名，也頗費躊躇：或是涵義不能完全相當，或是字數太多，不像一個名詞。這在譯者來說，祇有盡力而爲罷了。

至於名詞的譯法，不外音譯和義譯兩項。音譯是模仿原來文字的聲音，選取相當的漢字來代替。義譯是按原來名詞的涵義，選取意義相當的漢字，或創造一新名詞來翻譯。專有名詞像人名地名等，不消說須用音譯；"Iceland"之譯爲（冰洲」或「冰島」，"Westpoint"之譯爲「西點」，到底是少數的例外。非專有名詞像實物、抽象觀念、官制、學術名詞等，則當以義譯為主，音譯為輔，因為這些名詞都有意義，其譯法與一般人名地名不同。

在林譯小說中，專名多用音譯，而且譯音相當準確；像迭更司 Dickens、司各德 Scott、哈葛德 Haggard、魯濱孫 Robinson、惠斯敏司德 Westminster 等譯名，至今沿用不替。其他非專有名詞，他却並不濫用音譯。例如塊肉餘生述第十二章描寫密昔司密考伯 Mrs. Micawber賣去的首飾，有「珍珠項圈及珠釧」（Pearl necklace and bracelets），還有一副「珊瑚」的（a set of coral），這些東西，中國本有，林紓沿用舊名；第十三章寫大衛窮極，脫下他的 Waistcoat去出售，這字林紓譯作「半臂」；第五章對話中出現 sweethearts 一字，林紓譯為「甜心」；撒克遜刼後英雄畧第二章則有Palmer 一字，是指朝參聖地耶路撒冷的歸客，林紓譯作「進香客」這些名詞的翻譯，有借用中土固有的相當的名物字者，如「珍珠項圈」，有譯者按原字義自鑄新詞者，如「甜心」；也有借中土類似的名詞，指稱西方性質不盡相同的名物者，如「進香客」。但是，他自造的譯名是很少的，譬如拊掌錄睡洞一篇有一連串的食品名目，林紓祇譯了比較普通一點的食品名，如「甜餅」(sweet cakes)、「短餅」（short cakes）、「薑餅」（ginger cakes）、「蜜餅」（honey cakes）、「蘋果豆屑」(apple pies)、「桃屑」（peach pies）、「南瓜豆屑」（pumpkin pies）等，其他比較罕見的食品名目，則寧可刪去不譯。這裏不過是作者故意誇張富貴家庭中食品的繁多，刪去幾種也無大礙。若是在作品中有作用而不能隨便刪去的特殊事物的名稱，林紓還是利用音譯。例如：法國一種名叫 champagne 的酒，他音譯為「香檳」（茶花女遺事）；tobacco 有時義譯為「菸」或「煙」，有時則音譯為「淡巴菰」；計程的單位，英文的Mile，他音譯為

「咪」；（以上魯濱孫飄流記）利里北達人計版圖稱若干blustrugs，林紓音譯爲「伯拉斯脫」；他們最高的貨幣單位爲sprug，林紓譯爲「斯巴達」；當地守法至七十三月的人，國皇賜以snillpall的徽號，林紓把它音譯爲「斯尼巴」；（以上海外軒渠錄）基督教中人稱神的使者爲 angel，林紓譯作「恩及兒」；歐人呼奴或侍者爲boy，林紓擬聲譯爲「輩」。（以上黑奴籲天錄）這些都是比較特殊的名物。又茶花女中寫亞猛願竭盡忠誠，陪侍馬克，料理她的病，他把這份對待朋友的熱誠，稱爲devouement，林紓音譯成「德武忙」。這是抽象觀念的音譯。這些譯名，像小人國的度量衡單位、貨幣單位和光榮徽號之類，本是作者憑虛杜撰的，連歐人也不懂，不消說惟有音譯了事；「香檳」爲外國專有的洋酒名，也要用音譯，而且這譯名一直沿用至今；其他除「淡巴菰」的譯名已通用「菸草」代替外，雖然 mile 字已通譯爲「哩」或「英里」，而 angel 則譯爲「天使」，但它們的音譯還是很流行，不過「恩及兒」這音譯已經改爲「安琪兒」了；boy 字的音譯則改爲「僕歐」。至於dévouement 一字，夏康農譯作「忠心」，似乎還不夠貼切。（案dévouement這個法文字和英文的devotion相當，有「專心一事、一人、一物，不惜付出任何代價，甚至犧牲生命」的涵意，或許基督教徒常用的「奉獻」一辭，可借用來翻譯這個字。）除此之外，那些本來就沒有什麽意義而祗是一個模仿聲音的擬聲字，翻譯時要用音譯，更是不在話下。例如茶花女第九章寫馬克按奏鋼琴，按到連續的八部短音re, mi, re, do, re, fa, mi, re時，這八個擬聲字林紓音譯爲「海唻海朶海發唻海」八字，因爲這些本來就是樂譜上表示音名的符號，本身沒有什麽含意。其次，某些文字在某個地方要負起某種特殊任務的時候，翻譯時也要用音譯。譬如塊肉餘生述寫大衞的姨婆曾經嫁過一個比她年輕的丈夫，因性情不投合，給他一筆錢，雙方同意分居了，後來——

He went to India with his capital, anb there, according to a wild legend in our family, he was once seen riding on an elephant, in company with a Baboon; but I think it must have been a Baboo--or Bagum. (David Copperfield, p. 3)

林紓相當於這一段的文字是：

此人即挾貲赴印度。據吾家熟於掌故者，謂此人挾一巴本，同騎一象，以余思之，非巴本，必巴布。

（註一二）

狒狒在英文為 Baboon，印度人稱體面士紳為 Baboo，東印度王女或貴婦人稱為 Begum，這三字的讀音相近。林紓沒有譯 Begum 一字，其他兩字，他為了保留原來兩字諧音的關係，所以用音譯；但音譯未能表達原字的涵意，所以利用夾註來補救，在「巴本」之下註「大猴也」，又在「巴布」之下註「印度貴人」。又如撒克遜劫後英雄畧第一章有幾個很簡單的字，那就是 swine, pork, ox, beef, calf, veau 等六字，林紓一面把它們的意義在譯文中道出，一面又把它們音譯為「斯汪」、「泡克」、「沃克斯」、「彼夫」、「加夫」和「霧」。豬、牛、小牛在須要畜牧豢養的時候，英國人稱牠們為 swine, ox, calf，當烹宰了供口腹之慾時，則改稱 pork beef veau；前者為撒克遜語（Saxon），後者為腦門豆語（Norman），即法語。作者就是要說明：「勞苦之事，屬之英奴，至烹炙成為甘脆，則又易以腦門豆之語。」（註一三）有此原因，林紓才把這幾字音譯。

總括來說，關於林譯小說中名詞的音譯，值得注意的有下面幾點：

第一，專有名詞的音譯似用國語讀音，因為許多譯音用國語讀來，聲音都相當接近原音。

第二，關於人名的音譯，他沒有像後來一些固執的譯人一樣，勉強採用百家姓的字來譯第一個音，爲了使外國人名中國化而致譯音失準。

第三，對於非專有名詞，他並沒有濫用音譯，例如茶花女，除專名外，音譯衹有數處，而且音譯之外，還附一夾註，註明該名詞的意義。

最後談談書名的翻譯。林譯小說的書名大多是根據書的內容起的；因此，許多以主角名字做書名的小說，或是書名中嵌有主角名字的小說，林紓往往按照書的內容另起新名，例如David Copperfield譯作塊肉餘生述，Oliver Twist譯作賊史，Ivanhoe譯作撒克遜刼後英雄畧，Don Quixote譯作魔俠傳，Uncle Tom's Cabin譯作黑奴籲天錄，Gulliver's Travels譯作海外軒渠錄等便是。這些著作的書名，後人用白話文再譯的時候，往往使用音譯，例如董秋斯譯David Copperfield爲大衛，科波菲爾，海峰譯Oliver Twist 爲奥列佛爾，張健譯Gulliver's Travels 爲格列佛遊記，傅東華譯Don Quixote爲唐・吉訶德等便是；間有不用音譯的，也便沿用林紓的譯名。而林譯小說的書名，就古文來說，是相當雅馴的，而且十分切合原著的內容。

（四）夾註的運用

世間任何不同國家的文字，無論怎樣近似，也總有許多不相同的地方；同時，任何兩個民族的生活習慣及思想方式，也總有許多相異之處。所以，不論譯者如何用心，也總有在譯文上難以弄明白的時候；那就要借助於註釋了。而今一般譯者習慣地把注釋寫在別的地方——或者附在一章書的末尾，或者附在該頁的末尾；林紓則習慣在需要注釋的地方，隨文附註，這裏把它稱爲夾註。

凡在非專有名詞用音譯的地方，林紓通常都加上一條夾註。例如：上節舉過塊肉餘生述中Baboon和Baboo兩字用音譯的例，林紓爲了保留二字的諧音，便音譯爲「巴本」和「巴布」，但是中國讀者見到這幾個漢字，不會領悟作者說的是什麽，故此林紓在「巴本」之下，加上一條夾註說：「大猴也。」又在「巴布」之下加一條夾註說：「印度貴人。」這樣一來，讀者可以明白了。同樣，所有原文的諧音字，在譯文用音譯來表達的，都同時用註來說明。此外，其他特殊名物及觀念用音譯來表示的，林紓例用夾註來加以解說；例如蟹蓮郡主傳寫宰相竚蒲哇僞裝的大佐所說的一句話：

夫爾既戀愛情，胡不至西郎；欲爲革命，胡不至凱爾夫。（註一四）

讀者不曉得「西郎」和「凱爾夫」是什樣，所以在此句終結處註上「西郎爲勾欄，凱爾夫獄也」數字。讀者看了這條註，就明白那句說話的意思了。同書在「巴司地耳」之下註「獄名」二字（卷上，頁九）茶花女遺事在「香檳」下註「酒名」二字，在「爲我彈闍威打賞啞拉坪卡一操」（註一五）一句之下註上：「猶華言歟佳客意」，在「海謎海朶海發謎海」八字之下註上：「即華音之工尺上四合聲也」，在「德武忙」之下註上：「猶華言爲朋友盡力也」；黑奴籲天錄在「輩」字下註「西人呼奴也」數字；都是此種用意。

其次，特殊的名物用義譯而需要解釋的，也借助於夾註。例如吟邊燕語醫諧 All is Well that Ends Well 一篇寫伯爵夫人對海冷娜Helena說了兩句話，一句是

You are my daughter……

林紓譯作：「爾直吾女。」下註：「西人稱媳亦曰女。」另一句是

You might be my daughter-in-law……

林紓譯作：「吾欲就律法上女汝耳。」下註：「西人稱子婦爲律法上之女。」有了這兩條夾註，不懂英文及不懂西俗的讀者，也可以明白第一句話的語帶雙關，及第二句話的進一步的揭露了。而林紓不把 daughter-in-law 譯爲「媳」，正是要保留 daughter和daughter-in-law 兩字的關係。又同書仙獪篇譯 dairy-maid 爲「乳姑」，下註：「乳姑者，取牛乳之女娃也」；孿誤篇譯 convent 爲「尼庵」，下註：「外國不名尼庵，今借用之」；又塊肉餘生述第五章譯 sweethearts 爲「甜心」，在「彼未有甜心乎」一句之下註云：「意謂有意中人否」；黑奴籲天錄第十五章譯 honeymoon 爲「密月」（密，疑爲蜜），其下註：「密月者，西人娶婦時，即挾其婦遊歷，經月而歸」；這些都是對於義譯的名詞，加以進一步的解說的。

專有名詞當然用音譯，這是毋須再加註解的。但是，有些另有作用的名字 ，或書中人有兩個不同的稱呼的，還是加一個註解比較清楚一點。例如吟邊燕語肉券篇 The Merchant of Venice，寫猶太人歇洛克聽了安東尼和巴散奴爭論着，要不要在苛刻的條件之下向他借錢的話之後，高叫着說：「阿伯拉罕乎！不圖基督教中人乃亦妄測平人至此乎？」「両伯拉罕」是 Abraham 的音譯，林紓恐怕讀者不明白歇洛克呼阿伯拉罕名號的作用，因此加一條夾註說：「此猶太始祖，猶太人動輒呼之者。」馴悍篇 The Taming of the Shrew 寫披屈菊一見加西林，就說：「加德，晨興無恙耶？」「加西林」是 Katharine 的音譯，「加德」是 Kate 的音譯，是同一人的稱呼，林紓註云：「西人於至親之人，相見者必縮其名爲短音。加德者，加西林三字之縮聲也。」經此

一說明，讀者就明白「加德」即「加西林」了。情惑篇The Two Gentlemen of Verona 有一句說：「自是伐崙汀遂居綠林，爲輅賓荷德矣。」林紓在此句之下註云：「輅賓荷德者，古之盜魁也。」說明「爲輅賓荷德矣」就是「爲盜魁矣」的意思。又如塊肉餘生述書中有一個奸人名叫Uriah Heep，書中主人翁大衛一向稱他尤利亞（Uriah之音譯），在第三十五章中安尼司說到他時稱「密司忒喜迫」（Mr. Heep之音譯），林紓恐怕讀者弄不清兩個稱呼是同指一人的，故在「密司忒喜迫」下註明「即尤利亞」；在這書同一章「拖老忒烏德」Trotwood的名下註「即大衛」三字，在「密司威克菲而」Miss Wickfield下註上「指安尼司」數字，都是這種作用。

此外，林紓還利用夾註來解釋西方的風俗習慣，說明一個典故的出處，解釋一個稱號，及闡釋不顯露的文意等等。例如茶花女遺事寫亞猛的話：「（馬克）言次，舉皓腕，余即而親之。林紓在這裏加一條夾註說：「此西俗男女相見之禮也。」這是解釋西方風俗習慣的。又如塊肉餘生述第三十五章寫大衛對安尼司說：「果吾有術士之冠，可以立時見爾，吾願始慰。」這「術士之冠」原文是a conjurer's cap，在這裏用來正如中國古文所用的典故，林紓註明它的出處說：「見天方夜談。」第二十章寫司蒂爾福司呼大衛爲「金盞花」（daisy），林紓恐怕讀者不知作者用「金盞花」比喻什麼，所以加上一條夾註說：「以花喻余年少不更事也。」又如第十九章寫迭克正與大衛等談及他的「條陳」，謂不久上之議院，忽然沒頭沒腦的插入一句，說：「吾尚有巨罐之魚。」因爲他神經不正常，所以語無倫次，在這裏林紓又註明說：「瘋人語也。」第三十七章寫大衛訪都拉，都拉和狗出迎，然後一同進去，原文說：

And we all three went in

林紓譯作：「於是三人同進。」然後註明：「並狗言之。」本來是二人一狗，他譯作「三人」，所以作此解釋。這些都是原文或譯文需要解釋而加夾註的例子。

此外，林紓還利用夾註來說一點他自己的話。例如情翳寫巴美拉不知曲由朗對她的深情，還發生誤會，離開他的別墅，反而要去依靠屢次陷害她的後母；她在車中這樣想：「吾四顧無依，或命運應爾，想吾後母之書，或聘他古來司趣之耳。又思曲由朗無情至此，吾尚何望，或且能依後母，計亦不爲非得。」這裏林紓註云：「此等無識之女寫得活跳。」（註一六）這等於他自己的讀後感。賊史寫老人對倭利物說：「吾生平所親愛之人，悉歸黃土。然親屬雖盡，而吾心仍未死；但覺不幸之事愈多，則爲善之心亦愈堅摯。」這裏林紓加插一條長註，說：「乙未丙申之間，余既遭母喪，已又喪妻，旋喪其第二子，明年又喪女，至幹僕亦以疫死，而長子子婦，又前死於瘵。紓誓天曰：天乎！死我家者，天有權也；死我心者，天無權。身膺多難，然決不爲惡。今讀此語，至契我心。」（見卷上，頁六七）這完全是他個人的感慨。

綜上觀之，可見林譯小說中夾註的運用是多方面的。今日譯書雖然也用註，但決沒有林紓用得這樣廣泛。實際上，有許多地方在林紓的時代需要用註的，現在已不必用註了，因爲現代中國人對西方的文字語言、風俗習慣、宗教信仰、名物制度等的了解，已有很大的進步。至於譯者對原書的批評或讀後的感想，或個人的感慨之類，是不必寫在註裏的，大可以寫在序跋裏面。

註一：見小說新話，頁一六四。

註二：對於直譯和意譯的界說，言人人殊，這裡所下的界說，不過是最普通、最有概括性的一種罷了。同時，各人對於直譯和意譯的標準，也彼此不同。例如魯迅逐句甚至逐字翻譯的直譯，被梁實秋罵爲近於「死譯」——「非但字比句次，而且一字不可增，一字不可先，一字不可後。」（論魯迅先生的「硬譯」，見偏見集，文星書店本，頁五二。案：此文原載一九二九年九月新月二卷六、七號合刊）；林紓的譯述，又被茅盾罵爲「歪譯」（直譯・順譯・歪譯，見話匣子，良友圖書公司本，頁一五五——一五六）。

註三：海外軒渠錄（商務館萬有文庫本，下同），頁一九——二〇。

註四：原文據Jonathan Swift, Gulliver's Travels(New York: Walter J.Black 1943).

註五：張健譯的格列佛遊記（文淵書店本）相當於這段文字的譯文，在頁二八。

註六：小仲馬很愛在作品中發議論，連他的父親大仲馬也批評他在作品裡說理太多。——參見Encyclopaedia Britannica (London, 1959),VII, p.726.

註七：冰雪因緣（商務館說部叢書本），林紓序。

註八：這一節海峰譯述如下，可供參考。

春天很快的飛過，夏天來了。假使說，村莊在最初是美麗，那末現在它是達到它的豐富的全盛期了。在旱幾個月顯得縐縮和赤裸裸的大樹，現在是洋溢着强有力的生命和健康；並且伸出它們的綠色的手臂遮在乾旱的土地上，把原來空曠和赤裸的地方變成精美的角隅，可以從那幽深和舒適的蔭處眺望浸在陽光之中的外界的風景。土地已經穿上她的最鮮明奪目的斗蓬；發射出她的最濃的香氣。正是一年的壯盛和蓬勃的時期；一切都愉快而昌盛。（奧列佛爾，新與書局本，頁二五二）

註九：這一節董秋斯的大衛・科波菲爾從原文直譯如下：他是他那性別中最謙遜的，小人物當中最溫和的。他側起身子出入，以便佔比較小的地位。他走路像漢姆雷特裡頭的鬼一樣輕，而且更慢。他的頭垂向一邊，一部分由於嫌遜地貶低自己，一部分由於謙遜地安撫任何人。若說他從來不會對一條狗費話，那還沒有什麼希奇，他甚至不能對一條瘋狗費話。他可以對它說一句，或一句的一半，或一句的一小部分；因爲他說話像他走路一樣慢；他不肯對它粗暴，他不會對它動氣，不拘爲了什麼人世的理由。（頁九）

註一〇：塊肉餘生述，見晚淸文學叢鈔，域外文學譯文卷，第三冊，頁六五九。

註一一：天演論，譯例言。

註一二：塊肉餘生述，見晚消文學叢鈔，域外文學譯文卷，第三冊，頁六五六。

註一三：撒克遜刼後英雄畧，頁五，汪霸語。

註一四：蟹蓮郡主傳（商務舘印本，下同），卷上，頁一三五。

註一五：「閽威打賞啞拉坪卡」是曲名 Invitation à la Valse 的音譯，夏康農義譯爲「請跳華而斯舞」。見茶花女原書及夏譯第九章。

註一六：情翳（商務舘說部叢書本），頁九〇。

五　林譯小說的影響及其評價

林紓翻譯的第一部作品是茶花女遺事。此書面世後，立刻獲得廣大讀者的歡迎，同時也引起譯者的興趣，陸續譯出百多種外國小說，賺得了「林譯小說」的美名。清末民初的知識份子，幾乎沒有不讀過林紓小說的，問題在乎多少吧了。尤其是茶花女遺事，凡林譯小說的讀者差不多都讀過它，嚴復那「可憐一卷茶花女，斷盡支那蕩子腸」的詩句（註一），實在也不算過份渲染。茶花女遺事之外，其他如黑奴籲天錄、撒克遜劫後英雄畧、拊掌錄、海外軒渠錄、魯濱孫飄流記、塊肉餘生述等書，也是十分流行的。例如撒克遜劫後英雄畧和拊掌錄，會經編入商務印書館出版的「中學國語文科補充讀本」（註二）。而早在光緒末年（大概是一九〇六年），李叔同等中國留日學生組織的春柳社，已經在東京演出茶花女和黑奴籲天錄（註三），雖然不是根據林紓的譯本改編，却是由於林紓的譯介使它們流行起來，才會給春柳社同人選中而加以演出。以下先說林譯小說風靡一時之情況。

（一）林譯小說的流行及其影響

林譯小說之所以流行一時，分析起來有下列幾個原因。

（一）茶花女故事纏綿悱惻，哀感動人，加以小仲馬寫茶花女小說時，是他的所愛都普勒西姑娘 Marie Duplessis——小說中茶花女馬克的原身——病逝的次年（註四），林紓譯茶花女遺事時，也剛巧死了太太不久

（註五），這本小說，便交織着作者和譯者深厚的感情，所以感人至深。邱煒萲評論茶花女遺事說：「以華人之典料，寫歐人之性情，曲曲以赴，煞費匠心，好語穿珠，哀感頑豔，讀者但見馬克之花魂，亞猛之淚漬，小仲馬之文心，冷紅生之筆意，一時都活，爲之欲歎觀止。」（註六）這是人們愛讀茶花女遺事的原因。而此書的成功（指銷行方面），給以後林紓的翻譯事業，鋪下了平坦的大道。——因爲人們選擇一本讀物，除了書籍本身的吸引之外，有時還受作者（或譯者）的名聲所左右。

（二）林紓是一個頗有文學天才的人，雖然不懂西文，也能憑藉助譯的口述，揣摩出原作的精神風貌，下筆譯述時竭力加以保留。更進一步，原作中有妨礙故事的進行，破壞情節的統一的地方，像茶花女開端幾章的議論，及黑奴籲天錄中過細的刻劃或過多的說教，他都毫不顧惜地刪去，使故事更覺緊湊，免得讀者感到沈悶，這無形中把原作加以改良。同時他還能運用他的聰明和技巧，盡量減除中國讀者讀外國作品可能發生的困難。這在翻譯的原則上說，當然是不對的；但是，讀者碰上這樣的譯本，至少不會像今天一般人對譯本那樣畏避。

（三）林紓從事譯述工作時，國人對西方文明已有相當認識，對於西方的風俗習慣、文學藝術等，多少總有點好奇。其次，林紓用古文叙事抒情，用古文做長篇小說，這是一種新的嘗試（註七），讀者也會覺得新奇。爲了滿足這個好奇心而去讀林譯小說的，也大有人在。

（四）一九〇八年，東海覺我（徐念慈）在余之小說觀裡說：「余約計今之購小說者，其百分之九十出於舊學界而輸入新學說者，其百分之九出於普通之人物，其眞受學校教育而有思想、有才力、歡迎新小說者，未知滿百分之一否也？所以林琴南先生，今世小說界之泰斗，問何以崇拜之者衆？則以遣詞綴句，胎息史漢，其筆墨古樸頑豔，足占文學界一席而無媿色。」（註八）那就是說，因爲在當時的小說讀者十之九是「舊學界而輸入新學說者」，所以林紓的譯筆受到歡迎。這事可從嚴復身上得到旁證。吳汝綸爲嚴復序天演論說：「今西書雖多新學，顧吾之士以其時文公牘說部之詞，譯以傳之，有識者方鄙夷而不知顧，民智之瀹何由？此無他，文不足焉故也。文如幾道，可與言譯書矣。」（註九）他認爲赫胥黎的天演論，不但比不上司馬遷揚雄的著述，連唐宋之作也比不上；但是，「嚴子一文之，而其書乃駸駸與晚周諸子相上下。」（註一〇）換句話說，假使嚴復用「時文公牘說部之詞」譯天演論，也是得不到讀者的。然而，林紓雖然用古文翻譯，但他的文筆簡潔而不用典，而且用圈點斷句，能讀的人自然較多。

有這幾種原因，可見林譯小說的流行，並非偶然。但是，林譯小說最流行的期間，是在清末民初。自從新文學運動發生以來，由於林紓反對白話文（註一一），受到一羣新文學作家的攻擊，林譯小說就不再像以前那樣風行了。

林紓雖然是和新文學運動站在對立的地位，而參加文學運動的人們，却大都受過他的影響。朱自清自認：「讀聊齋志異和林譯小說都曾給我影響。」又說：「中學時代曾寫過一篇聊齋志異式的山大王的故事，詞藻和組織大約還模仿林譯小說。」（註一二）蘇雪林說：「幼時愛讀聊齋志異和林琴南早日所譯的十幾部小說，這是我的國文老師，它瀹通了我的文理，奠定了我寫作的基礎。」（註一三）又說：「看了六七部清末民初風行一時的林譯小說，小小心靈陶醉於那哀感頑豔的文藝趣味裡，居然發生了一股子阻遏不住的創作衝動。」（註一四）他們都是新文學運動期間的主要作家，但幼年都受過聊齋志異和林譯小說的影響；他們都承認林譯小說奠定了他們寫作的基礎。郭沫若也承認：「林琴南譯的小說在當時是很流行的，那也是我最嗜好的一種讀物。我最初讀的是 Haggard 的迦茵小傳。……其次是 Scott 的 Ivanhoe ，他譯成撒克遜刧後英雄畧的一書。……我對於他（指Scott）並沒有什麼深刻的研究，然而在幼時印入腦中的銘感，就好像車轍的大道一樣，很不容易磨滅。Lamb 的 Tales From Shakespeare ，林琴南譯為英國詩人吟邊燕語的，也是使我感着無上的嗜味，無形之間影响我最深的一種。」（註一五）文學運動初期的健將，如在創作界和翻譯界都很有功績的周氏兄弟，也曾受過林紓的影响。周作人說：「林譯的小說由最早的茶花女到後來的十字軍英雄記和黑太子南征錄，我就沒有不讀過的。」（註一六）他並且在他的翻譯集點滴序上說：「我從前翻譯小說，很受林琴南先生的影响。」（註一七）同樣，魯迅早期的譯文，也「帶有嚴復、林紓文言翻譯的筆調」（註一八）。由此可見林譯小說曾經給與五四時代一班作家的影响。但這些影响是不很重要的，因為他們只是在少年時代嚮往過林譯小說，受過它的影响，及他們捲入新文學運動的潮流，採用白話創作，他們的作品和譯品就再見不到林譯小說的影响的痕迹了。

除此之外，林譯小說還有其他更大的影响。首先，林紓大量介紹了英、美、法、俄等國的作品，使國人一方面有機會認識外國的風俗民情，社會概况和家庭生活，一方面也知道一點外國文學的精神風貌。正如阿英所說：「他使中國的智識階級，接近了西洋文學。認識了不少第一流作家，使他們從西洋文學裡去學習，以促進本國文學的發展。」（註一九）其次，正如陳受頤說：「林紓的成功，不僅在給中國讀者介紹了一向差不多全忽畧了的範圍廣濶的西洋文學，而且在於引發了一箇廣大的運動，由許多其他受過各種外國語文訓練的年青作家參與，他們是直接從原文翻譯的。」（註二〇）不錯，林譯小說的大量產生，引起了人們的仿效：有步他後塵兩人合作翻譯一書的，也有不假手他人，獨自埋頭苦幹的；有從原文直接翻譯的，也有間接從他國的譯本重譯的；有用古文的，也有用白話的。林紓本人就說過：「方今譯小說者如雲而起，而自爲小說者特鮮。」（註二一）據阿英的統計，晚淸「翻譯書的數量，總有全數量的三分之二」（註二二）。這翻譯界蓬蓬勃勃的現象，雖不全是由於林譯小說的刺激，但和林紓的成就不無關係。

蓬蓬勃勃的譯書風氣形成之後，晚淸的小說作者，便開始向西洋名家學習。阿英說：「由於國人對翻譯小說的注意，在寫作上也受了很大的影響，從取材一直到描寫。」（註二三）由於翻譯小說在形式上直接影響的結果，使晚淸小說在表現手法上吸收了新的因素，譬如大段的心理刻劃及風景描繪，倒叙揷叙的運用。這些新的表現手法的運用，雖然還不普遍，但在吳趼人的九命奇寃、李伯元的文明小史、劉鶚的老殘遊記、曾樸的孽海花等幾部小說中，已可窺見其端倪。到後來，這種表現手法就逐漸廣泛地被模仿和使用了。在林譯小說中，原作的格式雖然沒有保留，倒叙揷叙的運用還是保留下來的；原作的繁文雖然有時受到譯者的删節，大段的心理刻劃及風景描繪，也有時保留下來，例如，賊史第四十八章寫歹徒沙克司殺人後，逃亡野外時心中忐忑驚怖的心理狀態，林紓全部照譯。所以，晚淸創作小說所受翻譯小說表現手法上的影響，不能不把林譯小說包括在內。

其次，中國士大夫階級向來視小說爲「小道」，對小說作者是看不起的；許多享有盛名的作家都不肯做小說，即使做小說也署以假名。林紓翻譯歐西說部，差不多全署眞名，且以古文家的身份在動手譯述，又以迭更司等的筆法比太史公，簡直是向歷來輕視小說的傳統見解挑戰；再加上梁啓超等對小說的提倡，小說的地位才得到提高，自此之後，中國文人才有以小說家自命的。「五四」以後，小說甚至成爲中國新文學的主流。

此外，「五四」前後所謂新文學的營養，主要來自西洋文學，無論詩歌、小說、戲劇、散文，從形式到內容，都是採自西洋的多，繼承傳統的少。我們可以說，西洋文學的輸入，刺激中國的文壇，成爲新文學運動產生的主要原因之一。林紓正是輸入西洋文學最早的一人。所以，林紓雖然反對「五四」前後的文學運動，他却早已無形中做了這箇文學運動的催生者呢！

總之，近代中國文壇的重大變化，和林譯小說有重大的關聯。

（二）林譯小說的評價

林紓在晚清以至民初的文壇上，一直享有翻譯家及古文家的盛名；自從新文學運動以來，他被重新估價了。現在，我們就根據以上的研究，對林紓的翻譯再作一次公允的評判。

首先是原本的選擇。我們在第二章已經指出過，林譯百多種的書，大概有三分之二是不值得介紹的，這不單是林紓本人精神時間的浪費，同時也是讀者的損失。但是，浪費的不計，單就那四五十種比較有價值的作品來說，雖然是翻譯得未夠理想，也算相當可觀的成績了。試問自林紓以來，有幾人譯過這個數量的文學名著？何况，他的譯筆在當日名重一時，而百多種林譯小說的題材，儘有在中國文學作品裡未處理過的，可讓中國讀者和作家一新眼界，或進一步加以模仿或有所觸發而擴充文學題材的領域。至於許多譯作因原本選擇不當而浪費，這主要是他的合作者的責任。如果一定要責備他，只能怪他沒有物色好對外國文學有高深認識的人，替他選擇作家，擬下一個翻譯作品的大綱；或者埋怨他沒有更好的合作人罷了。若論所譯小說的類別，我們先看覺我對小說林小說銷數的類別統計的結果。他說：「記偵探者最佳，約十之七八；記豔情者次之，約十之五六；記社會態度、記滑稽事實者又次之，約十之四；而專寫軍事、冒險、科學、立志諸書爲最下，十僅得一二也。」（註二四）風氣所趨如此，連起初有意「做成箇有統系的譯述，逐漸推廣範圍」的小說林書店，也「爲了銷路起見，注重了柯南道爾的偵探案」。（註二五）那麽，林譯說部中，偵探、神怪、言情等佔較重的份量，是不能深責的；況且，他所譯的言情小說，有些是很有意義的，例如茶花女爲妓女遭受歧視而抱不平，離恨天宣洩作者胸中的無數哲理，並非沒有可取的地方。

其次，曾孟樸責備林紓頑固，不肯捨棄古文，改用白話翻譯，我覺得這是不可強求的。他是古文家，一向用古文寫作和譯書，而白話文非他所長，叫他捨其所長，用其所短，他當然不會同意。而且，正如英國著名的漢學家亞瑟威利Arthur Waley所說：「譯者必須用他所擅長的工具。」（註二六）如果不擅用白話，偏用白話去譯書，不用說也是得不到好成績的。現在白話通行了，一般人運用白話的能力也提高了，相應地一般讀者閱讀文言的能力降低了，再加上白話比文言更接近歐西文字的結構這一個條件，現在我們譯書當然是用白話爲上；尤其是小說，因爲敘事詳盡，描寫細緻，更以用白話爲宜。但這是我們的事，卻不應持此理由去苛責林紓，因爲一個時代有一個時代的條件，而且每一個人都有他的限制。

直譯和意譯，是翻譯界一個討論已久的問題（註二七）。林紓因爲不懂原文，靠別人口授，總嫌隔了一層，意譯過甚的地方，時有發見。因此，茅盾說他的翻譯是「歪譯」。相反，「五四以後的直譯主張就是反對歪曲了原文；原文是一箇什麽面目，就要還牠一箇什麽面目。」（註二八）所以魯迅主張逐字逐句地直譯，即使是長句也照樣「硬譯」下去。他說：「據我的經驗，這樣硬來，較之化爲幾句，更能保存原來的精悍的語氣，但因爲有待於新造，所以原先的中國文是有缺點的。」（註二九）據他的見解，翻譯外國書「不但在輸入新的內容，也在輸入新的表現法。」（註三〇）魯迅的話也未嘗沒有理由，佛典的特有文體（註三一），就是由於翻譯時輸入新的表現法來的。但是過猶不及，若過份遷就原文，就會詰屈聱牙了。譬如魯迅有這樣的幾句譯文：

在essay，比什麽都緊要的要件，就是作者將自己的箇人底人格的色采，濃厚地表現出來。從那本質上說，是既非記述，也非說明，又不是議論，以報導爲主眼的新聞記事，是應該非人格底（impersonal）地，力避記者這人的箇人底主觀底的調子（note）的，essay卻正相反，乃是將作者的自我極端地擴大了誇張了而寫出的東西，其興味全在於人格底調子（personal note）。有一箇學者，所以，評這文體，說，是將詩歌中的抒情詩，行以散文的東西。（註三二）

這段譯文，讀起來實在不慣。有限度的歐化是可以的，過度的歐化就不可取了。所以，像魯迅這樣的直譯，和林紓的意譯同樣發生毛病。其實，最好的翻譯應該是直譯，同時也是意譯，是二者互相配合、彼此調協的一種藝術。但是要達到這個境地實在不容易，我們所見的譯本，不是偏於直譯，就是偏於意譯；其實，直譯和意譯不過是相對待的兩種表達方法，表示寬嚴程度不同的兩種翻譯態度，前者以「信」爲第一要義，後者比較看重

「達」和「雅」。林紓的過份意譯和魯迅的過份直譯，同是我們所不取的。

林紓不僅慣用意譯，有時還使譯文中國化。從事意譯的人往往如此，不單是林紓。嚴復翻譯名學淺說，就是這樣。他說：「中間義指則承用原書，而所引喻設譬，則多用己意更易，蓋吾之為書，取足喻人而已，謹合原書與否，所不論也。」（註三三）所謂「引喻設譬，多用己意更易」，就是舉例時，改用中國人較為熟悉的事理。他這種翻譯，可以稱為換例的譯法，也是譯文中國化的一種。譯文中國化的目的，是為了方便中國的讀者，投合他們的口味。

亞瑟威利說：「為不同的目的，需要不同種類的翻譯。」（註三四）同是一本史記，如果視作歷史著作翻譯給研究歷史的外國人看，就要精確地翻譯，忠實於原書的材料，盡量保留它作為歷史文獻的面目；倘使視作文學作品來翻譯，那又是另一種譯法了，最好能夠保持一點司馬遷的文章風格，讓讀者欣賞。所以翻譯非文學作品，達意便足，重視的是譯文的忠實；翻譯文學作品則達意之外，還講究傳神。但是，譬如一首詩，它兼具意境的美、韻律的美、辭藻的美，和特殊的風格，翻譯時要特別表達哪方面呢？當然，全部傳譯出來是最理想的，但實際上難以做到。那麼，退而求其次，祇得有所犧牲，偏重某一點了。所以福爾斯特 Leonard Forster 說：「一篇文學作品可以從許多觀點去看，每一箇觀點可能需要一種不同的翻譯，一面不同顏色的鏡子。」（註三五）他用鏡子比喻翻譯，通過譯本去欣賞原作，猶如透過鏡子去看世界。非文學作品的翻譯，需要「明鏡」的譯法 'clear glass' translation ；文學作品的翻譯，需要「色鏡」的譯法 'coloured glass' translation 。照他的說法，林譯小說正是這種種翻譯中的一種，這許多面有色鏡子的一面。同時，我們還要注意，林紓是中國近代翻譯界的先驅者。先驅者的翻譯，是不能要求太高的，他們的讀者初次接觸外國的文學或文化，一開始就完全直譯，讀者恐怕不易接受，域外小說集的失敗是一種證明。這樣一想，林紓的意譯，甚至譯文中國化，也是可以理解的。

林紓翻譯往往用刪節、撮譯、增飾等方法，尤以刪節用得最多。刪節會失去原意，但有時使譯本簡潔，反而比原本更好。譬如林譯的茶花女遺事，在當時中國讀者看來，認為勝過小仲馬的原作。又如亞瑟威利批評林譯迭更司的作品說：「迭更司……所有過度的經營，過份的誇張，和不自禁的饒舌，（在林譯裡）都消失了。幽默仍在，不過被簡嚴的文體改變了；迭更司由於過度繁冗所損壞的每一地方，林紓從容地、適當地補救過來。」（註三六）儘管如此，這種隨意增減的翻譯態度，到底是直譯者所不取的。魯迅就說過，他的翻譯「決不肯有所增減」（註三七）。不過，先驅的翻譯工作者，為了譯文流利，將就讀者，稍為增減是難免的。——當然，林紓的刪節未免太多一些，但有若干譯本可能是合作者把學童用的節縮本口授給他，鄭振鐸懷疑雙雄義死錄就是這樣的譯本（註三八）。

至於音譯，那是必不能免的。專有名詞自然要音譯，有時某種特殊的觀念或事物的名稱，在他國文字中不容易找到相當的譯名，也只好用音譯。但是音譯不可濫，濫用了便會使讀者發生困難，例如「五四」時代一部分作品或譯本中，常見「烟士披里純」（inspiration）、「生的悶太兒」（sentimental）等詞，使不懂英文的讀者摸不着頭腦；有時「拓都」（total）、「么匿」（unit）等詞也出現，使人一時領悟不來。在林譯小說中，音譯不會濫用，除專有名詞外，特殊名物的音譯不多，再加上夾註的解釋，讀者便不會感到困難。其次，林紓翻譯人名沒有勉強冠用百家姓的字；而譯音似乎根據國語讀音，只有很少字音，用國語讀來和原音不大相近，也許是用了他自己的方言吧。

讀林譯小說的人，若拿原書來對照，便會發見不少誤譯的地方，但只能歸咎合作者。例如茶花女中馬克對亞猛說：

Je ne savais pas écrire mon nom il y a six ans. (p. 128)

這句話的意思是說：「六年以前我還不知道寫我自己的名字呢。」（夏康農譯，頁一一一）林紓譯爲：

迴念兒時生六年，猶不能自識其姓氏。（頁五〇）

又馬克在匏止坪租屋後，告訴亞猛說：

Vous avez une clef de la petite porte, et j'ai promis au duc une clef de la grille qu'il ne prendra pas, puisqu'il ne viendra que dans le jour, quand il viendra. (p. 158)

意思是說：「你可以帶一把那小門上的鑰匙，我許公爵帶一把柵欄門上的，不過他不會帶的，因爲他來的時候一定是在白天。」（夏康農譯，頁一四〇）這句話林紓譯作：

屋外小欄門，本有鑰匙，公爵欲將去，吾以計留之以與君。（頁六四）

又如賊史寫沙克斯 Sikes 殺人後逃亡，他——

took the road which leads from Hatfield to St. Albans. (p. 367)

意思是說：「（他）走上了從哈脫菲爾德往聖・亞爾盤斯的大路。」（海峰譯，頁三八八）林紓譯作：

（沙克斯）遂趣哈得菲而。（頁一一二）

這些錯誤顯然是由於口譯者對原文的誤解。林紓說：「鄙人不審西文，但能筆述，即有訛錯，均出不知。」（註三九）又說：「惜余年已五十有四，不能抱書從學生之後，請業於西師之門，凡諸譯著，均恃耳而屏目，則眞吾生之大不幸矣。」（註四〇）他也知道這是他畢生的一大憾事。

亞瑟威利說：「翻譯工作者須爲喜歡文字工作的人，無論他是直接還是間接翻譯；這是最重要的。」（註四一）林紓不單喜歡他的翻譯工作，而且是喜歡到着迷的。他翻譯時，「或喜或愕，一時顏色無定，似書中之人即吾親切之戚畹。遇難爲悲，得志爲喜，則吾身直一傀儡，著書者爲我牽絲矣。」（註四二）他又認爲：「天下文人之腦力，雖歐亞之隔，亦未有不同者。」（註四三）因此，他雖然不懂西文，仍能從合作者的口述，把握着原作的精神風貌，情節的變化，場面的處理，人物的刻劃等等，在譯文中表現出來。他還表示能辨別他所譯小說各家各派文字風格的不同。他說：「予嘗靜處一室，可經月，戶外家人足音頗能辨之了了，而余目固未之接也。今我同志數君子，偶舉西士之文字示余，余雖不審西文，然日聞其口譯，亦能區別其文章之流派，如辨家人之足音。其間有高厲者、綿婉者、雄偉者、悲哽者、淫冶者，……」（註四四）這也可見他對翻譯着迷的地方。

現在，林譯小說是不大受青年讀者歡迎了，主要的原因是：他用桐城派的古文翻譯，不適合今日的讀者；其次，林紓不懂西文，靠別人口授，誤譯的地方不少，而譯作中比較成功的十幾種，也已經有了直接從原文翻譯過來的白話文譯本，對於現代的青年總易讀一點。但林譯小說介紹西洋文學，在中國近代的翻譯史上開了風氣，這是不容否定的，這就是林譯小說的歷史價值。

民國十一年胡適曾說：「他（林紓）究竟是一個有點天才的人，故他若有了好助手，他了解原書的文學趣味往往比現在許多粗能讀原文的人高的多。現在有許多人對於原書，既不能完全了解，他們運用白話文的能力又遠不如林紓運用古文的能力，他們也要批評林譯的書，那就未免太冤枉他了。」（註四五）這話對於林紓翻譯的評價是公允的。

註一：這是嚴復詩甲辰出都呈同里諸公其中兩句，見周振甫選注嚴復詩文選（人民文學出版社本，下同），頁二〇二。

註二：見小說世界第十三卷第二期（民國十五年一月八日印行）商務印書舘廣告。撒克遜劫後英雄畧由沈雁冰校註，拊掌錄由嚴既澄校註。

註三：見陳慧劍撰弘一大師傳（佐儷書屋本），「上野（一）」。

註四：茶花女故事的情節，大部分是眞人眞事，小仲馬不過畧加渲染罷了。故事的藍本，便是小仲馬和巴黎交際花瑪麗・都普勒西的戀愛悲劇。瑪麗正像小說中的茶花女一樣，很年輕就肺病死了。見Albert Thibaudet, Histoire de ia Littérature Francaise (Paris,1936), p.386.按：本書作者 Thibaudet 誤把小仲馬的茶花女小說和他自已親自改編的茶花女戲劇混而爲一。

註五：林紓的太太劉孺人於光緒二十三年二月初四日病卒，年四十六。見貞文先生年譜，卷一，頁一九。

註六：邱煒萲撰客雲廬小說話卷三，揮麈拾遺，見晚淸文學叢鈔，小說戲曲研究卷，頁四〇八。

註七：見五十年來中國之文學，頁二六——二九。

註八：見晚淸文學叢鈔，小說戲曲研究卷，頁四六。

註九——一〇：見天演論，吳序。

註一一：林紓曾致書北京大學校長蔡元培，責備北大「盡廢古書，行用土語爲文字」（見中國新文學大系建設理論集）；幷撰有論古文白話之相消長一文（見大系文學論爭集），謂：「古文者白話之根柢，無古文安有白話。」但新文學的聲勢已盛，他也無可奈何，只好說：「吾輩已老，不能爲正其非，悠悠百年，自有能辯之者。」後來又撰短篇小說荆生和妖夢（見大系建設理論集及文學論爭集），對陳獨秀、胡適、錢玄同諸人詛咒起來。

註一二：見國文教學（太平書局本），頁一一六關於寫作答問。

註一三：歸鴻集（台北暢流半月刊社本，下同），頁一四〇，卅年寫作生活的回憶。

註一四：同上，頁一三三，卅年寫作生活的回憶。

註一五：我底幼年（全球書店本，下同），頁一六九——一七一。

註一六：見中國新文學大系，史料索引集，頁一一，文學革命運動。

註一七：見鄭振譯著中國文學研究，頁一二二九，林琴南先生篇引文。

註一八：見文學評論雙月刊，一九六三年第三期（一九六三年六月十四日出版），頁九一，熊融撰：關於「哀塵」、「造人術」的說明。案：熊融該文說明哀塵和造人術二篇是魯迅早期的譯文。哀塵載淸光緒三十三年五月二十日（一九〇三年六月十五日）出版的浙江潮第五期，署法國嚣俄著，庚辰譯。造人術原載女子世界第二年第四、五期合刊、署：「米國路易斯托侖著，譯者索子。」

註一九：晚淸小說史，頁二七七。

註二〇：譯自陳受頤撰中國文學史畧英文本(Chinese Literature: A Historical Introduction,1961)，頁六〇九。

註二一：引自紅礁畫槳錄譯餘賸語，見晚清文學叢鈔，小說戲曲研究卷，頁二二七。按：該文作於光緒三十二年（一九〇六）。

註二二——二三：晚清小說史，頁二七四、二七五。

註二四：余之小說觀，見晚清文學叢鈔，小說戲曲研究卷，頁四五。

註二五：見胡適文存第三集，頁七一五，論翻譯（與曾孟樸先生書）——附：曾先生答書。

註二六：譯自Arthur Waley, "Notes on Translation," in Secret History of the Mongols (London, 1963), P.188.

註二七：中國近代翻譯界關於直譯和意譯的討論，始自嚴復與吳汝綸。在光緒二十五年（一八九九），嚴復譯了亞丹斯密的原富，曾致書吳汝綸討論翻譯上的問題，吳氏答書說：「來示謂行文欲求爾雅，有不可闌入之字，改竄則失真，因仍則傷絜，此誠難事。鄙意與其傷絜，毋寧失真。凡瑣屑不足道之事，不記何傷？」（見嚴幾道年譜，頁五〇）所謂「改竄」，是指意譯；所謂「因仍」，是指直譯。嚴復譯天演論時，「譯文取明深義，故詞句之間，時有所傎到附益，不斤斤於字比句次。」（見天演論譯例言）這時候他是偏重意譯的。但到他翻譯原富的時候，又轉而偏於直譯；他說：「是譯與天演論不同，下筆之頃，雖於全節文理，不能不融會貫通為之，然於辭義之間，無所顚倒附益。」（見原富譯事例言）。因為原富偏於直譯，所以嚴復感覺到「信」和「雅」、「達」之間兼顧的困難，求救於吳汝綸，吳氏勸告他說：「與其傷絜，毋寧失真。」

註二八：茅盾：直譯、順譯、歪譯，見話匣子，頁一五六。

註二九：引自「硬譯」與「文學的階級性」，見二心集（合衆書店本，下同），頁六。

註三〇：引自關於翻譯的通信，見二心集，頁一四一。

註三一：梁啓超曾指出佛典的文體的特色說：「其最顯著者，（一）、普通文章中所用「之乎者也矣焉哉」等字，佛典殆一概不用（除支謙流之譯本）；（二）、既不用駢文家之綺詞儷句，亦不采古文家之繩墨格調；（三）、倒裝句法極多；（四）、提挈句法極多；（五）一句中或一段落中含解釋語；（六）、多覆牒前文語；（七）有聯綴十餘字乃至數十字而成之名詞——一名詞中，含形容格的名詞無數；（八）、同格的語句，舖排叙列，動至數十；（九）、一篇之中，散文詩歌交錯；（十）、其詩歌的譯本爲無韻的。凡此皆文章構造形式上，畫然闢一新國土。質言之，則外來語調之色彩甚濃厚。」（翻譯文學與佛典，見飲冰室專集之五十九，頁二八——二九）

註三二：出了象牙之塔，日本廚川白村作，魯迅譯（今代圖書公司本），頁一九。案：魯迅在所譯廚川白村的苦悶的象徵（今代圖書公司本）的引言中說：「凡形容詞與名詞相連成一名詞者，其間用「底」字，例如 social being 爲社會底存在物，Psychische Trauma 爲精神底傷害等；又，形容詞之由別種名詞轉來，語尾有 -tive,-tic 之類者，於下也用「底」字，例如 speculative,romantic 就寫爲思索底、羅曼底。」因此他才有「非人格底地」、「主觀底的調子」等不慣用的詞出現在文中。

註三三：名學淺說（商務館嚴譯名著叢刊本），譯者自序。案：此書和天演論一樣，是偏於意譯的。嚴復翻譯天演論之後，曾寄給吳汝綸看，他的回信是反對譯文中國化的，他說：「執事若自爲一書，可縱意馳騁，若以譯赫氏之書爲名，則篇中所引古書古事，皆宜以元書所稱西方者爲當，似不必改用中國人語，以中事中人，固非赫氏所及知。」（見吳摯甫尺牘，文明書局石印本，頁三〇。

註三四：譯自Arthur Waley, "Notes on Translation," im Secret History of the Mongols, p.181.

註三五：譯自Leonard Forster, "Traslation: An Introdution," in Aspects of Translation(London,1958),p.20.

註三六：譯自Arthur Waley, "Notes on Translation," in Secret History of the Mongols, p.190.

註三七：引自「硬譯」與「文學的階級性」，見二心集，頁一八。

註三八：見中國文學研究，頁一二二五，林琴南先生。

註三九：引自西利亞郡主別傳附記，見晚淸文學叢鈔，小說戲曲研究卷，頁二五八。

註四〇：引自撒克遜刧後英雄畧序，見同上引書，頁二一九。按自序作於光緒三十一年（一九〇五）。

註四一：譯自Arthur Waley, "Notes on Translation," in Secret History of the Mongols, p.191.

註四二：鷹梯小豪傑（商務館印本），林紓序。

註四三：引自離恨天譯餘賸語，見晚淸文學叢鈔，小說戲曲研究卷，頁二七二。

註四四：孝女耐兒傳，林紓序。

註四五：五十年來中國之文學，頁二九。

參考書目

林琴南學行譜記四種（貞文先生年譜、春覺齋著述記、貞文先生學行記、林氏弟子表），朱羲胄撰，臺北世界書局，民國五十年初版。
畏廬文集、畏廬續集、畏廬三集，林紓著，上海商務印書館，民國二十三年國難後第一版。
春覺齋論文（與論文偶記及初月樓古文緒論合刋），林紓著，北京人民文學出版社，一九五九年第一版。
晚清文學叢鈔（小說戲曲研究卷），阿英（錢杏邨）編，北京中華書局，一九六〇年第一版。
晚清小說史，阿英編，上海商務印書館，民國二十六年初版。
晚清戲曲小說目，阿英編，上海文藝聯合出版社，一九五四年第一版。
晚清文藝報刋述畧，阿英著，北京中華書局，一九五九年新一版。
林琴南先生，見中國文學研究，鄭振鐸著，北京作家出版社，一九五七年第一版。
現代中國文學史，錢基博著，上海世界書局，民國二十二年出版。
胡適文存，第三集，臺北遠東圖書公司，民國四十二年版。
五十年來中國之文學，胡適著，新民國書局發行，民國十八年出版。
中國近代出版史料二編，張靜廬輯註，上海羣益出版社，一九五四年初版。

中國現代出版史料甲編，張靜廬輯註，北京中華書局，一九五四年上海初版。
中國出版史料補編，張靜廬輯註，北京中華書局，一九五七年第一版。
中國新文學大系，趙家璧主編，香港文學研究社，一九六二年出版。
第一集　建設理論集　胡適編
第二集　文學論爭集　鄭振鐸編
第三集　小說一集　茅盾編
第十集　史料索引集　阿英編
飲冰室合集，林志鈞編，上海中華書局，民國三十年再版。
飲冰室文集　第二冊
譯印政治小說序
飲冰室文集　第四冊
論小說與羣治之關係
飲冰室專集　第五冊
新大陸遊記節錄　附錄一：記華工禁約
飲冰室專集　第十四冊
翻譯文學與佛典

佛典之翻譯

漢魏兩晉南北朝佛教史，湯用彤著，北京中華書局，一九五五年第一版。
清代通史，蕭一山著，臺灣商務印書館，民國五十二年臺初版，第四冊。
吳摯甫尺牘，吳汝綸撰，上海文明書局石印本。
嚴幾道年譜，王蘧常著，上海商務印書館，民國二十五年出版。
嚴復詩文選，周振甫選注，北京人民文學出版社，一九五九年出版。
天演論（嚴譯名著叢刊），赫胥黎原著，嚴復譯述，商務印書館印行。
名學淺說（嚴譯名著叢刊），耶方斯原著，嚴復譯述，商務印書館印行。
原富（嚴譯名著叢刊），亞丹斯密原著，嚴復譯述，商務印書館印行。
清代學術概論，梁啓超著，香港中華書局，一九六三年初版。
人境廬詩草箋注，黃遵憲著，錢仲聯箋注，上海古典文學出版社，一九五七年第一版。
弘一大師傳，陳慧劍著，臺灣佉儷書屋，民國五十四年初版。
人物談，柳存仁著，香港大公書局，一九五二年版。
五四文壇點滴，趙聰著，香港友聯出版社，一九六四年初版。
小說新話，寧遠著，香港上海書局，一九六一年初版。
歸鴻集，蘇雪林著，台北暢流半月刊社，民國四十六年四版。

國文教學，朱自清著，香港太平書局，一九六三年出版。
話匣子，茅盾著，良友圖書公司，民國三十四年二版。
我底幼年，郭沫若著，上海全球書店，民國三十六年出版。
偏見集，梁實秋著，臺灣文星書店，民國五十四年出版。
二心集，魯迅著，上海合衆書店，民國三十八年七版。
出了象牙之塔，廚川白村著，魯迅譯，香港今代圖書公司出版。
苦悶的象徵，廚川白村著，魯迅譯，香港今代圖書公司版。
關於「哀塵」、「造人術」的說明，熊融撰，見文學評論雙月刊，人民文學出版社出版，一九六三年，第三期，一九六三年六月十四日出版。
小說世界（週刊），上海商務印書館出版。
第二卷第八期（民國十二年六月八日）
第三卷第九期（民國十二年八月三十一日）
第五卷第十一期（民國十三年一月四日）
第九卷第一期（民國十四年一月二日）至第十三期（民國十四年三月二十七日）
第十一卷第十三期（民國十四年九月廿五日）
第十二卷第十期（民國十四年十二月四日），又第十三期（民國十四年十二月廿五日）

第十三卷第二期（民國十五年一月八日），又第五期（民國十五年一月三十日）

茶花女遺事，曉齋主人冷紅生合譯，上海商務印書館，民國十五年四版。

黑奴籲天錄，林紓魏易同譯，光緒辛丑年武林魏氏原刊本。

塊肉餘生述，林紓魏易同譯，見晚清文學叢鈔（域外文學譯文卷，第三冊），北京中華書局，一九六一年第一版。

吟邊燕語，林紓魏易同譯，上海商務印書館（說部叢書本），民國四年第四版。

海外軒渠錄，林紓魏易同譯，上海商務印書館（萬有文庫本），民國二十二年初版。

賊史，林紓魏易同譯，上海商務印書館（說部叢書本）。

蟹蓮郡主傳，林紓筆述，王慶通口譯，上海商務印書館，民國四年初版。

撒克遜刼後英雄畧，林紓魏易同譯、上海商務印書館（萬有文庫本），民國二十年初版。

魯濱孫飄流記，林紓曾宗鞏同譯，上海商務印書館（萬有文庫本），民國二十五年初版。

魔俠傳，林紓陳家麟同譯，上海商務印書館（萬有文庫本），民國二十二年初版，民國二十八年簡編印行。

情魔，林紓毛文鍾同譯，上海商務印書館（說部叢書本），民國十一年初版。

梅孽，林紓毛文鍾同譯，上海商務印書館（說部叢書本），民國十年初版。

蛇女士傳，林紓魏易同譯，上海商務印書館，民國三年初版。

彗星奪壻錄，林紓魏易同譯，上海商務印書館，民國四年二版。

愛國二童子傳，林紓李世中譯述，上海商務印書館（說部叢書本），民國十三年四版。

鬼山狼俠傳，林紓曾宗鞏同譯，上海商務印書館（說部叢書本），光緒三十三年三版。
鷹梯小豪傑，林紓陳家麟同譯，上海商務印書館，民國五年初版。
殘蟬曳聲錄，林紓陳家麟同譯，上海商務印書館，民國三年初版。
璣司刺虎記，林紓陳家麟同譯，上海商務印書館，（說部叢書本），民國四年再版。
劍底鴛鴦，林紓魏易同譯，上海商務印書館（說部叢書本），民國四年四版。
孝女耐兒傳，林紓魏易同譯，上海商務印書館（說部叢書本），民國四年四版。
冰雪因緣，林紓魏易同譯，上海商務印書館（說部叢書本），民國四年三版。
茶花女，法小仲馬著，夏康農譯，香港滙通書店，一九六二年版。
大衛・科波菲爾，迭更司著，董秋斯譯，上海駱駝書店，民國三十六年初版。
格列佛遊記，斯威夫特著，張健譯，香港文淵書店出版。
奧列佛爾，迭更司著，海峯譯，台北新興書局，民國四十五年出版。
莎氏樂府本事（英漢對照），何一介譯述，香港啓明書局，一九五六年五版。
Allen, Walter. *The English Novel.* Harmondsworth: Penguin Books Ltd., 1960.
Brereton, Geoffrey. *A Short History of French Literature.* Harmondsworth: Penguin Books Ltd., 1956.
Brown, Calvin S., general editor. *The Reader's Companion to World Literature.* New York: The Dryden Press, Inc., 1956.

AN EVALUATION OF THE SIMILARITIES AND DIFFERENCES BETWEEN CHU HSI (朱熹) AND LU HSIANG-SHAN'S (陸象山) THOUGHT, AS SEEN FROM THEIR ORIGINS.

朱 陸 異 同 探 源

By T'ang Chun-i (唐 君 毅)

This paper is divided into two parts and discusses the similarities and differences between Chu Hsi and Lu Hsiang-shan's thought.

The first part attempts to find out, from a historical point of view, the origins of the similarities and differences between Chu and Lu's thought (this has been traced back to the similarities and differences of the thought of the Ch'eng brothers (二程); the second part points out that the main differences between these two philosophers' thought are principally based on their practical theories.

There is one aspect of the Ch'eng brothers' thought, emphasized mainly by their disciple Yang Kuei-shan (楊龜山) and developed by Hu Wu-feng (胡五峯), a famous Neo-Confucian of the Southern Sung Dynasty, which is different from the other aspects of their thought which were mainly developed by Chu Hsi. Here lies the main origin of the difference between Chu Hsi and Lu Hsiang-shan's thought, for Lu, in one sense, is the successor to that aspect developed by Hu Wu-feng. The following two sections concentrate on the discussion of this problem.

I. Analysis of the tradition which goes from the Ch'eng brothers to Lu Hsiang-shan.

II. Hu Wu-feng's self-examination of the "moral mind" is the fore-runner of the idea of self-awakening of the "original mind" of Lu Hsiang-shan.

Since the tradition which goes from the Ch'eng brothers to Chu

Hsi is different from that adopted by Lu Hsiang-shan, Chu Hsi put in doubt the theory of the Ch'eng brothers which was followed by Yang Kuei-shan and developed by Hu Wu-feng, and he questioned more strongly Lu's practical theory of the self-awakening of the original mind. This was partly because Chu Hsi, being the main successor of the theory of li (理) and ch'i (氣), established a practical theory which paid more attention to the heterogeneous nature of ch'i (氣), emphasizing the cultivation theory, and partly because he thought that Lu's theory of the self-awakening of the original mind was too similar to the Ch'an (禪) teachings. So he could not understand adequately the theory asserted by Lu Hsiang-shan and his predecessors. Many other questions arise in relation with this problem. They are analyzed in the following sections:

III. The nature of Chu Hsi's practical theory.

IV. Chu Hsi's doubt about Yang Kuei-shan and Hsieh Shang-ts'ai (謝上蔡) theory of jen (仁).

V. The practical theory of the Ch'eng brothers' school and Li Yen-p'ing (李延平) concept of the unexpressed mind.

VI. Hu Wu-feng's emphasis on self-examination of the expressed side of the mind and the difficulties Chu Hsi met with in establishing the idea of the reflection of the unexpressed side of mind.

VII. Chu Hsi's theory of the unexpressed side of the mind and his relevant practical theory.

VIII. Hu Wu-feng's concept of self-examination and Chu Hsi's criticism on the acceptations given by Hu Wu-feng to the concepts of mind, nature, emotion, heavenly principle and human desire.

IX. Hu Wu-feng's misuse of concepts and the problem

of the practical theory of cultivation of the heterogeneous nature of ch'i (氣) .

X. Chu Hsi's discussion on the shortcomings arising from mere emphasis on self-examination.

XI. The theory of self-examination of the moral mind and the heterogeneous nature of ch'i (氣) and physical desire.

Part two shows how Chu Hsi's misunderstood the thought of Lu Hsiang-shan. It points out that Chu Hsi's practical theory has its own shortcomings, and that whoever wants to eliminate the shortcomings of practical theory, should rely on the original mind as it was asserted by Lu Hsiang-shan. These questions are mainly dealt with in the following sections:

XII. The shortcomings of self-examination pointed out by Chu Hsi are not necessary outcomes.

XIII. Analysis of the independent nature of the practical theory of self-examination.

XIV. Chu Hsi's practical theory of maintaining earnestness and of attainment of knowledge,has its own defects; any practical theory has necessarily its shortcomings.

XV. Analysis of the practical theory of sincerity and honesty and the two senses of the original mind.

After the above discussion, part two also points out that Chu Hsi's concept of the nature of the mind is quite different from that of Ch'eng Yi (程頤) . It is, in one sense, similar to that of Lu Hsiang-shan. Moreover it shows that if one furthers the line of Chu Hsi's thought one will reach Lu Hsiang-shan's position. These problems are presented in the last four sections of this paper.

XVI. The wrong orientation of Chu Hsi's practical theory.

XVII. The meaning of the essence and function of Chu Hsi's

original mind as seen from his theory of mind and nature.

XVIII. Analysis of the meaning of self-nourishment based on self-awakening of the original mind and its consistence with the activity and quiescence of mind

XIX. The natural synthesis of Chu Hsi and Lu Hsiang-shan's thought.

THE PAO—HSIEH ROAD IN THE HAN AND T'ANG PERIODS

漢　唐　褒　斜　道　考

By Yen Keng-wang (嚴　耕　望)

During the Han and T'ang periods, the Pao–Hsieh road–most famous in China for its steep escarpments- was a main communication line between Ch'in (now Shensi) and Shu (now Szechuan). Although its name remained the same, the itinerary of Pao-Hsieh road did change from Han to T'ang. In the Han period, it started from the upper Han river at Pao-ch'eng (褒城); going north, it followed the valley of the Pao river, climbed overY aling mountains, (衙嶺山) and then, following the valley of the Hsien river, it turned to the north-east, and reached the southern bank of the Wei river at Meihsien (郿縣).The road derived its name from the two rivers it followed.

An analysis of T'ang documents shows that the itinerary of the Pao-Hsieh road was not the same in the T'ang period; although its southern section (going northward along the Pao river) did not change, its northern section went to the north-west up to Fenghsien, (鳳縣) coming out at the pass of Ta-san Kuan (大散關);this itinerary corresponded in fact to the Hui-ch'e road (廻車道) built by the Northern Wei, and was to be known later as the Lien-yun road (連雲道) in the Ming and Ch'ing periods. As for the genuine Pao-Hsieh road of the Han dynasty, due to its excessive escarpment, it fell into disuse after the middle of the T'ang period, and never regained its importance. Besides describing the modification of the itinerary of the Pao-Hsieh road from Han to T'ang, this article analyses in detail the different stations of the road in the T'ang period.

FLUCTUATIONS IN THE PURCHASING POWER OF SILVER FROM THE SUNG (960—1127) TO THE MING PERIOD (1368—1644)

宋明間白銀購買力的變動及其原因

By Han-sheng Chuan (全 漢 昇)

For two and a half centuries after Ferdinand Magellan's voyage around the world, Spanish galleons regularly crossed the Pacific between Manila and Acapulco in Mexico. Ships sailing eastward carried large quantities of Mexican and Peruvian silver while ships heading toward Spanish America took cargoes of Chinese silks. In China, merchants engaged in the silk export trade imported most of the American silver Spanish traders brought to Manila. So much silver was imported into China that it led one Spanish admiral in 1638 to say that "the king (the emperor) of China could build a palace with the silver bars from Peru........." When many people began to complain about the outflow of silver from Manila to China during the first half of the seventeenth century, some Spanish officials even proposed that Spain abandon her colony in the Philippines.

In order to understand why Chinese merchants of the late Ming period imported large quantities of silver from the Americas via Manila, this article examines the fluctuations in purchasing power of silver from the Sung to the Ming period, I have collected and analysed scattered price data valued in silver for such commodities as gold, rice, and silk cloths. My results show that the purchasing power of silver during the Ming period rose two fold over the level that had prevailed in or since the Sung period. The rise of silver prices in China must account for the large imports of silver. This was particularly true during the sixteenth and seventeenth centuries when a flourishing trade between the Philippines and the coastal ports of

southeast China was being conducted by Chinese merchants.

Why did the Chinese people commence to use silver on such a grand scale during the Ming period? The explanation for this lies with the changes which occurred in the monetary system. Paper money had been the currency for about four hundred years prior to the Ming period. When paper money circulated, inflation inevitably occurred. This was the case each time at the end of a dynasty when military expenditures increased greatly and more paper money was printed to cover these costs. In the early Ming period the government was also compelled to issue more paper money to cover its financial deficits. The quantity of paper money increased greatly and its velocity of circulation became more rapid with the result that people quickly lost faith in its purchasing power. For self preservation, more and more people refused to use paper money and adopted silver as a reliable unit of account and medium of exchange. Meanwhile, copper coins continued to serve as a medium of exchange in the market, but their value was very low and they merely circulated as auxiliary money. As more people turned to using silver and commerce expanded, the demand for silver rose rapidly. It was only natural that the price of silver within China also rose.

TAOIST PREPONDERANCE AT THE END OF THE NORTHERN SUNG DYNASTY (PART II)

論北宋末年之崇尚道教(下)

By Chin Chung-shu (金 中 樞)

This article the first part of which appeared in the last issue, analyses how, at the end of the Northern Sung dynasty, Taoism in order to get a greater diffusion, undertook to weaken Buddhism by various ways (presenting it as a foreign religion, hindering its diffusion, even attempting to compel it to reform its structures on a Taoist pattern) and at the same time, tried to associate with Confucianism in order to get more followers.

TAOISM AND NEO-CONFUCIANISTS IN MING TIME

明 儒 與 道 教

By Liu Ts'un-yan (柳 存 仁)

This monograph is closely related to a paper entitled *Taoist Cultivation and Ming Thought* delivered by Professor Liu at the Conference on Ming Thought which was held in Champaign, Illinois, U. S. A. in June, 1966. The former paper did not discuss in detail the historical background of Ming time taoist revival. It is the aim of this monograph to present a fuller discussion on those relevant points which were left out in that earlier paper in order to bring more light on the historical significance of this problem.

CHANG SHIH-CHAI'S CRITICISMS OF CH'ING SCHOLARS
章實齋對清代學者的譏評

By Lo Ping-min (羅炳綿)

Chang Shih-chai 章實齋 (Chang Hsüeh-ch'eng 章學誠, 1738–1801) was dissatisfied with the tendencies of both the Han School (漢學) and the Sung School (宋學) of Chinese classical learning, and in criticizing his contemporaries he put forward his own ideas. He said: "Literature is the vehicle for transmitting the tao (道) or moral principles.'' So he strongly advocated that "literary writings should aim at illuminating the tao or moral path". Again he said: "If a scholar aspires after learning, he should study contemporary documents in order to apply his knowledge to daily life, and he should study official precedents in the light of the subtle principles underlying the classics."

Chang Shih-chai's views on literature and history were thus different from those of his contemporary scholars. He deprecated most of them and scarcely praised any. Those whom he criticized include Yüan Mei 袁枚 (1716–1797), Tai Chên 戴震 (1723–1777), Wang Chung 汪中 (1744–1794), Sun Hsing-yen 孫星衍 (1753–1818), Hung Liang-chi 洪亮吉 (1746–1807), Feng Ching 馮景 (1652–1715) and Fang Pao 方苞 (1668–1749).

However, Chang and these various scholars had some points in common, and there were in fact mutual influence relationships between them.

ON THE ATTRIBUTION OF THE AUTHORSHIP OF THE LAST FORTY CHAPTERS OF "HUNG LOU MENG" TO KAO O.

高鶚補作紅樓夢後四十回商榷

By Pan Chung Kwei (潘 重 規)

In his essay "Ts'ung Kao O Sheng-P'ing Lun Ch'i Tso-P'in Szu-Hsiang" (A biographical approach to Kao O's literary works and thought), Mr. Wu Shih-ch'ang maintains that Kao O must be the author of the last 40 chapters of "Hung Lou Meng"; his theory is based on his interpretation of a poem "Yueh Hsiao Shan Fang Yi Kao" (月小山房遺稿)·

The purpose of this article is to show that Mr. Wu actually misunderstood the meaning of Kao O's poem; moreover, an analysis of the contents of the last forty chapters of "Hung Lou Meng" demonstrates that they have merely been corrected by Kao O, but could definitely not have been composed by him.

景印香港新亞研究所《新亞學報》(第一至三十卷)

A STUDY ON LIN-SHU'S TRANSLATIONS (PART TWO)

林譯小說研究（下）

By Tsang Kam Cheung (曾錦漳)

After the Sino-Japanese War of 1894—1895, Western literature was gradually introduced to large numbers of Chinese readers. It was Lin-Shu (1852—1924) who first made available to Chinese readers Western literature through translation. His epoch-making translation of the novel *La Dame aux Camélias* by Dumas fils, was published in 1899. Thenceforth he introduced extensively to his contemporaries some 179 works of European, English and American literature, which constituted a worthy record of his literary career and made him an outstanding figure in the late-nineteenth-century and early-twentieth-century Chinese literature.

A native of Fuchow, he had neither traveled abroad nor acquired even the rudiments of any foreign language. In translation he depended mainly on his assistants or oral interpreters, which was a practice learned from the Buddhist translators in the medieval age. He, therefore, should not be held responsible for some of the errors found in his works.

In consideration of the literary taste of his readers, Lin Shu chose classical prose as his medium for translation; for, had he chosen the vernacular instead, he would have found no readers at all. His experiment in using classical prose for lengthy narration was a new trial, as Hu Shih's word goes. As a matter of fact, his translation of *La Dame aux Camélias* exceeded in length all previous prose fiction in Chinese literature.

Lin Shu succeeded not only in introducing to Chinese readers

a wide range of literature from the Western world, but also in initiating a huge movement that furnished Chinese writers with many excellent models and suggested to them many new themes.

So far no one seems to have ever made a systematic and critical study of Lin Shu's translation works. Hence this article.

Cazamian, L. ***A History of French Literature.*** London: Oxford University Press, 1955.

Ch'en Shou-Yi. ***Chinese Literature***, 1961.

Church, Richard. ***The Growth of the English Novel.*** London: Methuen & Co. Ltd., 1951.

"Dumas." ***Encyclopaedia Britannica***, 1959, VII, 726-727.

Forster, Leonard. "Translation: An Introduction." ***Aspects of Translation.*** London: Secker & Warburg, 1958

Lovett, Robert Morss & Helen Sard Hughes. ***The History of the Novel in England.*** Boston: Houghton Mifflin Company, 1932.

Spiller. Robert. E. ***The Cycle of American Literature.*** New York: The Macmillan Company, 1957.

Witherspoon, Alexander M., general editor. ***The College Survey of English Literature.*** New York: Harcour Brace and Company, 1951.

Defoe, Daniel. ***Robinson Crusoe.*** London: Collins, 1953.

Dickens, Charles. ***The Personal History of David Copperfield.*** London: Oxford University Press, 1960.

Dickens, Charles. ***The Adventures of Oliver Twist.*** London: Oxford University Press, 1959.

Dumas, Alexandre, fils. ***La Dame aux Camélias.*** Paris: Calmann-Lévy, 1963.

Irving, Washington. ***Sketch Book.*** Boston: Ginn and Company, 1901.

Lamb, Charles & Mary. ***Tales from Shakespeare.*** Shanghai: The Commercial Press, Ltd., 1930.

Scott, Sir Walter. ***Ivanhoe.*** London: Collins, 1953.

Stowe, Harriet Beecher. ***Uncle Tom's Cabin.*** London: J. M. Dent & Sons, Ltd., 1948.

Swift, Jonathan. ***Gulliver's Travels.*** New York: Walter J. Black, 1943.

Acknowledgement

The Research Institute of New Asia College, Hong Kong, wishes to acknowledge with gratitude the generous contribution of the Harvard-Yenching Institute towards the cost of publication of this Journal.

一九六七年二月一日初版

新亞學報第八卷・第一期

定價 港幣十五元
美金三元

編輯者 新亞研究所
九龍新亞書院

發行者 新亞書院圖書館
九龍農圃道六號

人文印務公司承印
北角和富道九十六號

THE NEW ASIA JOURNAL

景印本・第八卷・第一期

Volume 8 *February 1967* *Nomber 1*

THE NEW ASIA RESEARCH INSTITUTE